U0030409

人‧與‧法‧律 79

憤怒與寬恕

重思正義與法律背後的情感價值

Anger And Forgiveness
Resentment, Generosity, Justice

瑪莎‧納思邦 Martha C. Nussbaum　著

高忠義　譯

推薦序

合理對話下的荊棘進步

李茂生

　　最近刑法學界頗被重視的議題之一不外是民粹刑法。民粹主義的本意是與菁英主義相對的平民主義，意指政治應以民眾之意或利益為歸依，然而如今已經被濫用。姑不論為何民粹一語會被濫用的原因，以目前被誤用的定義而言，所謂的民粹就是指一種不分是非的、被操弄的集團情緒，會影響到制度的創建與運作，而後果則是使情況愈來愈糟。

　　在台灣被詬病的民粹產物頗多，尤其在政治的場合，幾乎俯拾皆是，不過一般而言，只要稍微沉靜下來，除非是已經沉迷於其中的少數，大部分的人都會「覺醒」，等待下一次再度興奮可發洩情緒的機會。當然，如果局勢不佳，這類的機會不斷發生，每次的激情都有殘留的話，會變成積憤，最終導致社會的撕裂。

　　反之，在刑事法的領域或謂犯罪的領域，則情況稍有不同。不論是在富裕的社會抑或在貧窮的社會、不論是在進步的社會抑或在落後的社會，雖然強弱有所差異，但是對於犯罪者的民粹式情緒，特別是憤怒與排斥的情緒，始終都是存在著，不曾歇止過。當然或謂將眼光放長遠一點，我們可以發覺，人類從公開的肉體刑發展到密行的自由刑，從死刑到廢死，在在彰顯出憤怒情緒的止揚；但是同時，若也同時留意到在憤怒的止揚後發生的附條件寬恕的情緒時，一定會發覺自

由刑的規訓意味，也會發現到廢死後的綿密監視與排斥。

　　或許這是刑事司法的宿命。面對會將人類滅絕的種族間戰爭，論者建議大家放下致命武器，將種族間的戰爭改成萬人與萬人的鬥爭（個人間的口水戰），並提供一個公的司法領域，讓有爭執的人能夠登上公開的舞台，進行鬥爭，而大眾則是信賴在該舞台上的最終結論，並藉此獲得基本規範的再確認。然而事實上，這種理想卻在萬人與某些特定人間的鬥爭現實中破滅了。「與恐怖主義（者）的戰爭」、「對毒品宣戰」等，在在表示出所謂舞台上的鬥爭，也僅是戰爭（內戰）的延伸而已。正如市民刑法與敵人刑法區分論所述，我們必須在民眾間區隔出市民與敵人，對待敵人應該採取非常手段（例外狀態的創設），但同時只要他們願意悔過，則亦應展開雙臂歡迎他們的歸來。這不外是基於憤怒而排斥，與附條件地寬恕敵人。憤怒與附條件的寬恕形塑出自家人與正在戰爭中的敵人間的絕對區隔。

　　瑪莎・納思邦的《憤怒與寬恕》一書，道出了憤怒與附條件寬恕這兩種群眾情緒的必然性與局限。憤怒如果是以義憤的方式表達出來時，確實是一種刺激也是一種警告，其可將社會中深藏的弊端揭發出來；然而，如果放任憤怒情緒的蔓延，則憤怒所必然附帶的惡害也會隨之發酵。這就是受到傷害者或其同情者會要求加害者也要受到同等的傷害，同時因為受傷而感受到的社會地位貶抑，也同樣要以貶抑加害者社會地位的方式得到寬慰。而所謂的附條件寬恕，前提也是加害人必須認錯，接受以傷害與社會地位貶抑為內容的處罰，此時才可以獲得寬恕。正就是不得對敵人軟弱，對敵人軟弱最終受傷的一定是自己。

　　要求犯錯者負起責任一事，是對規範的尊重，也是鎮壓因犯罪而引發的社會動盪的必要舉措。這是所謂的刑法的事後處理機能。但是負責一事，並不必然代表惡害（傷害與社會地位貶抑）的科賦，惡害的科賦不僅是無法令受傷的被害人復原，也無法回復其社會地位。若要讓被害人復原、犯罪人不再犯罪、社會大眾感到心安，即必須要有其他前瞻性的舉措或機制。此際，放棄憤怒與附條件寬恕，將這些情緒轉化，並予以昇華，這才是讓社會獲得和平的重要情緒的創造。無這類的情緒轉化，前瞻性的舉措或機制幾乎是無法運轉的，而人們也會繼續地沉淪下去。

　　瑪莎・納思邦的這本書提到了根本的癥結點——情緒的轉化與昇華，同時她也舉了金恩講稿為最佳範例，證明這是做得到的。更重要的是，她在親密關係、社會關係以及公領域中的犯罪與革命等各個層面，均不斷地以不一樣的角度敘述同樣的事務，讓讀者能夠各取所需，例如我就只看第六章。然而，瑪莎・納思邦所提出來的對抗民粹的情緒，例如無條件的寬恕、真愛、好脾氣、相信法律、不憤怒的摯愛等等，到底是如何得到的。亦即，我們到底要怎樣才能抑制憤怒與附條件的寬恕，將之轉化與昇華，然後得到具有往前看的支撐力的新情緒？瑪莎・納思邦並沒有給個答案。她只是單純地透過本書，不斷地合理論述，並期待合理的對話可以對抗理盲。

　　然而，正如我常在監獄學的課堂上所說的，合理對話下的荊棘進步（走兩步退一步，最終也是進了一步），其實僅是掩藏了（神祕化）更深一層的規訓或社會治理，而這個深層的實體不外是階層與排斥，也正是憤怒與附條件寬恕等民粹情緒的彰顯。看完本書，深受感動，

進而挺身而出抗拒民粹情緒的人，絕非受到理性啟蒙（神諭）的幸運
子民，而是曾經墮落、在谷底打滾、鬥爭，而後理解何謂死的慾望的
一群。可惜的是，這僅是少數人而已。

本文作者為台大法律學院教授

推薦序

憤怒不是正義，愛才是

廖元豪

　　近年來，無論在台灣或全世界，都是個充滿了「正義之怒」的時代。人們不僅抗議、嗆聲，以憤怒作為反抗的動力，甚至更認為這樣的憤怒是必要的，是正義的一環。在私事或公共政策上，人們不會為「不小心發飆」、「忍不住生氣」而後悔，反而更振振有詞，因為「憤怒有理」。在台灣，從三十年前龍應台的「中國人，你為什麼不生氣」，到近年來各處「憤青」、「覺青」等此起彼落的抗議聲，都強化了這種「憤怒有理」的氛圍——不是「不得已而憤怒」，而是把憤怒當成件「好事」！

　　然而，「憤怒」真的這麼有價值嗎？同一個社群的人們，在面對彼此差異的時候，難道不能溫柔、理性地對話，並尋求改變嗎？我看過太多場面，明明雙方（或多方）有許多共同點，也是很密切的親友，但就因為「怒」而搞砸了一切。而公共事務的抗議紛擾，一旦以「怒」為主軸，對話馬上變成對抗，妥協愈來愈困難。甚至在最該平心靜氣的學術圈，學者們也動輒把知識問題變成「正邪」的大是大非，接著就湧進了無數情緒，把不同見解打成邪說異端。

　　作為一個學術人、法律人、教育者、女兒的爸爸，以及相信「神就是愛」的基督徒，我對這種「自以為義的憤怒」愈來愈心痛。我想找出一套論述，去改變這種風潮。然而，傳統的「不嗔怒」教條，

似乎是針對個人修養而非正義。學術戒律中的「客觀不帶情緒」也被「正義最高」的口號壓下。尤有甚者，正因為主流的學術論述，即使在談「價值」，卻也都排斥「情緒」，所以對這個問題鮮少碰觸。

有鑑於此，在去年（2016）得知一向擅長論述「情緒」在法律與政策中之地位的 Martha C. Nussbaum 教授出版了這本《憤怒與寬恕》（*Anger and Forgiveness: Resentment, Generosity, Justice*），從倫理層面來論證「憤怒」的不當與錯誤，我真是喜不自勝，馬上挑選它作為政大法學院碩士班「英文法學名著選讀」課程的主要資料。在與學生們共同探索的一整個學期中，對 Nussbaum 教授旁徵博引各家哲學與宗教論述，同時結合在政治、法律、家庭等領域裡的具體應用功力，真是欽佩到五體投地。對一個苦於找不到理論來反駁那些「自義憤怒者」的人來說，《憤怒與寬恕》根本地否定了「憤怒」的道德價值，更是一大收穫。

本書主軸，是要證明「憤怒」在本質上就是錯誤的倫理，而且在法律正義或解決社會問題上，都沒有任何意義。憤怒並不像許多正義之士所想的，是消除「侵害」不可或缺的德行。因為憤怒在本質上，就有著「要對方痛苦」的報復情緒，而這種要傷害對方的報復情緒，就是讓這個世界冤冤相報，人們永遠糾纏在苦難怨懟輪迴的重要因素。

在二〇一五年，美國南卡羅萊納州的查爾斯頓發生了令人髮指的槍擊案。一名年輕的白人優越主義者進入著名的黑人教堂，在牧師與查經班的成員對這位不速之客都友善招待之際，他卻拔槍屠殺了在場的人——因為他們是他所恨的黑人。法官於保釋庭訊時，讓被害人家

屬對被告說話。結果被告們紛紛哭著說：「我原諒你。」「我再也不能見到我的家人，但我原諒你。」這個事件以及他們的「原諒」、「寬恕」震驚美國，也激起更多人重拾耶穌基督「寬恕」的美好。他們是最有資格憤怒的，為什麼能做到這樣的寬恕？相信這個事件，必然對作者Nussbaum 有很大的啟發。

　　Nussbaum 將「憤怒」、「報復」與「要對方痛苦」三個概念連結在一起。她指出，「憤怒」的意義就是要「報復」，其內涵就是對方的「痛苦」。而許多論者以為，對「侵害者」予以制裁、給予痛苦，是一種應報正義。就像在台灣每次發生了重大刑案，人人皆曰被告可殺。然而，她提問道：就算對方真的是犯罪行為人，是侵害者，造成了我們的痛苦；但請問把他抓來，還以顏色，侵害就消失或減少了嗎？被這個「壞人」殺害的人能復生嗎？被他砍傷的肉體會因為我們回砍十刀而復原嗎？答案當然都是否定的，那為什麼這叫做正義呢？

　　對某些人來說，也許看到這個壞人受害，你會有「爽感」。因為他的侵害貶低了你的地位，現在看他受苦，多開心！可是，Nussbaum 認為，「我爽」難道是倫理上的正面價值嗎？你如何區別自己在報復上「恢復地位的爽感」與壞人「欺負人而提高地位的爽感」，價值上孰高孰低呢？

　　歸納一下：如果報復是為了「填補／預防損害」，那顯然這是無效的行動；壞人受苦，不等於受害者的損害能回復。而若報復是為了「讓自己地位提升」，那或許有效；欺負你的人被你罰了、倒楣了（例如，背棄你而再婚的前夫婚姻非常不幸福），會讓你那種被他貶低的感覺好一點。但在倫理上，你只想到你自己，在道德上是很有問題的

（normatively problematic）。

　　唯有一種「轉化的憤怒」（Transition-Anger）是有正當性的：憤怒
導致的不是單純的報復，而是以執行應有的規範來懲罰、懲處，藉以
嚇阻將來的惡害。或是因為憤怒，而決心要把惡事的根源徹底剷除。
這種憤怒與懲罰，不是為了自己，而是為了改善環境讓世界更好。例
如，我們處罰殺人犯，讓他坐牢，但這麼做不純粹為了報復，而是因
為要執行這種制裁規範，讓今後的人知道不該殺人。雖然人死不能復
生，「坐牢」本身無法彌補損害。但藉由忠實、嚴厲地執行「不得殺
人」的規範，社會會更好。

　　Nussbaum 也從宗教（價值的最深根源）著手來探究憤怒到底是不
是一個可以正當化的價值。這方面的論證極為精彩，也看得出她的功
力。在第二章中，有一節談到「上帝的憤怒」（The Anger of God），其
中有提到，「基督教的神會憤怒嗎？」

　　她引用了古代神學家拉克坦提烏斯的著作《論神的憤怒》（*On the
Anger of God, De Ira Dei*）。在這本書中，拉克坦提烏斯認為我們不可能
去敬拜、敬畏一個不會憤怒的神。所以，神是會憤怒的。尤其在舊約
聖經裡，耶和華似乎經常憤怒。

　　但 Nussbaum 指出，舊約聖經有提到「忌邪的神」（jealous God），
並且神的憤怒似乎在乎「地位」。但仔細讀聖經，神的憤怒似乎不在
於自己的「地位」（在人們心中有多重要），而是在乎那些惡行「本質
上的不義」（尤其在先知書中討論到的貪婪、惡待陌生人等等）。也就
是說，神在乎的不是這些不敬畏的行為貶低了神，而是這些行為本來
就是神所關切所注意的惡行。

Nussbaum 以為，聖經是要寫給許多需要「簡單訊息」的人們。「憤怒之神」的概念，是提醒人們注意「什麼是罪」，並嚇阻可能的犯罪行為，同時也是矯正社會惡行的重要動機來源（因為人們要模仿神的行為）。但不是把「憤怒與報復」當成是一件好事。聖經中的「憤怒之神」是一種正面、建設性「轉化的憤怒」。

而在「寬恕」的部分，Nussbaum 也有非常精彩的分析。她把「寬恕」分為三個層次：一、交易式寬恕（transactional forgiveness），也就是一定要對方悔過認錯，才能交換饒恕並放棄憤怒報復；二、無條件的寬恕（unconditional forgiveness）；三、無條件的愛（unconditional love）。

而在猶太教與基督教都有不少看來是「交易式寬恕」的經文或儀式。這種寬恕會帶來許多負面效果。它可能會導致更嚴重的羞辱與自貶。而在此同時也往往將報復、懲罰與饒恕放在一起。請求寬恕的程序，變成一種自我傷害的過程。人們若把「人與神」的關係拿來套用在世界上的「人與人」的關係，那就很容易去「論斷」他人（我要你道歉，你不道歉我就……）。因此，Nussbaum 認為，「交易式寬恕」無法消除「憤怒與報復」的兩個壞處。它其實還是有某種報復的概念（卑躬屈膝求饒，就可以回復、填補損害）；又往往也狹隘關切受害者之「地位」。

但西方文明重要來源的基督教也有重要的「無條件寬恕」元素，尤其在新約則尤為明顯，《路加福音》5:20：「耶穌見他們的信心，就對癱子說：你的罪赦了。」沒有任何條件。而耶穌為人的罪而上十字架，更是如此，《路加福音》23:34：「當下耶穌說：父阿！赦免他們；

因為他們所做的，他們不曉得。兵丁就拈鬮分他的衣服。」

更進階的乃是「無條件的愛」。在這個層次，甚至不去思考「錯」、「罪」的問題，聖經中的經文，如：

《馬太福音》5:44：「只是我告訴你們，要愛你們的仇敵，為那逼迫你們的禱告。」

《路加福音》6:27：「只是我告訴你們這聽道的人，你們的仇敵，要愛他！恨你們的，要待他好！」

《以弗所書》4:31-32：「一切苦毒、惱恨、忿怒、嚷鬧、毀謗，並一切的惡毒（或作：陰毒），都當從你們中間除掉；並要以恩慈相待，存憐憫的心，彼此饒恕，正如神在基督裡饒恕了你們一樣。」

《哥林多前書前》13:5：「不做害羞的事，不求自己的益處，不輕易發怒，不計算人的惡。」

《馬太福音》18:21-22：「那時，彼得進前來，對耶穌說：主阿，我弟兄得罪我，我當饒恕他幾次呢？到七次可以麼？耶穌說：我對你說，不是到七次，乃是到七十個七次。」

而《路加福音》第十五章那個浪子回頭的故事，更是家喻戶曉。當出走的孩子回來，那個父親沒有一點責備，沒有一絲追問，也沒有說「你知道錯了吧」。他甚至沒有說出任何「我饒恕你」之類的話。就是愛，那種無盡無窮無條件的愛。不計算孩子的惡，不發怒。從頭到尾都沒有「要求」任何東西。這才是社會改變、包容、進步的最重要基礎，也是化解各種紛爭的精神。

Nussbaum 教授在抽象的價值論證之外，也分別從家庭、個人的「私領域」，到「中間領域」，以至「政治領域」，分別論述「無條件寬

恕」或「無條件的愛」的重要性。她舉了夫妻因為各自父母、家庭的因素，加上性別刻板印象，帶來雙方相處的許多衝突隔閡。而憤怒總是讓我們歸責對方、怪罪別人，問題只有愈演愈烈。唯有當我們捨棄憤怒，彼此攤開來解決問題（做了任何處理都不是基於怒氣），方能讓情況一點一滴變好。而在政治領域，尤其是所謂革命正義的情境，她更以印度的甘地、美國的金恩博士，以及南非的曼德拉，來說明「無條件寬恕」是多麼有力，這種向前看的正義是怎樣地癒合社會嚴重的裂痕。

　　愛與寬恕在這個時代很容易被認為是「唱高調」。但本書以哲學與宗教的論證，輔以現代的大小實例，有力地證明「憤怒」、「報復」無濟於事而且違反正義；「無條件的寬恕」與「無條件的愛」才是正當的。商周出版能選上這本好書，將它翻譯以饗中文世界的讀者，真是功不可沒。在此大力感謝並予推薦。

　　　　　　　　　　　　本文作者為國立政治大學法律系副教授

目錄

我同意與帕拉斯、雅典娜共享這個家……
我為這個城邦祈禱，
秉著好脾性*預言，
和煦的陽光將造福世間，
讓生命繁衍遍及大地。
——艾斯奇勒斯 Aeschylus，《歐墨尼得斯》（*Eumenides*）

好脾氣的人不會睚眥必報，傾向同情理解。
——亞里斯多德，《尼各馬可倫理學》（*Nicomachean Ethics*）

我們必須用冷靜的心與明亮的眼看這世界，即使世人都陷於激情當中。
——甘地，尼赫魯轉述
引自《印度的發現》（*The Discovery of India*）

★　「好脾性」（gentle-temper）為作者轉譯自希臘文 *preumenōs*，與希臘文的形容詞 *praos* 與名詞 *praotēs* 屬於同字群，也是亞里斯多德所指的好脾氣。這個字通常被翻譯為「溫和」（mildness），帶有一種情緒不易受環境影響之意，儘管亞里斯多德談的是某種待人方式，目的在於合乎當下情境，但不宜有強烈的情感。

第一章
導論：從復仇女神到慈善女神

在艾斯奇勒斯寫作的悲劇三部曲《奧瑞斯提亞》（*Orestia*）的尾聲，主角們身處的遠古世界發生了兩項轉變；公元前五世紀的雅典觀眾們看得出來正是這些轉變構築了他們所在的世界。其中一項轉變廣為人知，另一項則常被忽略。前者是指雅典娜導入了法律制度，取代並終結原本看似永無休止的流血報復：設立法院，建立理性論辯與權衡證據的程序，有個法官作為獨立第三方，並從雅典公民中選任陪審團。她宣布從現在開始殺人罪將會透過法律解決，不再由復仇女神處理。這是雅典社會的轉變所不可或缺的，但復仇女神可不是就這樣被打發走。相反的，雅典娜說服她們加入城邦，並讓她們在陰間享有榮譽地位，以此肯定她們對於法律制度及城邦健全未來的重要性。

雅典娜的這個舉動經常被理解為承認了法律系統必須容納且尊重黑暗的復仇激情。因此研究希臘文明的著名學者休·洛伊德·瓊斯（Hugh Lloyd-Jones）表示，「雅典娜絕無意廢止復仇女神伊莉尼絲（Erinyes）的特權，反而亟欲加以保護。」[1] 這句話顯示應報的激情依舊，只是棲身在一處新蓋的宅子裡。它們同意接受法律的限制，但是它們的本性不變，陰暗又心懷報復。

然而，這樣的解讀忽略了第二項轉變，也就是復仇女神的本性與行為的轉變。在三部曲的第三部剛開始時，復仇女神是叫人討厭又害怕的。阿波羅的女祭司瞥見她們便倉皇逃閃，一位老婦人絆倒後還用「爬」的急忙避走。（*Eumenides* 34-38）。老婦人叫喊說，她們不是女人，而是蛇髮女妖。*不，甚至也不是蛇髮女妖，因為她們沒有翅

1.　Aeschylus, *Eumenides*, Hugh Lloyd-Jones 翻譯評釋版（Englewood Cliffs: Prentice-Hall, 1970）。

★　編按：Gorgon，希臘神話中面目猙獰的怪物，有翅膀、蛇髮和尖牙，傳說只要被它看上一眼就會變石頭。

膀。[2] 她們又黑又噁心，眼睛滴下可怕的汁液，嘴裡吐著嚇人的風。她們的穿著完全不適合文明聚會。（51-56）沒過多久，阿波羅又描述她們把已經吞下肚的獵物的血塊吐出來。（183-4）他說她們的存在只是為了邪惡。（72）她們屬於某種由野蠻殘暴統治的世界，在那裡任意殺人、傷人、折磨人是很平常的事。[3]（185-90）

即便在她們清醒時也無法證明這些醜陋的批評並不實在。當王后克呂泰涅斯特拉（Clytemnestra）的鬼魂呼喊她們時，她們不回話，只是呻吟哀號；希臘原著用 *mugmos* 與 *oigmos* 兩個字，通常是形容狗發出的聲音。她們清醒時唯一說的話是「抓住他抓住他抓住他抓住他」（諸如此類）；劇中盡可能將此表現得像獵犬嗥叫。就像克呂泰涅斯特拉說的：「妳們在夢境中追逐獵物，妳們的叫聲就像嗅到血的興奮獵狗。」（131-2）劇情後來復仇女神說話了，但我們不會忘記她們最初被類比成犬。

艾斯奇勒斯所要描繪的是失控的憤怒。[4] 那是強迫性的、具有毀滅性的，只為了製造苦痛與難受。它嗜血，所以不像人類反倒像狗。希臘人普遍不把狗視為豢養的家畜，而是喜愛追殺獵物的粗鄙生物，始終惡意忽視受害者的痛苦。吐出獵物血塊這樣的意象也非常接近狗的行為。[5] 復仇女神呼出的氣味是半消化過的血腥味，就像今日人們看到野狗的行徑後在嫌惡下可能聞到的味道。[6] 阿波羅認為這種瘋狂

2. 作者的翻譯，但受到 Lattimore 的影響。要注意的是，她停了很久才說她知道蛇髮女妖的長相，因為她曾經在 Phineas 的一副畫裡看過。
3. 他提到多種殘忍的懲罰方法，在希臘那些方法傳說與波斯的專制統治有關。
4. 關於不同形類的憤怒，參見附錄三。
5. 野狗餵食幼犬的方法是把獵物嚼碎吞嚥後再吐出小塊方便幼犬消化。
6. 我是在非洲波扎納耗上好幾個小時觀察野狗後才寫下這一段。嚴格來說，若以犬屬這個科目來看，「非洲野犬」並不是真的狗，牠們的學名是 *Lycaon pictus*；牠們是犬科，但不是犬屬。

的物種應該歸屬某種無意馴化殘忍習性或限制恣意虐待的社群，肯定不見容於所謂的文明社會。

　　若不改變，復仇女神將無法融入追求法治的社會法律體系。[7] 你不能期望把野狗關進籠子裡就能得到正義。但是復仇女神並未使得朝向民主的轉型停滯不前。直到劇本很後段，她們仍具狗的性格，威脅吐出毒液（812），讓四處變成不毛之地。（812）然而已經立下法律制度的雅典娜說服她們要改變自己才能加入她的事業。[8]「平息妳們黑暗怒潮的痛苦力量吧，」她這麼對她們說。[9]（832-33）那顯然代表著一種極深刻的轉變，事實上是自我認同的改變，也攸關著那股憤怒的強迫力量。雅典娜提供誘因鼓勵她們加入城邦：在冥府受尊崇，獲得公民的敬重。條件是她們必須放棄原本一心追求報復的作法，轉而採取新的態度。尤其是她們必須懷抱有利於整個城邦的情感，避免在城邦裡惹麻煩，尤其不能招致內戰，也不能導致橫死或任何使人失去理智的憤怒激情。[10]（850-63）事實上，她們還必須為人間祈福。（903-）如果她們做好事並且展現慈悲情懷，就會受到好的對待與尊崇。或許最根本的轉變在於她們必須傾聽說理。（885, 970）不用多說也看得出來所有這一切可不只是外在的控制，而是內在的重新定位，深入她們性格的根源。

　　她們接受了雅典娜的提議，也表現出「好脾性」（*preumenōs*,

---

7. 參閱 Allen (2000) 與 Allen (1999)。
8. 參閱 Gewirtz (1988)。他正確地強調雅典娜未徵求復仇女神的意見便直接進行改變。重點不在於設置法院：它們早已存在。唯一的問題是她們要加入還是反抗。
9. 我通常採用休‧洛伊德‧瓊斯卓越而忠實的翻譯版本，除非我想要更貼近字面的意思才會提出不同的譯文。
10. 她排除了對外戰爭，並容許復仇女神加以鼓動。

922）。[11] 她們禁止了所有非必要的殺戮。（956）她們宣稱每個人都應該關愛（*charmata*）彼此，懷抱著「博愛之心」（*koinophilei dianoiai*, 984-85）。再一次，這些情感與她們先前如野狗般的屬性完全不同。不讓人意外的，她們的外在似乎也出現相應的轉變。在該劇尾聲，她們顯然是挺立行進的，隨後一群女侍將深紅色長袍交給她們（1028-29），這些長袍是居住在本地的外邦人在泛雅典娜節（Panathenaia）慶典時所穿的。她們已經變成女人，不再是野獸，而且是住在城邦裡的「外邦居民」。她們的名字也改了：現在她們是**仁慈之人**（慈善女神，Eumenides），而不是復仇女神。[12]

一、憤怒因法律而轉變

第二項轉變與第一項轉變同樣重要，而且對於第一項轉變的成敗至為關鍵。艾斯奇勒斯認為政治正義並不只是用籠子圈住憤怒，而是從根本上轉變憤怒，將它由某種不合人性的、過度的、嗜血的東西，變成人性的、接受理性、冷靜、慎思與權衡。此外，正義所關注的不是永遠無法扭轉的過去，而是創造未來的福祉與繁榮。事實上，存在正義體制內的課責（accountability）不是一種應報的情感，而是為了保護當前與未來生活的一種評估判斷。我們還是需要復仇女神，因為這世界並不完美，始終必須處理犯罪。但是我們不想要也不需要她們

---

11. 見引言頁隨文注。這個詞暗示她們把怒氣擺一旁，雖然未必然消解憤怒之情。
12. 當然，在希臘人的真實生活裡，慈善女神只是市民對神祇委婉的稱呼，艾斯奇勒斯則加以發揮。過去的復仇女神被明確稱為 *metoikoi*，也就是長住的外邦人，而雅典娜則說那群侍從是由雅典娜神廟的護衛，也就是雅典娜波麗亞斯（Athena Polias）的女祭司所組成的。

原來的那種樣貌與形式。她們確實不同於過去了，她們已經變成正義與幸福的工具。城邦得免於因想要報復的憤怒之情所引發的爭鬥與橫死。我們用政治正義取代憤怒。

畏懼仍有其發揮之處：想犯罪的人及煽動內亂者會有所警惕，知道惡行難逃制裁。因此雅典娜仍將慈善女神的面貌描述為可怕的。（990）但法律上的究責已經不再是胡亂為之，而是要精準鎖定對象、衡量情事、符合比例。再者，追究過去的行為是為了未來，目的在於嚇阻更甚於討公道。

艾斯奇勒斯並非探討懲罰的哲學家，他留下許多問題等待後世研究。舉例來說，是否存在一種應報主義能夠符合他的要求？若說懲罰必須放棄「以牙還牙、以眼還眼」（*lex talionis*）的報復方式，有沒有任何應報主義可以做到呢？或者社會必須如同蘇格拉底與柏拉圖所相信的，或如同希臘人普遍認為的那樣，擁抱另一種全然不同的懲罰理論，也就是一種基於嚇阻與追求整體效益的理論呢？[13] 我們確實可以看到一些線索指向後面這條路徑，但並無明確的表述。

還有一個解放過程尚未探討，但引人想像：私領域的解放。在復仇女神的舊世界裡，家庭與愛，無論是家人或朋友之間，都帶著同仇敵愾的責任。復仇的需求無休無止，讓所有關係都籠上陰影，包括原本屬良性的關係，例如奧瑞斯特斯（Orestes）與厄勒克特拉（Elektra）的手足關係。復仇讓任何人都無法再愛人。（理查・史特勞

---

13. 關於西元五世紀時對懲罰態度的普遍轉變，可參閱 Harriss（2001）。這項重要而卓越的研究提供極具說服力的論證，說明希臘人與羅馬人已開始批判復仇的精神，而他們認為憤怒與此攸關。哈里斯提到懲罰的用字從 *timo-* 字群（意指償還）演變成 *kolazein-* 字群（表示懲罰但無償還之意）這項轉變。哈里斯記錄的轉變包括知識分子與非知識分子，儘管知識分子的角色較重。

斯〔Richard Strauss〕的歌劇作品《厄勒克特拉》以讓人難忘的方式體現了古希臘劇作家艾斯奇勒斯／索福克勒斯〔Sophoclean〕的深刻見解。在這部歌劇裡，每一個音符、每一個樂句都因為復仇的力量而被扭曲。[14]）現在起由法律接手處理犯罪的工作，使得家可以成為一個**愛**的場合，一種充滿善意互惠的地方。並不是說人們再也不會感到憤怒，只是如果問題真的很嚴重，會交給法律處理；如果不嚴重，又何必為此長期損及相互的利益呢？（當然我們瞭解這樣的二分法過於簡單，因為親密關係的強烈情愛與信任有時的確足以造成痛苦，好比悲痛與恐懼，無論法律是否介入皆然。）正如亞里斯多德後來說的，好脾氣的人（他以此稱呼憤怒這塊領地上的美德）不會睚眥必報，而是傾向同情理解。[15] 法律帶來雙重利益：它讓我們安全，也讓我們互相照顧，卸下應報的憤怒。

我們可以看到法律讓我們在關切朋友與家人受到的傷害之餘，毋須耗上自己的生命被憤怒的情緒與復仇的計畫拖著走。在艾斯奇勒斯所描繪的還沒有法律的社會裡，多數憤怒其實與現實生活中的人們關係不大，它追究的是遙遠之前的先祖們所受到的傷害，有時候則是父母或親友受到的傷害。因此首部曲《阿格曼儂》（*Agamemnon*）的開場是以合唱形式痛苦地描述許久之前伊菲吉妮亞（Iphigeneia）被殺害的事件，而對此克呂泰涅斯特拉很快地報了仇。到了劇後段，當埃奎斯

---

14. 就此而言，該部歌劇事實上與莫札特的《費加洛婚禮》（*Le Nozze di Figaro*）恰好相反，在莫札特的歌劇中，即使「壞人」也受到愛的啟發。史特勞斯也寫了自己的費加洛：《玫瑰騎士》（*Der Rosenkavalier*）。

15. *Suggnōmē*：有時候這個字被翻譯為「寬恕」，但它的意思是「設想」、設身處地的理解，它與寬恕的關聯性是當代思想家與譯者加上的。參見下註 30 及第三章的討論。我並不完全贊同亞里斯多德的立場，因為他在某些情況下仍建議要報仇，尤其與家庭血緣有關時。

托斯（Aegisthus）進場時，他未說明有關自己的事情或他關切什麼，反而冗長訴說他父親提厄斯忒斯（Thyestes）的故事，他父親因為被阿格曼儂的父親阿垂阿斯（Atreus）欺騙而吃了自己的孩子。人沒辦法以自己的身分活著，他們背負著過去，受到過去束縛。而如我們會看到的，對於個人傷害的憤怒也因為法律而轉變，不過或許法律帶來的最大改變在於讓人們可以不用窮盡復仇計畫亦能展現出對別人的在乎。[16]

　　本書無關古希臘的倫理學，而是我偶然間看到艾斯奇勒斯的作品所獲得的靈感——政治正義讓個人與公共領域的道德情感持續發生轉變。但我要談的比艾斯奇勒斯更深入，並進一步主張憤怒在規範上始終是有問題的，無論就個人領域或公共領域來說都是如此。[17] 我的論述核心是憤怒的分析，將在第二章說明。我與包含亞里斯多德、希臘與羅馬斯多噶學派及巴特勒主教（Bishop Butler）在內的哲學傳統看法一致，認為憤怒在概念上不只包含某個人或某種事物受到嚴重傷害，也包含讓為惡者承受不好後果是好的。這些想法必須一一以複雜的方式加以檢驗，那是分析的本質。而我將主張在這樣的理解下，憤怒在規範上總是有問題的。

二、轉化的憤怒

　　問題一，我稱之為「**償還之道**」（road of payback），其錯誤在於認

---

16. 關於慈善女神在希臘人逐漸對憤怒採取批判立場時的地位，可參閱 Harriss(2001, 162)。
17. 如同哈里斯主張的，這樣的立場在希臘與羅馬日漸普遍。

定做錯事的人所受的痛苦可以回復或有助於回復受到損害的重要事物。這樣的想法非常普遍，但在規範上是有問題的，因為它所採取的信念是錯誤且不一致的。這樣的想法來自對宇宙秩序平衡根深柢固的誤解，也來自人們在無助的情況下往往試圖重獲控制。讓做錯事的人受苦並不能回復已受傷害的人事物，至多只能嚇阻未來的侵害行為，使為惡者不能再行惡，但這些效果並不是採取償還之道的人想要的。

另一種情況是看起來頗說得通的想法，我稱之為「**地位之道**」（road of status）。如果受害者僅僅將傷害視為一種相對性的地位，也就是如亞里斯多德所說的受害人「被貶低」了，那麼報復的作法看來真的有效。藉著施加痛苦或羞辱的方式來降低加害者的地位，確實能夠讓我們的地位感相對提升。不過這會產生另一個不同的問題：只在意相對地位在規範上也是有問題的，這種過度狹隘的想法儘管如此常見卻是我們應該避免的。

以上扼要說明我的主要論點，當然這些想法必須再詳細拆解與解釋。憤怒或許還是具有某種有限的實用性，例如作為發生壞事的**信號**，不論對自己或別人；它也提供我們去處理錯誤行為的**動機**；它還能**嚇阻**別人，讓他們不敢侵害。但究其核心概念是深具瑕疵的：無論是概念不一致或規範上不適當。

接著我將推導出一個關鍵的概念，我稱之為**轉化**（Transition）。一般人都會發怒，但是只要注意到憤怒在應然面的非理性，特別是在償還的模式下，一個理性的人往往會從憤怒切換到更為實際有效的展望式思考，想想實際上可以怎麼做以增加個人或社會福祉。我將探討這種帶領我們轉向我所偏好的展望式思考的思考過程。（我認為復仇女

神所經歷的轉變就是如此，儘管這並非我的論述重點。）轉化是個人可以依循的路徑，但如同艾斯奇勒斯所描述的，它也可能是社會的演化路徑。

我稱這種難以被歸類但符合理性與規範的憤怒為**轉化的憤怒**（Transition-Anger），其情緒內容如下：「實在讓人無法忍受！必須做點什麼才行。」然而完全向前看的情緒比較不常見，真實生活中大部分的憤怒都帶有想要對方償還的意味。

在後續的章節裡，我將以這樣的分析處理有關憤怒的三個老生常談，它們在哲學文獻及每日生活中都意義重大：

一、當某個人受到侵害，展現憤怒是必要的，如此才能保護尊嚴與自尊。

二、對錯誤行為發出憤怒才能讓人嚴肅看待做錯事的人（而不是將他當作小孩或責任能力不足的人）。

三、憤怒是對抗不正義的必要手段。

我同意就上述三項主張來說，憤怒有時候具有工具性的價值。但是這種有限的實用性無法排除它在規範上的不適當性。甚且就這些功能來說，它有時候也不如人們想的那樣有用。

本書第四至第七章會在四個不同的生活領域中開展這個核心主張。若要探究這些問題就必須區別不同的人際互動領域，看看在各領域內怎樣的關係是適當的，以及怎樣的美德才適合這些關係。具有深度個人情感的領域（無論家人或朋友）與政治領域截然不同，就憤怒與判斷而言也有不同的美德與規範。我的論點將架構在這樣的領域分別上。

　　首先在第四章，我將探討憤怒在親密的人際關係中的角色。在這個領域裡，人們常認為就算憤怒有時候會過頭或被誤導，仍是一種充滿價值的自尊自重，所以人應該培養這種情緒，尤其是那些容易看輕自己價值的人，常見的舉例就是女性。但我反對這樣的想法，我認為要在親密關係中維持個人價值不需要靠憤怒，甚且憤怒會帶來很大的危害。當然總是會有傷害與背棄信任的事發生，造成短期的憤怒與長期的悲傷。但我將說明為失去感到哀傷是好事，有利於將失去歸咎於別人，就工具性的效用來說這會讓自己好受一些，就人際關係的本質來說也是更適當的。雖然短期的憤怒是可諒解也符合人性的，但那往往無濟於事，也不應影響未來的進程。

　　接著在第五章我將探究我所謂的「中間領域」（Middle Realm），也是我們與別人及社會群體進行許多日常互動的領域，對象不是親密朋友，也不是政治機構或官僚代表。這個中間領域會產生許多怨恨，從有損名聲的行為到那種無可饒恕的罪行，好比亞里斯多德說過的竟然有人敢忘記你的名字。在此我會提出與親密關係領域不同的論調，我認為羅馬斯多噶學派的作法是正確的，當時他們的社會時常因為發生在中間領域的怨恨而變得醜惡，於是他們主張：正確的態度是知道這些小事微不足道，不但不要因此憤怒，也不要難過。那樣的損失一點都不嚴重。斯多噶派哲學家塞內卡（Senaca）雖然未曾真的做到如此，但他記錄下自己如何掙扎做好榜樣。（我追隨亞當‧斯密〔Adam Smith〕的意見，認同斯多噶學派提供了好建議，除了要我們別太關心所愛的人、家人與朋友這一點。）

　　但事實並非全然如此，雖然日常生活中的怒氣有許多是針對瑣細

之事，例如別人的無禮或做不好，但中間領域發生的損害有時是極為
嚴重的，好比被陌生人性侵、殺害，諸如此類。這些情況不像斯多噶
學派所提到的日常煩擾。在此艾斯奇勒斯的見解就很重要了：在這種
情況下應該將問題交給法律去處理，法律應該不帶憤怒的以前瞻性
的精神加以處理。雖然發生在個人領域的嚴重情事也可能交給法律處
理，但其中還是有一塊保留給深層的情緒（悲痛、恐懼、同情），那
樣的情緒與愛和信任密不可分。相反的在中間領域裡受害者與加害者
不會有任何持續的關係，法律可以完全承擔處理錯誤的責任。

接著我要處理政治領域。在這個領域裡主要的美德是公平正義，
一種追求共同利益的良善美德。它是政治制度的第一項也是最重要的
美德，也是適用並支持這些制度的人們的美德。但什麼樣的情感可以
鼓舞並支持正義呢？對此，再一次的，時常有人主張憤怒的重要性，
因為它可以維護被壓迫者平等的尊嚴，展現對人的尊重。我將政治領
域的探討分為兩個部分：日常的正義（第六章）與革命的正義（第七
章）。

在日常的正義裡，我將主張若狹隘地將重點放在任何種類的懲罰
上，勢必不利於正義的追求，尤其是刑法上的應報主義，即使經過縝
密思量亦然。最重要的是社會應該採取一種**預先處理**（*ex ante*）的觀
點，分析整體的犯罪問題並尋求往前進的最佳策略。此種策略確實包
括懲罰違法者，但那只是更大方案中的一部分，其他內容還包括營
養、教育、健康醫療、住屋、就業與其他更多環節。雖然我無法在本
書裡完整探討真正需要的社會福利這個大問題，但我至少會說明梗
概，然後檢討其中最閃耀的刑罰制度。

　　那麼革命的正義又如何呢？人們往往相信在幫助被壓迫者主張自己的權益並追求正義的過程中，憤怒是高貴又重要的。就此我認同聖雄甘地與小馬丁・路德・金恩的理論，他們認為對於追求正義來說，憤怒不只是沒有必要的，對於有助建構未來正義社會的慷慨與同理來說，憤怒也是一種障礙。憤怒在前述的三個工具性層面可能仍具備有限的效用（信號、激勵、嚇阻），不過有一點很重要，一個革命運動的領導者與其許多追隨者經常不同於常人，他們既是斯多噶派禁欲者也是充滿愛的生物，就像曼德拉的思想與生命所彰顯的。他們或許也沒那麼不一樣，畢竟人類的生命確實會有讓人意外的喜樂與慷慨大度，適合用於建立前所未有的鴻圖大業。

　　當然將這些領域截然二分太過簡化了，因為它們以許多方式交互影響。家庭是愛的領域，也是法律所形塑的一種制度，甚且也會出現許多法律必須嚴肅以待的惡行，例如性侵、傷害、虐童。再舉例來說，職場歧視是中間領域的惡行，但也可能構成種族或性別歧視，騷擾或過失侵權行為，因此屬於法律的範圍，也可採取謹慎而節制的**轉化的憤怒**（從憤怒女神變成慈善女神）。此外，不同於在飛機上及路上偶遇的陌生人，我們與同事的關係是持續性的，且有相當程度的重要性：這樣的關係介於親密愛人或朋友與萍水相逢的無禮傢伙之間。而且如同我強調的，對他人的嚴重犯行，例如身體傷害、性侵、殺害，都是中間領域的違法行為，對於這些惡行必須在不同的層面加以分類，而後找出適當的回應態度。

　　同樣重要的是，政治領域不只是司法公正的領域。一個國家若想要生存下去並鼓勵人們關切共同的利益，在公共領域裡也需要一些慷

慨與不追究的精神，對各式各樣的錯誤都窮追不捨可能會過了頭，有
礙集體行動；而我認為這樣的精神亦適用於個人領域。那確實也是艾
斯奇勒斯的重要見解：不應將家庭中最糟糕的惡毒與嗜血性格引入城
邦，反而應該強調家庭中最美善的信任與關愛。

三、道歉與寬恕的文化

　　雖然我的核心主題是憤怒，以及在上述三個領域中如何妥善管理
憤怒，但我的計畫中有個子題是對「寬恕」做批判性的檢視，因為在
面對壞事時它顯然極有可能取代憤怒而成為主要態度。寬恕這個主
題在當代論述中廣獲探討。令人意外的是在艾斯奇勒斯的《歐墨尼得
斯》裡顯然沒有這個概念，（我認為）在所有古希臘倫理學的論述中
也付之闕如，[18] 但是在當代對於憤怒的論述中，寬恕的概念至為重要。
因此我也將探討寬恕，看看那些視寬恕為核心政治價值與個人美德的
主張。最終，清理了橫亙數世紀的遺緒，我們還是要回到艾斯奇勒斯
的智慧，至少是在某些重要層面。我們將因此更能夠清楚明白《歐墨
尼得斯》給予當代世界的洞見。現在讓我介紹一下這個子題。

　　我們活在一個常被形容為「道歉與寬恕的文化」裡。[19] 隨便在亞
馬遜網路書店上搜尋，就能找到許多含有這類標題的書籍。大部分的
作品都屬於大眾心理學與自我成長類。通常他們將寬恕的概念與「旅
程」或「道路」作連結，這樣的旅程或許由治療師帶領，受害者就

---

18. 參閱 Konstan (2010)，第三章將進一步討論。
19. 參閱 Griswold (2007, xxiii)。Griswold 未明確肯定這項發展。若要進一步研究這些問題，尤其像我所做
　　的研究，他那細膩且謹慎論理的著作是不可或缺的起點，當然我的結論有些與他的主張相悖。

能夠從某種痛苦的可怕境地轉化至幸福可愛之地。我最喜歡的標題之一是《最貧窮的哈佛女孩：那一段飢餓、無眠與被世界遺忘的倖存歲月》（*Breaking Night: A Memoir of Forgiveness, Survival, and My Journey from Homeless to Harvard*）。[20] 請想像一下：從無家可歸的驚懼，以及可以想見這樣的生活會讓一個年輕人多麼憤怒的情況下，主角展開一段寬恕的旅程，最後抵達世人渴求的目標。

寬恕是「非常『應時』的主題」[21]，不管在政治上還是哲學上都有眾多的擁護者。政治領袖讚揚它的潛在益處，即使從未談過寬恕的領導人也被說成心懷寬恕而受到讚賞；不讓人意外的，曼德拉的眾多回憶錄中都提到寬恕，但這實在令人遺憾，因為我們可以看到他事實上並未使用這個概念，而是以不同的概念建構他的行動。[22] 另一方面，愈來愈多哲學文獻強調寬恕這項美德，以及它對個人與政治關係的好處。[23] 確實也有抱持不同意見的人，但通常是往更嚴苛的方向走，強調應報與報復的益處。[24] 例如杰弗瑞・莫菲（Jeffrie Murphy）的研究，他一再主張佩雷爾曼（S. J. Perelman）的雋語：「為惡是人性，原諒是太懶。」[25] 人們似乎對於從另一個角度批判寬恕不感興趣，也就是說無論採取何種傳統的交易模式，寬恕其實都顯示出一種過度追究與懲罰性的心態。不過這有點說得太遠了，首先我們必須先瞭解「寬恕之旅」如何展開。

20. Murray (2010)。這本書的內容其實比標題看起來好很多，甚且與寬恕無關：作者顯然從頭到尾都對她父母採取寬容且不論斷的態度，她甚至沒想過要寬恕他們，因為她深愛他們。
21. Murphy (2003, viii).
22. 參閱第七章。
23. Murphy (2003) 與 Miller (2006) 是主要範例。
24. Griswold 的著作是最佳範例，極詳盡周延，也平衡討論了其他人的觀點，並有完整參考書目。
25. 參閱 Murphy (2003, ix ,19)。

　　一般來說，寬恕的道路始於人們對於他人所造成的傷害感到極度憤怒。然後透過某種包含面對、認錯、道歉與「處理」在內的程序，受害者以勝利之姿崛起，消除憤怒的情緒，他的主張完全獲得理解，所以他願意施予不憤怒的恩惠。那就是我所說的「交易式的寬恕」（transactional forgiveness），在歷史上極具影響力，今日亦常見。將它看成今日世界的標準寬恕形式應該說得通。[26]

　　如同第三章將顯示的，這些寬恕的程序源於猶太教與基督教的世界觀，也依此成形，特別是透過有組織的宗教加以建構，而其主要的道德關係存在於全知的上帝與可能會犯錯的凡人之間。上帝保有我們一切過錯的紀錄，那是一分永久的清單，是在最後審判時迎接我們的**判書**（liber scriptus）。[27]如果有足夠的哀求與道歉（通常要自我貶低），上帝可以決定免除某些或全部的過錯，並給予痛悔的人們天堂的祝福。貶低自己是上升的前提。[28]因此人與人之間的關係屬於第二階段，而且如同與上帝的關係，也包含記錄功過、認罪、貶低自己、不可抹滅的記憶。

　　這樣的情感與行動未見於古希臘羅馬的倫理學，儘管傳統中確實包含某些跟寬恕很像的重要態度，例如好脾氣、慷慨、同情理解[29]、赦

---

26. 參閱 Griswold (2007) , Konstan (2010)。Konstan 主張此種形式的寬恕表現出「英文的嚴格或豐富意涵」（P.57），從而也表現了寬恕的「完整意涵」。
27. 出自 Dies Irae，安魂彌撒中的一段：判書將呈上，載明一切言行，世人將受審判（Liber scriptus proferetur, in quo totum continetur, unde mundus iudicetur）。相關全文，請參閱第三章最後。
28. 讚美詩繼續這樣吟唱：敬虔屈膝跪求，我心痛悔如灰，請在末日垂憐（Oro supplex et acclinis, cor contritum quasi cinis gere curam mei finis）。
29. Suggnōmē 時常被錯誤地連結到寬恕（參閱前注 15），甚至被翻譯成那樣：參見 Oxford, Aristotle, Nicomachean Ethics 譯本 IV.5, 1126a1-3。Griswold 有關希臘人的此等討論也時常過了頭。我在有關亞里斯多德《修辭學》的討論中寬鬆使用「寬恕」這個詞，參閱 Nussbaum (1999a, 161)，而在此我要撤回。Konstan(2010) 提出很重要的一點，不像寬恕那樣，suggnōmē 時常涉及否定或減輕責任：參閱 P.28-33，以及有關拉丁字 ignoscere（赦免）的類似論點，P.55。

免，最重要的是懲罰時懷著慈悲——對於這些用詞，翻譯者與評論者有時便帶入了寬恕之旅的意涵。然而，如同我將論證的，所有這些詞彙在關鍵層面上均迥異於當代所謂的寬恕，而且也為那些拒絕接受當代寬恕意義者所採用。[30]

就算人們想像任何他們所崇敬的上帝，在卑微與貶低的認罪概念下顯然有些讓人特別不快的成分，更不用說想到了自己的朋友、家人與同胞，這樣的不快情緒會更加強烈。的確，要調和這些態度與傳統的無條件之愛是非常困難的（第三章將說明）。此外，若認為人間種種戲碼都圍繞著自己而展開，是自己受了某種苦以及得到贖罪的機會，顯然也是過度自戀。（判書中讓人驚訝的自戀成分在於認為整個宇宙的重要紀錄上有自己的姓名，而這種自戀成分在人際領域中同樣存在。）簡言之，交易式的寬恕不僅無法消除憤怒的惡害，似乎只是用另一個名稱延續憤怒中對於報復的渴望。

某些大致上屬於猶太教與基督教傳統的思想家會避免落入交易式寬恕的概念；巴特勒主教與亞當‧斯密都是很有價值的參考。（雖然巴特勒使用「寬恕」這個詞，但他所說的與我所反對的記錄功過的心態較無關，比較屬於純然的慷慨與人道。而斯密完全迴避使用「寬恕」，改採西塞羅式的用詞「人道」。）在第三章的時候我也會論證猶太教與基督教的文本與傳統都包含交易式寬恕的替代概念，以慷慨、愛、甚至是幽默取代讓人畏怖的贖罪與強迫懺悔。其中有兩個替代概念頗為突出。首先是**無條件的寬恕**（unconditional forgiveness），在受害

---

30. 在此我贊同 Konstan (2010), Konstan (2012, 22) 的主張。 Robert Kaster 有項讓人印象深刻的情感研究也得出相同的結論：參閱 Kaster (2005, 80-81)。另一項有趣的對照是比較交易式寬恕與古代的求赦：參閱 Naiden (2006)，在 Konstan (2010, 13) 裡有所討論。

者的自主選擇下放棄憤怒的感覺，不強迫先行悔罪。第二個則是我更喜歡的**無條件的愛與慷慨**（unconditional love and generosity）。我檢視了聖經中提到這些美德的章節，並逐一探究它們能否作為替代的道德方案。

　　整體來說，我將論證尼采的直覺是對的：他看到猶太教與基督教的道德觀中某些重要層面，包括交易式寬恕的概念，認為那其實是一種替代的仇恨心，也是隱藏的怨恨，極不慷慨，事實上也無助於人類彼此的關係。然而，他錯在未看出同一套傳統中的多樣性與複雜性。無論猶太教或基督教都包含我所討論的三種態度。

　　但我們仍應謹記，並非所有稱為「寬恕」的事物都具有交易式寬恕的特徵。當寬恕廣泛被視為是一種美德，許多沉浸在猶太教與基督教傳統的作者便把它運用在生活各領域。[31] 有時候要說在那裡能找得到**無條件的**寬恕也不正確；所謂的「寬恕」最好理解為某種無條件的慷慨。因此，並不是每一個讚揚曼德拉具有「寬恕」美德的人都將其連結到交易式寬恕，甚至也不是無條件的寬恕（假定仍有憤怒，只是放下了）。他們可能用寬恕來描述某種慷慨，就像我將論述的，那正是曼德拉以身作則所彰顯的。但顯然還是有許多人讚揚交易式寬恕，認為那是南非和解過程中適當的美德，就像戴斯蒙・屠圖（Desmond Tutu）在他的著作《沒有寬恕就沒有未來》（*No Future Without Forgiveness*）最後一章所表示的；他在那本書裡詳細討論懺悔、道歉、謙卑、赦罪，然而他謹慎避免用這些詞語來描述曼德拉，甚或是真相與和解委

---

31. 如同我們在第三章將看到的，這種傾向也影響了翻譯：*charizesthai* 這個希臘字僅指「對……慷慨」，在新約聖經裡卻常被翻譯成「寬恕」；另一個非常不同的字 *aphiesthai* 才是寬恕的正統用詞。

員會（Truth and Reconciliation Commission）的程序。[32]

　　我將會檢視在各個領域為憤怒提出的各種辯護，而後探討傳統定義的交易式寬恕是不是我們所需的替代物。我將論證猶太教與基督教的交易式寬恕這項「美德」，在三個領域中都不是真的美德。在個人領域中，認錯、道歉與寬恕的這整套制度仍然是記仇的、缺乏愛心的，而且時常是以自己的方式進行報復。願意給予寬恕雖然看似有吸引力且慷慨大度，但反而極常顯示出伯納德‧威廉士（Bernard Williams）在另一個不同脈絡下所稱的「想太多」（one thought too many），那是一種記錄功過、追究的心態，一個慷慨而有愛心的人應當會避免這樣想。巴特勒主教警告我們小心帶有怨恨的自戀心態，而我將論證寬恕的「旅程」常常助長了自戀，並使自戀者自我感覺良好。在個人領域，最好的狀況是採取遠超過寬恕的慷慨，避免發展出任何程序性的思維模式。真真切切的，愛就表示不必說抱歉。這種說法常出現在小說裡（儘管有個優秀的古典學者也這麼寫）並不表示它就是錯的。[33] 道歉有時候是有用的，但只是用來證明未來關係仍能繼續，而且這樣的關係仍有可能產生豐碩的成果。

　　同樣的，在中間領域，道歉也扮演重要的證據角色，證明做錯事的工人或雇主仍然值得信任；那是一種有用的制度，可以在發生背叛情事之後緩和彼此以重建互相尊重的關係。但是想要迫使他人道歉，以此作為討公道或貶低他人的手段，這類的想法同樣是陰魂不散，對此我們應該保持警覺。

32. Tutu (1999).
33. Segal (1970). Segal 是位古典研究的教授，也是古代喜劇的專家，知名著作包括 *Roman Laughter: The Comedy of Plautus* (1968), *The Death of Comedy* (2001)。

　　雖然道歉在政治和解中時而扮演頗具價值的角色，但政治性的道歉與交易式寬恕並不相同。[34] 政治性的道歉經常是值得繼續合作的訊號，表述一套共同的價值觀，以此作為信任的基礎。此外，由於羞辱總是會危及和解的成功，有時候避免觸及道歉這個議題是很重要的，就像真相與和解委員會明智的作法。焦點應擺在建立問責制度，這才是打造公眾信任、表達共享的價值、跳脫憤怒與寬恕戲碼的要點，也才能真正建構信任與和解。

　　什麼樣的價值能夠做到這些呢？慷慨、正義與真相。

---

34. 在此我贊同 Griswold 區辨政治性的道歉與寬恕。

第二章

憤怒：軟弱、償還、貶低

我們對那些表現謙卑且低聲下氣的人心平氣和。因為他們似乎承認自己低於我們……對那些謙卑的人我們發不了脾氣，即便連狗兒也是如此，牠們不會咬坐下的人。

—— 亞里斯多德，《修辭學》*Rhetoric*

一、憤怒：失去的連結

憤怒有兩面評價。一方面，憤怒被視為是道德生活中有價值的部分，對人際關係來說是必要的，不論倫理面或政治面。典型且重要的主張是彼得・史卓生（Peter Strawson）提出的「反應的態度與感受」（reactive attitudes and feelings），「怨恨」（resentment）是主要之一，這些態度與感受在人際往來中扮演根本角色，也與自由及責任的核心概念相關。[1] 其他哲學家也把憤怒與自尊、對抗不正義連結在一起。[2]

另一方面，西方哲學傳統認為憤怒是妨礙良好人際互動的主要威脅，包括艾斯奇勒斯時代的政治思想[3]、蘇格拉底與柏拉圖[4]、古希臘羅馬的斯多噶學派、十八世紀哲學家巴特勒主教與亞當・斯密，以及眾多更為近期的學者都如此以為。誠如巴特勒所說：「沒有任何其他原則或熱情是以他人的不幸為目的。」[5] 因此他對於上帝顯然將憤怒植入

---

1. Strawson (1962)。史卓生並沒有說怨恨是一種情緒，也確實未將它歸入憤怒，儘管他認為那是人們可以感受到的。他對於情緒的哲學分類不感興趣。然而，華萊士（R. Jay Wallace）整理了史卓生的觀點，卻將「反應的態度」視為情緒：「就史卓生的觀點來說，諸如罪惡感、怨恨與憤慨等情緒，也就是他所謂反應的態度，對於理解道德責任與其條件來說至為關鍵。」參閱 Wallace (1994, 18)。我想華萊士對史卓生的看法是對的，但是這種詮釋問題在我的論證中並不重要。關於我對怨恨與憤怒的看法，參閱附錄三。
2. 參閱 Hieronymi (2001)。
3. 參閱 Allen (2000; 1999)。
4. 參閱 Vlastos (1991)。
5. Butler (1827).

人類本性感到困擾。西方以外的思想傳統同樣相信憤怒具有毀滅性
（尤其是佛教與部分印度教宗派）。[6] 時至今日，將憤怒視為病態的想法
也促成了許多當代的治療學論著，這些作品強調人們若執著於憤怒情
緒，就必須由外力介入處理（或建議自助自救）。由於在道德生活中
憤怒被認為是個嚴重的問題，於是寬恕顯得如此重要，它通常被界定
為緩和憤怒的一種態度。

　　這兩種主張可能都對：在道德生活中，憤怒可能是有用但危險的
工具，它容易過度，也容易發錯脾氣，但仍有不可取代的貢獻。（巴
特勒如此認為。）另一方面，也可能這兩種主張中的某一個其實比較
有道理。在此我是如此主張。但是除非我們先對憤怒是什麼有更清楚
的瞭解，否則難以拆解這些問題。

　　整體而言，晚近的哲學家鮮少投入時間分析情緒。史卓生提出
的「反應的態度與感受」影響卓著，其中包括罪惡感、怨恨、憤慨，
所有這些都是他人的意志與我們之間的關係；[7] 還有華萊士（R. Jay
Wallace）極重要卻高度抽象的「反應式情緒」（reactive emotion）的分
類評價。[8] 儘管在某些脈絡底下清楚分辨所談的究竟是哪種情緒極為重
要，但哲學家經常跟隨史卓生的主張。[9] 在此同時，認知心理學家提供
了豐富資料以便詳細分析憤怒的要素，[10] 但由於他們的計畫不在給出定

6.　Santideva (1995, 45-62).
7.　Strawson(1962)。史卓生確實提到怨恨、激憤、感激及「道德非難」（P.87 及他處），然而他並未界定
　　這些情感或探究它們的內部結構。
8.　Wallace, (1994).
9.　一項關於監獄內的治療的討論將問題連結到有關責備與責任的討論，提到一長串「敵意、負面態度
　　與情緒是人類對可歸責性的典型反應：……如憎恨、憤怒、怨恨、激憤、嫌惡、不贊同、蔑視、輕
　　視」。Lacey and Pickard (2012, 3)。Hieronymi (2001) 也強調在探討寬恕之前先探討具體情緒的重要性，
　　但她未做到這點：她並未區辨憤怒中的不同要素，也未區辨憤怒與其他「反應的態度」。
10.　尤其是 Lazarus (1991), Averill (1982), Tavris (1982)，參見下文。

義，通常也就不會以適於哲學研究的方式鋪排那些資料。

　　我贊同大部分對於憤怒的傳統哲學定義，而我將主張償還或應報在某種微妙的形式上也是一種憤怒的概念。接著我會論證償還的概念在應然面上是有問題的，而憤怒亦然。有兩種可能性：憤怒的對象要不是某種重大的傷害，例如謀殺或性侵，要不就是針對錯誤的行為對被害者的相對地位的影響，像是亞里斯多德所說的貶低。若是第一種情況，償還的想法完全說不通（因為對犯錯者施加痛苦並不能消除或有效處理受害者所受到的傷害）。若是第二種情況則可能極有道理，要對方償還可以成功逆轉相對地位，不過那只是因為價值被扭曲了，畢竟相對地位應該沒有那麼重要。在論辯的過程中，我發現有一種非典型的憤怒可能沒有這些問題，而後我將說明並建議從憤怒轉化為對於未來利益的建設性思考。

二、憤怒：認知、感覺、幸福論

　　就像所有主要的情緒，憤怒有其認知／意圖上的內涵，包括一些獨特的衡量與評估。[11] 它時常不只牽涉到價值評斷，也和信念有關。

　　此外，我認為憤怒所涉及的評價與信念是「有關幸福的」（eudaimonistic）：它們是由行動者的觀點產生，標示著行動者認為重要的事物，而不僅是某些分散或客觀的價值列表。即使有時候憤怒和原則、正義、甚或普世的正義有關，那也只是因為憤怒的人將這些關注併入他自己對於人生真正重要的是什麼的想法。這種併入「關注圈」

---

11. 有關我在之前著作中曾經論述對於情緒的整體觀點，參閱附錄一。

（circle of concern）[12] 的行為未必先於觸動情緒的事件：一段生動的悲傷故事（亞當·斯密所舉的例子是中國地震的新聞）可能激起我們對那些未曾見過、未曾關心過的人們的關注。[13] 然而，除非有某種已經存在或確立的關注架構，否則這樣的情緒稍縱即逝：只要離家更近之處有讓人分心的事，我們就會忘掉遠方的人們。

情緒的幸福論在當代的心理學文獻中亦占有一席之地。理察·拉扎魯斯（Richard Lazarus）在其權威著作《情緒與調適》（*Emotion and Adaptation*，二十世紀晚期最有影響力的實驗心理學作品）中論及「核心關係」的主要情緒，這些關係對個人的「自我認同」至關緊要。[14] 就像斯密與我的主張，拉扎魯斯的論述強調情緒的客體可能是事情發生的原因和原則，但前提是個人重視這些原因與原則。

憤怒通常伴隨著各種身體的變化與主觀感受。某些身體變化總是會出現在憤怒的人身上，畢竟與憤怒有關的想法本身就是身體的變化。[15] 通常也會出現某些主觀感受，但是程度不一（無論是同一個人在不同時間，或者不同人之間），而如果是不自覺的憤怒，可能完全沒有這些感受。就像對死亡的恐懼可能潛伏在意識閾底下，但它仍會影響我們的行為；憤怒也是如此，至少在某些情況下是如此。人們常會事後才發覺自己已經氣某個人氣了好一段時間，而那種隱藏的憤怒早已經影響了個人的行為。

身體變化與主觀感受時常與憤怒相關，是憤怒的必要條件，但由

12. 我在 Nussbaum (2001) 提出這個詞。
13. 參閱 Batson (2011); Smith (1982) 討論中國地震，以及歐洲人道主義者的反應。我在 Nussbaum(2013, chs6, 9, 10) 討論過這個議題。
14. Lazarus (1991).
15. 表示跟大腦的神經化學變化是一體兩面。

於它們極不一致，無法納入憤怒的定義。[16] 對有些人來說，憤怒就像心臟周圍快要燒起來的感覺（亞里斯多德說的）。對其他人來說，憤怒可能像是太陽穴抽痛或者頸背疼痛。而在某些情況下壓根兒就沒有什麼感覺，好比對死亡的潛伏的恐懼。心理治療的一個任務就是找出隱藏的憤怒。雖然有時候治療過程（若處理不好）反而會製造出之前沒有的憤怒，但很多時候確實找出了隱藏的憤怒。

三、憤怒的要素

憤怒的獨特內涵是什麼？亞里斯多德的定義是一個好的起點。雖然這個定義可能太過狹隘無法含括所有憤怒的情況，但有助我們分析憤怒的要素。[17]

亞里斯多德在《修辭學》中主張憤怒是「一種想要報復且伴隨著痛苦的欲望，因為想像自己被那些毫無正當理由可以瞧不起自己或自己人的人給傷害了」。因此憤怒涉及：

一、輕視或貶低

二、對自己或親近者

三、錯誤或不當的行為

四、伴隨著痛苦

五、讓人想要報復

亞里斯多德以「想像」一詞強調對情緒來說，真正重要的是從憤

---

16. 關於所有這些主張，見 Nussbaum(2001, ch1,2)；關於感受的角色也可參閱 Nussbaum (2004b)。
17. 亞里斯多德的計畫是向辯士顯示憤怒的獨特內涵，以此協助他們學習如何製造憤怒或消除憤怒。這整個過程即假定憤怒大部分是由認知的評量所構成的；辯士並未激起人心中的怒火。

怒者的觀點來看，並非客觀的真實情況，而真實情況當然可能會有所不同。

　　憤怒是一種特別複雜的情緒，因為它包含痛苦與快樂。亞里斯多德簡單地表示期待報復是愉快的。他並未釐清此間的因果關係，但很容易便能瞭解：我們認為傷害造成了痛苦，而報復則是為了回應傷害。而且憤怒也是一種雙重考量，既考量個人，也考量行為。我們可以用非亞里斯多德式的詞語釐清這個問題：憤怒的**對象**通常是人，那個人被認為是造成損害的人，他做了錯誤或不對的事。「我**對**如此這般的事感到憤怒。」而憤怒的**焦點**是可歸因於這個對象的行為，是一種不法的損害。[18]

　　傷害也可能是悲傷的焦點所在。但是悲傷的關注重點在損失或損害本身，欠缺目標對象（除非是某個失去的人）；而憤怒始於造成損害的行為，認為那是對方故意造成的傷害，於是一個人才會變得憤怒，他的憤怒指向那個對象。因此憤怒必須有因果關係的思考，而且某種程度上必須能區分對錯。[19] 損害可能是發生在那個因此感到憤怒的人身上，或者是發生在他關注圈內的其他人身上。

　　從現代直覺的觀點來看，亞里斯多德的定義裡最容易理解的部分在於強調痛苦，以及強調錯誤所造成的損害。究竟別人的錯誤行為如何造成受害者的痛苦呢？那個人看到（或相信）他深深關切的某種事物已經受到損害。被損害的事物必須確實被認為是重要的，否則就不會讓人感到痛苦。這種痛苦在某個程度上與悲傷中所感受到的痛苦相

---

18. 在此我是依照亞里斯多德定義的晚近版本，將不法的損害替換為貶低，而我認為那過於狹隘。
19. 這種理解可能有些粗糙：Paul Bloom 的研究顯示嬰兒早在一歲時就對公平概念有初步瞭解，還有一種不完全的應報想法：參閱 Bloom (2013) 與附錄三。

似。它依循著感覺到的損害程度而定。儘管如此，憤怒中的痛苦通常也會對他人（據信）做出的錯誤行為進行內部參照：看到自己的孩子被謀殺的痛苦不同於孩子意外死亡所感受到的痛苦。（亞里斯多德時常強調快樂與痛苦本身有明確的內容：痛苦是**對於**〔依照當事人所相信〕已經造成的傷害感到痛苦。那是一種具體的痛苦。）

至於不當的傷害：即使有人不小心造成我們的損害時我們會感到不快，但唯有在我們相信（無論正確與否）損害是由那人或那些人造成的，而且是以不正當的或錯誤的方式，我們才會憤怒。拉扎魯斯舉了個例子，店員因為忙著講電話而忽略了某個顧客的需求，顧客會覺得被不當地輕視了，但如果她瞭解那通電話是說那位店員的小孩需要緊急就醫，她就不會憤怒，因為她明白那確實比較重要。[20] 當然，我們並非任何時候都如此理性，真正重要的是我們如何看待一個情況：唯有當我們將損害**看作**是不正當時，我們才會憤怒。（未必是**道德上**的錯誤，某種不法即可。）

然而，眾所皆知人們有時也會因為無生命的東西感到憤怒，而它們根本無法做什麼壞事。斯多噶學派哲學家克律西波斯（Chrysippus）已經指出這種行為，他提到有些人一時打不開門就會咬鑰匙或踹門，如果絆到石頭就會踢走它，同時「說一些最不得體的話」。[21] 一九八八年《美國醫學會期刊》（*Journal of the American Medical Association*）上有篇討論「對自動販賣機發脾氣」的文章：有些男人會因為投了幣卻未掉出飲料而氣得踹機器或猛搖機器，[22] 此種情況造成十五件傷害事故，

---

20. Larzarus(1991, 219).
21. Arnim (1964, III.478)，比較怨恨 (1991, 224)。
22. 這似乎確實是男人的症狀，至少這個研究顯示如此。又或者是因為女人表現憤怒時不會用力把機器踹倒，也可能是她們不想因此弄壞自己的鞋子。

其中三件還致命。（機器倒下來壓死人。）[23] 這些熟悉的反應是否表示憤怒其實不必有不當損害的想法呢？我認為不應該這麼想。我們總認為自己有權得到那些為我們服務的東西的「尊重」與配合，如果它們顯然沒有做好「該做的事」，我們就把它們當作壞人。在大部分情況下，我們很快就會知道這麼想是沒道理的。

巴特勒表示有一種憤怒是「突然發怒」，也就是當某件事阻礙或干擾我們時，我們會出現這樣的反應，而這種類型的憤怒並不需要有「錯誤」的想法。[24] 不過我懷疑巴特勒是否真的能定義這種獨特的憤怒。「突然」這個特質不足以形成特殊的分類：一旦價值判斷內化後，我們對於自己所愛的人事物受到不當攻擊時會很快產生憤怒。當某個人用槍指著你的孩子，你不會停下來思考。同樣的，我們也難以確定憤怒的人是否明白他所遇到的「阻礙」並不是真的錯誤，想想那些自動販賣機。舉例來說，當需求未獲滿足時嬰兒也會暴怒。但隨著我們對嬰兒的認知能力愈來愈瞭解後，可將這樣的憤怒歸因於一種不成熟的判斷形式：「我應該得到那個東西，可是爸媽不給我。」[25] 整體來說，雖然在嬰兒時期有些難以確定的情況，但亞里斯多德所提出的「錯誤」概念是成立的。[26]

比較有問題的是亞里斯多德所局限的「自己或自己人」：當我們關切的某件事或某個原則被攻擊，或者當某個陌生人受到不法侵害

---

23. Tavris (1982, 164, cf. 72)，亦可參閱 (1982, 166)。
24. Butler(1827)。
25. 如果我們接受佛洛伊德所謂「嬰兒全能感」的心理分析概念，也就是「嬰兒陛下」的想法，則可以更進一步指出：嬰兒期待別人伺候，以自我為中心，認為任何有違此種期待的事情都是錯誤的損害。換句話說，他人真實而完整的存在，過自己的生活而不只是嬰兒的奴隸，這件事本身就是一種錯誤的損害——這是人類發展過程中的一大問題。
26. 參閱附錄三。

時，我們肯定會憤怒。是的，的確如此，但亞里斯多德說那是因為那
些人事物已經變成我們關注圈的一部分。換句話說，「自己或自己人」
只是表示憤怒與其他情緒都具有幸福論的架構。這種論調看似正確：
我們不會對世界上的每一個死亡感到悲痛，只有那些與我們親近者的
死亡會讓我們難過；我們不會對世界上任何壞事感到憤怒，只有那些
觸及我們核心價值的會讓我們生氣。生動的敘事可能將遙遠的對象帶
入我們的關注圈而突然啟動我們的反應。假如有人活靈活現地告訴我
們發生在遙遠國度的一場大屠殺，我們可能會為那些被殺害的人感到
憤怒，即使他們先前不在我們的關注圈裡。斯密的論點依然成立：只
要那些人還是我們關注的對象，情緒便能夠延續。一旦關注不再（例
如因為更切身的關注事項而分心），情緒就消逝了。

　　亞里斯多德所說的「輕視」或「貶低」是更有問題的。我們立即
會聯想到一種榮譽的文化，在其中人與人之間有階級之別，主要的壞
事實際上就是一種貶低地位的行為。當然我們可以反駁說許多損害確
實涉及我們所珍視的事物，但不會被視為地位的貶低。後來的希臘羅
馬哲學修正了亞里斯多德的條件，就像我所做的那樣。塞內卡以「錯
誤的傷害」來定義憤怒，而不是「輕視」。[27] 斯多噶學派的標準定義是
相信「一個人受到錯誤對待」。[28]

　　亞里斯多德真的搞錯了嗎？我會論證他確實弄錯了，但錯誤沒有
你想的那麼嚴重：他已經捕捉到憤怒中一種常見的思考模式，儘管並

---

27. *De Ira* I.2。不幸地此作品的這部分有所缺漏，編輯者以後期基督教作者的引述補上。顯然塞內卡說
明了多項共通的哲學定義，而不是自己做定義。
28. Arnim (1964, III.397)：希臘文是 *ēdikēkenai dokountos*, 拉丁文 *qui videatur laesisse iniuria*。關於此種轉變
亦可參閱 Harriss (2001, 61)。

非總是存在。

　　首先談談錯誤的地方。亞里斯多德的支持者再次引用幸福論為他提出的定義辯護。拉扎魯斯試圖提出一種廣泛的定義，而不是只與榮譽的文化有關，他讚揚亞里斯多德的定義掌握了傷害個人珍視事物的普遍概念。

　　然而拉扎魯斯的主張不是很有說服力。並非所有關於幸福的傷害（傷害到憤怒的人認為重要的東西）都涉及貶低個人。對某件事或某個原則的傷害通常和幸福有關，卻未必牽涉到自我貶低。即使憤怒的焦點在於所愛的人受到傷害，憤怒者通常不會認為造成損害的人是要貶低她。她感受到幸福受到了損害（若從她的價值與關切來看，損害的嚴重性會放大），但並無個人地位被貶抑的感受。所以亞里斯多德的論述過於狹隘。

　　然而，貶低的概念在解釋上的可能性超出我們一開始的想像。有種自我感覺良好的想法以為榮譽的文化只存在另一個時空或另一個地方（例如人們想像的中東），但事實上美國人執著於地位、金錢及其他特質的位階。甚且「榮譽殺人」（honor killing）是某種文化（中東？穆斯林？）的產物這樣的想法也需要重新思索。在義大利，親密伴侶間的暴力事件發生率比約旦高出一些，[29] 而我們也可以說在許多國家中，殺害女性的許多案件都牽涉到男性榮譽與競爭性損害的感受。[30]實證心理學家卡洛‧塔夫洛斯（Carol Tavris）在美國進行了廣泛的憤怒研究，結果發現「侮辱」、「輕視」、「自尊受傷」、「覺得自己毫不受

---

29. Lecture by Rashida Manjoo, UN Special Rapporteur on Violence Against Women, University of Chicago Law School, May 14, 2013.
30. 參閱 Hossain (2013)。

重視」等說法普遍可見。[31] 人們關心自己的地位，現在過去皆然，而他們會發現有無數會威脅到自己地位的行為足以惹他們氣憤。

　　從現在開始，我會稱這種被貶低的感覺為**地位傷害**（status-injury）。地位傷害的核心概念也包含「錯誤」的概念，如同亞里斯多德提到的，地位的貶損通常是有意的：如果某個人不小心做出某個行為，我不會認為那有損我的地位。（想想店員講緊急電話的例子。）然而，我們應該擴大亞里斯多德的論述範圍，包括人們不自覺地詆毀或侮辱別人的多種情況。當此種行為的目標對象以地位受損的憤怒加以回應時（例如職場中的地位貶低），他未必認為老闆是有意侮辱他。但是他或許不需要想太多，那種言語是信念與行為模式的一部分，是關乎受僱者地位的一種態度，若老闆採取了就應該負責。

　　憤怒時常和地位的傷害有關，雖然並非總是如此。而地位傷害有一絲自戀的味道：它並非聚焦於行為的錯誤，因為若是如此會使人更關心同類的惡行；相反的，它過度聚焦於憤怒者自己及其相對於別人的地位。

　　關於此種傷害，不論亞里斯多德還是拉扎魯斯都強調個人的不安或脆弱的影響：我們若覺得不安，或覺得對於受到妨礙的目標欠缺控制，便容易感到憤怒，而且那反映了我們期待或渴望控制的程度。憤怒的目的是要回復失去的控制，或至少讓我們有重獲控制的幻覺。[32] 如果某個文化讓人很容易覺得受傷害且被貶低，某種程度上它便鼓勵了這種地位式的憤怒。

31.　參閱 (1982, 72, 94)。
32.　Lazarus (1991, 221). Tavris (1982, 152-3).

四、憤怒與償還

　　憤怒的目的是什麼？哲學傳統認為情緒具有雙重發展。這種從引發痛苦到做出反應之間的雙重發展如此顯著，以至於古代的分類學研究者將憤怒定義為一種展望未來之善的情緒，而非只是回應當前的惡；儘管當他們更深入探討後就會承認這兩個面向同時存在。亞里斯多德強調以未來發展為特性的憤怒是愉快的，那種憤怒是建設性的，而且與希望連結。這種想像的償還被認為在某程度上能夠緩和痛苦或彌補損害。[33]

　　但確切是如何運作的呢？痛苦如何引發那種我們在許多案例中與憤怒連在一的攻擊或反擊的行為呢？為什麼受到重大損害的人會懷著希望並展望未來能懲罰犯錯者呢？如果用非認知的理論闡述憤怒，就再無後續的討論：那就只是先天機制的運作方式。但是我們的理論並非如此，所以我們必須試著去暸解這個謎團。那確實是個謎團：對犯錯者做什麼都不能讓死人復活、讓斷掉的手腳再接上，或抹消性侵害的事件，那麼為什麼人們這麼相信呢？或者，確切地說，他們真的相信報復有絲毫道理嗎？

　　雖然哲學傳統認為期望討回公道是憤怒概念的必要部分，然而我們最好先確認這樣的觀點是否正確。令人印象深刻的是有如此多一流的思想家，從亞里斯多德與斯多噶學派到巴特勒與斯密，一直到最近的實證心理學者，例如拉扎魯斯與詹姆士・亞維利（James Averill）都同意這一點。他們長期以來堅信那樣的概念，如果說他們都錯了未

---

33. 也可參閱 Lazarus (1991, 225)，他主張這個目標在區辨憤怒與焦慮時至關緊要。

免讓人吃驚。然而，讓我們再想想，憤怒並非唯一具有雙重發展的情緒。許多情緒都包含往回看的評估，以及朝向未來目標的行動。

　　例如憐憫之情，一方面看著降臨在別人身上的厄運；一方面也有朝向未來的行動。當我因某個人受苦而感到憐憫時，我時常想像可以如何幫助對方，而且也會實際去做。丹尼爾・巴特森（Daniel Batson）的研究顯示助人的傾向是相當強烈的，只要這樣的行動是可行且成本不高的。不過憐憫與幫助之間的連結通常被認為是偶然且隨機的，而非概念上必然的。憐憫的哲學定義（從亞里斯多德、斯多噶學派、斯密、盧梭、以至於叔本華）並未指出助人的傾向是這種情緒的必要成分。[34] 我想這可能是正確的：其間的連結性可能是隨機且外在的，而非概念上必然且內化的。我們可以在憐憫別人的同時卻沒有為他們做任何事，例如對那些在洪水中淹死的人，或者我們沒辦法幫上忙的遠方異族。

　　然而，就憤怒來說，朝向未來的目標通常被認為是這種情緒的一部分，若沒有這樣的目標，那就只是某種痛苦，而非憤怒。（回想一下，巴特勒主張憤怒的內在目標就是人類同胞的苦難。）首先，我們必須釐清這麼說是否正確，亦即是否真的有某種概念上的連結，而不只是偶然。其次，我們必須更精準地釐清痛苦與反應的連結。

　　讓我們先釐清這個主張說了什麼。它並不是說憤怒在概念上帶有暴力復仇的期望；也不是說憤怒必然表示想要親自讓加害者受苦。因為我可能不想親自報復，而是想要由別人或法律或讓生命自己為我做主。我只是想要為惡者受苦。而那樣的受苦可能相當微妙，有人期望

---

34. 傳統上對於憐憫的不同論述，參閱 Nussbaum(2001, ch6)。

是身體的傷害，有人期望是心理上的不快樂，或者是希望那個人不得
人心。有人可能只是希望做錯事的人未來變得很悲慘（例如不忠的前
夫或前妻再婚也過得不快樂）。有人甚至僅僅認為對方以壞人的身分
繼續活在黑暗的人生裡就是一種懲罰，但丁所想像的地獄就是那樣。
我在這裡所要探究的（以及最終接受的，帶有一個重要限制）是憤怒
在概念上帶有希望事情會往對做錯事的人不好的方向發展（可能只是
模糊的想法），以此作為為惡的償還。他們應得報應。

　　我們來研究一下這一點，想想各種不同的情況。先從最基本的場
景開始：侵害者Ｏ在校園裡性侵了安琪拉的好友蕾貝卡，當時安琪拉
跟蕾貝卡還是學生。安琪拉知道這件事發生，也知道傷害的嚴重性
及當中的惡意：她知道Ｏ心智成熟，明白自己的所作所為是錯誤的。
（我選擇以性侵為例而非謀殺，是讓安琪拉有更多可選擇的行動與期
望，相較而言謀殺的選擇較少。而安琪拉作為朋友的身分，有更多餘
裕可以選擇如何定位自己。）大部分的性侵案件發生在熟人之間，但
對我來說，這個領域有其特殊的複雜性，涉及陌生關係中所沒有的信
任與傷痛，所以姑且讓我將這個案件假設為（概念上較簡單的）陌生
人性侵，或者無論如何並非那種有持續密切的關係、帶有信任與深層
情感的人所為的性侵。

　　狀況一。安琪拉對於蕾貝卡被性侵的事情感到痛苦。她認為她的
關注圈，也就是她深刻關切的人事物，受到嚴重傷害，而且她正確
地相信那樣的傷害是錯誤的。她採取行動想要減緩傷害：她花時間陪
伴蕾貝卡，她努力協助她進行治療，她投注許多精力補救蕾貝卡的生
活，從而也補救她自己的關注圈所受的損害。截至目前為止安琪拉的

情緒似乎是悲傷／憐憫，而我認為標準的定義是正確的，因為這種情緒不是憤怒，即使引發悲傷情緒的事件是錯誤的行為所導致。在這個情況裡我們應該注意到安琪拉的情緒主要是針對蕾貝卡受到的損失與痛苦，而非犯罪行為本身；就此而言，她的情緒目標是蕾貝卡，而非性侵犯。

狀況二。安琪拉對蕾貝卡被性侵感到痛苦與一些其他情緒。她做了狀況一裡提到的所有事情，從而表現出她的憐憫之情。但她也在乎不法的行為，她的痛苦中還包括某種針對惡行的痛苦，這種痛苦在某種程度上不同於對蕾貝卡受苦所感受到的痛苦。這種額外的痛苦導致她想要針對不法情事做些什麼。所以安琪拉組織了一個團體以支持性侵受害者，她也捐款給類似團體。她宣傳呼籲建立更完善的公共安全措施以避免性侵發生，並且更妥適地處理校園性暴力的問題。（再一次，我區別了涉及信任與愛的這種複雜的熟人性侵事件。）安琪拉不僅重視蕾貝卡的痛苦，也重視行為的錯誤，而且展望未來希望能改正錯誤。我們是否應該說安琪拉的情緒是憤怒呢？我認為我們通常不會將安琪拉的情緒稱為憤怒。我們傾向於認為那是一種由道德激發的憐憫，和我因為熟人挨餓受凍而呼籲提供更好的福利以協助所有人的那種憐憫差不多。就像狀況一，那種情緒並不以侵害者為目標，它的對象是蕾貝卡，還有其他處在與蕾貝卡相同處境的女人。侵害者會被考慮進來只是因為安琪拉的未來目標在於停止類似的傷害。因此安琪拉思考的是整體的效益（在狀況二裡，關於憤怒界限的功利主義觀點首次出現）。

狀況三。安琪拉感到痛苦與一些其他情緒，如同狀況一與二的現

象。而就像在狀況二，她關注O的不法行為，她可能呼籲採取普遍的措施以避免未來發生同樣的損害。但這一次她也看向O。她試圖藉由**讓侵害者痛苦**來彌補損害。由於她的關注圈受損，她希望不好的事也發生在O身上（無論透過法律或非法律的手段）。在此我們似乎終於碰到憤怒，如同哲學傳統對憤怒的理解：報復與期望未來的發展讓受害者痛苦，**如此才能減緩或補償受害者**的痛苦。

接下來的問題是，為什麼？為什麼一個理智的人會認為對侵害者施加痛苦能減緩或消除她自己的痛苦？這裡似乎有某種神奇的思考。實際上，嚴厲地懲罰侵害者鮮少能修復損害。對蕾貝卡來說，增加O的痛苦完全無法改善她的情況，至少在一般人可以理解的範圍內是如此。麥可·喬丹（Michael Jordan）在他父親被謀殺之後的一場電視訪談中，被問到如果能抓到凶手他想不想要處死對方。喬丹悲傷地回答：「為什麼？那也無法把他帶回來。」[35] 這種充滿智慧的回答很罕見，或許只有喬丹這種充滿男子氣概的人才有勇氣這麼想且這麼說。[36]

討公道的想法在我們大部分人的想像中是根深柢固的。追根究柢它們可能來自宇宙秩序平衡的想法，那是難以動搖的，而且是我們演化而來的天賦本能。[37] 的確，西方哲學最初保留下來的隻字片

---

35. 我在健身房運動時聽到這段新聞訪談，所以沒辦法錄下來。但確實有這一段。喬丹的父親在一九九三年被謀殺。嫌犯 Daniel Andre Green 在一九九六年被判處無期徒刑。（陪審團否決死刑。另一個嫌犯 Larry Demery 接受了認罪協商條件才供出 Green。Demery 在二〇一六年會獲得假釋資格。）二〇一五年四月 Green 要求重審，主張在原審程序中提出的證據是假的。聯邦調查局調查發現州調查局弄混了一百九十個案件的血跡證據。

36. 對報復想法的批評可參閱 Brooks (2012)。

37. 關於這一點，參閱 Mackie (1982)。Mackie 亦贊同償還的思考毫無道理，稱其為「報復的矛盾」。Paul Bloom 有關幼兒的研究 (2013) 顯示嬰兒在一歲時就有公平的概念，但其實真正意涵是嬰兒喜歡看到做了不公平事情的人（例如搶走別人的東西）得到痛苦的懲罰：顯示根深柢固的以痛苦還報痛苦的想法，就像其他公平的想法。

語，亦即可追溯到公元前六世紀的希臘著名思想家阿那克西曼德（Anaximander）的名言，極有說服力地將懲罰制度比擬為季節變化：據說他們因為侵害而向對方「付出賠償與接受懲罰」，就像熱與乾燥驅走冷與潮濕（雖然在芝加哥不是很成功）。我們認為無論如何這是很自然的事。許多珍貴的文學作品中含有這種「報應」的概念，這給了我們強烈的美學愉悅。[38]我們不確定究竟我們從這類敘事中所獲得的愉悅是來自宇宙秩序平衡的思考，還是說這類敘事（例如全部的偵探小說）滋養並增強我們以此種方式思考的傾向。也許兩種情況都對。但我們確實這麼想，而且我們確實因為那些讓壞人受苦的故事而得到快樂，壞人受苦的意義在於平衡已經發生的壞事。然而，這種美學就像我們演化的初期歷史，可能具有誤導性。我們覺得快樂並不表示這種思考方式是對的。真的不是。性侵Ｏ並不能消除蕾貝卡被性侵的事。殺死一個殺人犯也不會讓死者復活。[39]

　　這帶我們來到一種乍看之下頗合理的替代方案：以輕視或貶低個人為重點。

　　狀況四。安琪拉感到痛苦等情緒。她相信Ｏ的惡行不只嚴重損害某個她摯愛的人，也是對她自己的侮辱或羞辱。她是這樣想的：「這個傢伙以為他可以侮辱我朋友的尊嚴而不受懲罰，他這樣想就是以為可以欺壓我，他以為我會坐視朋友被差辱。所以他貶低我也傷害了我的自尊。」在此，痛苦與報復透過亞里斯多德式的概念被連結起來，亦即認為Ｏ所造成的損害是一種羞辱或貶低。無論將Ｏ的作為解讀為

---

38. 參閱 Vermeule (2011)，以達爾文主義論述特定的故事類型。
39. 比較 Mackie (1982, 5)：「這應該是毫無疑問的，過去的惡行，正因為那已經過去，無法抹消……懲罰可能踐踏犯罪者，但那不可能抹消犯罪。」

對安琪拉的貶低有多麼不可置信（假設 O 根本就不認識安琪拉，甚至也不認識蕾貝卡），安琪拉將傷害她朋友的行為視同傷害她自己，由此也損害了她的地位。她因此認為透過施加痛苦、甚至是羞辱來貶低 O，也許可以回復平衡。[40]

　　過去與現在的許多文化始終如此認為。在大部分主要的運動中，都可以發現強調對傷害的報復，而只要規則允許（也可以超過允許範圍一點點），若競技者不反擊往往會被認為是懦弱或不像男人。儘管傷害一個人顯然不能抹消對另一人已然造成的傷害，但如果我們重視的不是傷害本身，而是地位與羞辱，則情況完全不同：報復性的回擊可以合理地看作是消除第一次打擊所造成的羞辱。貶低有多種類型，即使並不是所有情況都涉及憤怒。人們在心態上很容易從對福祉的關切（這是我的關注圈，是我所關切的）轉移到自戀式的強調地位（這攸關我以及我的驕傲或地位）。在此等情況下，報復式的回擊象徵回復了地位、男子氣概或任何東西的平衡。

　　珍・漢普頓（Jean Hampton）的分析與我的非常接近，她這麼說：如果人們覺得安全，他們不會將傷害視為一種貶低；但是人們很少有這樣的安全感。他們暗中憂懼那樣的侵害顯示出自己真的地位低下或者欠缺價值，而貶低侵害者可以證明侵害者錯了。[41] 我認為她的論述並未包含各種情況：更為直接的是，人們可能只是關心公開的地位，而且他們相當清楚若被人擺布確實會貶低地位。即使在她的子分類中，假如人們關心的是相對地位，則這樣的憂懼看起來更說得過去，

---

40. 參閱 Murphy (1988, ch1) 與 Murphy 其他著作中有關此議題的類似分析。
41. Hampton and Murphy (1988, 54-59).

因為地位比內在價值更容易受到損害。

突然間，報復的傾向變得合理，而不只是神奇的想法。對於這麼想的人，就貶低與地位階級來說，以為報復可以彌補或抹消損害的想法不只說得通，事實上確實如此。如果安琪拉成功地報復了（無論透過法律或其他方式，但始終聚焦在地位的傷害），報復確實產生一種地位的反轉而消除了傷害。安琪拉勝利了，先前很強大的侵害者現在在牢裡受苦。只要 O 的行為被認為是貶低安琪拉，報復所造成的翻轉效果真的會讓 O 的地位下降，讓安琪拉（相對）提升。

要注意的是，重點必須**完全**擺在相對地位，而非因為錯誤行為而受到損害的一些固有特質（健康、安全、身體完整性、友誼、愛、財富、好成績、其他成就），這些特質或許有助增強地位。而報復不會帶來或回復這些東西。唯有思考相對地位，對侵害者施予某種痛苦這種想法才說得通。（因此學術圈那些喜歡無禮地反駁批評者的人，以及那些相信這麼做可以讓他們自己舒服一些的人，必然只著重聲譽與地位，因為傷害別人的聲譽顯然不會讓自己的成就變得更好，或者修正別人發現的瑕疵。）

顯然安琪拉不需要以為她受到的傷害是地位貶低。那也是為什麼亞里斯多德的定義過於狹隘。的確，在這個案例中若她這麼想是滿奇怪的，因為 O 是陌生人，並不知道她與蕾貝卡的關係。但以此種方式看待傷害是相當普遍的，在人們急於否認事實如此的情況下亦然。[42]

42.　參閱 Averill(1982, 177)，說明在某項調查中詢問受試者憤怒的動機，最常見的兩項動機是「表現權威」與「討公道或報復」。

因此亞里斯多德的定義還是有幫助的。

　　現在我必須提出在後面幾章裡非常重要的一個區別。有一種特殊地位是良好的政治制度應當關注的：平等的人性尊嚴。性侵可以合理地被視為是對個人尊嚴的損害，而不只是對身體完整性的傷害。法律在處理性侵害與性侵受害者時必須考量到這一點。然而，平等的尊嚴屬於所有人與生俱來、不可讓渡，也不是相對性或競爭性的。不論性侵犯受到任何對待，我們不應希望他的平等人性尊嚴受到傷害，就像我們也不允許他傷害被害者的尊嚴。最重要的是，看到他的尊嚴被貶低，並不能讓被害人的尊嚴提升。尊嚴並非零和遊戲；就此而言，那與相對地位截然不同。[43]

　　假設安琪拉不這麼想，而是停在狀況三裡。若她的情緒是憤怒，而不只是悲傷與憐憫，她確實一開始會希望侵害者發生不好的事，她也確實（神奇地）認為這會讓事情撥亂反正，有某種反向平衡、甚或消除侵害的意味。這麼想符合人性。然而，如果她真的關心蕾貝卡，而非她自己的地位損害，她可能只有一瞬間會這麼想。神奇的地位轉換的想像或許非常強大，但對理智的人來說，這種想法不會持續多久。相反的，她可能經歷某種心理轉折，改採另一種展望未來的態度。只要她真的想幫助蕾貝卡以及與蕾貝卡地位相同的女性，她將採取狀況一與二的典型反應：幫助蕾貝卡繼續她自己的生活，組織支援團體，突顯校園性侵問題並督促有關當局更妥善處理此問題。

　　展望未來的計畫之一可能包含懲罰O。但必須注意，只要安琪拉對於如何能為性侵受害者改善這個世界有清楚且理性的思維，她對於

---

43. 關於我對尊嚴概念與其政治角色的看法，可參閱 Nussbaum (2008)，摘要說明於 Nussbaum (2010a)。

懲罰O這件事會有迥異於狀況四的看法。在狀況四中她將懲罰看作是償還或報復，或者更具體地說，是貶低或羞辱O，以此讓她與O之間的地位逆轉：女人（最重要的是安琪拉）在上，壞男人（特別是O）在下。現在她可能著眼於懲罰能真正達成的良善結果，或許有多種形式：特殊嚇阻、隔離、一般嚇阻（包括藉由公開闡述重要價值以進行嚇阻），以及可能取而代之或附加的，改造O。她為了追求未來的良善也可能透過改善教育、減少貧窮，從而預先嚇阻了犯罪。這些議題留待第六章討論。

五、三條路徑

簡言之，我認為若安琪拉真的憤怒、想要回擊，她很快就走到了岔路。她眼前有三種選擇。其一是繼續走所謂的**地位之道**，認為該事件完全是關於她自己與她同階層的人；或者她可以選擇**償還之道**，想像侵害者的受苦會讓情況變得更好，儘管這種想法並不合理；或者，如果她很理性，在探究並拒絕前面兩條路徑之後，她會留意到有第三條路可以走，那是最好的路徑：她可以專注於如何在那樣的情況下做出真正有意義的事，而且真的有助於繼續前進。這可能也包含懲罰O，但精神是要緩和及／或嚇阻，而非報復。[44]

地位之道究竟錯在哪裡呢？許多社會確實鼓勵人們將傷害視為與自己及自己的相對地位有關。生命總是帶有存在地位的焦慮，發生

---

44. 當斯多噶學者表示動物是非理性的，反對者表示有一隻叫克律西波斯的聰明狗兒，牠跟著一隻兔子走到三岔路口。牠聞一聞第一條路：沒有味道。再聞一聞第二條路：沒有味道。牠不再繼續聞，奔往第三條路。反對者說，這顯示牠已經精通三段論。安琪拉可能就像那隻狗，但我假設她不太聰明，還是在第二條路上走了一小段之後才回頭。

的每件事或多或少都會提升或降低個人的地位。亞里斯多德的社會大致上也是如此，就如他自己的描述，而且他也強烈批判此種傾向，因為他認為過度強調榮譽會損害內在善的追求。第一條路徑的謬誤並不愚蠢，卻也不容易排除。將發生的每件事都看作攸關個人地位似乎過於自戀，而且不適用於視互惠與正義為重要價值的社會。它忽略了行動本身有其內在的道德價值：性侵是壞的，是因為它所引發的痛苦，而不是它羞辱了被害人的朋友。（記得我們正在說的是**純粹的**地位傷害，而非只是附帶損及地位。）如果傷害主要在於貶低地位，便可以透過羞辱侵害者來改正，許多人肯定如此相信。然而這難道不是煙霧彈，讓我們的注意力從被害者的痛苦與創傷轉開，而那才是需要積極處理的？所有壞行為，包括謀殺、攻擊、偷竊，都需要依其原來的行為具體處理，而被害人（或被害人的家屬）也需要被積極關注；如果人們認為侵害只是關於相對地位，而非傷害或痛苦，則不可能有前述良性的處理與關注。

　　有一個明顯的例外值得思考。種族或性別歧視經常被認為是一種帶有貶低意味的傷害，所以有種傾向以為貶低加害者就可以改正這種情況。這樣的想法是一種錯誤的誘惑。如同前面說過的，我們真正想要的是對人性尊嚴的平等尊重。歧視的錯誤在於它否定了平等，而且它也對人類的福祉與機會造成許多傷害。透過貶低來翻轉地位並不會產生平等。那只是用一種不平等取代另一種不平等。如同我們將看到的，金恩博士明智地避免以此種方式呈現種族議題。

　　所以地位之道在道德上是有瑕疵的，它讓償還之道變得可以理解也更合理。它將所有傷害轉換成相對地位的問題，從而使世界繞著

「脆弱的自我渴望獲得主導權與控制權」而發展。由於這種渴望是幼兒時期自戀心態的核心，我將此看作是**自戀謬誤**（narcissistic error），但是我也可以忽略這樣的標籤而稱之為**地位謬誤**（status error）。如果安琪拉採取第一種路徑，她的憤怒雖有道理仍犯了（常見的）道德謬誤。

　　相反的，如果安琪拉選擇第二條路，償還之道，她並未抱持狹隘且有瑕疵的價值；她重視真正有價值的事。然而她相信某種神奇的想法（這在應然面上可以用不同的方式加以反駁），畢竟我們都想要讓自己的想法看起來有道理且合乎理性。償還的想法是說得通的，反向平衡傷害的作法很常見，而且很可能是演化而來的。然而，除此之外還有什麼因素會讓人緊抓著這樣的想法呢？其中一個原因必然是不願意陷在悲傷中或接受自己的無助。多數人在許多事情上都是無助的，包括我們所愛者的生命與安全。相較於接受失去與無助，如果我們能擬出一項償還的計畫並投入時間心力加以執行（控告壞醫師、跟前配偶爭奪孩子的監護權），我們會覺得好過一些。

　　因此償還時常帶有一種心理功能。如果一個文化教導我們討公道是件好事，當我們真的討到公道時就會感到滿足。這種滿足感時常被稱為「解脫」（closure）。[45] 但是我們不能因為文化教導能建構出情感模式就輕易擁抱假象，尤其是當生命很快會讓我們從自身的謬誤中醒悟。醫療過失訴訟不能讓死者復活，懲罰性的離婚和解方案也不能回復愛情。的確，在這兩種情況裡，償還的計畫可能危及而非增進未來的福祉。況且即使報復加害者會讓人感到極大的快樂，那樣的愉悅仍

---

45. 關於解脫的概念在文化上的詮釋，以及後續在心理上的真實情況，參見 Bandes 的論著。

無法作為我們贊成或立法支持這種殘酷且惡意的偏好的理由。[46] 人們可以從許多惡事中感到快樂（種族歧視、家暴、虐童），也可以從許多愚蠢的想法（認為先人魂魄可以附在貓咪身上）中得到快樂。當我們進行規範評價時，不應考量這些快樂。

所以如果安琪拉在乎理性，她很快就會發現償還之道是沒什麼道理的，而後她很可能會轉向第三條路，將關注焦點擺在創造未來的福祉。無論她著重特定的侵害行為與侵害者，或者就像時常發生的情況那樣，著重某類相似的侵害行為，她的關注焦點都是未來。而選擇第三條路必然會讓人將關注焦點放在通則而非特例。如果一個人想要真的幫助蕾貝卡，自然不會只針對她的治療以及對侵害她的人進行特殊嚇阻或隔離，或改造性侵她的犯人，也會關注如何避免將來再發生此類的侵害，無論是為了她或其他人。

地位之道的追隨者同樣也可以進行概括式的思考：人們可以把地位的重要性加入一般性的訴求。因為孩子被性侵而滿懷憤怒（覺得地位受損）的人可能組成社團以阻止性侵者居住在他們周邊，他們認為這種訴求**可以降低性侵者的地位，從而提高像他們這種好人的地位。**這種象徵式的報復性「貶低」的想法究竟跟那些選擇第三條路的人的想像與努力有何不同呢？聚焦在地位的人只看地位與貶低，從而讓侵害者受到羞辱是非常重要的，而他與跟他同類之人則被視為是正直良善的。非聚焦在地位上的人則會考量怎麼做才能真正提升社會福祉，這種想法會讓一個人以不同的方法看待懲罰，可能結合嚇阻（特殊與

---

46. 我從 Harsanyi (1982) 借用這樣的說法。

一般）以及隔離與矯治。如何選擇完全取決於怎樣對人有益。[47] 顯然
性侵犯的登記制度符合自戀的憤怒者，但是否有益於非聚焦在地位的
人寧可選擇的懲罰目標就不是那麼清楚了。所以即使兩種思考路徑都
傾向找出一般性訴求作為實現未來計畫的方式，他們會用不同的態度
面對這些訴求，而且極可能選擇不同的訴求。

　　我建議採用的第三條路徑看似是也確實是福利主義者（welfarist）
的思考，這可能令讀者感到驚訝，因為我在其他地方對某些形式的功
利主義多所批評。不過我在其他地方主張的功利主義者的謬誤未必會
出現在採用這種路徑的人身上：他不必主張所有的善都是可以衡量比
較的；他不必忽略不同個人之間的界限；他也不必否認某些良善的事
物確實比其他事物更應該被保護。也就是說，她可以採取彌爾（John
Stuart Mill）而非邊沁（Jeremy Bentham）的想法（參見第六章）。對於
惡行的正確回應，福利主義者的想法（斯密支持，巴特勒也認同那與
功利主義者不同[48]）是出於對充滿地位意識的文化與有害的償還心態的
正當批評。我們在第六章裡會仔細討論懲罰的議題，而我也會說明我
所認同的福利主義；目前提倡社會福祉的概念只是一般性的，就像安
琪拉自然而然會發展出的理性思考。

　　現在我要說一件非常根本的事：對一個理智、不會過度焦慮且不
會只**著重地位**的人來說，憤怒中的應報或償還的概念只是短暫的夢或
浮雲，很快就會被更理智的個人思考與社會福祉給驅散。所以憤怒
（如果我們明白它帶有想要報復的內在欲望）很快就會消散，即使是

---

47. 我並非主張應報主義只跟地位有關。就像第六章將明確說明的，我相信應報主義因為第二個問題而
　　受困擾，但並非第一個問題。正確的替代方案是著重於未來的福祉。
48. 巴特勒主張憤怒「除非為了更大的善，否則絕不能使用」。

想要懲罰加害者的想法也很快會被視作是改善犯罪者與社會的更大計畫的一部分，而以此為目標的情緒難以稱之為憤怒。那看起來更像是熱情的期望。當憤怒並未以此種方式消散，如我們所知在許多情況下它確實難以消散，我認為憤怒之所以持續與壯大與兩種錯誤有關：或者徒勞地聚焦在償還的概念，或者過度地執著於相對地位，那也是讓一般所謂的報復看來合理的唯一原因。

所以簡要來說我的根本主張是：若憤怒在邏輯上說得通，它在應然面上就是有問題的（狹隘地聚焦在地位）；若它在應然面上是合理的（聚焦在傷害），它在邏輯上就說不通，而且在應然面上也基於其他原因而有問題。對一個理性的人來說，憤怒後發現自己憤怒，然後一笑置之，接著怒氣就消散了。從現在起，對於這種健康的[49]連續發展，乃至於展望未來的福祉，以及因此由憤怒過渡到熱情的希望，我稱之為**轉化**（Transition）。

我已想像個人層面的轉化，這些情況將在第四章與第五章進一步探討。在那裡我將討論親密關係與中間關係裡的背叛與傷害。但要進一步釐清我所稱的轉化究竟是什麼之前，讓我們先想想某種政治情況。人們時常認為（包括我的許多早期著作）憤怒提供了重要的動力，讓人想要努力改正社會的不正義。讓我們仔細檢視一個案例，也就是金恩博士在〈我有一個夢〉（I have a dream）這場演說裡的一連串情緒。[50]金恩一開始的確採取了亞里斯多德那種召喚憤怒的方法：他指出種族主義的傷害，那使得國家未能完成她的平等承諾。在解放奴

---

49. 我指的是理性而有建設性的。
50. 參閱 Nussbaum (2013) 裡較詳盡的分析。演講稿有網路版本 http://www.americanrhetoric.com/speeches/mlkihaveadream.htm.

隸宣言一百年後，「黑人的生活仍然因為種族隔離與歧視而受束縛與阻礙。」

　　金恩的下一步非常重要：他未將美國白人妖魔化，或用容易誘發危險憤怒情緒的方式描述他們的行為，而是冷靜地將他們比喻為財務違約的人們：「美國給了黑人一張無法兌現的支票，支票被退回來了，上面蓋著『資金不足』四個字。」由此展開了轉化：他讓我們以非報復式的方式進行展望式的思考，關鍵不在於可以怎樣羞辱白人，而是如何讓這筆債務獲得清償，在財務隱喻中羞辱債務人不會是核心問題。（事實上反而具有危害：被羞辱的債務人如何願意付錢？）

　　接著他認真地展開轉化，他把重點擺在未來，所有人都可以一起追求正義與榮耀我們的義務：「但我們不願相信正義的銀行已經破產。我們不願相信這個國家的機會庫房已經資金不足了。」再一次，他完全不提痛苦與償還，只有決心確保支付債務。金恩博士提醒他的聽眾，情況危急而且有憤怒爆發的風險，但是他先期拒絕了那樣的行為。「在獲得我們應得的地位之前，我們不能做出錯誤的行為。我們不要為解自由之渴而飲下苦痛與仇恨的杯……我們要不斷昇華到以精神力量對抗外在力量的至高境界。」

　　所以「償還」被重新解讀為清償負債，是團結黑人與白人共同追尋自由與正義的過程。每個人都獲益，如同許多白人已經承認的，他們的自由與我們的自由是密不可分的

　　金恩博士接著駁斥一種絕望的心態，那可能導致暴力或放棄努力。這也是此次演講最著名的部分，「我有一個夢」正要起飛。當然，這個夢想並不是折磨或報復式的懲罰，而是平等、自由與同胞之

情。金恩明確地邀請聽眾當中的非裔美國人想像與之前曾折磨他們的人成為兄弟：

> 我夢想有一天，喬治亞州的紅色山丘裡，以前奴隸們的子嗣能與以前奴隸主的子孫同桌而坐，共敘兄弟情誼。
>
> 我夢想有一天，即使是在密西西比州，那不正義與壓迫熾熱逼人的沙漠，也能轉變成自由與正義的綠洲……
>
> 我夢想有一天，即使在阿拉巴馬州，雖然目前有惡毒的種族主義者，他們的州長也滿口「無權干涉」與「無效」，但有一天就在那裡，黑人小男孩、小女孩可以跟白人小男孩與小女孩牽手成為兄弟姊妹。

只消將這段演說與《憤怒之日》（Dies Irae）第三章或《啟示錄》的願景對照，就能明瞭金恩博士跳脫基督教傳統下憤怒的標準軌跡；雖然他仍持守相同傳統下的另一股思想。

在這場演講的一開始確實有憤怒，那憤怒之情呼籲改正，而且自然是以應報的方式展開。不過金恩博士費心將應報主義重塑為努力與希望。人若是理智且真心，又怎麼會想要以應報償還來改變不正義呢？讓壓迫者受苦、被貶低，並不能讓受折磨的人自由。唯有以智慧且具想像力的努力朝正義走去才能做到。這就是我所謂的**轉化**，那是一種心智的進展，我們在後面章節將更詳盡探討。[51]

我們進一步發現：一旦開啟了轉化，就不會有我們熟悉的那種寬

---

51. 在整場演說中金恩不斷重述非裔美國人承受的不正義，但他並未耽溺在報復的思想，而是持續進行前瞻性的思考。

恕（第三章將探討）。報復的心態時常想要別人卑躬屈膝。我所說的
交易式寬恕正須要被寬恕者展現出懺悔與屈辱，它本身就帶有償還
的功能。（這樣的心態時常結合了地位的思考，表現為屈辱與貶低。）
相反的，轉化的心態追求正義與同胞之情。要華萊士州長（Governor
Wallace）悲泣與屈膝不會比把他丟入地獄之火好多少，這麼做不能產
生正義，它們只是興奮劑，只有在憤怒初期才具有回復效果。在憤怒
的轉化中，人們會明白真正的問題在於如何達成正義與合作。有人認
為寬恕的儀式可能有助於此種目的，在第七章我們將看到這樣的主
張。但金恩博士不認同，他想要的是和解與共同努力。我們之後將再
回頭討論這些政治問題。

　　為了避免讓轉化的想法看似高不可攀，只有金恩博士這樣的聖人
才可企及，我將補充一個較平凡的例子：這樣的轉化也出現在美國的
流行文化裡，出人意表的來自一個男子漢般的偶像。查克‧康納斯
（Chuck Connors）在一九六〇年代的電視節目《斷刀上尉》（Branded）
裡飾演一個極具西部牛仔性格的角色傑森‧麥柯德（Jason McCord），
他勇敢又忠誠，卻也冷漠又獨來獨往。戲劇第一集，他在沙漠裡看
到一個垂死的人（柯比），他給那個人水喝，甚至把對方扶上自己的
馬，結果原來是對方使詐，還拿槍抵著他並騎走他的馬，最後他落得
只能徒步穿越沙漠，還差點死在半路上。柯比則解釋說他不得不這麼
做，因為他有妻女，所以他必須活著，而且必須在女兒生日時趕回鎮
上！麥柯德活下來了，還在鎮上碰到柯比的家人。有個朋友鼓動他要
發怒並與對方來個正面對決。麥柯德真的生氣了，他直直走向柯比，
當時柯比的兩個女兒在一旁玩耍。麥柯德看著那一家人，然後他突然

改變心意了。他掉頭走開，背對著他們，掛著彆扭笑容說：「杰妮，生日快樂。」

　　經歷過一開始那種很人性化的憤怒情緒後，這個帶有不完美英雄性格的角色選擇了轉向整體的幸福（柯比一家人的幸福）。他比自己的憤怒更強大，那也是他成為真正英雄的原因之一。[52]

　　在繼續討論之前，我們必須先回頭談談巴特勒主教。他主張憤怒是有好處的，這一點值得深思。巴特勒認為憤怒很嚇人，但他也認為憤怒具有以下價值：那表示在人們受到錯誤對待時，我們會團結在一起。[53] 人類普遍都想看到做錯事的人受罰，如果我們自己或我們關心的人被害，這樣的欲望就更加強烈。如果正義與社會秩序變成我們所有人關切的目標，那是件好事，如此一來，對於干擾秩序的行為感到憤怒會是很有用的，可以增強我們的關切，讓人類以有效的方式團結起來。稍後我將部分接受這樣的說法，並討論憤怒的工具性角色。但是巴特勒的主張不只如此，他認為償還的想法本身，以及包含這種想法的憤怒，也具有規範上的價值，含有共通的人類關注。

　　首先，我們應該質疑巴特勒訴諸經驗的說法，他認為人類都想要看到為惡者被懲罰，這會促使我們尋求整體的團結。我說過這種想要對方償還的欲望可能是與生俱來的演化傾向。而保羅・布倫（Paul Bloom）對嬰幼兒的實驗結果並不支持巴特勒的主張──布倫發現嬰幼兒期望他人償還的想法與我們不同。在孩子的發長過程中，有種非常強烈的傾向：關注範圍狹隘，將陌生人妖魔化，這種傾向使得道德

---

52. 總的來說，麥柯德確實是福利主義者，獨自忍辱負重以免暴露他認為可能挑起美國與阿帕奇族（Apaches）間戰爭的事實真相。
53. Butler(1827, Sermon VIII).

思考的發展也變得狹隘且失衡。對小孩子來說，大部分的人都在他們的關注圈之外，陌生人被看作是有害且應該受懲罰的，只因為他們是陌生人。[54]

　　就算巴特勒在某些部分是對的，但他並未解釋為什麼想要對犯錯者施加痛苦的這種欲望（他認為這是憤怒的重要內涵，也就是他說的懲罰）可以促進我們的團結。我們可以同意干擾社會秩序是件壞事，而且想要保護人們不受損害的心態是好的，卻不用因此贊同報復的概念或想法，神奇地認為以痛苦還報痛苦可以獲得任何實效。巴特勒的主張並無地位謬誤，但無法避免償還的謬誤；事實上它只是後面這種想法較為縝密的形式。要與其他人團結在一起，最好的方法是投入具有建設性的事情以提升人類福祉，而不是花心思在必然矛盾且徒勞的計畫上。

　　然而有一點是相當正確且重要的：必須關注錯誤行為並建立公開的究責標準，才能提升人類福祉。真相與究責可以增進福祉，因為那麼做等於宣告了社會對什麼樣的行為將嚴肅以待，以及我們致力於保護什麼。我與巴特勒一樣都主張在發生惡行時我們應該加以譴責並抗議，而後則採取可能遏止再次出現那些行為的政策。受害人要求承認與究責沒有錯，社會提供這些也是對的。我會在第六章與第七章討論這個問題。現在讓我們來看看含有巴特勒提到的憤怒，卻沒有憤怒的錯誤的一種情緒類型。

---

54. Bloom (2013).

六、轉化的憤怒，理性的情緒；憤怒的工具性角色

　　憤怒出錯的方式有很多種。怒氣可能發錯了對象：O並未做安琪拉認為他做過的事，另一個人P才是強暴犯。憤怒的人也可能弄錯憤怒的焦點事件：O在那裡，但並未強暴蕾貝卡。人們也可能弄錯相關的價值判斷，好比說亞里斯多德提到人們時常因為別人忘記自己的名字而感到憤怒，而這是讓人不解的反應。（要不是那個人對名字的重要性有奇怪的看法，要不就是他將這種健忘看作是對他個人的輕視。）我會在第五章裡討論這些謬誤。

　　然而，事實與相關的評價經常是正確的：不好的事確實發生了，那是某個人故意做的，而且造成嚴重的損害。我在這裡要再提出一個專有名詞：在這類案件中，憤怒是有「充分根據」（well-grounded）的。我拒絕稱這種憤怒是「正當的」，因為就像我主張過的，憤怒在概念上包含償還的期望，而那在規範上是有問題的。所以「充分根據」只表示憤怒的認知內容是牢靠的。

　　即使憤怒能避免上述這些錯誤，仍可能陷入要對方償還的情緒。我認為憤怒在概念上始終涉及償還的想法，但在此我要提出一個例外。在許多情況下，人們通常會先感到憤怒，想要用某種方式來討公道，等到稍微冷靜之後則會走向轉化。但是至少在某些情況裡憤怒早已轉化：一個人**完整的**情緒內容是，「實在讓人生氣！應該要做些什麼。」我們稱這種情緒為**轉化的憤怒**，因為憤怒或類似憤怒的情緒走上了安琪拉所面對的第三條岔路。人們可能給它冠上一個日常用

語，例如漢普頓稱之為「憤慨」（indignation）[55]，但我想要將它與其他情況清楚區隔，因為我認為當我們說憤慨時，經常帶有要他人償還的想法。所以我寧可用一種較明確的組合詞。轉化的憤怒並非聚焦在地位上，它甚至也未曾想要讓加害者受苦以作為損害的償還。它從未涉及那種神奇的想法。它從一開始就看向社會福祉。說「應該要做些什麼」意味著想辦法去做，但是讓加害者痛苦未必是最吸引人的辦法。

轉化的憤怒是不是一種憤怒的類型呢？我其實不在乎怎麼回答這個問題。這種非典型的特例鮮少能以概念分析加以妥善處理。它的確是一種情緒：那個人真的很生氣。而且它顯然與充滿憐憫的想法或希望有些不同，因為焦點還是在怒氣。那個人說「實在讓人生氣」，而不是說「真可憐」，並且接受旨在減少或避免錯誤行為的展望式計畫。重點是這種純粹展望式的情緒非常罕見。憤怒的人極少一開始就這麼想，他們很少從未期待厄運降臨到加害者身上（除了作為促進社會福祉的手段，畢竟不帶個人情感的分析怎麼會想要讓別人有厄運）。較常見的情況是先憤怒，然後開始轉化，接著完成轉化，最終聚焦在社會福祉。報復本能深植人性，一方面是演化而來，一方面也受到文化的增強。只有少數例外的人在那些影響他們福祉的重要議題上可以做到真正的轉化。要有這樣的心態通常必須經過長期的自律。因此我們可以想像金恩博士的情緒是轉化的憤怒，在他的大眾演說中有短暫的（標準的）憤怒，而後展開轉化。之後我將用轉化的憤怒來表達我要闡述的憤怒，如果我只說憤怒就不是我說的那種憤怒，而是亞里斯多德與巴特勒正確描述其概念的那種我們所熟悉的情緒。

---

55. Hampton and Murphy (1988, 58).

在思考政治制度時，轉化的憤怒是很重要的。不過日常互動中並非沒有轉化的憤怒。親子關係是常見之處。小孩的行為時常讓人生氣，但是做父母的很少想要孩子償還。父母只希望事情能好轉；如果他們聰明的話，就會選擇有助改善的策略。各種想要讓為惡者痛苦的憤怒與這種無條件的愛相衝突。轉化的憤怒則否，因為它並未希望對方不好。

轉化的憤怒也會出現在人們對於某個重要原則被違反或者對某個不公的制度感到氣憤時。並非所有這類憤怒都是轉化的憤怒[56]，因為想要對方償還的期望會迂迴竄入許多地方，就像藏身花園裡的蛇。有時候人們表示對於某項原則被違反感到憤怒，希望違犯者因為所作所為而受苦；有時候人們對於制度不公感到氣憤而想要「打破制度」，讓那些支持這種制度的人承受痛苦與混亂。然而，如果憤怒的全部情緒內涵是：「真讓人氣憤，要如何改善情況呢？」或者「真讓人氣憤，我們必須做點不一樣的事。」這確實就是轉化的憤怒。

為了說明這種微妙的區別，讓我們看看一個常見的情況：人們常常覺得有錢人沒有繳更多稅以便支持窮人的福利是件讓人生氣的事。他們對於一個看來不公的制度很憤慨。假定他們的經驗分析是對的：有錢人繳更多稅真的能幫助窮人。（是否為真並不確定。）同樣假定如果真的要有錢人繳更多稅，他們顯然會不高興也很痛苦。現在讓我們想像有兩個支持這種改變的人。P的關注焦點在社會福祉。他因為不正義而感到氣憤，希望創造一個更公正的社會。他不認為富人可能受苦這件事可以阻止我們做對的事，但他確實不想要產生那種痛苦。

---

56. 這個例子是 Charles Larmore 與 Paul Guyer 提出的。

的確，在他的計畫不會引起政治抵抗的範圍內，他寧可沒有這樣的痛苦。Q則不同，她希望發生這種好的改變，也希望有錢人受苦，以此懲罰他們的傲慢與貪婪。她認為他們**應該**受苦，她的目標至少有部分是覺得富人理應受苦。P的憤怒是純粹的轉化的憤怒。Q的憤怒則是混合的憤怒，它可能走向轉化，或早或晚，也可能不會轉化。不幸的是，政治人物，包括選民在內，通常很少像P那樣。

　　最後，憤怒有什麼優點呢？它有三種可能有用的工具性角色。首先，它可以作為一種**訊號**，顯示某件事情出了錯。訊號可能有兩種：它可以發給某個人自己，他或許沒意識到自己的價值承諾與它們的脆弱；它也可以是發給世人的訊號，讓世人注意到有不好的事情發生。由於後面這種角色也可以透過明明憤怒卻假裝不憤怒來有效傳達，甚至傳達得更好，就像第五章所要說明的，所以這裡我會把重點擺在前一種角色。憤怒的意涵是指自己關切的人事物成了受害者。雖然人們可以想到面對嚴重傷害卻不帶憤怒的情況，例如以悲傷與憐憫的情緒取而代之，但這兩種情感並不包含錯誤的概念，而那是憤怒的焦點。（因此，巴特勒雖然強烈批判憤怒，卻試圖以社會功能為其辯護，但如我們所見結果好壞參半。）同樣重要的是這兩種情緒也沒有必須做些什麼的想法，而這一點是憤怒的概念內涵，雖然通常是以償還的形式出現。感受到憤怒可以讓一個人意識到自己的價值，以及另一個人的錯誤行為可能如何侵犯他的價值。舉例來說，一個處在階級關係中的人可能不瞭解她自己受到多不平等的對待，直到她感受到憤怒，或一再憤怒。如果那樣的情緒經驗讓她決定做出反抗，或以其他方式改善她的情況，那就是有用的。

憤怒所發送的訊息很容易讓人誤解，因為它包含償還或應報的原始概念，除了不可思議或自戀謬誤外別無其他。就此而言它是錯誤的訊息，所以憤怒的人總是被建議說應該盡快脫離憤怒，朝向轉化的方向前進。不過它還是個有用的警鐘。

我們在金恩博士的演說裡看到這一點（那是對社會大眾的演說，其中有些人可能尚未完全察覺到種族壓迫之惡）：他確實鼓動群眾對美國白人的行為感到憤怒，承認惡行的嚴重程度，以及它如何影響一般人的福祉。但是之後他很快離開不可避免出現的報復想法，轉向完全不同的未來景象。由技巧嫻熟的革命事業家來運用，憤怒是有用的，而且金恩總是構想積極有力的計畫，避免落入自滿。有時候錯誤行為可能沒被注意到，埋在日常生活的表層底下，只有情緒才能讓人察覺到它們的存在，此時憤怒更為有用。

另一個想法與憤怒作為訊號有關，也就是以憤怒作為**動機**。希臘斯多噶學者時常被指控削弱社會追求正義的動力，因為他們認為憤怒始終是不好的。對此他們的回答是：人類可以被原則驅動，毋須情緒作用，而且這種基於原則的動機比憤怒更可靠，因為憤怒可能讓人狂亂。[57] 這樣的回答其實不甚成功，因為事實上他們認為別人可以施加的傷害就不是嚴重的傷害，所以他們無力處理這些問題，或鼓勵別人去處理。斯多噶學者可能主張金恩的演講中所表述的價值完全錯誤；而他們接著必然得主張金恩勸人追求正義也是不恰當的。

對此我有自己的批評。我認為從潛在價值來看，憤怒經常是適當的，就同樣這些價值來看，愛與悲傷時常也是完全適當的；問題出在

57. 參閱 Seneca, *De Ira*，尤其是 I.12。

償還的想法。想要對方償還是憤怒的概念之一（除了轉化的憤怒），而無疑那是驅動人們的因素，至少一開始是如此。情緒的強度，以及或許是應報的神奇幻想，都是讓人們持續往前的動力，對照下至少有些人根本無法採取行動（或者若無憤怒的訊號，他們甚至沒注意到有惡行或其嚴重程度）。愛未必始終足夠。一旦人們繼續前行，最好避免被憤怒誘惑而一路走向應報幻想。這麼做是沒道理的，除非他們又錯誤地聚焦在地位損害。

回到金恩的例子，人們可能想像一個獲得償還的未來，黑人可以獲得權力，對白人施加報復性的痛苦與屈辱。社會充斥這種想法，儘管那樣的償還不只無法讓事情好轉，還會讓情況更形惡化。總的來說，金恩認為轉化就在不遠處，只要眾人齊心協力就能解決國家的問題。不過憤怒仍是一路上驅使我們向前的有效動力，但只能短暫地憤怒，而且必須謹慎管理怒氣。我不認為憤怒是追求正義的必要動力，但是我相信那經常是有用的，而且是我們的演化配備之一，給我們朝向良善目的前進的力量——除非事情走偏了，而它們確實常常走偏。[58]

然而，缺少憤怒不表示就沒有暴力。我們將在第七章討論這個議題，但是我在這裡要指出，雖然甘地批評暴力，但金恩與曼德拉更有說服力地主張以暴力自衛是正當的，而且（在曼德拉的情況中）暴力戰術經證實是一種必要的工具，即使並非為了自衛。儘管如此，就像我們將看到的，金恩與曼德拉都主張在不憤怒及期望未來合作的轉化思考下採取暴力。

---

58. 巴特勒認為憤怒的角色大致上是作為驅動力：參閱 Butler (1827, Sermon VIII)。他主張憐憫本身會使「正義的執行過於困難」。

最後，憤怒可能是一種**嚇阻**。那些經常憤怒的人從而嚇阻了別人侵犯他們的權利。[59] 我們只能說以憤怒作為嚇阻的方式不太可能產生穩定或和平的未來；相反的，它很可能導致更迂迴的侵犯。而且有許多方法可以嚇阻惡行，某些方法可能比激起恐懼更有吸引力。

簡言之，憤怒的效用是真實但有限的，很可能來自於它在演化上的角色，也就是一種「戰鬥或逃跑」的機制。我們可以保留憤怒這項有限的功能，但主張它對償還的幻想是嚴重誤導，而且即使償還有時候說得通，也是基於有問題的價值觀。因此，情緒很容易讓我們走偏了路。

但是憤怒難道不是那種不善於言詞、不熟悉概念思考的人不可或缺的表達方式嗎？[60] 有人可能認為我的主張聽起來太像那種中上階級白人新教徒學究的說法，而我也確實是那樣的出身，從小就在學校學著「用自己的話說」，並且被阻止有強烈且直接的情緒表現。但我要直接否認這樣的指控。畢竟我的主張並非斯多噶學派的。就像我們將看到的，我並不反對體驗或強烈表現悲傷、憐憫與其他多種情緒。但無論如何，若說下層階級或教育程度較低的人就是詞不達意或粗魯的，欠缺憤怒之外的溝通方法，是不對的。在不同時代與不同文明中，窮人的音樂與藝術作品都以讓人驚訝的方式表現多種情緒。在此同時，以我的經驗來說，那種過分自認為享有特權的人特別容易做出憤怒的表現。好比說每當我到健身房運動時，如果對方看來是家境優渥又年輕的男性，我會避免與他共用某個設備，擔心因此惹怒他。開

59. Smith(1982, 35).
60. 此一論點我要歸功於 Saul Levmore。

車時我常覺得昂貴休旅車的駕駛往往以為馬路是他家開的。所以我想反對者問了一個好問題，但這問題早已有了好的解答。

　　憤怒與報復的傾向植根人類心理。相信上帝意志的人，好比巴特勒主教，會發現這個事實很難解釋，因為其中帶有非理性與毀滅性。[61] 然而，對那些不受巴特勒想法所局限的人來說，就不會太難懂了。憤怒所帶來的利益在人類史前時期可能極具價值。即使到了今日，憤怒仍有些剩餘的價值。然而，好的前瞻式的正義制度必須大幅消除這種情緒，讓我們得免於它的非理性與毀滅性。

七、上帝的憤怒

　　如果憤怒是這麼糟糕，為什麼據說上帝或諸神常常會發怒呢？祂們不是應當有完美的形象嗎？首先，並非所有神祇都被說成是愛發怒的。佛教不講神，而是最完美的人，也就是眾菩薩，他們沒有憤怒。印度教經典強調憤怒是一種疾病，敬虔的人應該努力避免。[62] 伊比鳩魯派（Epicurean）與斯多噶學派都認為眾神已經脫離了錯誤強調競爭且執著於地位的社會，正是那樣的社會才會孕育出具有毀滅性的憤怒。盧克萊修（Lucretius）提及眾神，「不需要我們做任何事，祂們才不會受到我們感恩的獻祭控制，憤怒也進不了祂們心中。」[63] 在希臘羅馬的宗教裡，諸神不是凡人的榜樣，只是擁有極大力量的有瑕疵的生

61.　參閱 Butler(1827, Sermon VIII)。「由於上帝的完美神性是一項原則，由此世界才能形成且得以保存；一般善心是全體道德造物必須依循的偉大法則；那麼很快就出現一個問題：『為什麼人類會被植入看似悖離天生善心的原則？』」
62.　Santideva (1995).
63.　I.48-9=II.650-51.

命。所以盧克萊修基本上這麼說：祂是一個真正完美的生命之樣貌。神是泰然自若的這種觀念是希臘時代與其後希臘羅馬思想的主流。[64]

的確，幾乎只有在猶太教與基督教的傳統中我們才能找到上帝既是典範又表現憤怒的概念。基督教作家拉克坦提烏斯（Lactantius），同時也是第一位基督教皇帝君士坦丁大帝的顧問，寫了一本著作名為《論神的憤怒》（De Ira Dei），書中抨擊伊比鳩魯學派與斯多噶學派，他認為實在沒理由敬拜一位根本不需要我們的關注與愛，即使我們不再敬拜也不會發怒的神。他說如果神永不發怒，我們就不需畏懼祂，那樣所有宗教將不復存在。此種論述並未處理伊比鳩魯與斯多噶學派所謂完美的生命即不會憤怒的主張；那只是說宗教裡必須有個憤怒的神。[65]

但是無論基督教還是猶太教的重要文本，在上帝的憤怒這個主題上意見紛紜雜沓。[66] 多數而言，上帝被想像為「忌邪的神」，只想獲得猶太人最多的關注與敬愛，因為猶太人還有其他敬拜的對象。這種關係經常被比擬為婚姻。一個壞妻子身邊還有其他男人，她會放縱自己被這些對手的金錢與力量誘惑而離開丈夫，忘記丈夫是獨一無二的；同樣的，上帝也想要獨一無二，勝過想引誘猶太人的其他眾神。[67] 的確，文本中充滿標準的應報思想，要報復其他諸神或不忠的人們對上帝所造成的傷害，而且也有許多關於他們很快會得到的可怕報應的描述。其他諸神及跟隨祂們的異邦人會遭遇無數的災禍與疾病，而不忠

---

64. Harriss (2001, 31, ch16).
65. Lactantius, *De Ira Dei* chs4-8。如我們將會看到的，拉克坦提烏斯在這部著作稍後的部分提出了更有趣的說法。
66. Harriss (2001,ch16) 費心參照聖經文本與希臘羅馬規範。
67. 參閱 Halbertal 與 Margalit 的精彩討論 (1992, ch1)。

的人們會被折磨、甚至毀滅。所有這一切都使這些人相對於上帝的地位被貶低。

　　這種聚焦在地位上的思考在憤怒中極為普遍，但是有一項差異：神可以讓這些事情發生。（請注意，神作為神便不可能因為人類的作為而受傷害，**除非是關於地位**。神不能被謀殺、被攻擊或被性侵。一旦神發怒，憤怒便是聚焦在地位上。）

　　然而，神時常只關注傷害行為的內在錯誤性，尤其是但不限於預言書中的論述，特別是有關貪婪與虐待陌生人的討論。這些違犯行為被認為本身就是錯誤的，不僅因為侵犯了神的地位。在此等情況下，神的憤怒不是因為地位受損，而是因為人類的作為與造成的痛苦本是神的關注。拉克坦提烏斯主張神對於人們對彼此所做的錯事發怒，正是彰顯良善與正義，促進人們利益的方法之一。他提出兩個特別的論點：首先，神的憤怒的結果是懲罰做錯事的人，使之再無為惡的能力，從而清理了通往良善與正義的道路；其次，對於神的懲罰的畏懼嚇阻了為惡者，從而使世界更能保全良善與正義。[68]

　　我們可以看到拉克坦提烏斯正確地概述了聖經中對神的憤怒的主要論述，從而成了第一位功利主義者，以展望式的福利主義者觀點看待憤怒的角色。我們同意憤怒有時候是有效的嚇阻，而懲罰藉由剝奪為惡的能力增進了福祉；雖然尚不清楚為什麼必須是憤怒，而不能透過設計良好的制度。無論如何，此種神的憤怒的圖像與拉克坦提烏斯早先描繪的聚焦在地位上的圖像極為不同。我們可以看到這種有益的憤怒比其他類型的憤怒更有可能朝著轉化的方向發展。因此，雖然任

---

68. Lactantius, *De Ira Dei* ch16.

何類型的償還都是可想像的，即使是在福利主義者的情況下，但聖經文本時常朝著一個想像的和平、合作與協調的未來移動，而上帝也催促人們實現那樣的未來。

簡言之，猶太人的神的憤怒與人類的憤怒一樣複雜，也有相同的問題與各種可能性。

接著若討論耶穌，就會遇到前一章已探討過的問題：耶穌對於墮落人類的態度，各種文本有極為不同的描繪。新約中包含了可怕的復仇願望，例如《啟示錄》所描述的思想從溫柔順服者獲證無罪到可怕的毀滅幻想都有，讓那些尚不明瞭基督宗教的人無所適從。福音書裡的耶穌呢？人們長期以來都說（奧古斯丁在《上帝之城》〔*The City of God*〕裡也提出有力的論證）耶穌的情緒是真摯的，有一般血肉之軀的脆弱，會受到痛苦與失去的影響。因此耶穌並不是一個好的斯多噶學者。然而，奧古斯丁強調悲苦與喜樂，而人可以有苦樂卻不帶憤怒。那麼耶穌發怒過嗎？一項重要文本不幸地包含這一點的確切描述。《馬太福音》5:22，耶穌說：「只是我告訴你們：凡（有古卷在凡字下加：無緣無故地）向弟兄動怒的，難免受審斷。」某些抄本還加上「任意地」（*eikēi*）這個字，表示耶穌只責難無根據的憤怒。[69] 而耶穌至少有一次表現憤怒，在那眾所皆知的情境中，他推倒了聖殿外換錢的攤子。然而這個例子不重要。

珍·布里斯（Jean Briggs）在二十世紀最重要的人類學著作《永遠別發怒》（*Never In Anger*）裡有一段關於加拿大烏庫（Utku）的愛斯基

---

69. 參閱 Harriss(2001, 393)。哈里斯說明保羅關於憤怒的說法並非完全一致：有時候他譴責所有憤怒，有時容許某種憤怒，但建議憤怒必須簡短。

摩人的描述值得一提。[70] 烏庫人相信憤怒永遠是幼稚的情緒，會危害群體在惡劣氣候下求生所需的緊密合作。雖然小孩子發怒會被忍受、甚至容許，但是成人的憤怒及怒氣表現都被認為是極不恰當的。布里斯想弄清楚他們是不贊同那種情緒本身，或只是反對表現出那樣的情緒；由於他們都是虔誠的基督徒，她詢問他們對於耶穌翻倒換錢攤子那一幕的看法。顯然這個事件讓他們感到困擾。作為好的基督徒，他們覺得必須支持耶穌的作為，但是那不符合他們有關成年人好品格的想法。於是他們採用一種巧妙的解決方法。烏庫酋長告訴她，耶穌確實斥責換錢攤子的生意人，但那不是出於真正的憤怒：他只「生氣一次」，想要改正他們，因為他們「非常壞、**非常壞**，不聽他說話」。[71]他們對耶穌的道德典範不符聖經中對耶穌憤怒的描寫，但他們當然可以將耶穌理想化而認為他是以憤怒作為一種警惕。

　　烏庫人想的是否是轉化的憤怒，不同於一般的憤怒呢？我想更有可能是他們認為耶穌是在表演，沒有任何憤怒之類的情緒──那些想要嚇阻卻不想冒險走上錯路的人就可能這麼做。（我們在第五章將討論這個概念。）

　　聖經文本是寫給很多需要簡單訊息的人看的。在這種情況下，憤怒的神這個意象不只是突顯哪裡出了錯的有用的內部訊號，更是改正社會問題（人想要模仿神的行為）的有效動力。然而，如果神與祂的憤怒被當作是人類的道德典範，扭曲的可能性仍相當大。因此將短暫的憤怒描述為邁向建設性轉化的過渡必然是比較好的作法，就像烏庫

---

70. Briggs (1970)。參閱我的詳細討論 Nussbaum (2001, ch3)。
71. Briggs (1970, 330-31).

人對耶穌的闡釋。

八、憤怒與性別

美國人往往將憤怒與男人的性別規範連結在一起。從運動員到政治人物，男人被挑戰時若不表現憤怒，就會被看不起、被認為是軟弱的。有個知名例子發生在一九八八年的總統選舉期間。在一場電視辯論中，民主黨候選人麥克‧杜卡基斯（Michael Dukakis）被問到，「州長，如果凱蒂（他的妻子）被性侵並殺害，你會贊成處死凶手嗎？」杜卡基斯回答，「不會，我向來反對死刑。」[72] 杜卡基斯原本已經因為歸休制而受到猛烈抨擊，該制度使得被判殺人罪確定的威利‧霍爾頓（Willie Horton）暫時獲釋，但在他保外期間又犯下性侵與傷害案件。杜卡基斯在回答有關妻子的問題時未展現出強烈憤怒，加深了公眾認為他不夠男子氣概的印象。（更不用說他身高不到一七〇。）充滿男子氣概者儘管自制但怒氣顯而易見，而且肯定會想要用死刑的方式討回公道。

為了符合這種角色規範，小男孩時常被鼓勵表現憤怒，而且這麼做時不會被批評，相對的小女孩則被教導要有同情心與同理心。[73] 即使只是嬰兒，他們的情緒也會按人們對性別的認知而被貼上不同標籤。[74] 女娃兒如果哭了通常會被解讀為害怕，而男娃兒哭了會被認為是生氣。照顧與對待的方式也不同，女孩被擁抱與保護，而男孩則玩

---

72. 一九八八年十月十三日：這個問題是由 CNN 記者 Bernard Shaw 提出的。
73. Kindlon and Thompson (1999).
74. Condry and Condry (1976)。有許多其他有趣的對照。在實驗中嬰兒都是同一個，但被貼上不同標籤。

飛高高，而且被認為充滿活力。無疑的許多成年人會依循這樣的文化腳本。不過讓人驚訝的是還是有許多不照腳本走的人。即使在美國舊西部，仍有那種放棄報復的英雄（就像麥柯德）。[75]

這種將憤怒與力量及權威連在一起、將不發怒與軟弱及依賴連結在一起的性別規範，讓許多女性認為她們必須學著如何表達怒氣才能平衡並確保平等地位。女性如果替不憤怒辯駁就是保守的，彷彿她們贊成裹小腳或穿緊身胸衣。

支持不憤怒的人有可能轉向古希臘羅馬，那時的性別規範非常不同。[76] 他們不是一味迎合烏庫人或斯多噶學派那種不發怒的承諾。但是他們許多人確實接受斯多噶的立場，認為憤怒永遠是不恰當的；即使持不同意見者也認為報復式的憤怒是危險的，是一種病態，並傾向將憤怒視為一種應該矯正的缺陷。[77] 不讓人意外的，性別規範依循著刻板印象：男性被認為是理性的，可以控制他們的憤怒並超越憤怒，或許完全擺脫憤怒。而女性被認為是較次等的生物，會陷入徒勞的報復計畫，對自己與其他人都造成很大的傷害。事實上，我在這裡所描述的這些「激進」的立場，在希臘羅馬時代一點也不激進，當時的人都明白憤怒的徒然與幼稚。所以他們認為（在規範上）已成年且理性的人，在相當程度上是不發怒的（至少在規範上應當如此），而女性、微不足道且幼稚的人正因為易怒的性情而顯得愚蠢又危險。

---

75. Levmore and Nussbaum (2014).

76. Harriss (2001, ch11).

77. 西塞羅的 *Ad Quintum Fratrem* 即屬典型 i.1.37-40，Harriss (2001, 204-5) 加以討論：西塞羅告訴他弟弟昆圖斯（當時擔任亞洲某省分的省長），他的領導聲望已經因為他顯然容易發怒的個性受到損害，而西塞羅督促他自我改善，認定憤怒「與文明的文化及人道不合，對官職威望也是不利的」。

　　這些文化差異顯示出無論易怒的傾向與先天有多大關連，社會規範仍是指引人們如何教養自己的重要關鍵。如果憤怒被看作是幼稚又軟弱的，並不表示憤怒就會消失，但嚮往尊嚴與理性的人會避免被挑起這種情緒。

　　希臘羅馬的文本中一再出現有關性別的論點。憤怒在概念上與無助感相關。女人為什麼這麼常發脾氣，是因為她們常常難以控制她們需要且想要控制的事物。因此她們更容易受傷害，更容易想要報復，藉此重獲失去的掌控權。第四章將討論美蒂亞（Medea）的憤怒，她就是因無助而發狂的典型範例。她是外邦人，又是棄婦，對自己的孩子沒有任何權利，因為一次背叛而失去一切。她那狂熱的報復欲望與她的失去相關，她想要用報復取代哀嘆。她的故事告訴我們即使一般規範並不鼓勵女性憤怒，但女性特別容易感受到的無助可能滋養憤怒的情緒；我相信這確實為真。例如，女人在離婚訴訟中執著於報復的程度通常與她們缺少發展未來的管道（例如事業與對自己的信心）有關。然而這種憤怒絕非女性尊嚴與力量的象徵。

　　美蒂亞的故事也顯示出如果遇到強烈的男性憤怒，我們應該問是否背後藏著無助的感受。男性肯定比女性享有優勢地位，但是他們絕非安全牢固。他們被期待要掌控很多事情，否則就會感到丟臉。他們必須有高成就、賺很多錢、身體強壯。而且他們必須始終關注自己相對於其他男人的地位。競爭的苦鬥讓人筋疲力盡，勝算也不盡然。羞愧幾乎是不可免的結果，而羞愧會滋生憤怒。[78]

　　所有人類嬰兒大致上都是自戀的，以為自己應該無所不能。無助

---

78. Kindlon and Thompson (1999).

加上想要掌控一切的期待，比性別造成更大的影響。嬰孩在認知上覺得自己強有力，實際上卻如此無力，這正是憤怒的壓力鍋。所以不管哪種性別都有許多憤怒的可能，性別的規範可以改變此種性情，但無法完全消除。文化影響男性與女性憤怒情緒的方法之一在於建立標準化的情緒腳本。另一種方法則是以不同的方式操縱無助感：男人或女人認為自己應該控制什麼，以及能不能控制？主張不發怒的人可以此為鑑。我們應該為男性與女性撰寫新的腳本，讓憤怒成為軟弱、幼稚，讓不發怒與相似的性情，如信任與互惠，成為強壯的表徵。（至少希臘人與羅馬人大概都是這樣想的。）還有一件該做的事，就是讓人們有機會獲得他們珍視的事物，並確保那些事物免於損害。

九、憤怒與其他「反應的態度」：感激、悲傷、厭惡、憎恨、蔑視、羨慕

　　人們常將憤怒視為一連串「反應的態度」之一，卻未思考這些態度彼此間更細微的差異，因此釐清憤怒的下一步就是區辨憤怒與其他相關的情緒。如我們所看到的，憤怒[79]帶有一種信念，認為對方的行為已經錯誤地傷害了我們關注圈內的某個事物。我也論證過它包括了一種希望做錯事的人承受某種痛苦的欲望。

　　我們首先來看看憤怒的表親**感激**（gratitude）。這兩種情緒在哲學討論中常被擺在一起，從希臘的伊比鳩魯學派到斯多噶學派，乃至於斯賓諾莎（Spinoza）及之後的哲學家都如此。感激就像憤怒那樣都有

---

79. 再次說明我用「憤怒」這個詞語指一般的憤怒，而不是「轉化的憤怒」這種特殊情況。

對象（人）與焦點（行為）：對某個人某個顯然有意的善行表現出愉悅的反應，而這個善行據信已對感激者的福祉產生顯著影響。感激通常被認為包含某種想要回報對方的願望，所以它時常跟憤怒一起被歸類為應報式的情緒。它指著反方向，也就是將施惠的願望視為一種償還。人們可能懷疑那些批評憤怒的人（好比我）會不會也對感激採取一致的駁斥態度。伊比鳩魯學派就是如此，他們想像理性的諸神兩種情緒都沒有。

　　我在親密關係與中間領域的章節裡會詳細討論這個問題，對感激在規範上的適當性我有些微不同的主張。首先，伊比鳩魯派、斯多噶派、斯賓諾莎等哲學家之所以反對感激這樣的情緒，主因不在於其中償還的概念：根據這些思想家的說法，感激與憤怒透露出一種對於「命運之物」的不健康需求，那是我們無法真正掌控的。但是我不認同斯多噶學派的立場，我認為深刻關切自身以外的某些人事物是正當的，即使我們無法加以掌控。第二點要說明的則是感激期望的是善果，而憤怒期望的是惡果，這兩種情緒顯然不同。人們可能認為對於立意為惡的情緒必須嚴格審視，但對期望善果則不需如此吹毛求疵，畢竟善在我們的生命中已不多得。第三，儘管感激具有回顧性，但那時常是互惠的一部分，整體上有助於增進福祉。在伊比鳩魯之前的艾斯奇勒斯的世界裡，憤怒這種系統並未創造福祉，相反的它將眼前不甘心樂意的人們與損害他們利益的過往事件綁在一起。因此雖然感激與憤怒在某種意義上是表親，但它們顯不相當，應有不同的評價。

　　悲傷（grief）通常未被歸類在反應的態度，但它與憤怒的關係如

此密切，我們必須先說明其間差異。悲傷就像憤怒那樣聚焦在損害本身（或個人的關注圈）。這種損失是痛苦的，這樣的痛苦是這兩種情緒的主要相似性。然而悲傷的重點在於事件，可能是某個人所做的行為，也可能是自然事件，例如死亡或天災。它的焦點在於這個事件所造成的**損失**。即使這個事件被認為是由某個人所造成的，但損失本身才是重點，而非造成損失的人：它並未將人當作目標。如果要說它的對象，應該是已死或離開的人。「錯誤」的概念對悲傷來說也非關宏旨，因為損失就是損失，無論是否因錯誤而造成。由於這些原因，悲傷的行動傾向與憤怒極其不同：悲傷尋求回復或取代已經失去的事物，而憤怒通常想要針對造成損害的人進行報復。悲傷是針對空洞或缺口本身，憤怒則是針對由行為人造成的損害。

　　悲傷與憤怒當然可能同時存在；有時可能難以分辨兩種情緒。一個悲傷的人時常會責怪造成損失的人（即使這樣的責難沒有道理），以此彌補無助所造成的自尊低落與失控感。的確，在心理上憤怒可以作為回復損害的方法。在這種情況下，悲傷會轉為強烈的憤怒，愛與損失轉而朝向迫害別人，就像美國人熱中提出醫療過失訴訟，或者就像喬丹的例子，電視名嘴建議他死刑或許可以平復他失去父親的痛，但喬丹正確地加以拒絕，寧可承認自己的失去。事實上，過度憤怒的原因之一就是不願悲傷並承認無助。因此悲傷與憤怒的區別值得關注，我們在下面幾章將再回到這個主題。交易式的寬恕時常被用來取代悲傷的無助感。

　　但難道悲傷本身不適用我對憤怒的批判嗎？難道這種情緒不是希望改變過去，從而應該加以反對嗎？這個問題很重要，而我認為答案

為否。[80] 經常伴隨著悲傷而來的想要回復過去的幻想，若一直持續下去並消耗一個人的生命，那是不理性的。但是因為渴望已失去的人事物而感受到深刻痛苦，代表失去的事物是如此重要，同時也讓一個人的生命敘事更加完整。不經歷悲傷就往前走，感覺像是人生中有一段脫了節。因此悲傷的主要理由在於展望：它讓人轉而注意到對自己生命的承諾，也是與他人的溝通。它表現出一個人真正是誰。

憤怒也不同於其他四種聚焦在別人身上的「負面情緒」：厭惡、憎恨、蔑視與羨慕。所有這些情緒的焦點在於某個人相對而言較為長久的特質，不像憤怒聚焦在某種行為。（我的用語是：憤怒的目標是人，但它的焦點在於錯誤的行為。而上述四種情緒的目標是人，焦點則是關於那個人或多或少較持續性的特質。）這些情緒很快引來一個憤怒沒有的問題：對某個人的特質有強烈的負面情緒是否妥當？如同我們將看到的，前三種情緒一開始與憤怒還容易區別，但如果是聚焦在地位的憤怒，區別就模糊起來。

厭惡（disgust）是對身體上的「動物性殘留」感到嫌惡，也就是說身體的某些面向讓我們想到自己是生命有限的動物。主要的厭惡對象是排洩物與其他體液，以及腐壞的物體（特別是屍體），還有濕軟、黏膩、有臭味或者以其他方式讓人討厭的動物或昆蟲。[81] 厭惡的核心想法是透過接觸可能會被傳染：如果我攝入不好的東西，我就會變不好。在第二階段，厭惡的特質被投射到實際上並無上述特質的團體：種族、性別、宗教、社會階層上的少數族群被描繪為獸類或不像

人，而後因為（據稱）他們很臭、滿是細菌等等而被認為是汙染物。社會接著想出特殊的避免汙染的儀式，藉由拒絕與那些被歸入半獸類的群體分享食物、游泳池、飲水或發生性關係，防守主流團體與獸類之間的界線。

厭惡與憤怒這兩種情緒都是針對某個對象而來的強烈反感。厭惡並未確切帶有錯誤行為的概念，但責難隱隱作用：那些汙染社會的人或群體之所以被討厭是因為他們竟敢占用空間，或與那些排外的人或群體往來。即使厭惡與憤怒在這方面相近，但厭惡充滿幻想，而憤怒則非。憤怒時常是有**充分根據**的，我用這個詞來表示它的所有要素都是正確的，除了報復的願望。確實發生了錯誤的行為，侵害者真的做了那個行為，而且那個行為也如同憤怒的人所想的那樣嚴重。相反的，厭惡從一開始就涉及幻想，它的核心概念是，「如果我避免與那些還有動物殘留的人往來，我就能保護自己不致於也變成動物。」當然這是毫無道理的，儘管在許多時候許多地方，某些無稽之談對人們來說頗為重要。因此厭惡當中有某種特性未必是憤怒具有的：它必然抱持錯誤的信念（「我不是動物」、「我不會排出那種東西與味道」、「只有那些人才有動物的臭味」）。憤怒是真實的信念，只是報復的想法出了錯。

厭惡聚焦在人的身上，而非惡行，所以行動傾向也不同於憤怒：感到厭惡的人會訴諸隔離，而非討公道或應報，雖然隔離有時候也會導致嚴酷的作法與強制（例如種族隔離與種族歧視制度），從而滲入與憤怒有關的刑罰制度的嚴苛性。

儘管有這些差異，厭惡與憤怒（地位型的憤怒）有很多共通點。

轉化的憤怒（可稱之為理性的憤怒）聚焦在錯誤的行為，尋求能促進
社會利益的方法。相反的，聚焦於地位的憤怒則針對貶低或自尊受
傷做出反應，旨在貶低或降格侵害者，而非針對侵害行為。這種常見
的憤怒與厭惡很接近。它將另一個人看作惡人，就像討厭的蟑螂或蟲
子，也時常將對方視為低等或卑鄙的；從而焦點隱約從行為轉移到人
身上。因此，投射式的厭惡與憤怒極難脫鉤。一方面厭惡雖然是針對
人而來，但時常是被據稱的錯誤行為所觸動：對某些人來說，肛交是
觸發他們對男同性戀者感到厭惡的替代想像。[82] 另一方面，就憤怒試
圖貶低他人來說，它時常演變成針對人格特質而來的貶抑，而非基於
錯誤行為而暫時貶低某人。（罪犯變成被鄙視的群體及厭惡的對象。）
因此厭惡與憤怒之間雖然判然有別，但若憤怒聚焦在地位上則界線模
糊。

　　憎恨（hatred）是另一種針對人的負面情緒，而非針對單一行
為。雖然憤怒是針對個人，但焦點在於行為，如果行為已經被處置
過，可預期憤怒將會消失。相反的，憎恨是全面性的，如果涉及行
為，那只是因為行為人的所有事情都被認為是不好的。就像亞里斯多
德提到的，唯有那個人消失才能滿足憎恨之情。（1382a15）如果我們
認為憎恨這種對於他人生命的強烈負面態度永遠都是不應有的態度，
憤怒則未然，因為憤怒仍可與喜歡、甚或愛的情感相容。

　　但事情未必如此容易區別。轉化的憤怒與憎恨沒有任何共通點：
此種憤怒期望追求所有人的福祉。經歷憤怒轉化的人關注重點在行
為，並以社會利益為目標，與憎恨之別顯而易見。憤怒的人想要讓錯

---

82. 因此在性取向法規裡，基於行為與基於傾向本身的差別待遇往往讓人混淆。

誤行為停止，但他可能繼續愛那個人，而且希望對方過得好。一旦牽涉報復事情就變得複雜：想要討公道的心態看起來像是對那個人的憎恨，因為那顯然不是一種建設性的修復。[83] 如果人們選擇地位之道，區隔也會變得模糊：試圖貶低或羞辱對方很容易演變成對那個人整體的負面態度，而不只是針對行為。那些想要貶低別人的人通常會想要持續貶低下去。

　　蔑視（contempt）是另一種「反應的態度」，也經常與憤怒相關。乍看之下這兩種情緒非常不同。蔑視是認為別人是低下或卑劣的，通常是因為某種持續性的特質而使得一個人被認為應受責難。[84] 它顯示「被蔑視者作為人的價值低落，缺乏正當理想的人際互動」。[85] 當然，這種理想或許真的正當，也可能並非如此；而對方可能真的欠缺，或者不是。在許多情況裡，蔑視並非基於道德性格上的缺陷，而是欠缺社會地位或財富或權勢。因此對可責性的責難常常是錯的：人們時常因為窮人窮而責備他們，認為那表示他們很懶，並因此蔑視他們。無論這想法對或錯，我們可以說蔑視通常是指一個人因為被蔑視的特質而應受責備，即使那只是他無法選擇的一種弱勢。

　　因此蔑視就像憤怒那樣有焦點也有對象：但它的焦點在於特質，它的對象則是因為那些特質而被視為低劣的。這兩種情緒的客體都是人，不過憤怒的焦點是行為，而蔑視的焦點則是某個或某些相對較穩定的特質。

---

83. 但丁對地獄與煉獄的區別看來有些恣意：人們因為單一行為而落入地獄，因為連續性格而落入煉獄；那種單一行為看來具有決定性，那是他們受到永恆懲罰的原因。
84. Mason (2003) 是近代哲學文獻中對蔑視的最佳研究。
85. Mason (2003, 241).

　　我們可能漏了一個有趣的問題，也就是在道德上，蔑視另一個人是否正當。[86]（有個重要問題在於蔑視時常低估了人類的脆弱，以及在一個不完美的世界裡發展好的性格有多困難。）就我們現在看到的狀況，如果我們所討論的是轉化的憤怒或朝向轉化發展的憤怒，則區別蔑視與憤怒這兩種情緒是很容易的。在這兩種情況下，憤怒都與個人的地位無關，重點是擺在行為，而且最終是要尋求未來的善。相對來說，蔑視與採取償還之道的憤怒較容易區別，因為蔑視沒有報復的想法，而且看似沒有相關的行動傾向。（可能有一種針對性格的憤怒，將某個人全部的自我看作一種錯誤，但是那仍然與蔑視有所不同。）

　　若我們的思考聚焦於地位的憤怒，也就是想要貶低某個人以報復他因為某個行為所造成的貶低效果，則蔑視與憤怒更難區分。然而，這兩者的關係仍有一項有趣的差異。在蔑視中，起點是那個人據稱的不好特質：那個人被認為欠缺某種好的品性，無論是道德面還是社會面。接著以負面態度回應感受到的不好特質。而就聚焦於地位的憤怒來說，負面態度是要回應有關某個人的某個行為，例如因行為所造成的貶低，而後怒氣會讓人想要將對方拉到更低的地位。事實上對方一開始並不是低下的，而是有力量的，足以引發損害。所以可說這兩種情緒最終到達相同的地方，卻是透過非常不同的路徑。

　　羨慕（envy）以及與它極相近的**妒忌**（jealousy），與憤怒的相似之處在於是針對一人或多人的負面情緒。[87]羨慕是一種痛苦的情緒，聚焦在別人的好運或優勢，而相較之下自身的情況較為不利。它針對

---

86. 這在 Mason 的傑出文章中是核心議題。Mason 主張如果適當地聚焦在正當的理想類型上，旨在改善被責難的人未能展現的理想特質，則蔑視是合理的。
87. 關於嫉妒有篇較長的討論，參閱 Nussbaum (2013, ch11)。有個傑出的分析來自羅爾斯 (1971, 530-34)。

的是某個對手以及被認為是重要的好處；羨慕別人的人之所以感到痛苦，是因為對手擁有那些好處，自己卻沒有。至於憤怒，它所針對的好處不能只是抽象的或客觀的，而是與自身福祉有關。[88] 不同於憤怒，羨慕並未涉及錯誤行為，但它通常帶有對幸運對手的敵意；希望擁有對手所擁有的，因此對於對手有不好的感覺。如果對方的優勢被認為是用不公平的方法獲得的，則羨慕與憤怒非常相近，而且羨慕可能引起類似的報復想法，但同樣無濟於事。相對於憤怒，唯有當羨慕的焦點在於相對地位，而無關更具體的優勢，報復才能真正改善羨慕他人者的地位：那種狹隘的焦點有著與憤怒相同的問題。聚焦於地位在羨慕中是極常見的。有兩位心理學者已經對這個情緒進行過很棒的系統性研究，最終將它定義為地位性的好處：「羨慕的客體是參照群體或個人的『優越性』或『非劣性』。」[89]

妒忌和羨慕很像，兩種情緒都是針對某個對手的敵意，因為對方擁有或享受某種好處。然而妒忌往往源自害怕失去（通常是失去關注或愛，但不總是如此），從而是保護自己珍惜的東西或關係。它的焦點在於被視為是潛在威脅的對手。雖然可能尚未出現實際的不好行為，妒忌卻很容易因為覺得對方會故意要這麼做而演變成憤怒。報復的欲望與行動是常見的結果。但不同於羨慕，妒忌很少只是關於相對地位，它的重點在於某樣重要的東西，由於害怕失去是人之常情所以這種情緒很難避免。[90]

以上的扼要探討讓我們瞭解憤怒是一種獨特的情緒，但難以與某

88. Lazarus (1991, 254).
89. Miceli and Castelfranchi (2007).
90. 普魯斯特的小說是這種想法的經典開展。

些情緒區隔，尤其當憤怒採取我所謂的地位之道時更是如此。憤怒確實有其理由，可能是我說的有充分根據，而厭惡則無。不過憤怒中的報復欲望（羨慕與嫉妒也有此欲望，但悲傷則無）是極有問題的。在繼續討論的過程中我們得留意這些區別。

十、憤怒情緒的守門員：好脾氣

人們如何能夠不陷入報復的幻想或對地位的過度執著，做到憤怒的轉化呢？斯密提出一項非常有用的建議，而亞里斯多德對於憤怒及相關美德「好脾氣」的討論則提供了另外兩個有用的建議。[91] 這三項建議都是同一個概念的不同變化：若要避免憤怒就必須減少陷在自戀情結中。

一般來說，斯密的方式是藉由想像「公正的旁觀者」的反應以找出情緒的適當程度。他表示這種方法在憤怒的情況中特別需要，因為這種情緒亟需「降低，使它低於未修練的本性可能發作的程度」。[92] 他主張這樣的旁觀者在思考傷害時仍然會感到憤怒，但他的憤怒較為和緩，首先是因為他保持距離未涉入事件；其次，有趣的是，他必須考慮引起憤怒的那個人的情況，而這種考慮別人的作法會切斷想要報復的念頭。

換句話說，當我們脫離自戀式的自我涉時有兩個好處：首先，我們不會有一切都「與我有關」的這種偏差思考；其次，我們必須考慮

---

91. 他在《修辭學》裡分析憤怒與「心平氣和」，並在《尼各馬可倫理學》裡討論好的處理方式。他並未將這兩種論述連結在一起，但仍然是一致的。
92. Smith (1982, 34).

到每個人的利益，而不只是受害者。因此斯密的公正旁觀者是一種有助於從強烈的自我涉入轉化到整體社會考量的方法。這樣的方法並不完美，如我們所見，人們還是有可能把自己投入朋友所受的苦，甚或對一般的情況對號入座。但斯密的想法是對的，作為功利主義者的原型，他從關切脆弱自我的地位轉向更普遍且更有建設性的社會關懷。

亞里斯多德補充了一項建議：我們可以藉由換位思考，也就是想想冒犯我們的人是怎麼想的，從而避免不恰當的憤怒。亞里斯多德並不認為一般的憤怒在應然面上永遠是不恰當的，這與我的想法不同。但他確實認為憤怒的謬誤經常發生。因此對於好脾氣他取了一個暗示鮮少發怒的名字：「溫和」（*praotēs*, 1125b26-29）。[93] *Praotēs* 的特點在於理性，好脾氣的人通常比較鎮靜，也比較不會跟著激情走，除非那是理性所要求。（1125b33-35）這樣的人也不怕讓人不以為然：「他看起來好像很軟弱，因為好脾氣的人不愛報仇，傾向於同情理解（*suggnōmē*, 1126a1-3）。」[94]

亞里斯多德說的是一個人若能從別人的觀點看事情，瞭解他們所經歷的，就不太可能想要報復。為什麼？首先，這種心理上的換位可能排除某些有關責難的謬誤：我們或許因此能夠瞭解那個人其實不是故意的，甚至只是不小心做錯，而非完全可歸責的。[95] 我們可能也會接受減輕責任的因素，例如各種脅迫或者互相衝突的義務所造成的壓力。知道這些可能讓我們發不了脾氣。這一點連結到亞理斯多德關於好的理性之觀察：參與式的想像有助我們釐清哪些理由是好的，哪些

---

93. 牛津字典的翻譯把「好脾氣」作為形容詞也沒錯，但似乎過度普泛，並未帶出與憤怒的特定關係。
94. 牛津字典將 *suggnōmonikos* 譯為「傾向寬恕」。但事實上並無此意涵。參閱第一章注 15 與注 29。
95. Konstan (2010) 強調對於 *suggnōmē* 這是常有的情況。

是不好的，以及它們的影響有多大。

即使最終證明憤怒確有實據，花時間從別人的觀點來看事情仍然有可能阻斷或抑制憤怒的兩項謬誤。首先，我們會慎思報復情事，以及那樣做能夠得到什麼。想到被報復者過得多悲慘會讓我們懷疑那麼做是否真的對任何人有好處，我們也開始可以看到這種報復心態的謬誤。其次，換位思考也可以抑制過於在乎地位的自戀傾向，從而有助於轉化憤怒。同情心使得憤怒朝向平衡看待傷害與傷害的矯正，而非聚焦在個人地位貶損與復仇。若將別人視為自己爭取高位時的阻礙，則報復會變得更容易。同情理解則讓我們的思考轉向社會福祉。

在我們努力朝著社會利益前進時，抱持同情理解能夠讓我們更容易到達。如果你能夠瞭解你的對手，你就更能夠構思將他們也納入的建設性計畫；我在第七章提到曼德拉的職志時會再加以討論。

亞里斯多德還提出其他有價值的洞見，關於輕鬆愉快、幽默的性情的重要性。在《修辭學》裡他提到：

> 人們如果站在讓他們憤怒的人的立場去想，就會變得溫和。當他們玩樂、笑鬧、飲宴、感覺富足或成功或滿意時，而且一般來說當他們沒有憂苦、享受無害他人的愉悅、懷抱正當的期望時，亦屬溫和。（1380b2-5）

這些建議原因不明，且讓我們仔細檢視。為什麼人們如果處在這些情況下，就比較不會有不恰當的憤怒呢？[96] 所有這些情況都有益於

---

96. 當然我認為所有的憤怒都是不恰當的，但亞里斯多德並不這麼以為。

避免過度陷溺於自戀。我認為人們時常執著於憤怒與報復是為了避免脆弱、無助的感受。那些覺得富足、成功、滿足的人較不會將一時的挫折看成極度無助。那些不受痛苦羈絆或享受無害的愉悅的人也是如此。（金恩博士曾擔心絕望可能會導致報復。）當人們懷抱「適當的期望」看向未來時，就比較不會陷入報復的想法或競爭的焦慮，而亞里斯多德也以此形容正派或公允的人的希望（而不是那種蔑視他人的期望）。

那麼玩樂與歡笑又是怎麼回事？那看來是清單上最難理解的項目，但它們可能透露最多訊息。首先，他的「玩樂」（en paidiai）是指什麼呢？亞里斯多德肯定不是談運動競技，因為在那種情況下人們很容易憤怒（那是希臘社會與希臘哲學常見的議題，不只是當代）。[97] 玩樂是指一種放鬆、帶有娛樂性的活動，小孩子的遊戲就是一例。玩樂與歡笑並列，我們可以明白他心理所指的是哪一類玩樂活動。玩樂時的自我四處玩轉（paidia，時常與嚴肅之事作為反差），也就是不會把玩樂本身看得太重；在這種情況下自我縮小了，也不會太當真。玩樂也是一種緩解焦慮與無助的方法，從小我們就學習藉由戲劇與遊戲來調節讓人筋疲力竭的恐懼情緒。玩樂時不會把其他人看得太認真，也不會堅持他們必須平復我們的驚懼，在玩樂中人是放鬆的且自信的，也能夠接受他人的真實模樣。玩樂有助於化解償還型的憤怒與地位型的憤怒：玩樂中的人較不可能執著於自己的地位，也不太可能需要進行那些無用的報復計畫以化解焦慮。

---

97. 參考 Marcus Aurelius 的意見，他說要避免憤怒的第一件事就是不要「崇拜綠武士或藍武士，或在競技場進行格鬥的神鬼戰士」。

亞里斯多德不是溫尼考特（Donald Winnicott），他並沒有提出一套玩樂的理論。[98] 但他確實提出一項見解引導了溫尼考特的方向：玩樂是一種策略，藉此自我可以強壯到足以與他人共存在這世上。這種想法符合轉化的概念，就像我說過的，理智的人可以透過自嘲消除憤怒。如果一個人已經處在一種輕鬆看待自己、甚至自嘲的心態，他便已經準備好轉化憤怒了。

為什麼我們要討論憤怒的應然面呢？如果那是我們演化而來的傾向，這樣的批評有什麼用呢？我認為有三重用途。首先，即使是無法改變的傾向也能透過公共政策加以約束。因此討論人類心智的一些特性，讓我們可以看清楚它們，而後思索更理性的方法來制訂政策。例如，倘若我們瞭解人們具有心理學家稱為「可得性捷思法」（availability heuristic）的傾向，也就是說思索單一的顯著例子，並利用那個例子來判斷其他情況，我們就能瞭解為什麼有關風險的制度可能必須與成本效益分析互相平衡。或者就像我在討論有關厭惡的議題時主張的，如果人類有強烈的傾向想藉由投射厭惡的屬性（臭味、獸性）使他人屈居下風或將之排除隔離，我們就更能夠警覺社會上汙名化與打壓的危險作法，拒絕那些以明顯有問題的理由作為根據的公共政策。

其次，憤怒的傾向似乎只有部分是演化而來，而且至少有部分是限於特定文化與特定角色。或者說文化會造成此種傾向的進一步發展與表現；如果真有此種傾向存在的話。對於控制憤怒的情緒，不同文化的作法天差地遠，烏庫人採取極端的作法，而希臘人與羅馬人則較

---

98. Winnicott (2005).

接近當代的美國人。即使在同一種文化下也有極大的差異，如同我們說過的性別差異。某些次文化，像是斯多噶學派、甘地主義，可能偏離較大的文化範疇。明白這樣的彈性之後，我們可以教育孩子學習我們認為屬於理性的好典範。

　　最後，至少可以有一些自我改變的可能性，即使成年人也是如此。塞內卡描述他每天晚上努力且耐心地反省自己的憤怒。就算他無法宣稱已經完全克服憤怒，但至少有些進步了。而且或許反省的時間愈多，就進步愈大。曼德拉表示他在坐牢二十年期間得到極大收穫。我們大部分人都很幸運，沒有這麼多孤獨且無事可做的時間，但不表示無法追求進步。

第三章

寬恕：系譜學

我像罪人那樣哀嘆，
我因為犯了錯而羞愧：
主啊，求祢寬赦。

　　　　　　　　　　　　──《憤怒之日》，十三世紀聖詩

　　他淚流滿面無法看見，在上帝的慈愛光照下低著頭聽到赦罪的話語，看到神父舉著手在他頭上表示赦免。

　　　　　　　　　　　　──詹姆士・喬伊斯（James Joyce），
　　　《一個青年藝術家的畫像》（*Portrait of theArtist as a Young Man*）

一、寬恕與系譜學

　　現在來到寬恕。如同憤怒的論述，在此我們必須對寬恕提出行得通的解釋，而查爾斯・格里斯沃德（Charles Griswold）的說法令人讚賞。他主張寬恕是兩個人之間的過程，涉及調節憤怒情緒、停止報復的計畫，並且要滿足六項條件。一個人要能夠被寬恕必須做到：

　　一、承認他是應負責任的人。

　　二、責難自己的行為（承認行為的錯誤性）與自己作為行為人。

　　三、針對所造成的特定損害，對受害者表達後悔之意。

　　四、承諾當個不再造成傷害的人，除了言詞也以行動表現承諾。

　　五、展現出他知道從被害者的觀點來看傷害所造成的損失。

　　六、說明為什麼他會犯那個錯誤、為什麼那個錯誤不能代表他的完整人格，以及為什麼他值得被認同。[1]

1.　Griswold (2007, 149-50)。這並非格里斯沃德的全部論述，他頗費周章地說明原諒別人的人應該做什麼。 Konstan 的論述 (2010) 基本上也一樣。

（我不認為這是完美的分析，但足以作為起點。）且讓我們將此視為標準的解釋，以顯示其重要性與長效性。[2] 但此後我會稱之為「交易式的寬恕」，以便與缺少這種條件式架構的替代方案對比。如同我們將看到的，上述每一個要件都有著長期的猶太教與基督教的背景，形成熟悉的組合。探究這些要件的歷史脈絡將有助於我們更適切地理解它們的道德角色，以及那些替代方案如何脫離歷史軌跡。

我對憤怒的探討是直接的：透過各種案例檢視憤怒的要素，討論它們的角色，論證其隱藏的瑕疵與不理性之處。至於寬恕，我認為有必要以較為間接的方式處理，審酌猶太教與基督教的概念史。為什麼呢？

若有哲學家打算透過歷史來探究某個概念，人們會警告她別犯了「系譜的謬誤」。藉著探尋源頭來瞭解事物的本質被認為是不可靠的研究方法。這種警告時常是有道理的。舉例來說，我們可以藉由檢視演化的起源以瞭解人類的某些心理特質，但是最好不要以為那是全面的理解。有些人認為可以透過探查制憲者的意圖來瞭解某個憲法條文的意義，但這麼做爭議不小。即使原旨主義者也不應輕易推定原旨主義是正確的。

然而，就像尼采所理解的，有時候歷史探究能夠帶來啟發，而我將採用尼采的系譜學概念。[3] 尼采所思考的道德，以及我所思考的寬恕，指的是受到推崇的特定道德規範，在人們的論述與生活中具有核

---

2. 事實上人們時常表示若無這些交換條件，則寬恕是不完整的：可參考 Konstan（2010, 21 與其他相關論著），Bash (2007) 亦如此摘述其主張「無條件寬恕的想法難以從實用的、務實的與哲學的觀點加以辯護」(78)，而他也努力證明早期基督教傳統已包括交易式論述。關於這一點我贊同 Bash 而非 Konstan 的主張：早期的傳統必然包含這種概念；然而（這一點我不贊同 Bash）顯然也包含無條件寬恕與無條件的愛的概念，而我也不贊同 Bash 對這些替代方案的規範評價。
3. 我會努力更詳盡且準確地闡明相關歷史，而我認為這對尼采的一般目標來說是必要的。

心地位，但其輪廓尚未清晰。它們外圍有一些神聖的光環。而行為習
慣也讓它們難以被看清楚。我認為寬恕也是如此。我們如此習於寬恕
這個想法，沒想過要給它精確的定義，並且區別寬恕與其他多種相關
的態度。由於我們的文化如此推崇寬恕，我們怯於以批判精神加以檢
視，因此可能難以看出其中隱含的侵略性、控制性與不快樂性。

　　歷史可以「去熟悉化」（defamiliarize）。它提醒我們事物原本可能
是不同情況。在此，它提醒我們寬恕這種被珍視的現代概念，最初是
與許多宗教態度與慣例相關，而且千百年來皆然；它的意義根植於宗
教。我們最終可能認為整體的概念遺產值得認可。我們也可能認為寬
恕的某些層面可以從這種脈絡中脫離而自有其價值。相反的，我們也
可能發現某些符合原初背景的特質放在今日卻不太適用。倘若我們注
意到這種不適用的情況，我們至少會懷疑是否可以拋棄傳統外殼而保
留寬恕的核心意涵。然而，如果我們依然將寬恕視為如呼吸的空氣或
魚兒在水裡游那樣自然，就永遠無法嚴肅看待這一點。[4] 我相信擺脫交
易式的概念後，寬恕的某些面向還是可以保留，但是哪些面向能留下
來，以及會有怎樣的結果，仍待檢證。

　　米歇爾・傅柯（Michel Foucault）針對當代的懲罰制度提出了類似
主張。[5] 傅柯主張我們習慣性地接受有關懲罰的信仰而未加以檢視。尤
其我們認為舊時代那種殘忍且公開的懲罰已經被較為溫和的監禁與矯
治所取代。的確，我們執迷地認為透過監獄來矯治犯罪者是溫和且進

4.　我從馬勒那裡借用這種概念，將在本章稍後再加以討論。他認為傳統的基督徒的行為就像魚兒聽到
　　聖安東尼講道時漫無目的衝闖，可以低音豎笛的滑音貼切呈現，開場時以「詼諧」為特徵。馬勒的
　　《少年魔法號角歌曲集》（*Des Knaben Wunderhorn*）中的聖安東尼之歌大致也是與第二號交響曲第三
　　樂章有關聖安東尼的部分同時作曲；我在此間接引用後者；參閱 Nussbaum (2001, ch14) 的詳細分析。
5.　Foucault (1975).

步的行為，以至於我們難以看出即使外觀上最良善的監獄裡仍帶有懲罰的、控制的面向。[6]

　　在寬恕的例子裡，我們一再看到人們傾向用這個詞來描述管理憤怒的好態度。這種傾向讓人混淆，也讓人難以批評：「寬恕」變成一個萬用詞，用來稱讚處理錯誤行為的好方法。我們也會看到與前述傾向衝突的另一種傾向，也就是帶入許多有關猶太教與基督教的寬恕概念的歷史包袱，認為那是寬恕不可或缺的內容。我們將在第七章討論的《沒有寬恕就沒有未來》一書，屠圖主教以模糊的規範方式提出「寬恕」，認為那指稱任何可能的正面且慷慨的和解態度，屠圖未加論證就把寬恕與各種宗教態度連結，例如認罪、懺悔與赦罪。突然間「寬恕」變成基督教交易式的寬恕，而且有確切的內容，但是讀者並未留意到當中的跳躍，因為他們早已沉浸在這些基督教的態度與概念裡。

　　我會指出猶太教與基督教的傳統雖然複雜，卻也提供兩種值得我們關注的態度。本章大部分的篇幅在討論**交易式的寬恕**，對此格里斯沃德的定義已能妥適說明。交易式的寬恕是中古世紀與現代猶太哲學的核心概念（引述某些聖經文本，但忽略其他），而且它是基督教傳統中三個具有重大影響的態度之一，也是教會偏好與成文化的內容。但是猶太教傳統中某些成文化程度較低的內容，以及基督教傳統中某些為人熟知的部分，也提出了兩種不同的態度。我稱其中一種為**無條件的寬恕**，另一種是**無條件的愛與慷慨**。我們將討論這些不同的方

---

6. 傅柯在歐洲有相當多讀者。他不是談美國監獄實際上那種讓人羞愧的殘忍作法，而是談論監獄管理與矯治計畫中典型的介入與操縱特性，邊沁的圓形監獄／作坊就是重要的個案研究。

案，特別是最後這種態度的豐富內涵。兩者在聖經文本中都占有顯著
地位，無論舊約或新約。儘管如此，在組織化的猶太基督宗教的歷史
中，交易式的寬恕長期占據舞台中央，對政治關係與個人關係都產生
重大影響。

接著我們將以尼采哲學的精神來檢驗猶太與基督教的寬恕傳統。

二、猶太人的贖罪：作為與不作為的紀錄

猶太人的贖罪或悔改，以及其中有關寬恕的概念，具有長期而複
雜的歷史。許多聖經文本，尤其是預言書，討論並例示各種行為與態
度，而後將之成文化。這些文本並未系統化，也沒有形成一套理論或
標準的慣例。交易式寬恕的概念在其中是相當顯著的。[7] 但是我們在第
五節將看到的，它們並未完全成文化而能夠與提出無條件寬恕與無條
件的愛等觀念的文本共存。《塔木德》（*Talmud*）同樣未系統化，我稍
後會論及它在這個議題上的見解，也會探究那些反對此立場的傳統。[8]

然而，後來的希伯來傳統則將這些概念成文化，對於什麼是贖罪
以及如何進行贖罪給予權威定義。[9] 領導者是十二世紀的偉大思想家邁

---

7. 神的憤怒時常需要透過懺悔、犧牲來平息。在《以賽亞書》（*Isaiah*）43:25-6，罪惡顯然因為道歉、靜
   心的態度而獲赦免。同樣的，在《何西阿書》（*Hosea*）第十二章，先知呼籲以色列悔改，而在第十四
   章，他要求用特定的方法來贖罪，他想像這麼做之後就會獲得寬恕。還有許多這樣的例子。
8. 關於聖經與《塔木德》的文本還有另一個非常好的討論，可參閱 Morgan (2011)。
9. 雖然有相當多的改革派與保守派猶太人並不接受這類成文化論述，至少不是要求悔罪的全部戒律，
   但整體上仍然堅守傳統的贖罪概念。Peli (2004) 對此的介紹讓改革派拉比 Arnold Jacob Wolf 稱讚斯洛
   維奇克的思想至關緊要 (p.7)。斯洛維奇克 (1903-1993) 是一位具有高度影響的正統派拉比與教授，忠
   實地追隨邁蒙尼德與格若納的約拿的主張。（斯洛維奇克的對話原先使用意第緒語，之後由 Peli 以希
   伯來文翻譯；英文譯者是 Peli 及龐大的顧問群。）

蒙尼德（Maimonides）[10]，他寫作的〈贖罪之法〉（Hilchot Teshuvah）是其權威著作《律法新詮》（*Mishneh Torah*）的一部分；還有十三世紀的格若納的約拿（Yonah of Gerona），他寫作的《贖罪之門》（*Shaarei Teshuvah*）是贖罪制度最完整的典章。[11] 在現代猶太教對於贖罪問題的神學討論中，具有此種權威的則是約瑟・多夫・斯洛維奇克（Joseph Dov Soloveitchik）與研究猶太人大屠殺的史學家黛博拉・利普斯塔特（Deborah Lipstadt），他們的立場非常接近這些文本。[12]

　　我們可以從這些論著的標題明瞭，其統整的概念在於贖罪或悔改，而不是寬恕；不過寬恕是這個過程最終的目的，也扮演關鍵的整合角色。但一開始的重點在於為惡者的行動，而非受害者的行動。主要原因在於贖罪畢竟是犯罪的人類面對神的憤怒所採取的行動。倫理上的誡律是用來指示違犯者，當然不是指示神。至於對人的贖罪也有附帶的論述；就像我們看到的，人與人之間的贖罪是特殊且無中介的，一個人的義務不只在於修補與神的關係，也要修補人與人的關係。儘管如此，對他人所犯的每一件惡行也是對神的冒犯，所以犯罪者與神之間的關係比起人與人之間的關係更受強調，無論是在儀式上或文本上。贖罪日（Yom Kippur）的目的完全只在修補人與神的關係，雖然也提到應彌補對他人犯下的過錯。約拿的文本幾乎未提到人

10. 1138-1204，時常被稱為 Rambam。
11. 格若納的約拿是加泰隆尼亞地區具影響力的拉比，也是更有名的 Nachmanides 的表親。據說格若納的約拿最初反對邁蒙尼德，並在一二二三年鼓動巴黎的基督教教會公開燒毀他的書。他後來承認錯誤，並到邁蒙尼德葬於巴勒斯坦的墳墓朝聖。然而他的足跡最遠只到托雷多，他在那裡窮盡餘生教書，不過他的教導繼續推崇邁蒙尼德。關於邁蒙尼德，我查過兩個線上英文翻譯版本，一個是 Immanuel O'Levy (1993)，而另一個是 Rabbi Yaakov Feldman (2010)。關於格若納的約拿，我使用 Shraga Silverstein (1967) 的雙語對照版本。
12. 先前引述的斯洛維奇克；利普斯塔特獻給 Wiesenthal (1997, 193-6)。利普斯塔特是 David Irving 所提出的著名的否認大屠殺的毀謗案件的被告，因有抗辯事由而獲勝。

與人之間的彌補，只有在四百頁的作品結尾短暫提及。斯洛維奇克的權威論述也僅短暫提到人對人的贖罪。邁蒙尼德給予人對人的贖罪多些強調，但他作品中贖罪的章節本來就很短，因為他將占據約拿作品大部分篇幅的倫理誡律放在他其他論述中。

贖罪的方式是極長的誡律清單，虔信的猶太人必須遵守那些誡律。約拿區分「積極的」誡律（要求人們做某件事）與「消極的」誡律（要求人們不得做某件事）。換句話說，有些是不作為的罪愆，通常較輕微；有些則是作為的罪愆，嚴重程度不一，但始終是重罪。這些誡律含括了人生的全部領域。有些是核心的道德要求或宗教規定；其他則是「圍籬」型的誡律，功能是讓可能的罪人更加遠離可能的犯罪。（例子之一就是男人不能用任何方式碰觸一個已婚的女人，這項誡律在可能的犯罪人與嚴重的性犯罪之間築起圍籬。）即使違犯「圍籬」比違反主要誡律的結果輕微，仍然是違反的行為，對此必須進行贖罪，而且無論有意或意外的違反都必須贖罪。[13]

因此人生充滿必須贖罪的各種時刻。一個人必須持續保持警醒，而贖罪本身絕對是有必要的，因為律法太多又容易違犯。的確，我們可以說贖罪的功能之一就是讓人在人生各階段始終思考自己與神的關係。從猶太新年（Rosh Hashanah）到贖罪日的這段期間，以及贖罪日的儀式本身，是贖罪的主要場合。[14] 然而，邁蒙尼德認為在一整年當

---

13. 參閱 Maimonides ch1.1．.
14. 傳統中有個有趣的爭論：人們是否應該為了前一年已認罪過的事情再認罪並悔罪一次。約拿的觀點是不需要，一方面因為那可能分散了對今年的罪愆的注意，也因為再次認罪顯示對於神的寬恕不信任：參閱 Yonah (1967, 379-383)。然而罪人仍應整體性的認己，包含過往與現在的過犯。邁蒙尼德認為人們既應認現在的罪，也應再認先前的罪，如次才能讓自己同時看到這兩種罪。(2.8) 亦有討論人們在贖罪日應該認幾項罪。邁蒙尼德提到人們應該在禁食前的大餐前認罪，即便之後要花上一整天反覆認罪，因為人可能在吃大餐時噎死，而沒辦法開始主要的認罪程序（Maimonides2.6）。

中都要贖罪。約拿則提到整個過程就像是防禦工事，讓人免於犯罪。

　　有些罪在贖罪後可以立刻獲得神的寬恕。至於其他罪則要等到下一次贖罪日。還有別的罪必須等到罪人受到進一步苦難後才能獲得寬恕。對某些特別嚴重的罪，罪人要到死後才會獲得寬恕。[15]（至於對他人所犯的罪，還得滿足其他條件才能獲得寬恕。）[16]

　　贖罪的第一項要求是認罪。邁蒙尼德主張一種個人的、口語方式的具體認罪（除了贖罪日的公開認罪之外）。對神的認罪應該私下進行，必須以清楚的話語表達。斯洛維奇克解釋這是因為情緒與想法「唯有運用合乎邏輯與文法的語句加以表達時才會變得清楚且能夠理解」。（91-92）若罪過既是對神也是對他人，既要以話語認罪也必須公開為之。「若有人太過傲慢，隱匿而非坦承他對神的背叛，這樣的贖罪是不完整的。」[17]斯洛維奇克說這項要求的原因在於罪人必須「潔淨他所玷汙的同胞的名聲，並有效消除加諸別人身上的汙名。」（他似乎認為罪行是對被害者的貶損，與亞里斯多德強調「貶低」的立場相近。）

　　但是認罪只是第一步。罪人必須接受能夠避免未來再犯的連串程序。一開始必須表達真誠的懺悔，承諾不再犯。神「看得見所有隱匿情事」，而悔意也應該以口語表示（涉及他人時應該公開進行，只與神有關時則隱密進行）。邁蒙尼德與約拿的文本中都提到一個生動的特殊畫面，有可能來自更早的資料：如果人們只在口頭上認罪，沒有

---

15. Maimonides, I.4.
16. 斯洛維奇克強調對於赦罪與淨化的傳統區別：要得到前者，懺悔自責就足夠了；若要後者，就必須在生命與思想上有根本的改變。參閱 Peli (2004, 49-66)。
17. Maimonides, 1.5。如果犯的錯只是對神，人們不應該公開悔罪。

真誠的懺悔之心，就像一個人手裡還抓著一條毒蛇，卻想要**行浸禮**以獲得淨化。他無法被淨化，除非他先丟掉蛇。邁蒙尼德表示，真正的贖罪是「承諾之後不再犯某項罪，不再想要犯那種罪，而且將承諾刻在心裡絕不再犯」。[18]

在這個過程中，若能始終懷抱「順服、謙遜、溫和」的心是非常有幫助的。[19] 憂慮也極為有用，讓人容易發現犯下的錯。（邁蒙尼德以**號角**的聲音隱喻心靈的儆醒。[20]）成功贖罪的極致是身處當初犯罪時的誘惑下卻能不再犯。[21] 然而，這不是必要的要件，因為人可以贖罪並在死後獲得寬恕；甚且許多罪行在瀕死之際是無法再犯的。[22] 在贖罪過程中，持續意識到死亡也是很有用的。[23]

贖罪與希望及欲望無關，而是和作為與過失不作為有關。內心世界是很重要的，因為那既是惡的原因，也是贖罪過程中重要的部分。如同約拿所述，要讓人遠離貪歡與惡的傾向，激起其熱情是有用的。而「圍籬」經常是在處理內心世界：遠離可能刺激欲望的情況是避免犯罪的方法。[24] 即使在這裡，重要的也是相關的作為與不作為；欲望本身不是罪，只是罪的成因或影響。與此相似，如果涉及別人，也只有作為與過失不作為才算是罪，而不是那些難以控制的各種想法，除非是那種極可能產生惡行的想法。

---

18. 第 2.2. 章。（我將譯者的「永遠不做」改成「絕不再犯」。）
19. 第 2.4 章：對照 Yonah (1967, 31)。
20. 第 3.4 章：他特別將號角與慈善連在一起，主張猶太人在猶太新年到贖罪日的這段期間比起在其他時候更加慈善。
21. Maimonides 2.1.
22. Maimonides 2.1..
23. Yonah (1967, 92).
24. Yonah (1967, 39).

現在我們轉向對他人的侵犯行為，我們可以發現人對人的贖罪在某種程度上並非衍生性的。雖然每一項侵害他人的犯罪行為也是悖逆神的罪行，在神面前悔罪並獲得神的寬恕仍不足以塗銷行為人對他人所造成的損害。事實上金錢賠償或回復財產原狀（在財產犯罪的情況）也還不夠。[25] 犯罪者必須直接接觸受害者，公開對他認錯並表達懊悔之意，承諾不會再做出損害受害者生命的罪行。而後被害人必須接受道歉。「在為惡者賠償被害人之後，被害人必須寬貸那人，而為惡者必須請求受害者的原諒。」約拿表示賠償與回復原狀無法處理被害人所蒙受的羞辱與苦惱，只有請求原諒才能緩解。

至此我們終於來到人類的寬恕，其典型的意義是：被害人的心意轉變，放棄以憤怒與怨恨來回應犯罪者的認罪與懺悔。贖罪過程包含格里斯沃德定義的所有要素。儘管未特別強調，對被害人所受苦痛帶有同情理解的想法表現在回復原狀仍不足夠的論述中。而這個過程的最高點在於被害人自願放棄怨恨的情感與計畫。

猶太傳統認為寬恕是一種美德。被害人不應懷著怨恨之心，要真的放下並避免發怒。（邁蒙尼德提到外邦人始終懷抱怨恨，寬恕的性情是猶太人的特徵。[26]）如果被害人一開始很頑固，罪人應該由三位朋友陪同一起拜訪，請求對方的寬恕。如果答覆是不原諒，他必須帶（不同的）朋友做第二次、第三次的拜訪，一起說服受害者。這時情況就不同了：頑固的被害者變成了加害者。師生關係是例外，如果被害者是犯罪者的老師，犯罪者必須「請求原諒一千次」。（顯然不肯原

---

25. Yonah (1967, 59).
26. Maimonides 2.10。參閱 Yonah (1967, 377)。

諒的老師不會有責任。）對死人道歉、賠償不認識的人有特別規則。[27]
整體而言，這種過程已經儀式化而且頗具強制力：要不就選擇原諒，
要不就變成罪人。

在討論人對人的贖罪時並未提到憂慮、謙卑或謙遜。這些態度在
面對神時是適當的。然而，要讓這些態度普遍適用於人與人的往來並
不困難，因為侵犯別人的同時也是對神的違逆。無論如何，由於焦慮
與謙卑是人類生命中常見的特徵，必然也會出現在人際關係裡，無論
是否明確針對其他人。被害者同樣可能產生焦慮，因為他被要求必須
改變難以改變的態度，否則就要承受罪的痛苦。

比較多個世紀以來的傳統所形成的結構化論述與格里斯沃德的哲
學定義，就能得到新的理解，而這種新的觀察角度便是系譜學的目
的。在格里斯沃德的當代論述中，已經從包羅萬象的宗教生活方式裡
抽取出一種結構，可以說就算沒有那些宗教承諾它仍然可以也應該繼
續存在。是否真的如此還需要進一步論述，但是寬恕的整個概念是如
此熟悉，讓人覺得可以不用加以論述。

然而，讓我們在原來的脈絡下繼續思考寬恕的架構，看看它能給
個人與政治關係帶來什麼。我們對傳統愈瞭解，就愈能夠看穿這個節
略版的寬恕的問題。

在猶太的贖罪中，人際關係與政治關係被化約成生活中的一小部
分。與神的關係才是主要的，滲入每一件事。因此在文本中政治連提
都沒被提到，個人關係則占非常小的篇幅（如同邁蒙尼德與約拿的論

---

27. 犯罪者必須帶十個人到死者墳前認罪；如果欠死者錢，他應該向其繼承人償還。如果不知道繼承
人，他應該將錢交給法院，然後在法院認罪。

著），或者幾乎不可見（如同斯洛維奇克的論著）。人類關係不只在關於贖罪的文本占極小的篇幅，顯然在生活的結果與目的上它們都居於次要。即使獲得神的原諒不表示得到人的原諒，交易式的寬恕還是發生在對神的承諾的脈絡下，而這樣的承諾充滿人生。許許多多積極與消極的誡律，包括許多「圍籬」，加上始終保持憂慮與儆醒的命令，表示不太可能有空間再去考量另一個個人，也沒有自發性、熱情或歡樂的空間。的確，這種生命過程顯然讓人焦慮且毫無愉悅，儘管歡樂與幽默的能力顯然是充滿價值的。

根據艾斯奇勒斯的悲劇，若說寬恕對政治不具任何影響著實奇怪。不像個人關係至少會被提到一些，那些文本完全沒提到政治關係，即使在斯洛維奇克的當代論著中亦然。政治正義並未轉化憤怒，因為那是神的憤怒，而神的正義是最重要的事。因此即使在一個公正的法治社會，就如同在法治未開的社會，犯罪者承受了同樣的擔憂、懺悔及神的憤怒。

在這樣的傳統下，受害者的憤怒如何平息呢？不是透過被害人主動的寬恕，被害人必須等候犯錯者的道歉與乞求，以及洗心革面且不再犯的誓言，還有適當的賠償。到了這時候被害人的寬恕不再勉強。事實上有人強烈主張若被害人先表示寬容是不對的，會影響贖罪過程的必要步驟。神確實要求我們走完全部的程序，不斷反覆，而人類不能比神對過犯更不在乎或輕易原諒。即使最終要讓步，最好一開始還是強硬些，至少要讓犯罪者被迫展現更加不安與謹慎的姿態：想像犯罪者連續三次帶三組不同的朋友去乞求原諒，他們必然知道交易的細節且準備好為犯罪者求情。

甚且在贖罪程序結束的時候已經沒有慷慨或自發的空間：寬恕是宗教律法的要求，不能隨意給予。

因此人際關係有著雙重負擔：首先，也是最重要的，要持續專注於對神有無違逆，這占據了人生大部分的時間；其次，在人際間進行公開的贖罪程序。由於一個人可能有許多冒犯別人的情況，人際之間的贖罪本身是極麻煩的，占去了原本可以做更快樂的事的時間。這些負擔是雅典娜亟欲消除的事物；但贖罪過程並非要消除它們，而是強化它們。沒錯，那就是它的目的。

第六節將呈現一些不同聲音，來自建議採取不同觀點的猶太傳統（像是一些聖經文本）。然而，為了繼續說明我所謂的交易式寬恕，讓我們先回到基督教傳統的主要論述。

三、基督教的交易式寬恕：內在領域的功過紀錄

基督教傳統是非常重要的。當然，猶太教傳統也是如此。但是在後者，至少就正統的猶太哲學文本來說，長期以來有顯著的穩定性。而基督教從一開始就具有異質性，有許許多多的基礎文本，隨著時地的不同日益多樣化。我們這樣的系譜學討論無法詳盡探討所有關於各福音書作者的爭論，或者關於耶穌與保羅之間的不同，甚或有關天主教與新教的寬恕教義的差異，以及新教各派之間對寬恕的差異。相反的，我的交易式寬恕的系譜學目標在於像猶太教那樣抽繹出具有顯著普遍性與持續性的結構，它能夠在不同時地被看到，而且以我們時常

未察覺的方式形塑當代文化。它重點在組織化的教會，那可能與它的源起有極大差異，就像其他組織化的宗教那樣。組織化的教會對我們的日常生活與文化有巨大影響。系統化地描述主流的基督教交易式的贖罪過程後，我將轉而討論這個傳統之內兩種顯然有聖經文本佐證的替代方案，它們提供了具吸引力的可能性。

一開始我們必須拋棄一種錯誤但普遍的觀點：猶太傳統愛談懲罰，基督教傳統則是慈悲的。如同我們已經看到的，猶太人的說法恰好相反：外邦人心懷怨恨，而猶太人有辦法放下怒氣。這兩種聲稱自己比較溫和的說法都是錯的。基督教傳統有極多談論懲罰的來源（只消想想《啟示錄》），而猶太傳統確實鼓勵嚴厲究責與努力贖罪。事實上這兩種傳統之間有極強的連續性，而基督教文化整體上往同一個方向發展。

福音書裡肯定也有交易式的寬恕，雖然不如組織化的教會那般顯著。主要一段說明在《路加福音》17:3-4：「若是你的弟兄得罪你，就勸戒他。他若懊悔，就饒恕他。倘若他一天七次得罪你、又七次回轉說、我懊悔了，你總要饒恕他。」[28] 另一段權威經文是《使徒行傳》3:19：「所以，你們當悔改歸正，使你們的罪得以塗抹，這樣，那安舒的日子就必從主面前來到……」而且施洗約翰開始的整套洗禮慣例被視為「傳悔改的洗禮，使罪得赦」。（《馬可福音》1:4，《路加福音》3:3。）這句話可以合理地解釋成若無悔改就無洗禮[29]：在《馬太福音》

---

28. 比較《約翰福音》7:53-8:11，一個通姦被抓到的女人顯然得到條件式的寬恕：「去吧，不要再犯罪了。」

29. 參閱 Bash (2007, 80-87) 提到有關希臘文本的詳細哲學討論。然而，身為一個基督教神學家，他可能將太多統合性與一致性加到這些早期文本：施洗約翰在耶穌死前行洗禮，而且可能還未明確知道還要加上其他必要條件。

3:8，施洗約翰斥責也來參加洗禮的法利賽人與撒都該人，因為他們並未悔改。洗禮可能還不足以獲得上帝的寬恕，只有基督死在十字架上才能讓人獲得寬恕；但洗禮看似必要的。[30] 因此寬恕雖然是基督賜予的恩典，但也有深刻的交易性。

當然，如同我們將看到的，福音書裡並非只有這樣的概念。不過它們形塑了基督教會未組織前的早期儀禮，而不讓人意外的，許久之後組織化的教會加以成文化並補充許多內容。因此無論在初期教會中洗禮代表什麼意義，它很快變成應許的救贖的條件。而它所提供的赦罪過去曾經是、現在仍是徹頭徹尾的交易式的：小孩子要先表達後悔並絕不再犯，父母或祖父母才會原諒他們犯的錯。[31]

雖然交易式的寬恕也出現在福音書裡，但畢竟這個概念是組織化教會建構出來的，所以讓我們把重點擺在較晚期的文本《憤怒之日》，那是中古時代的詩作，記錄了基督徒對於最後審判的看法，而長達數世紀的時間裡它都在安魂彌撒中占有核心地位（直到梵蒂岡第二屆大公會議被移除）。[32]《憤怒之日》只是有關贖罪與寬恕的許多儀式性文本之一。它的架構多少早已出現在特士良（Tertullian）於公元二世紀寫作的《論懺悔》（De Paenitentia）。[33] 但是它的意象已經成為許多地方、許多時代共同的講道素材。（舉例來說，它的部分內容成

---

30. 施洗約翰並未要求犧牲或祭禮，可能認為悔罪的儀式取代了這種猶太教的贖罪儀式：參閱 Bash (2007, 81-2)，再次強調贖罪，但要得到寬恕仍然不夠。
31. 因此《公禱書》（Book of Common Prayer）裡問為人父母與祖父母者（或任何有資格說話者）：「你是否棄絕撒旦與所有反叛上帝的惡靈勢力？」回答：「我棄絕它們。」問：「你是否棄絕這世上那些腐化並毀滅上帝所造之人的邪惡力量？」回答：「我棄絕它們。」問：「你是否棄絕所有讓你遠離上帝的愛的罪惡欲望？」回答：「我棄絕它們。」後續的儀則是有關於接受耶穌作為救主並信服祂。
32. 參閱本章最後列出的完整詩篇。那在今天仍是特倫多彌撒（Tridentine Mass）的內容，而且是受敬重的文本，雖其他有關於地獄之苦的描述已不再強調。
33. 本作品早於特士良脫離主流基督教會並擁護孟他努派（Montanist）。

了喬伊斯《一個青年藝術家的畫像》中幻想對都柏林的學童傳道的材料，那場講道顯然與喬伊斯自己小時候聽過的講道內容非常相近。）而它也巧妙地濃縮了獲得普遍接受的基督教的寬恕概念與作法。

《憤怒之日》描述世界承受著上帝的憤怒，以及人類對上帝憤怒的恐懼，並謙卑地祈求寬恕。這首詩歌背後的概念在於那些詠唱或聆聽的人永遠不知道真正的寬恕是否會降臨，因為只要人還唱著歌或聽著歌就表示還沒死，因此總是可能再犯罪。人們只能繼續抱持希望，並繼續祈求。

憤怒之日就是普世大災難的那日：全世界陷入火海與灰燼。有一把小號呼叫死者接受審判。法官進場嚴厲地審判一切事物。有本書被帶了進來，裡面記載著一切作為審判依據的事。「任何隱匿的事都會被揭發，善惡終有報。」罪人（仍活著唱詩的人）思索在那日他應當怎麼說。他想著那就像一個犯人在法官面前愧惶無地。他知道他的禱告毫無價值。然而他仍盼望獲得完全不應當獲得的寬恕。他用謙卑且哀求的姿態祈求，他的心如灰燼那樣痛悔。當該受死者被火焚時，他哀求獲得寬恕並饒赦，呼求耶穌的化身慈悲憐憫。

在許多方面這是（預期）死後的贖罪程序。認罪、道歉、祈求、懺悔、回顧反省自己的惡行。「決意洗心革面不再犯」這些步驟難以納入死後的贖罪程序，卻依然存在神學理論中，在典型的煉獄描述裡靈魂因上帝的寬恕而獲救之後，必須費盡千辛萬苦並經過長久的改造，才能消除他們的罪性。而就像猶太教那樣，上帝被描繪成嚴酷且憤怒的，雖然如果人類苦苦哀求祂可能還是會選擇原諒，退去憤怒而不降下罪有應得的懲罰。再一次，就像猶太教那樣，與神的關係才是

最主要的，主要的被害者與原諒者都是上帝。

天主教的贖罪儀禮（從特士良的《論懺悔》之後幾乎未變）顯然傳承了猶太教的贖罪過程。[34] 贖罪必須有口頭的認罪，而後是懺悔（依照十六世紀特倫托會議的定義，那是「心靈的哀痛，對所犯之罪的憎恨，決意不再犯罪」）。因此如果罪人只是表面功夫，贖罪是無效的。在懺悔與認罪之後，如果神父滿意而相信這些都足夠了，接著就是赦免，伴隨著指定的贖罪工作，「通常是在禱告中該說的話，或者應該履行的特定行為，例如拜訪教會、看耶穌受難像等等。行善、禁食與禱告是讓神父滿意的主要方法，但也可能需要其他贖罪工作。」[35] 神父也可能命令補償受害人或補償社會，雖然相較於禱告較少命令進行這類補償行為。

因此贖罪的儀式與贖罪是接續的。在新教的許多主流教派裡，這些事情的結構化程度較低，但基本上仍是相似的。並沒有受膏者聽取告解並指派贖罪任務這樣的過程，但是仍然鼓勵罪人認罪、懺悔並贖罪。英國國教教會（Anglican Church）有共同唸出認罪內容的作法，其他教派也有類似作法。在基督教福音派，公開認罪是很常見的，伴隨著懺悔與謙卑，之後則共同祈求上帝寬恕。

這兩個傳統的另一個顯著的相似性在於納入了定期性的寬恕儀式。人們在贖罪日誠心懺悔對上帝的罪並無實際意義。即使要罪人再次認罪的邁蒙尼德也只是因為能以此作為警惕並記住。至於傷害他人的過錯，贖罪則要求必須有確切了結。同樣那也是天主教的儀式：人

---

34. Hanna (1911).
35. Hanna (1911).

們應該定期告解，而如果人們誠心誠意且詳盡地告解，他在那段期間內犯下的罪就能獲得寬恕。在新教，這種結果的保證程度較低，而將寬恕與否保留由罪人與上帝間的關係來處理。然而在英國國教教會的儀式中仍然有共同赦罪的程序；其他教派也有類似的程序。福音派的「重生」概念也是赦罪概念的一種變形。

從猶太教轉變到基督教，寬恕的過程也發生了一些重要變化。

首先，在猶太教，人與人之間的寬恕已經不再強調，到了基督教更完全移除：所有的寬恕確實只來自上帝（有時候由神職人員居間調停）。如果你改善與上帝的關係，那麼其他人必然也會滿意，而你就不需要與那人進行個別協商。[36] 天主教的告解更清楚表示：神職人員以上帝之名可以寬赦你在人際間的過犯，而你不需要對那人做任何事或說任何話，除非神父要你這麼做。贖罪通常不太應對他人，而是透過禱告。煉獄的末世論（eschatology）在此同樣有所指示：吝嗇、傲慢或詭詐之人，如果因為獲得赦罪而進入煉獄，有恆久的時間可以矯正他們的性格，而不需與他們傷害過且還活著的人互動。因此，不同於贖罪，基督教的寬恕基本來說是上帝進行的過程，無論是天主教的聖禮或其他形式。人類並不直接面對人類（除非神職人員）：他們轉而面對上帝。

第二項差異是關於罪的範圍。在猶太教的贖罪中，罪之所在是外在的作為或不作為。欲望只是作為行為的原因而具有關聯性，但本身不是被審判的行為。[37] 基督教傳統以另一種立場著稱。耶穌指出猶太

---

36. 也可參閱 Konstan (2010, ch4)。
37. 就像其他一般的猶太教規範，這一點也有公認的例外情況。*Lo tachmod* 的禁令「汝不可貪圖他人的財物」顯然著重於態度而非行為，雖然對此仍有許多爭論。

傳統狹隘地聚焦在行為：「你們聽見有話說『不可姦淫』。只是我告訴你們，凡看見婦女就動淫念的，這人心裡已經與他犯姦淫了。」（《馬太福音》5:27）因此內心世界變成蘊含準行為（quasi-act）之處而可以被公開檢視[38]，應該以回憶與認罪加以挖掘。確實，在特士良的《論懺悔》中罪被分成兩種基本的類型：身體的罪與思想或心理的罪；兩種罪都需要贖罪，但後者更為根本。[39]

現在我們可以介紹傅柯提出有關懺悔與認罪的重要哲學論述《做錯，說實話：法律中自白的功能》（Mal faire, dire vrai），這本書是根據傅柯一九八一年在魯汶的演講而成。[40] 傅柯對於自白的歷史論述有許多瑕疵，包括完全忽視猶太教的傳統；但無疑他的見解有其重要性。雖然我的論述大致上是針對某一特定時期，但傅柯認為值得對這些行為進行歷時性的研究。快速檢視了特士良與其他早期發展[41]，傅柯把認罪的主要發展定位在西元四到五世紀的修道院傳統，認為此項傳統之後被成文化與法制化。[42] 他的發展過程研究與我整體性的論述在強調特定修道院傳統的重要性這一點上接軌。首先，他強調權力關係的不對稱：聆聽者占有優勢，而說話者居下風。其次，他突顯認罪是無休無止的：若不窮盡各項罪，就難以相信已完整找出並告解每一項罪。

---

38. 嚴格而言不應說「準」，因為此項傳統依循希臘與羅馬斯多噶學派而將內在心理的波動完全視作行為。斯多噶學派的理由在於人們確實可以或原則上可以拒絕「同意」某種「外在形貌」。西塞羅甚至說外在行動只是「胞衣」，行為的核心在於內在表示同意。
39. 參閱 Tertullian, *On Penitence*, section 3，收錄於 William Le Saint 翻譯的 *Tertullian: Treatises on Penance.* Westminster, MD: The Newman Press (1959)。拉丁文版本可參閱 Pierre de Labriolle 編輯 (Paris: Alphonse Picard, 1906)。特士良生存時間大約是公元一六〇年到二二五年；*On Penitence* 是較早期的著作，那時他尚未與教會當局絕裂。
40. Brion and Harcourt (2012)；Bernard Harcourt 的英譯本即將出版。
41. 請參照 Brion and Harcourt (2012, 104-108)。
42. Brion and Harcourt (2012, 124-60).

第三，也是最重要的，他令人信服地主張這整個過程是一種自謙、自我抹消且羞愧的行動，因為自己的內心世界向眾人揭露（或者在後期向接受告解的神父揭露）。

如果基督教能藉由此種行動擴大我們對於內在世界的覺知，如同人們時常主張的那樣（特別是引用奧古斯丁的《懺悔錄》），也不失正確，就如同傅柯正確強調的；但過度在意內心世界可能會誇大犯罪而無法控制。奧古斯丁對於自己的夢遺非常煩惱，那遠不只是對於不潔行為的煩惱，而是對於這種深植於人格的特質本身的煩惱。與此類似，煉獄中的靈魂不是為了尚未獲得寬赦的行為而贖罪，如果有此等行為他們會被打入地獄，而是為了欲望與性格傾向的缺陷，如色慾、暴食等等。[43] 然而，內在領域是混亂且難以管束的；如果讓認罪與道歉聚焦在那裡，不太可能獲得有秩序的管理。因此基督教的認罪情緒總是帶著強烈的悲傷與可怕的恐懼與羞愧，而那樣的羞愧是關於人的整體生命，而不只是一些不好的慣行。

喬伊斯的小說中有一段精彩地描述了這種過程的可怕性質；那個段落是關於十六歲少年史蒂芬對他聽到的講道的反應：

每一個字都是衝著他而來。針對他的罪、噁心與祕密，上帝的全部憤怒已經瞄準他。講道者的刀子深深插入他對外顯露的良心，而他覺得他的靈魂因罪而潰爛。是的，講道者說的對。上帝的時刻將來到。就像野獸躲在巢穴裡，他的靈魂倒臥在自己的汙穢中，但天使響亮的號角

---

43. 因此異性戀者未獲赦免的性之罪會讓他被投入地獄，我們看到 Paulo 與 Francesca 就在地獄裡，而如果是同性戀者則會打入低許多層的「悖逆天性」的地獄；典型的但未獲赦免的色慾，無論是對同性或異性，則會讓人進入較鼓舞人心的煉獄，在那裡死者會遇到著名的詩人，透過長期的贖罪學習貞潔。

聲帶領他脫離罪的黑暗而走向光明。天使宣告末日來臨，一瞬間打破他原先自以為是的平靜。末日之風擊打他的心、他的罪，他想像中有著寶石般雙眼的妓女也被暴風吹走，就像群鼠在獅子的鬃毛下驚恐吱叫著並瑟縮成一團。

　　性幻想（還有自慰，有時候也包括與妓女性交）是可怕的罪。對十多歲的男孩進行這種有關他們無法約束的心靈生活的演說實在過度殘忍，而且其中描述的淫亂又過於真實。[44]教會的規訓權力的關鍵在於訴諸幻想，因為幻想無法管束，所以永遠構成不服從。如同講道者繼續說的（關於魔鬼路西法），「他因為一瞬間罪惡的想法而冒犯了至高的上帝，於是上帝將他永遠逐出天堂而趕進地獄。」由於承受極大的恐懼與強烈的自厭感，所以史蒂芬最後去找了神父談話以尋求寬恕。他吐露自己心裡的一切。這段描述讓我們懷疑在這種傳統下長大的人如何能愛人，更不要說愛女人，而這正是小說的目的。（《尤利西斯》，尤其是最後一章，是喬伊斯對這個問題的回答，因為如果喬伊斯是史蒂芬‧迪達勒斯〔Stephen Daedalus〕，那麼他也是利奧波德‧布魯姆〔Leopold Bloom〕。）

　　最後，相較於猶太教的交易式寬恕，基督教的交易式寬恕過程更強調謙遜與謙卑，認為那是人的條件的根本特性。猶太教的贖罪鼓勵憂慮，反對驕傲與自信，但是該項傳統從未聲稱人類是如此低下而毫無價值。人類自尊的核心仍然完整存在，甚且仍有對於身體的熱

---

44. 這種情況極常轉變為對年輕「罪人」帶有淫慾的控制。

愛。[45] 在基督教某種狂熱的自我審查下，這些態度消失殆盡。肉體變得毫無價值，因此你也是毫無價值的。打從交易式寬恕的傳統出現後，這種主題就十分顯著。因此特士良在《論懺悔》裡用極多的篇幅描述**悔罪**（*exomologēsis*）的過程，要求悔罪者透過自我羞辱的作法，包括禁食、哀哭、呻吟、俯倒、穿著髒汙的衣服、決意受苦[46]，以此承認他的卑微。悔罪被認定是回歸上帝的必要條件。

在這種傳統中，人際間的寬恕如何定位呢？雖然基督教的交易式傳統，如同猶太教的傳統，讓所有寬恕基本上都是由上帝進行，而且人們普遍認為贖罪過程也為人際關係提供了一種典範，也就是以認罪、道歉與最終的寬恕作為基礎。這個傳統中無數認為悔罪是修補人際關係的範本的思想家就是以這類宗教文本為據，認為我們必須按照耶穌的作為與教導建立我們自身行為的典範。而我們在人類對上帝的關係中感受到的羞愧、自我嫌惡、道歉也會回到人際關係中，形塑我們處理性與其他重要人類事務的方式。

那麼，如同在猶太教的情況，我們有寬恕，但是過程的尾聲帶有謙卑、認罪、懺悔與贖罪。不同於猶太教，基督教的贖罪過程要求人承認自己基本上地位卑微，而且欠缺價值，並想像進入可怕的應報懲罰。它也要求將隱蔽的欲望與思想揭露於他人眼前，那個人可能是神父、教會、被惡行傷害的人，或者是上帝的眼睛。

許多人說過基督教的這一支派（眾多派別中較突出的）將寬恕的倫理與懲罰並列，而我也這麼認為。我們可以看到《啟示錄》也是如

---

45. 某些極為不同的研究也得出這項結論，參閱 Boyarin (1995); Kugel (1999); Schofer (2010)。
46. *De Paenitentia* 第九節。因為這個詞是希臘文，顯然在特士良（第一位用拉丁文書寫的基督教重要思想家）之前即已使用，但人們認為將它歸納為慣例而讓宗教當局能加以監控是他的功勞。

此，順服的羔羊勝利之後，立即出現敵手受到可怕折磨的畫面。然而，這兩種層面有些許衝突。這兩件事鮮少被認為是互補的。我的系譜學研究顯示，寬恕的過程本身就是對自己的暴力。在創痛且讓人深深受傷的自我貶損的過程結束後，好不容易才得到寬恕，而且經常是短暫的。與另一個人進行這個過程（事實上就是扮演聆聽告解的神父）會干擾內心世界，而且對自我既是控制也是暴力。那就像是一段常聽到有關於虐童的故事：受虐者極常變成施虐者。在此種情況下，控制者的角色獲得強烈的規範支持，因為我們認為那就是上帝對我們所做的。

如果我們採取一種更限縮的罪惡論，是否可以避免這個問題呢？這就像是問說，如果沒有這麼多誡律，猶太教的贖罪會不會喪失其含納生命的特質呢？答案未明，我們之後必須回頭探討這種可能性。但是如果真的如此，會有什麼變化？人會免於內心世界的約束嗎？若是那樣會是極大的改變。檢查並控制任性的自我是非常重要的傳統，顯然也包括控制內心世界。我們會不會審查內心活動，赦免看似無害的幻想，例如青少年的性幻想？再一次：傳統必須有極大的改變才會放棄所有對於性領域的審查，而至少某些願望與幻想的審查是教會向來贊同的審查要項。

尼采注意到基督教傳統裡有以下這種懲罰與仁慈的關聯性：每當基督徒覺得自己無法勝過具有競爭力的異教文化時，他們便發明一種新的勝利形式，稱之為溫柔謙卑。然後，以一種反轉的價值與期待，他們認定這些溫順的價值勝過異教徒的價值，意思是：在死後的世界裡謙卑者是崇高的，過去驕傲的會受咒詛與折磨。藉此滿足他們的獲

勝欲念，儘管是在死後的世界。[47]

　　這種想像確實有幾分真實，但我認為基督教的交易式寬恕與懲罰之間是不同的關聯，且更能解釋基督教的猶太根源。寬恕的過程本身是一種嚴厲的審問程序。它要求認罪、流淚、痛哭，以及貶低自我與無價值感。悔罪的人就是要贖罪且受折磨。管理這個過程的人行使控制權，無情地對待悔罪者，他是行為與欲望的審問者，即使最終給予寬恕。現在如果我們想像這個過程從神職人員與懺悔者的關係轉變成人與人的關係，則神職人員的角色將由受害者來扮演，我們必須擔起審判彼此的工作，自己認罪也聽別人認罪，即使最後受害的一方將放棄憤怒。贖罪過程給予雙方某些尊重與自尊，他們可以保留自己在思想與欲望上的隱私。雙方都期待看見彼此身上的良善。相反的，在基督教的寬恕中，貶低與恐懼無所不在，容不下尊重與自尊。貶低似乎是對的，受害者被鼓勵享受對方的卑躬屈膝，將其視為寬恕過程的有價部分，而其無疑是以神職人員與懺悔者的形式呈現。舉例而言，我們經常可以在婚姻破裂的情況中看到這樣的劇碼上演。

　　在傳統中，此種寬恕與懲罰之間的連結並未受到批判，反而得到強烈背書。《天主教百科全書》（*Catholic Encyclopedia*）回應了贖罪過程太過嚴苛的批判。書中提到這個觀點是「奇怪」的，並提出反駁：它忽視了基督是慈愛但也是公正而嚴格的。而且無論贖罪有多痛苦或多羞辱，那只是對違反上帝律法的薄懲。

　　我們可以將這些探究摘要如下：交易式的寬恕不僅未針對第二章所診斷的兩項謬誤提出替代的方案，事實上還同時犯了這兩項謬誤。

47. Nietzsche (1989).

償還的謬誤轉變成宇宙平衡或正當性的概念，也就是被害人的痛苦在某種程度上補償了他所造成的痛苦。同樣常見的錯誤是狹隘地聚焦於地位。由於贖罪過程是以上帝與為惡者的關係作樣板，而上帝除了地位損害外不會受到任何傷害，所以人與人的寬恕同樣不當聚焦在地位，地位低下與貶抑能補償為惡者造成別人被貶低或地位受損的情況。

　　或許有人會說，交易式寬恕中典型的痛苦與羞辱在人類歷史的某個時點是必要的，如此才能在人類意識中植入道德的感受。當人們過著隨性享樂的生活，如同金牛犢的故事＊，痛苦的贖罪規訓可以創造確實有道德且符合道德的人，而基督教將這種過程內化使道德人格進一步深化。這基本上是尼采的診斷：他不認為輕忽道德是好的、基督教的倫理是次等的，他主張基督教是必要的，如此「才能培育一種有權承諾的動物」，這也是好人的重要成分，即使其本身並不適當。但是我們也應該問，為了教育一個輕忽的人而採用羞辱與痛苦的規訓是不是正確的作法。這樣的方式在許多地方、許多時候已經成為養育小孩的常態。但是道德上的虐待極有可能滋生更多的虐待，而非慷慨與美德。無論如何，即便是尼采的敘事也不能讓交易式寬恕的過程變得正當。我們找不到理由不去尋求朝著轉化前進的態度，鋪設通往建設性未來的道路。對此，更為光明之道是我們將要探討的替代性傳統。

＊　譯按：摩西帶領猶太人出埃及後，猶太人背棄耶和華，造金牛犢加以崇拜。

四、無條件的寬恕

交易式的寬恕出現在某些聖經文本中且深深融入教會的慣例，也因此融入人際關係與政治關係的許多層面。從而，不讓人意外的，有些思想史學家（如大衛・康士坦〔David Konstan〕）與哲學史學家（如格里斯沃德）均主張這就是寬恕全部或完整的論述內涵。儘管如此，福音書明確地提供了另一種模型。就耶穌的話語及例示來說，這個模型比交易式的寬恕更顯著。

舊約聖經已經含有某些無條件寬恕的例子，寬恕的恩典無條件地臨到悔罪者身上，無需要求先行認罪並表現懺悔。《民數記》（*Numbers*）14:18-20 確實提到上帝有懲罰的大能力，但也稱頌上帝同時具有慈愛與寬恕：「求你照你的大慈愛赦免這百姓的罪孽，好像你從埃及到如今常赦免他們一樣。而主說：我照著你的話赦免了他們。」《詩篇》第一〇三篇有個清楚且更加完整的例子，上帝是慈悲、仁愛並善寬恕的，顯然不待祈求。上帝仍會發怒，但祂「不永遠懷怒」。[48]

這股思想在福音書裡已有顯著發展。在《路加福音》第五章，耶穌對一個癱子宣告，「你的罪赦了」，對此法利賽人頗為驚訝並反駁說只有上帝有權赦罪。但最重要的例子是耶穌自己：他捨棄自己的性命以除去世人的罪。在最後的晚餐，耶穌說那酒是他的血「為多人流出來，使罪得赦」。（《馬太福音》26:28）與此相似，在十字架上，耶穌請求無條件寬恕那些害死他的人：「父啊！赦免他們；因為他們所

---

48. 亦可參閱《但以理書》9:9。

做的，他們不曉得。」（《路加福音》23:33–34）[49] 在《使徒行傳》，司提反（Stephen）顯然學習耶穌的榜樣，在他臨死之際說：「主啊，不要將這罪歸於他們！」（7:60）因此確實有一股強力的傳統主張無條件寬恕，要求基督徒遵行。（儘管耶穌是否曾發怒尚不明確，但相較於猶太教認為上帝是憤怒的只是祂放棄憤怒，這種無條件的寬恕距離交易式寬恕更遠。）

因此，不讓人意外的，教會確實曾想要修正並改變這一點，使耶穌的寬恕看起來比經文本身的意思具有更多的交易性、更少的無條件性。而一旦耶穌的身體與血成為司儀牧師的聖事，就可以拒絕讓罪人受領；一個人必須先告解並獲得赦罪，才能夠參加聖禮。當然耶穌已不在世上，不可能透過他的話語直接無條件赦免罪人，所以教會就成了基督的媒介為基督代言；而教會鮮少直接寬恕不帶交易。

我們也必須談談洗禮的角色：巴許（Bash）是當代英國國教神學家，同時也是高級神職人員，他認為耶穌在福音書的整體作法隱含著交易性，因為他強調（施洗者）約翰顯然堅持在洗禮之前必須先懺悔。雖然至少在這些文本中耶穌只是給予寬恕，未堅持那人必須受洗、甚或成為他的門徒，但教會極力建立的信念是「無條件的」寬恕至少有一個重大條件：人必須接受耶穌作為他的救主，並且接受（交易式的）洗禮儀式，這種儀式要求明白地棄絕罪性與惡性，通常是由小孩的教父或教母進行。[50]

---

49. 這一段不算是最好的手稿，可能與剩下的文本不屬於同一時期。無知減低罪責的想法可能也有問題，所以耶穌是否給予一般所謂的寬恕仍有問題。
50. 參閱前注 31。

因此尋求建立權威的人類制度顯然傾向於在赦罪恩典之上附加條件。有一點相當重要，至少在某些文本段落中，耶穌並未這麼做。

那麼根據無條件寬恕的模式，我們應該像聖司提反那樣寬恕那些惡待我們的人，即使他們並未表現出任何懺悔的姿態。這種模式難道不能解決所有關於交易式寬恕的問題嗎？只要我們仍然將無條件的寬恕理解為放棄憤怒的情緒（如同猶太文本與人類大部分的作法，儘管耶穌的作法或許不是那樣），那麼憤怒是否是一種適當的反應仍是個問題。或許永遠別受怨恨控制，即使只是一瞬間，還是比較好的。人類關係中的無條件寬恕鮮少無涉償還的願望，至少一開始的時候會有這種願望。

另一個問題是關注的方向：無條件的寬恕仍然是往回看的，因此並非轉化式的。它並未思考建構具有實效性的未來。它可以消除通往未來的障礙，但它無法指引未來。

而這一點帶我們來到另一個問題：有時候寬恕的過程本身就會引來想要對方償還的願望。表示要無條件寬恕的人可能以某種自視甚高的方式表現出道德優越感，暗忖「你本應卑躬屈膝，無論你是否確實這麼做」。或者些微不同，他可能想要透過寬恕的過程獲得道德上的優勢，以此羞辱侵犯者。這種態度在聖經中也有前例。《羅馬書》（Romans）第十二章，保羅堅持聽眾應該和平相處，不應因他人的過錯而報復（但應記得上帝說過「伸冤在我，我必討回公道」）。保羅接著表示：「所以，你的仇敵若餓了，就給他吃，若渴了，就給他喝；因為你這樣行就是把炭火堆在他的頭上。」（12:20）保羅一開始就表明，寬恕敵人實際上並未放棄報復的計畫，因為信徒被要求清出道路

讓上帝可以討公道。[51] 而後，保羅也認為信徒的好行為與寬恕之舉對侵害者來說**本身也是懲罰**，以此確立信徒的優越性，並施加某種的痛苦或羞辱。那是極容易出現的錯誤想法，就算沒有保羅的鼓勵亦然。

簡言之，無條件的寬恕有過於交易式寬恕之處，但並非全無道德危險。人一旦認為自己在道德上勝過他人，事實上即形同主張報復是一種正當目標，只是我仁慈地放棄了，如此同時招來地位之道（貶低侵害者的地位）及償還之道（「炭火」）的危險。還有另一個風險，亦即攫取道德特權，那本屬於上帝，在這樣的宗教傳統中人類僭奪此種特權是有問題的。那些法利賽人批判耶穌確實有據，只是我們只看到他們未認出耶穌**就是**上帝，所以忽略了他們的理由。而保羅知道必須警告他的聽眾不可以僭奪上帝的角色。

無條件的寬恕是否指向轉化呢？未必始終如此。無條件的寬恕仍是關於過去，並未明確告訴我們未來該怎麼做。它只是抹消某些事，並不包含任何具建設性、導向未來的態度。它可能伴隨著愛與好的計畫，但也可能不是如此。

然而，有一種無條件的寬恕非常接近無條件的愛與慷慨，並無任何優越感或報復心。這種無條件的寬恕顯著表現在二〇一五年六月十七日因種族問題而起、發生於南卡羅萊納州查爾斯頓（Charleston）的槍擊案之倖存者。保釋聽證會的主持法官邀請家屬代表被害者陳述對於被告迪倫‧盧福（Dylann Roof）（已認罪）的意見。他們並未表達任何報復或償還的願望，這在所謂「被害者影響陳述」（victim impact

---

51. 「聽憑主怒」這個詞似乎是說清出道路讓上帝進行允許的報復。

statement）中極不尋常。他們也沒有表現憤怒，除了其中一人承認自己的憤怒是一種瑕疵：「我是不完美的，而我承認我真的非常憤怒。」他們普遍表現出深沉的哀痛，卻也願意寬恕盧福，希望上帝降下慈悲，並認為愛比恨更強大。「她教導我，我們是由愛結合的一家人。」[52] 沒有提出具體的憤怒轉化，唯一提到的未來是最後審判時上帝的慈悲。或許這種情況並無多少轉化的可能空間。然而其精神上還是轉化式的，也就是愛會勝過恨的想法，以及世界可以由愛重新打造。[53] 這帶我們進入第三種可能性：無條件的愛。

五、浪子回頭與馬勒「愛的宗教」

基督教有許多思想流派。交易式的想法具有龐大影響，特別是在組織化的教會裡，並透過教會傳布。另一種想法則是無條件的寬恕，但仍有其道德風險與缺點。然而，在福音書裡以及某些晚期的猶太教與基督教思想家，還出現另一種相反的思想。這種思想時常被稱為「無條件寬恕」的倫理。但是我感興趣的部分最好不以寬恕名之，而是無條件的愛。它完全脫離審判、認罪、懺悔與之後的放下憤怒。

在《登山寶訓》中，耶穌說：「要愛你們的仇敵，為那逼迫你們的禱告。」（《馬太福音》5:44-45）路加也記載耶穌說過：「你們的仇敵，要愛他！恨你們的，要待他好！」（《路加福音》6:27）福音書裡還有許多地方提到無條件的愛的重要性。[54] 不帶任何條件。在這些段

52. 關於陳述的完整內容，參閱 Stewart and Pérez-Peña (2015), Nahorniak (2015)。
53. 它的後續發展確實已具有轉化性，包括爭論是否將南北戰爭時南方聯盟的旗幟撤出州的首府，以及之後有些令人意外地以一面導的票數在七月九日通過撤除旗幟的立法。
54. 參閱 Matthew 19.19, 22.39; Mark 12.31, John 13.34, 15.12。

落中，耶穌的確並未說：「如果你的仇敵道歉了，就原諒他。」（雖然他在別處也時常提到有條件的寬恕，就像我們已經看過的。）他似乎也未提到無條件的寬恕，因為並未說到放下先前的憤怒。愛就是最初的反應，而不是用以取代原先的報復願望。在其他翻譯文本中確實提到寬恕，但希臘文版本似乎是說愛。[55]

保羅說得更清楚。《以弗所書》4:31-32 說道：「一切苦毒、惱恨、憤怒、嚷鬧、毀謗，並一切的惡毒，都當從你們中間除掉。」[56] 所以憤怒不只受到譴責，似乎還被認為其內在即是惡毒。這當然意味著先憤怒而後寬恕並不完全是一種美德，只是改正先前的惡。在《哥林多前書》關於愛的著名論述中，我們發現保羅也有類似的表述，愛是「不輕易發怒，不計算人的惡」。此種觀點明確地拒絕以條件式的寬恕或無條件的寬恕作為適當的規範，反而建議一種完全超脫憤怒的愛。

就我們的目的來說，由於論及去愛那些做錯事的人，因此《路加福音》第十五章提到的浪子回頭的故事別具意義，通常被認為是寬恕的例子。若查照更多前後文，確實發現標準的條件式與交易式寬恕。在兩章之後，耶穌說：「若是你的弟兄得罪你，就勸戒他；他若懊悔，就饒恕他。倘若他一天七次得罪你，又七次回轉，說：我懊悔了，你總要饒恕他。」[57]（17:34）然而在浪子回頭的故事之前有兩段簡短的故事，只提到失去以及復得的喜悅：牧羊人因為找回走失的羊而

---

55. 有個顯著的例子是《以弗所書》4:30-32，*charizesthai* 的意思只是「仁慈」、「慷慨」，並未提及先前的憤怒情緒，然而在我能找到的各個翻譯版本裡，它仍被譯為「寬恕」。寬恕的標準用字 *aphiōmi* 在前後文中都找不到。關於聖經文本裡對於寬恕的誤譯問題，也可參閱康士坦（2010,99）。康士坦的第四章對於希伯來文與希臘文的聖經材料進行了極有價值的分析。

56. 這是我自己的翻譯，惱恨（*thumos*）與憤怒（*orgō*）之間並無完全精確的定義。

57. 我修改 King James 的版本，用「得罪你」（wrongs you）取代「侵犯你」（trespasses against you），並移除第四句冗贅的字。

歡欣，節儉的婦人因為找到弄丟的銀子而快樂。

現在讓我們看看那個浪子的故事：

某個人有兩個兒子。小兒子對父親說：父親，請你把我應得的家業分給我。他父親就把產業分給他們。過了沒幾日，小兒子就把他一切所有的都收拾起來，往遠方去了。在那裡任意放蕩，浪費資財。既耗盡了一切所有的，又遇著那地方大遭饑荒，就窮苦起來。於是去投靠那地方的一個人；那人打發他到田裡去養豬。他恨不得拿豬所吃的豆莢充飢，也沒有人給他。

他醒悟過來，就說：我父親有多少的雇工，口糧有餘，我倒在這裡餓死嗎？我要起來，到我父親那裡去，向他說：父親！我得罪了天，又得罪了你；從今以後，我不配稱為你的兒子，把我當作一個雇工吧！於是起來，往他父親那裡去。

相離還遠，他父親看見，就動了慈悲，跑去抱著他的頸項，連連與他親吻。兒子說：父親！我得罪了天，又得罪了你；從今以後，我不配稱為你的兒子。父親卻吩咐僕人說：把那上好的袍子快拿出來給他穿；把戒指戴在他指頭上；把鞋穿在他腳上；把那肥牛犢牽來宰了，我們可以吃喝快樂；因為我這個兒子是死而復活，失而又得的。他們就快樂起來。

那時，大兒子正在田裡。他回來，離家不遠，聽見作樂跳舞的聲音，便叫過一個僕人來，問是什麼事。僕人說：你兄弟來了；你父親因為得他無災無病的回來，把肥牛犢宰了。大兒子卻生氣，不肯進去；他父親就出來勸他。他對父親說：我服事你這多年，從來沒有違背過你的

命令，你並沒有給我一隻山羊羔，叫我和朋友一同快樂。但你這個兒子
和娼妓吞盡了你的產業，他一來了，你倒為他宰了肥牛犢。父親對他
說：兒啊！你常和我同在，我一切所有的都是你的；只是你這個兄弟
是死而復活、失而又得的，所以我們理當歡喜快樂。[58]

　　我們必須謹慎區別這段故事中的兩種觀點：兒子的觀點與父親的
觀點。兒子確實決意要認罪並表達懺悔，至少他的話語傳達了他的決
心。但兒子是否真心誠意則不確定。他在飢餓之下有充分的工具性誘
因這麼做，而故事也暗示他其實經過算計，而非真的改變。那句話被
翻譯成「他醒悟過來」；譯者之間對此多所討論，可能暗示浪子真正
的自我已經回轉，但這段故事裡並未表示先前有個好的自我。這句話
可能單指「打算」、「改變心意」、「仔細思慮」。

　　無論如何，兒子並不是這段故事的重點。重點在於父親的反應，
而這個反應肯定不能稱之為寬恕，無論是交易式的或無條件的。父親
看到兒子遠遠走過來。他一眼認出。在這個時點，他不可能知道他兒
子要說什麼或者態度如何。他只是看到他原先誤以為已經死掉的兒子
事實上還活著，他立刻陷入一種強烈的情感。希臘文 *esplanchnisthē* 是
很少用的極端的情感詞語，字面意思是「他的內臟被撕裂」或「他
的內臟被啃食」。[59] 做父親的感到強烈的痛苦，那是一種痛徹心扉的

---

58. 《路加福音》15:12-34，King James 譯本，但有兩處變更：我在第二十一句前加上「又得罪了你」，就像第十八句那樣，因為希臘文有完全相同的寫法；而譯者第二次加上「以及在你的眼中」實在是沒有道理的。這兩種譯文都可以：重點是這兩段應該完全相同。第二次的變更較為重要：第二十句的 *esplanchnisthē* 被譯為「並且同情」過於平鋪直述，無法有力傳達這個罕見字，也不當地暗示父親知道兒子正受苦或走上歧途。
59. 這個隱喻是從獻祭而來，獻祭牲畜的內臟被摘除並吃光。參閱 LSJ, s.v. *splanchneuō*。由於 King James 的版本聲譽卓著，以至於十九世紀的詞典編纂者加入一項隱喻的意涵「有同情心」，這也是為什麼不能

愛；父母若感受到自己的身體與生命與孩子緊密連結，時常會有這種感受。他跑向兒子並擁抱他，根本沒有問他任何問題。並無寬恕的陳述，也根本沒有時間寬恕。即使兒子在他父親的擁抱**後**聲明他的後悔，父親根本未認識到懺悔的問題，只是直接進行慶賀的計畫。

那位做對事的好兒子因為惡劣的弟弟得到慶祝歡迎而覺得惱怒時，父親並未說「看哪，他後悔了，而且我也原諒他了」。相反的，他一面透過表示親密關係的話語（「你常和我同在」）再次保證他繼續愛著並支持長子；另一方面，他只是說，「我如此興奮他還活在世上」。簡言之，在這段故事裡並未提到寬恕，也未提到懺悔，最多只有那個兒子不太可靠的說法。若要將父親的態度稱為標準的寬恕，他必須經歷以下的思考過程：「我看到我兒子走過來。如果他要回來，必然表示他已經學到教訓並且後悔了。既然他後悔了，我會消除怒氣並原諒他。」即使要稱這是無條件的寬恕，我們必須想像這個父親想到他的怒氣並選擇息怒。但在這段故事裡當然沒有這樣的思考歷程，甚且也沒提到憤怒。這種思考過程可能發生在算計心與控制欲更重的父親身上。而故事中這個父親滿心只有愛。

簡言之，要瞭解這段故事，我們應該放下交易式寬恕的想法，無論是猶太教或基督教的，甚至也要擱下不求懺悔的無條件寬恕，因為那仍然要求刻意放下怒氣。這段故事談的是父母之愛的深刻與無條件。這個父親的偉大之處在於他並未停下來算計，然後做出決定。他只是奔向兒子並親吻他。他並未想到兒子之前對他的傷害，他唯一想

盡信字典的原因之一。在新約裡這個字確實出現更多次，但不足以讓我們認為是「內臟」丟了的不通隱喻。

到的是兒子還活著。

這樣的父親之後可能仍會與兒子談談他的生命歷程。無條件的愛與指導是相容的；的確，既然父親希望兒子過得好，他必然會給兒子建議，這樣兒子以後才會更好。他的情緒方向是轉化式的：他的愛指向未來，而那個未來當然會包含建議。然而對兒子的情感動力一開始並非來自指導或計算。

在這段脈絡中，耶穌正談到上帝與罪人的關係。至少有一種全然且無條件的愛，排除了寬恕與憤怒，這種愛以一種慷慨的精神展開未知的旅程，而非根植於過去。[60]

約兩個世紀之後，此種神聖且屬於人類的愛於猶太教與基督教的另一個文本中再次出現：馬勒的《復活交響曲》（*Resurrection Symphony*）。[61] 我說此作品是屬於猶太教與基督教的，因為馬勒原本是猶太教徒，因為要融入社會而改信基督教，不過他的宗教態度仍然相當反正統，尤其是相對於基督教的多數派來說。

在這個大部分由他自己寫作、部分借自別人的作品裡，馬勒有意延續基督教傳統長期以來對愛的「地位」之深思，而主題是最後審判與《憤怒之日》；馬勒認為《憤怒之日》是激進且具破壞性的。雖然馬勒並不滿意他為自己的交響曲寫就的文字描述，但他持續投入。以下是他在一九〇一年為在德勒斯登（Dresden）演出的交響曲的最後樂章所寫下的說明：

---

60. 關於慷慨精神的經典文本，參閱 Harriss 對 *philophrosunē* 理念的討論 (2001), P.149，以及有關羅馬人道精神的討論，P.205。
61. 我已詳細分析過這部交響曲，參閱 Nussbaum (2001, ch14)。

人們已聽到那呼召者的聲音。每個活物的生命即將結束，最後審判就要到來，而末日的恐懼也要臨到我們。大地顫動，墳墓大開，死人再起排列成無止盡的行伍。這個地球上的偉大人物與小人物、國王與乞丐、公正的與無神的，通通往前推擠。哭求憐憫與寬恕的驚恐之聲不絕於耳。慟哭之聲愈來愈大。當永恆的審判者降臨之際，我們的一切感官與感受完全失靈。最後的號角響起，末日的號角大作。接著是讓人毛骨聳然的死寂，我們彷彿能聽到遠方的夜鶯，那是塵世生命的震顫回聲。

聖人與天使組成的詩班溫柔地唱頌：「汝當起身，汝應當起身。」而後上帝的榮光降下！奇妙、柔和的光射進我們心中，一切如此神聖安寧。儆醒，這不是審判，這不是審判，沒有罪人，沒有公義。沒有偉大，也沒有渺小。沒有懲罰，也沒有獎賞。絕對的愛光照人類。我們深知也將屬之。[62]

有許多原因會讓人將這號交響樂連結到馬勒持續受到在當時維也納占主流地位且強烈反猶太的基督教音樂文化的敵對與誤解。的確，他在參加反猶太的德國指揮家漢斯・馮畢羅（Hans Von Bülow）的喪禮時，記下了對於最後樂章的靈感，而馮畢羅當時對他的敵意特別強烈。在那樣的背景下，我們可以預期寬恕將扮演某種角色。我們甚至可以說，馬勒有意寫作一部安魂彌撒。（馬勒一生指揮歌劇與交響樂，對這個類型相當熟稔。）

然而，無論在最後（第五）樂章裡「發生了」什麼，在基督教的

---

62. 馬勒的一九〇一年德勒斯登演出計畫；轉引自 De La Grange (1973, 785-6)，第二段經過改寫，使翻譯內容更貼近字意。

安魂彌撒文化裡那都是極反傳統的。就像馬勒的傳記作家亨利・路易・葛蘭吉（Henri-Louis de La Grange）說道：「已有人指出復活的概念根本不合猶太人的信仰，但最後的審判卻沒有法官，而且不分善惡，對基督教來說也屬異端。」[63]（注意一項嚴重的錯誤：馬勒並未說世上無善與惡，只是說不會進行審判而將人區分成受咒詛的「罪人」與受救贖的「義人」。）

　　在第五樂章之前，那短促的第四樂章是一首名為《最初的光》（*Urlicht*）的歌，馬勒戲劇性呈現一個孩童的旅程，那孩子試圖找尋減少人類的匱乏與痛苦的方法。這孩子走上一條「寬廣的路」（在傳統基督教的隱喻下，罪之路是一條寬廣的路）。一位天使現身並試圖「警告她離開那條路」。但那孩子大喊：「喔，不！我不會離開的。」這齣劇以及伴隨的音樂（孩子第一次突然大喊時開始），是馬勒典型的半音體系表現，也顯示馬勒與基督教音樂文化的對抗，「天使」警告他遠離他認為自己必須走上的情感與非傳統的創造性之路。（馬勒的敵手認為這條「罪之路」蘊含眾所周知受到華格納否定的「音樂中的猶太屬性」。[64]）他以熱情的女低音表現代表他自己的戲劇性第一人稱觀點，[65] 顯示出一種在他的寫作中經常浮現的雙性向與感受性，並表達他拒絕臣服於傳統。在此同時，他認為他的非傳統旅程是受到同情人類的匱乏所驅動。他不會放棄這項追尋。

　　然而這種拒絕並非憤怒：那只是下定決心。那孩子說，我將走自己的路，不會讓你阻擋我。（我很想將他的精神稱為轉化式的。）那

63. De La Grange (1973, 786).
64. Wagner (1850).
65. 馬勒時常將音樂的創意透過女性來表現，以此突顯情感與感受度。（參閱 Nussbaum 2001。）

樣的音樂表達了熱切的渴望，但無任何怨恨。

　　因此到了最後樂章（馬勒透過馮畢樂喪禮的故事與他的敵人連結），我們不應期待傳統的解決方法，不是馬勒過往所知並指揮的安魂彌撒中的《憤怒之日》。我們的確在文字與音樂中都發現《憤怒之日》的第一部分：恐懼、急切的祈求寬恕，以及最後的號角。但之後發生了完全不同的事。馬勒愉快地將我們的注意力引導到這個驚奇。最後並無審判，只有一群人溫柔唱頌。既無懲罰也無獎賞，只有絕對的愛。「我們深知，也將屬之。」接下來的語句則由合唱團與兩個女聲合唱，朝向熱愛人類而擁有持續創造力的生活，包括熱烈的情慾之愛（「愛的掙扎」）本身就是獎賞。[66]

　　在此，我們可能說那是末日形式的浪子故事。但有些微失真，因為事實上這裡根本沒有末日：世間的愛取代了末日。根本沒有天堂，沒有地獄，也沒有審判。只有愛與創造力。

　　如果還有寬恕，那會在世界的哪一處呢？傷害與敵對的主題由馬勒自己帶入這個交響樂的故事，而無疑他很想對馮畢樂發怒，因為那個人在他的職業生涯的關鍵階段對他的敵意特別強，那時他正努力爭取自己的第一號交響曲的演出機會。馬勒努力尋找第二號交響曲的結束方式（他說他找了「所有的世界文學，也包括聖經」），最後是在聆聽馮畢樂喪禮上由合唱團演唱克洛普斯托克（Klopstock）寫的頌歌時，他得到了靈感。但實際上克洛普斯托克的頌歌是平凡的虔敬之歌，而馬勒並未保留多少原文，大部分是由他自己重新寫作、重編樂曲。顯然克洛普斯托克頌歌的意義在於其情境而非內容：發生了克服

---

66. 關於我對 *geschlagen* 作為 heartbeat 與 downbeat 的意義之討論，見 Nussbaum (2001)。

怨恨的事情。

　　憤怒如何得以克服呢？就像故事裡的父親：憤怒就是消失了，愛湧出。[67] 馬勒在交響曲中描述為「英雄」的**角色**並未要求道歉，也沒有說在沒道歉的情況下就原諒。他只是繼續活著，作為愛人且有創造力的人，拒絕「接受警告而脫離」他那充滿創造力的路徑，絕對的愛驅除了憤恨。若問「我應該寬恕我的敵人嗎？」那就暗示憤怒仍然發聲且要被聽到。相反的，創造力與愛會讓它靜默下來。「我在愛的激烈掙扎中贏得的羽翼」承載有創造力的英雄飛向「別人未曾見過」的光。若有人要大膽一猜，這個光似乎就是音樂本身。[68]

　　簡言之，一個有創造力的人有兩種方法可對抗敵意。其一可能仍然聚焦在那個人受過的惡待，而侵害者可能流淚、哀哭並表達懺悔。這種反應相當普遍，但那不小心眼嗎？馬勒指向的道路是讓人繼續做自己，做自己的工作，不浪費時間在憤怒的想法與情感上，就給出必須給出的東西。

　　如同葛蘭吉所說的，復活（resurrection）的概念不合乎猶太人的想法。事實上並無末日後的復活。相反的，我們談論的是塵世的愛，那種愛是超越憤怒的，它本身就是獎賞。或許這也不合乎猶太人的想法，只要我們想的是贖罪過程。然而，這樣的態度或許與猶太人強調在這世間努力向上的價值較為相近，與基督教卑微與懺悔的末世論相距較遠；後者也是馬勒主要的批判對象。

　　馬勒在他整個活躍的愛的概念裡強調音樂的核心地位。我們不應

---

67. 嚴格來說，就故事內容本身來看，父親根本從未對兒子感到憤怒。
68. 參閱 Nussbaum (2001) 對於這一點更詳細的論述。

將這當作只是個人偏好。他邀請我們思考音樂在人類生命、甚至在宗教中扮演的角色。音樂表達許多情感，但讓人意外的，很少看到以音樂為主要架構（而非只是簡短的片段）來表達報復的憤怒與洶湧的怨恨。[69] 無論如何，馬勒的交響曲所提出並吸引我們注目的那種無條件的愛與喜樂，正是音樂可能將喜樂與共享的歡欣之情傳遞到人際（無論是否在宗教的環境下）的典型方法，它傳達到人的全身，包含顫動、呼吸與運動，超越憤怒與羞辱。事實上除了消滅羞辱本身，音樂如何能讓身體不受羞辱？[70] 的確，我們可以大膽說即便當第一流的音樂表達出《憤怒之日》（例如莫札特與威爾第的《安魂曲》〔 *Requiems* 〕）的文義內涵，它的本質與熱情，它那寬容的氣息動作，往往否定了贖罪的過程，朝向更人性化與更有愛的生命方式。[71]

在上述兩個反例中，我們看到憤怒的原因，也看到曾經存在的憤怒。但所描繪的和解過程中未曾提及怒氣的消散。不僅沒有結構化的贖罪或懺悔過程，以及各種附加的條件，也沒有任何在外觀上可辨識的寬恕，即使無條件的寬恕都沒有。只有愛，讓憤怒沉靜下來。在這

---

69. 就這點來說 Britten 的 *War Requiem* 便是有趣的例子，在這個樂曲中貪婪、憤怒與毀滅性的憤恨確實流露，但是之後在 Wilfred Owen 對照耶穌無條件的愛與教會的慣例的文字下，前述這些情緒即被超越。有一點極有趣，那些（表面上）表達渴求復仇的音樂時常反而表現出這種塵世的歡愉。因此，威爾第的歌劇 *Rigoletto* 中的「復仇二重唱」事實上充滿歡樂的能量。我女兒三歲時，那是她最喜歡的喜樂音樂，當然她完全不知道那首歌「說些什麼」。若尋找實際的報復性的音樂可能很快就會帶我們進入鬱悶且壓迫性的音樂，就像我在第一章對史特勞斯的《厄勒克特拉》的評論。
70. 因此 Schoenberg 不允許 Moses 在他的歌劇 *Moses und Aron* 中唱歌：虔信的態度必須以演說表現，而歌劇的音樂只能留給 Aaron 與他的同伴。
71. 或許這些例子只顯示莫札特與威爾第是樂觀與慷慨的人，他們基於文化傳統而寫作安魂彌撒，並非因為任何深刻的精神傾向，而人們對於威爾第的作品也常有這樣的意見。但就我看來，音樂與愛的內在連結更深層，確實難以認為會有人基於我所提出的上帝之怒的分析而寫作安魂曲。當然，一個作曲家可能並未以此精神寫作完整的作品，而是以迂迴的方式表現出此種心態（就像華格納在 Alberich 與 Hagen 的音樂裡表現無愛的自戀，儘管那部作品整體上與愛的慷慨密切相關）。但是整個彌撒都？難道這不像由 Alberich 與 Hagen 唱的〈Der Ring des Nibelungen〉嗎？我認為《厄勒克特拉》就像那樣，但那是簡單的作品，寫作目的原本就不期待能長久流傳，也是史特勞斯作品的衍生。

個階段這個主題尚無法充分開展，但至少讓我們大致曉得若懷疑整個寬恕的概念，我們還能有什麼選項。

六、猶太教傳統中的不同聲音

猶太教傳統對此同樣有不同聲音。為了妥適處理傳統的複雜性，避免強化基督教慈悲與猶太教嚴苛的刻板印象，我們現在就加以介紹。如同浪子的故事那樣，這裡也是如此：不同的聲音出現在故事裡，我們必須謹慎閱讀這些故事。

典型的交易式論述讓詮釋者深思許多問題。儀式化的贖罪會不會太過死板呢？複雜的人際問題能否由法律加以結構化，但難道法律不也時時加以扭曲變形嗎？這些規則能否促進和解，還是事實上它們常常阻礙和解，因為它們強迫人們關注過去並偏執地尋找責怪的對象？《塔木德》裡有三個連續的故事即思索這些複雜議題。[72] 前兩段故事如下：

耶利米拉比（R. Jeremiah）傷了亞伯拉比（R. Abba）。耶利米拉比到亞伯拉比家，並坐在門前台階上。那時亞伯拉比的女佣正在倒髒水，一些水濺到耶利米拉比的頭上。他說「他們鄙棄我」，而他讀出一段符合心境的經句「上帝高舉受輕看的人」，亞伯拉比聽到他的話，並走向他。亞伯拉比對他說，「現在變成我必須安撫你了。」

---

72. 關於以下的論述，我引用 Halbertal 的論著，目前只有希伯來文本，但是作者委託 Joel Linsider 翻譯英文版並送給我參考。有份濃縮本在二〇一一年秋天由 Jewish Review of Books 出版。

　　有個人傷了傑拉拉比（R. Zera），而他（傑拉拉比）寧願就這樣走過，在他面前讀書，並讓自己走近他身旁，如此侵犯者才能靠近並平息其情緒。

　　第一段故事與第二段故事都讓形式化的懇求原諒的過程短路，傾向建立一種展望式且慷慨的關係。第一段故事裡，在耶利米拉比有機會認錯並祈求原諒之前，發生了偶發情況，女佣不小心將髒水噴到他身上，反而拉平了兩個人的相對地位：任一方都不高於他方，每個人都得罪了另一人，所以他們能夠直接修補關係，無須費心追究「該怪罪誰」。（請注意甚至沒有人認錯。）

　　而且第一段故事呈現另一種可能的關係模式：爭執誰是第一個侵害者時常會造成苛刻且不讓步的行為，若承認每個人無疑地都造成對方某些傷害，就能鋪設建設性思考的道路，使人放下錯誤，展望未來。在第二段故事裡，傑拉拉比並未展現被害者向來的記仇性格，等待侵犯者走向他。相反的，他假裝念書，主動以柔軟且慷慨的態度創造道歉與和解的環境。

　　顯然這兩段故事並不代表交易式的寬恕。那麼無條件的寬恕呢？我也不這麼認為。無條件的寬恕要求被害者必須先有憤怒的感覺，而後選擇放棄此種情緒。在第一段故事中，我們對於被傷害的亞伯拉比的感受所知甚少。他決定走出來，這可能涉及無條件的寬恕或無條件的慷慨。在第二段故事裡，我們很肯定傑拉拉比並無憤怒之情：他冷靜的行為顯示主動的寬容與愛。

　　而第三段故事是最複雜的：

　　有個屠夫傷了拉比。屠夫在贖罪日前夜並未走過來到拉比那裡。拉比說，我會過去，平息他的情緒。胡納拉比（R. Huna）遇到他。他說，「我的主人要往哪裡去？」他說，「要去平息某人的情緒。」胡納拉比自言自語，亞伯〔也就是拉比〕要去殺人。拉比過去那裡，擋住他。那個屠夫坐著，正在清理牲畜的頭。他抬起頭看到他〔拉比〕。他對他說，「亞伯，走吧，我不跟你往來。」他一面清理那個牲畜的頭，一隻骨頭飛過來，打到屠夫的脖子，殺死了他。

　　按照這段故事最常見的解釋，屠夫因為行為乖張、未向拉比道歉而死亡。[73] 相反的，拉比表現良好，他自己去找傷害他的人，這是特別慷慨的行為，因為他們的社會與階級差異極大。（用我的話來說，拉比的行為是無條件的寬恕。）

　　然而，認為這是慷慨的行為的想法卻因為胡納拉比的反應而動搖了，而且胡納拉比是亞伯拉比最棒的弟子。胡納並不認為那個主動的動作是極大的慷慨表現。他認為那是一個致死的暴力行為。那不是仁慈的行為，而是攻擊的行為。就像莫什‧哈貝塔（Moshe Halbertal）所寫的：「這段故事迫使我們直接面對仁慈的行為內在的崇高與自戀的矛盾。」拉比知道屠夫已經延誤了指定的道歉時間，所以他走向他，而他看起來滿懷怒氣，要去**討**一個道歉。胡納看到他的行為中帶有憤怒或堅定，所以他認為他的來訪是很暴力的。而的確拉比對那個屠夫的行為顯然與傑拉比體貼且間接給予道歉機會的作法極不相同：他擋住他，迫使他退到角落，從而激起了後續致命的對峙。

---

73. 參閱 Halbertal 的作品。

在這裡，另一種傳統的詮釋方法是認為要求別人道歉有時便隱含了攻擊性，而在處理不完美的人類的問題時，行為與感受是難以截然二分的。即使無條件的寬恕也可能受到自戀、攻擊與優越感所汙染。想想在婚姻與親子關係中，人們事實上時常以恐嚇的方式，自以為是地要求對方道歉，結果天邊飛來一根骨頭，造成嚴重的傷害。哈貝塔認為這些故事補充了傳統的贖罪程序，讓我們明白人與人之間真正的贖罪始終是複雜的，無法以公式化的方式處理，因為那必然涉及各方人士可能都有錯的複雜關係。

這三段故事顯示傳統的交易式贖罪是有問題的，因為人類並不完美，而且有複雜的動機。在第一段故事中，女佣偶然的動作讓雙方看到彼此都是不完美的，最好互相尊重以創造更好的情況，那是強調誰先做錯事的法律論述所無法提供的。第二段故事則顯示被害者太常自以為是並等待別人提出和解，沉溺在認為自己是受害者的心態中。相對的，鋪排道歉之路，讓道歉變得更容易也更自然，讓它在不經意的情況下發生，更能建立良好的關係。

而第三段故事則更進一步發展，我們看到即使無條件的寬恕可能也有問題。當一個人受到傷害後極容易把自己縮起來，氣對方未主動前來乞求寬恕。但是那種「我很重要，而你傷害了我，所以為什麼你不來找我呢？」的立場往往會變成自戀的敵意，導致更大的傷害。可以這麼說，人類是敘事性的動物，充滿各種混雜的動機，所以我們必須敏銳判讀自己與別人的心意，好記住隱藏背後的自戀心態。那些一直叨唸誰先傷害了誰，並時時要肯定自己道德優越性的人可能選擇了一條沒有前景且暴力的路徑，即使他們是對的一方。無論如何，《塔

木德》的作者建議人們應該嚴格檢視自以為義的主張背後的動機，並
深思前述這樣的故事。如果他們能做得到，他們就知道最該問的不是
「誰受到較多的傷害」，而是「如何能夠達成和解」？

　　猶太教的傳統也是很複雜的。它的不同聲音類似於基督教的反傳
統，較不著重高張的強烈情緒，更在意改變個人或群體的複雜交易關
係，從不會有結果的「譴責遊戲」轉往邁向未來的和解過程。這兩種
傳統都突顯出即使是無條件的寬恕也會有的陷阱；它們都讚許轉化式
的思考，以及能促進此種思考的慷慨之心。

七、承認人的脆弱

　　人們時常主張寬恕有一項美德在於承認人的脆弱。格里斯沃將寬
恕與「完美主義者的」哲學對比，主張寬恕過程逐漸地接受了人類生
命的缺陷，而且以同情式的理解對待。[74] 格里斯沃德對比寬恕（承認
某個人受到另一個人深刻的傷害）與另一種德性，也就是努力以別人
無法造成深刻傷害的方式活著。這種斯多噶式的典範過於僵化，我主
張至少在親密的愛情與友情領域中，應該以一種可能蒙受損失與痛苦
的方式活著。

　　因此，我同意格里斯沃德認為的我們應該準備好承認損失。但是
從損失到憤怒還有一大段距離，而從憤怒走向交易式寬恕又是一段更
長的路。我們必須在這三個領域中檢視這些路程。目前我們只提出交
易式寬恕的過程過於完美主義，而且太過堅持自己的作法而有欠寬

---

74. Griswold(2007, 12-17).

容。它所引發的記錄功過的心態本質上太過專橫而無視於人的脆弱。我們必須持續審視我們自己的人性，並常常施予懲處。至少猶太教的傳統將審查的範圍局限在預期人們可加以控制的事。基督教傳統中的交易式思想並無這種限制，因此對每個人都抱持著嚴懲的態度，就像喬伊斯直覺的感受那樣。而且在試圖控制外顯的欲望與思考的過程中，基督教傳統的交易式思考在很大程度上承襲了格里斯沃德批判的斯多噶主義（並且受其高度影響）。斯多噶派哲學家愛比克泰德（Epictetus）如此訓示，「嚴格省察你自己，就像裡面埋伏著你的仇敵那樣。」[75] 很多基督教思想家或神職人員可能也會這麼說。

《憤怒之日》

Dies irae! Dies illa　　憤怒之日降臨
Solvet saeclum in favilla　全地化為灰燼
Teste David cum Sibylla!　如大衛與希比亞之見證！

Quantus tremor est futurus,　人類大驚恐
Quando iudex est venturus,　審判官降臨
Cuncta stricte discussurus!　嚴審萬般事

Tuba mirum spargens sonum　號角遍傳奇妙聲
Per sepulchra regionum,　穿透普天下墳塋
Coget omnes ante thronum　魂靈匍匐寶座前

---

75. Epictetus, *Encheiridion*, ch48.

Mors stupebit, et natura,　　亡者與穹蒼畏懼無聲
Cum resurget creatura,　　死者將再甦醒
Iudicanti responsura.　　向審判官答辯

Liber scriptus proferetur,　　判書將呈上
In quo totum continetur,　　載明一切言行
Unde mundus iudicetur.　　世人將受審判

Iudex ergo cum sedebit,　　判官正襟安座
Quidquid latet, apparebit:　　揭發隱蔽事物
Nil inultum remanebit.　　全然無可藏匿

Quid sum miser tunc dicturus?　　吾輩如何分說，愧惶卑微罪人
Quem patronum rogaturus,　　豈容再提辯詞
Cum vix iustus sit securus?　　義人亦難倖免？

Rex tremendae maiestatis,　　世間畏懼之主
Qui salvandos salvas gratis,　　寬赦蒙恩之人
Salva me, fons pietatis.　　祈求垂憐，恩典源泉

Recordare, Iesu pie,　　慈愛耶穌，懇求記念
Quod sum causa tuae viae:　　降世救贖眾罪人
Ne me perdas illa die.　　請不要在那日捨棄我

Quaerens me, sedisti lassus:　　為尋失喪的我，您已筋疲力盡
Redemisti Crucem passus;　　您為救我揹十架
Tantus labor non sit cassus.　　祈願此等勞苦終不枉

Iuste iudex ultionis,　嚴正懲惡之判官
Donum fac remissionis　祈求赦免
Ante diem rationis.　在那清算日前

Ingemisco, tamquam reus;　我因罹罪哀哭
Culpa rubet vultus meus;　面容滿是愧疚
Supplicanti parce, Deus.　神啊，請聽苦求

Qui Mariam absolvisti,　您曾寬恕瑪麗亞
Et latronem exaudisti,　並傾聽竊賊的求告
Mihi quoque spem dedisti.　亦曾賜我盼望

Preces meae non sunt dignae:　我的祈禱不值一文：
Sec tu bonus fac benigne,　但主至善慈悲：
Ne perenni cremer igne.　勿將我投入永恆惡火

Inter oves locum praesta,　使我安歇在羔羊中
Et ab haedis me sequestra,　讓我與山羊分別
Statuens in parte dextra.　許我坐在您的右邊

Confutatis maledictis,　罪人不知所措
Flammis acribus addictis:　投入烈焰之中
Voca me cum benedictis.　求您慈聲喚我

Oro supplex et acclinis,　敬虔屈膝跪求
Cor contribum quasi cinis:　我心痛悔如灰
Gere curam mei finis.　請在末日垂憐

第四章

親密關係：憤怒的陷阱

你認得你的妻子嗎？

　　　　　——塞內卡，《美蒂亞》1021：美蒂亞對伊阿宋說，

　　　　　　　那時她將被殺害的孩子從屋頂上拋下

他嘗試回復理智，他是多麼努力。

　　　　　——菲力普・羅斯（Philip Roth），《美國心風暴》（*American Pastoral*），

　　　　　　　瑞典仔聽到他那疏遠的女兒梅麗（炸彈客）說她已經殺害四個人

一、脆弱與深度

　　遭背叛的妻子，被拋棄的母親，她說她的憤怒在道德上是正確的，而且聽眾很可能同意。她呼求朱諾女神（Juno Lucina），也就是婚姻之床的守護者、生育的庇護者幫助她。她因憤怒而咒詛伊阿宋（Jason）蒙受悲慘命運，於是呼求更為陰暗的眾女神：

　　現在，更為迫近，你的頭髮爬滿扭曲的毒蛇，沾滿鮮血的雙手抓著黑色的火炬更加迫近，可怕的精靈，你就站在我的婚姻之床邊。害死這個新婦、害死她的父親，害死所有的皇室成員。（塞內卡《美蒂亞》P.13-18）

　　美蒂亞的憤怒合理卻也駭人。她剛殺害了自己的小孩，想要讓伊阿宋承受最大的痛苦，儘管孩子們的死也奪走了她的愛，而那是她老早就看不到的。她站在屋頂上將孩子們的屍體拋給他，作為他們婚姻「最後的獻祭」。（1020）最終她說，此刻他必須承認他妻子的存在。

完成了懲罰，她覺得尊嚴與自尊已經回復。「現在我是美蒂亞了，」她如此大喊。（910）「我的王國已經回來了。我被偷走的童貞已經回來……喔！歡樂的那日。喔！結婚的大喜之日。」（984-986）[1]

　　美蒂亞的故事我們很熟悉。有些被背叛的配偶會為了傷害背叛者而殺害自己的孩子，而更多人確實想要製造對方的痛苦，時常也造成周遭嚴重的傷害。即使自制能夠避免由憤怒而生的欲望繼續擴展，惡意仍持續醞釀，只希望背叛者跟他的新家庭得到惡果。而且惡意時常會偷偷跑出來，無論是在訴訟中，或惡意扭曲小孩的感情，或只是不願意再相信男人，這些正是美蒂亞透過她回復童貞的幻想巧妙表現出來的。

　　但許多人會說，想要討回公道的願望是正當的，只要不過於極端而犯罪。在親密關係的領域，即使能理解對憤怒的批判的人，時常亦主張憤怒在道德上是正確且正當的。[2]（我過去也如此認為。）人們，尤其是女人，應該為自己及他們的弱勢地位挺身而出。他們不能讓自己被欺侮。他們為了自尊必須表現出強硬且不妥協的態度。[3] 也許，只是也許，若做錯事的人能充分且謙卑地道歉，他們就能想像獲得某種彌補，但也許仍是無法彌補。而如果不能，道歉的儀式與卑微的表現本身或許就讓他們好過一些。

　　生命太短暫。那是我在本章所要表達的重點。我們可以就停在那

---

1. 我的翻譯。在 Nussbaum (1994b, ch12) 裡有詳細討論。
2. 希臘人與羅馬人通常不採取此種看法。他們傾向認為即使某些人認為憤怒在外在世界是有吸引力的，很快便會發現它在家庭關係中是具破壞性的。參閱 Harriss (2001, 29) 討論西塞羅的 *Tusculan Disputations*。西塞羅提及逍遙學派（Peripatetics），他們主張應有適度的憤怒（不像西塞羅傾向消除憤怒）：「你這種戰士般易怒的個性若帶回家，你跟妻子、小孩與奴隸的關係會怎樣呢？你認為這種情緒在那邊也派得上用場呢？」
3. 參閱 Hieronymi (2001)。

裡。儘管如此，由於這是一種哲學論述，我不會就停在那裡。相反的，接續第二章關於憤怒的分析，我將探討親密關係中憤怒與寬恕的角色，以及償還之道、地位之道及轉化的憤怒如何適用於此。我將聚焦在父母與成年子女的憤怒、配偶或伴侶之間的憤怒，以及人對自己的憤怒。[4]

　　我試著在本章完成四件事。首先，我將描述就憤怒來說，哪些特性使得親密關係應該被特別討論。其次，我將論證在這個特殊的領域，斯多噶學派的回應通常是不恰當的，而悲傷與恐懼的情緒時常是較適當的；至於憤怒，除了轉化的憤怒，其他則是不恰當的。第三，有人認為人們在這個領域受到傷害時，憤怒是維持自尊及為自己的尊嚴挺身而出所必要的，對此我將提出不同看法。第四，我將回應另一派主張，他們認為憤怒（在這個領域）是必要的，如此才算嚴肅看待對方：不怒顯然看不起做錯事的人。順著此一思路，我將探討有關寬恕的議題，同時探討同理心與熱情，我暫且認為它們是頗具成效的角色。

　　我已論證過憤怒的概念內涵包括：對我而言重要的某件事物或某個人被一個錯誤的行為給傷害了，以及一種想要討回公道的想法，無論多麼幽微（有個重要例外）。但即使真的有某種嚴重錯誤的行為，憤怒在倫理上還是有兩點說不通。其一是被害人想像討回公道就能回復已經受損的重要事物（例如某人的生命），這種想法在意義上是難以成立的，卻根植於人類文化、文學、甚至我們的演化機轉中。其

4.　手足之間的憤怒是相當讓人感興趣的主題，而我的主張經過推導後可以適用在這種關係。下一章將論及對傷害我們所愛之人的陌生人感到憤怒。

二，被害者認為那樣的侵犯非關生命、身體的完整性或其他重要價值，而只關乎相對的地位，亦即亞里斯多德所說的貶低。在這種情況下，報復的想法有其道理，因為貶低加害者確實相對提高了被害者的地位。但這種對於地位的強調在應然面有其瑕疵。因此一個理性的人會駁斥這兩種有瑕疵的路徑，也就是我所謂的**償還之道**與**地位之道**，並且將快速朝向我所說的轉化，從憤怒的情緒轉向關於未來福祉的建設性想法。

我認為有一種憤怒並無此等瑕疵。我稱之為轉化的憤怒；它承認有錯誤發生，但它展望未來。它的完整認知內涵是：「實在讓人無法忍受！那不應該再發生了。」轉化的憤怒是一種非典型的憤怒，不像我們想的那樣普遍。以牙還牙的念頭常常會竄入，汙染了這種憤怒情緒。

讓我們再次回想另一個用詞。除了報復的想法，若憤怒的所有認知內涵都是正確的，那麼它就是有**充分根據**的，包括憤怒者正確認知到誰對誰做了什麼事、那件事的錯誤性質，以及那項錯誤所造成的損害程度等等。它確實是該受到嚴正關切的事。而我將論證，親密關係中的憤怒時常是有充分根據的。

二、親密關係與信任

親密關係有何特殊之處？我認為有四點。第一，就人們對於哪些事物可以提升生活幸福的感受（用亞里斯多德的詞彙來說，就是他們的幸福論）而言，這種關係至為重要。關係中的另一人及關係本身都

是個人幸福的珍貴元素，而這樣的關係也透過生活其他的元素交織發展，從而許多原屬於個人的喜好變成共同的喜好，個人的目標也變成共同的目標。[5]關係的斷裂可能影響一個人生活的各個面向。

其次，這樣的關係帶來極大的脆弱性，因為它牽涉到信任。信任是難以定義的，但是一開始就像安奈特・拜爾（Annette Baier）[6]說的，它與單純的倚靠不同。[7]我們可能倚靠鬧鐘，如果哪天鬧鐘失靈，我們或許會有點難過，但不會因為它的失靈而覺得脆弱或受到嚴重侵害。與此類似，我們可以依靠會說謊、騙人的同事，但這也正是為什麼**不能信任對方的原因**；我們會試著保護自己不受損害。相對的，信任是敞開自己而甘冒受背叛的風險，還可能因此深深受傷。信任表示鬆開人們在生活中時常採取的自我保護策略，讓另一個人的行為對我們自己影響甚鉅。信任也表示以某種無助的狀態活著。

信任是一種信念，還是情感呢？都有，兩者以複雜的方式交織著。信任某個人就表示相信他會堅守承諾，而那樣的承諾對自己的福祉至關緊要。這種評價是許多情感的關鍵，包括希望、憂懼，以及因事情不順而產生的深刻悲傷與失落。信任可能跟上述那些情感不同，但是在一般生活中信任往往足以帶來那些情感。人們對於自己信任的人通常也會帶有其他情感，例如愛與關心。雖然我們通常並非刻意決定要信任某個人，但願意將自己交到另一個人手上確實是一種選擇，

5. Sherman (1989, chap. 4 and 118-56).
6. 拜爾於二〇一二年十一月在紐西蘭過世，享年八十三歲。她有許多成就，是百年來美國哲學協會（American Philosophical Association）東方研究部第一位女性主席（她於一九九〇年任職，前一位女性部長是一九一八年的 Mary Whiton Calkins），同時她也是第一位在該協會開授卡魯斯講座（Carus Lectures）的女性。
7. 參閱 Baier (1995), "Trust and Anti-Trust" 與其他論著。還有另外兩項很好的哲學論述，可參閱 Hawley (2012) 與 O'Neill (2002).

因為我們可以不倚賴別人而活，如同斯多噶派學者。[8] 無論如何，懷著信任而活就帶有深刻的脆弱與一些無助，很容易轉變成憤怒。

親密關係的第三項特徵在於關係破裂時的情況。親密關係破裂時的傷害刻骨銘心也錐心刺骨，無法完全以法律處理，儘管人們當然會試著這麼做。即使如此，如同我說過的，大部分的過錯在某種層面上都是不可復原的（被殺害的人無法復生，性侵無法抹消），雖然適當的法律制度確實能隔離犯罪者並嚇阻未來同類的犯罪，從而減輕許多處理此等案件的實際與情感負擔。然而，若是某個你愛的人傷了你，即使在暴力相向或詐騙的情況下可以尋求法律協助，但是因為那樣的關係對個人福祉影響甚大，因此法律無法消除心理的負擔。當真的無處可去時也只能面對自己的內心，那是極度的難受。所以這些傷害有部分是孤單且隔絕的，是深刻的無助感。再次說明，這樣的無助感很容易轉變成憤怒，給人充滿力量與控制的假象。

第四項特徵可能指向更具建設性的方向，雖然絕大部分情況下無法如此：我們通常是與我們喜歡的人建立親密關係。我們選擇自己的配偶，而雖然父母不能選擇自己的孩子，孩子也不能選擇自己的父母，但只要情況不是太糟，共同生活能讓彼此都產生喜愛之情，儘管叛逆青春期肯定會模糊這種相互的喜愛。相反的，世上大部分的人並不是你會選擇一起生活的人。你很可能覺得他們很煩、很討厭，甚至很噁心。有多少次在飛機上碰巧坐在你隔壁的人是你願意一起生活

8.　對於 Hardin (2006) 我部分同意，部分不贊同。Hardin 主張信任是「認知的」，表示那涉及信念。但因為他並未告訴讀者他是否認為情感也有部分屬於認知，因此無法判斷他是否同意我認為信任涉及某種在情感中時常作為構成要素的認知評價。他接著說因為信任是認知的，所以無法做出信任別人的決定，也因此迴避了有關人們是否能決定相信某件事的哲學爭議，更因此未能考慮到自願承受脆弱性也是生活中的一種選擇。

的人呢？而配偶、戀人、小孩都是你喜歡的人，而且無論他們做了什麼，總是有美好的地方不容抹煞。憤怒的對象是人，但焦點是行為，不過人比事重要，這一點必須記住。那些美好之處可能變成刺入背叛傷口的一把刀，但另一方面來說，它們也可能是思考未來的基礎——回復關係或開發新的關係。

現在我們必須想想，在這個特殊的領域裡，憤怒與寬恕該如何扮演適當的角色。憤怒是否時常是有充分根據的呢？若是如此，它是否正當呢？報復的幻想會變成怎樣，又該變成怎樣？人們是否該為了自尊而發怒，並且保持強硬不妥協的態度（如同許多人建議的那樣）？或者憤怒阻礙了具有建設性的展望計畫與健康關係，使人耽溺於自戀之「舞」，無法思考真正的問題？[9] 如同巴特勒所言，「傳統且錯誤的榮譽感站在應報與復仇那邊……愛我們的仇敵是一種難以做到的說法。」[10] 但我們未必得贊同這樣的傳統。

親密關係的破裂通常帶來深刻的悲傷，這種情感是對的，人們也確實需要處理這種悲傷情緒。悲傷是必然的畢竟親密關係是幸福生活的重要部分。（就此而言斯多噶派的觀點是錯誤的。）但是這樣的悲傷與無助通常無法藉由憤怒而獲得妥適處理。憤怒極常變成比悲傷更誘人的替代方案，當真實的狀況讓人失去力量與控制權時，憤怒會帶來某種力量與控制。我將說明處理悲傷的方法正如人們預期的那樣：哀悼，然後採取建設性的行動以修復並追求自己的生活。憤怒時常是有充分根據的，但那種情緒很容易綁架了必要的哀悼過程。所以從憤

9.　參閱 Lerner (1985)，以下將討論。
10.　Butler (1827, Sermon 9).

怒轉向哀傷，最終思考未來，將遠比醞釀並發展憤怒來得好。

那麼寬恕呢？交易式的寬恕是不是一種健康且在道德上值得贊同的過程呢？或者它時常只是報復的一種形式？即使最輕微且在道德上最有價值的交易式寬恕，難道不是「想太多」（在不同的脈絡下運用威廉士的詞語）而不願接受更寶貴的慷慨精神與自發性？[11]

倘若標準的交易式寬恕有嚴重的缺陷，是否有一種更具道德價值的無條件的寬恕，讓人從具腐蝕性的憤怒中解脫？

讓我先說明在第二章已經討論過的有利於憤怒的三個論點。憤怒時常可以作為一種顯示出了問題的訊號（給自己或他人）；因此留意別人的憤怒是好的，但必須記得有許多訊號是不可靠的，顯示的只是錯置的社會價值或扭曲的地位關注。在某些情況下，憤怒可以刺激行動，雖然在個人領域極難如此，因為不作為並非大問題，而且憤怒能激勵人們行善，也能激勵人們為惡。憤怒的能力也能嚇阻別人的惡行，儘管一段信任關係若只由恐懼對方發怒來維持注定會失敗。[12] 即使有這些微弱的好處，憤怒仍應迅速昇華朝著轉化的方向發展。

三、錯誤的社會價值：羞辱與控制

親密關係中的憤怒時常因為各種關於什麼是錯誤的、錯誤程度如

11. Williams, "Persons, Character, and Morality," 收錄於 Williams (1982, 1-19)。在原先的脈絡中，這個詞指某個人在必須使用救生船的情況下如何思考拯救妻子的道德論理過程，他想的並不是那是他的妻子，而是「她曾經是他的妻子，在這種情況下，救人的妻子是可容許的」。(18) 我使用這個詞的方法非常不同，不要求否定那種無私的道德。它與威廉士的關聯在於我們兩人都反對某種道德的精神以及嚴格的道德審查；他認為前述這兩種立場與康德有關，而我認為那與猶太教與基督教的倫理有關。
12. Baier(1995), "Trust and Anti-Trust."

何的不當社會價值而走偏。舉例來說，童年時期尋求獨立自主，甚或只是追求快樂，都會受到社會的負面評價。與此類似，許多婚姻中的憤怒涉及性別不平等所造成的期待，尤其若女性尋求獨立與平等會被男性視為具威脅性。我們時常難以分辨以下兩種不適當的憤怒狀況：一個人違反了某些不好的社會規範但事實上並未真的做錯任何事，以及一個人真的做了錯事。畢竟我們都受到所處時地的影響，對於孩子應該如何與父母說話、不同年齡可以有多少獨立性、什麼時候才能有性行為、夫妻如何追求職涯理想以及如何分配家庭勞務等議題，我們都有一些直覺式的想法，這些想法是變動且不可靠的。我們覺得自己可以看清以前的父母、夫妻犯了什麼錯，他們當時生氣的事情現在看來可能是對的或至少是被允許的。但我們知道自己無法瞭解以後的世代會如何看待我們的態度與價值。我們必須試著區分因為錯誤價值判斷所造成的沒有充分根據的憤怒，以及因為憤怒而生的問題。而我們知道這樣的區分很容易出錯。

有一種常見的文化謬誤和階層與地位有關。父母經常認為小孩子沒規矩，應該學習守本分，也就是說孩子是在父母之下。與婚姻有關的許多有問題的社會規範也涉及類似觀念：丈夫因為妻子有工作或收入高或希望丈夫分攤家務，而感到憤怒。此種社會規範時常利用「占優勢」一方的憤怒作為強制遵循的方式，而寬恕與贖罪的儀式則時常用來建立不對等的地位。

執著於地位只是文化構造的一部分；自戀與焦慮則是人類生命的特徵，特別容易出現在親密關係中，因為這樣的關係帶有強烈的脆弱性。當人們建立階層並試圖控制別人時，經常就是在一個無助的世界

裡展現普遍的人類傾向。即使是在最開化的文明裡，地位之道仍然持續誘惑著人們。雖然此種憤怒並無充分根據，但它們如此普遍，如此受到文化權威的背書，以至於我們無法輕易漠視，在分析乍看之下有充分根據的憤怒時，務必留意是否有它們的蹤跡。時常只要我們仔細留意，就能發現讓憤怒繼續存在並惡化的，正是對地位的偏執。

親密關係的規範是人類生活中最有爭議性也最不確定的。然而，親密關係中顯然有些憤怒確實是有充分根據的，因為確實發生了錯誤的行為。對於虐待、暴力、背叛感到憤怒，對粗魯無禮、漫不關心感到生氣，時常是有充分根據的。我不同意斯多噶學派主張的人際關係完全不值得動怒，儘管我同意他們對於中間領域中較為尋常的互動關係的主張。友情、愛情與親情確實極為重要，值得深切關注。所以發生在親密與信任關係中的惡行也值得嚴肅看待。時常有些情況下的感受比較像是恐懼、希望、喜樂與悲傷，但憤怒至少是有充分根據的。我將聚焦在這類情況。

四、父母對小孩的憤怒：壞女孩

小孩子會惹父母生氣。他們沒禮貌、無知、不乖、懶惰。他們不做功課。他們不幫忙做家事。他們也會犯下某些嚴重的過錯，好比撒謊、偷東西、霸凌。有時候他們也會毀掉自己的未來，例如吸毒。而儘管更少發生，但有時候他們會犯下重罪。所以即使在最好的親子關係中，憤怒仍有重要意義。

除了我談過的地位謬誤（不當地聚焦在階級差異），親子關係

也帶有報償的文化風險。長期以來，在歐美文化的許多領域，至少在某些族群裡，親子關係是依照憤怒的神與年輕的罪人的關係加以形塑，背景常常帶有一種原罪的信仰。因此大衛・考柏菲（David Copperfield）的繼父摩德斯通（Murdstone）先生認為某個男孩活像是「冥頑不靈的馬或狗」，要吃點苦頭才會學乖。[13] 大衛的人生後來變成一連串憤怒、懲罰與（失敗的）贖罪的事件。摩德斯通先生可能只是虛構的，但他的態度在維多利亞時期相當普遍，在那之後也延續很久，特別是在英國公立學校。喬治・歐威爾（George Orwell）的短篇小說《如此這般地快樂》（*Such, Such Were the Joys*）描述他自己身為在聖居普良學校（St. Cyprian's school）就讀的典型八歲孩子的經驗，學校裡照管孩子的人讓他覺得自己大概一輩子都要為罪懺悔。他尿床被說成是邪惡的表現，所以年紀小小的歐威爾在成長過程中便覺得自己有難以察覺或控制的邪惡傾向，即使被痛打也改不掉，因為他不知道該怎麼做才能停止尿床。因此他覺得自己一直都會是（據稱）正當憤怒的對象，而他必須一直懺悔著。[14]

這樣的態度顯然極為常見，以至於安東尼・特洛勒普（Anthony Trollope）可以將索恩博士（Dr. Thorne）對孩子的不同看法描述為一種特色，一種充滿吸引力的例外：

就博士至今尚未被人提到的各項特質來說，其一就是對孩童們的深刻瞭解。他很樂意與孩子交談，跟他們一起玩耍。他會揹著他們，一

---

13. Dickens (2004,ch4)。須留意這種類比透露出對動物的可怕看法。
14. Orwell(1952).

次三個或四個，跟他們一起在地上打滾，跟他們一起在花園裡賽跑，為他們發明遊戲，在大家都不開心的時候想辦法逗他們笑⋯⋯他對於孩子們的快樂有一套很棒的理論⋯⋯他主張父母對小孩最重要的責任就是讓他們快樂。不只是讓孩子變成大人之後快樂，更要讓當下的那個孩子一樣快樂。[15]

　　在索恩博士的觀點不流行的地方，發怒是常見的教養方式，以想要壓迫和控制的憤怒將渴望獨立的舉動視為錯誤的行為。[16]

　　以神的憤怒（divine anger）這個有問題的概念為典範，父母的憤怒的概念涉及文化價值錯置下的憤怒與寬恕。這種憤怒不具有人們時常宣稱的工具性價值。透過憤怒、甚至是暴力來控制，最終常常是無效的嚇阻（歐威爾更常尿床；當摩德斯通瞪著他看時，考柏菲根本記不得之前學到的教訓），而且如同拜爾所說的，是「信任關係生病」的跡象。因此，當我們探究父母之怒更合理的原由時，應該擺脫這種價值錯置的想法。但必須謹記，即便我們努力這麼做，這種價值錯置的想法仍會以微妙的方式汙染了父母之怒的好理由。

　　當親子互相理解且有相當程度的共同生活時，[17] 親子關係對彼此的幸福有重大影響。對父母來說，孩子時常是他們深切想要而孕育出來的，也是他們所深愛的。孩子也代表父母的未來，一種永恆傳承並貢獻於世界的方法。然而，他們也可能妨礙父母的其他領域（工作、友

15. Trollope（2014, ch3）；參閱我在 "The Stain of Illegitimacy" 的分析，收錄於 Nussbaum 與 LaCroix (2013)。
16. 在那本十九世紀英國小說中索恩博士的觀點顯然通常屬於女性的觀點（Peggotty, Betsey Trotwood）或者是 Mr. Dick 的觀點。
17. 我會提到這點是為了將父母離異的孩子也納入討論，因為小孩陪伴父母的時間會因此被分割。

誼），耗盡他們的精力與資源，限制了他們追求其他目標的可能性。而這可能是父母憤怒的原因，特別是在孩子不知感激的情況下。於此同時，對孩子來說，父母是生活、營養、健康、安全、教育、價值，以及財務與情感支持的來源。由於攸關幸福，對雙方來說，這樣的關係都有深刻的脆弱性。

親子之間的信任有多重形式，而且持續演進。嬰兒剛出生時，對於信任關係無任何發言權；他們完全倚賴父母[18]，而且只能依靠他們來保護自己的福祉，無論父母是否真的值得信任。同樣的，孩子也有某種自然的信任感，使他們與父母情感相繫，除非真的有嚴重的虐待或疏忽。[19] 這些態度隨時間演進，他們對彼此的預期也會隨著時間改變。[20] 一方面，孩子愈來愈明白他們對父母能期待什麼、不能期待什麼，也較能明白他們以前視為理所當然的信任與感激的真正原因。但同時小孩也變得更多疑且有所保留，不再願意毫無保留地相信父母替自己安排的一切。天真的信任會隨著人的成長而逐漸消散，對父母來說這可能讓人痛苦，他們會覺得愈來愈無助。

親子關係本質上是以孩子的未來為方向，這樣的父母心相當普遍，那表示縱使父母會發怒，但理性的父母很快就會走向轉化，或者從一開始就只感受到轉化的憤怒。但是聚焦在未來可能有其缺陷，因為支持未來與控制未來界線模糊，特別是在父母對於小孩愈來愈不受控制而感到無助的情況下。許多親子關係的憤怒根源就在這裡，因為

18. 當然也可能是其他照顧者。本章聚焦在一般熟悉的小家庭，但是也適用於其他關注小孩福祉的親密團體。
19. 可再次參閱 Baier (1995)。
20. Baier (1995).

孩子選擇的未來與父母為他們設想的不同，而且人們不可能都以父母的想法為準據。儘管有這些缺陷，當涉及憤怒時，親子關係最好的特性在於雙方都知道他們的關係必然會有所改變。夫妻時常不知道或未預料到這一點。相反的，父母對於親子間的衝突早有心理準備，小孩也同樣預期會有衝突。

我對親子關係的許多階段感興趣，其中有些階段是憂心孩子能否負起道德責任。但在此我將聚焦在那些無疑能夠承擔完全道德責任的孩子，也就是那些跟父母已經沒住在一起的年輕人。

孩子長大後愈獨立（某方面來說這正是人們想要的），父母就變得愈無助，因為父母的建議或說服控制不了結果，即使是好的建議或說服也是如此。就如我說的，憤怒時常是一種無助感的偽裝與轉向，一種重新尋求控制（但不太聰明）的方式，我們可以預期在孩子們搬出去之後，父母的憤怒會更為常見。這種強烈的愛意與完全的無助感遠高於夫妻之間，人們在配偶關係中通常還會分享彼此的思慮。事實上，如果人們不願意共同思考未來，根本不可能建立配偶關係。

另一方面，在這個階段的親子關係中，有些面向頗能預示不發怒的未來。親子關係不像戀愛結婚，反而在某方面更像媒妁之言的婚姻，因為他們沒辦法選擇對象，但早期的共生關係與共享生活習慣及經驗，讓彼此在外觀上與許多深層的連結上都具有相似性，例如雙方都記得某些旅行、玩笑、對話、生日、節日、各種共享的資訊，以及像是擁抱與身體接近等單純的親密互動，時常也會記得早期受到養育與照料的過程。這種共享的經驗有時候反而為怒氣添加柴火：我們享有如此深刻的共同體驗，你怎能如此對我？但這些共同體驗也是重新

開創未來的基礎。

還有一項區別必須說明。若父母深愛著孩子，期望他們過得好，而且未執著於那種扭曲的親子概念，他們會有兩種特殊的憤怒方式。雖然實際上很難區分，但必須試試。其一涉及自我投資的替代：孩子被視為是父母的擴展與延續，一種實現父母目標的方法。其二則和關心孩子現在及／或未來的福祉有關。兩者有重疊之處，因為父母的目標時常就是孩子成功與幸福。

自我投資未必是有害的，它可以促成強烈的關注與關心，就像死亡的意識讓人牢牢抓住任何能擊敗死神的希望。[21] 然而它還是很容易受到控制欲的影響，因為孩子未來的各種發展可能性未必都是父母贊同與傳承的。自我投資可能衍生許多有關職業、宗教、伴侶選擇上的憤怒。必須足夠成熟且平靜才能夠想通最好的傳承者，也許是一個能夠創造自己未來的自由人。而對理想的自我的投資雖然未必是競爭性的，但極易受到對地位的執著所影響：父母希望孩子能進入至少跟別人家小孩一樣好的大學，希望孩子看起來至少跟別人家小孩一樣好看，希望孩子能為父母帶來榮耀而非羞辱。因此而產生的憤怒並無充分根據。即使某些自我投資是好的，也具有好的價值，我們最好仍聚焦在父母顯然只著重孩子幸福的情況。

年輕的成年孩子的所作所為可能傷及自己或他人。有些父母並不在意地位與控制，但在許多情況下仍有充分根據可以發怒。這種憤怒時常符合第二章的模式：父母感到憤怒，一時想要讓冒犯的孩子吃

---

21. 參閱柏拉圖的《饗宴》，然而只有非常低階層且沒有想像力的人才會試圖透過生育孩子讓自己永遠存續，而不是透過寫作或參與政治讓自己流傳萬世。

點苦頭，或希望他們悔過，而後想通了覺得這種想法不太合理，從而轉念思考未來，思索有什麼具建設性的方案可以改善情況。同樣的，常常父母是一開始就超前一步，只帶著轉化的憤怒而非通常的憤怒情緒。

在促成轉化的過程中，亞里斯多德的兩種見解都有助益。首先，對自己的孩子有同理心（父母對孩子的同理心頗高）能幫助父母以有效的方式思考孩子的成長路徑，而非只在意報償。亞里斯多德與索恩博士都提到的幽默與遊戲也很有幫助。與孩子輕鬆互動時常能在怒氣惡化前就將之減緩，從而有助於讓即使是有充分根據的憤怒也能轉而促成有效的解決方案。

然而，轉化並非總是一蹴可幾，憤怒也是人性。的確，我們可能會覺得那種從來都不生氣的父母有點奇怪，沒有真的投入親子關係。若孩子的壞行為非常嚴重，嚴重損人害己而難以彌補時，那些深愛孩子、以孩子為生活目標而感到極脆弱的父母很可能會發怒。問題在於這種憤怒以及包括想要對方償還或給對方點苦頭吃的想法（無論多麼幽微）是否正當。

區別悲傷、失望的情緒與憤怒的情緒是困難但重要的。當一個人希望孩子好，他可能會遇到覺得失落與悲傷的情況，但那並不是憤怒。失落與悲傷會引發想要幫助或復原的想法，若是不可能做到就只能哀嘆。我已論證過，憤怒與報復的願望是不可分的，無論如何包裝報復的願望。我也說過，憤怒就像悲傷那樣，有時候是有充分根據的，但報復的願望則沒道理也沒好處，一個理性的人很快就能明瞭。不過我們必須在一個較為困難的案例中檢視這項說法，也就是已成年

　　子女的惡行造成父母有充分根據的憤怒，這種憤怒乍看之下是理性且適當的，悲傷難過肯定也是恰當的。那麼讓我們來談談壞女孩的故事。

　　羅斯的《美國心風暴》描述一個有天賦、成功且正直的人卻碰上了可怕的厄運。瑞典仔黎沃夫是個運動明星兼成功的商人，娶了一個美麗的好女人（曾獲選紐澤西州小姐），他很高興自己有個充滿才華但脾氣有些古怪且情緒複雜的女兒梅麗。剛開始他的麻煩事似乎就只是常見的青少年叛逆問題，還有憤怒地抗議越戰及造成越戰的整個制度。而後有一天，梅麗炸了當地的郵局，害死一個無辜的路人。又過了幾年，梅麗又殺死了另外三個人，然後她的父親找到她，那時她藏匿在一個骯髒的房間裡，過著耆那教苦行僧般的贖罪生活。（做父親的很快明白那種苦行的生活並不是任何宗教獻身，而是一種自我傷害，因為她以一種奇怪的方式解釋耆那教的「非暴力」，例如因為擔心「傷害了水」而拒絕洗澡。「這些話讓他厭惡，還有誇張的幼稚行徑，以及自欺欺人的妄想症狀。」）

　　在這種情況下憤怒是有充分根據的，他不是有各種理由可以憤怒嗎？瑞典仔憤怒女兒的殺人行為，憤怒她的自我傷害，憤怒她做了那麼多錯事，而且又多年不與家人聯絡，讓家人承受這麼多痛苦。而後他問自己，就像理智的他的一貫作風，「一個理智的人接著會怎麼說呢？⋯⋯一個理智的、負責任的父親會怎麼說呢？如果他還覺得自己像是個父親的話。」（249）

　　瑞典仔確實很憤怒，他也確實痛罵梅麗，「就像一個曾經被女兒或兒子背叛而極為憤怒的父親那樣，氣到快要腦充血，跟他當初知道甘迺迪被謀殺時的反應一樣。」（256）他甚至一時守不住自己「不暴

力」的原則，他「之前從未逾矩的」（265），他扯下她臉上耆那教的面紗要她答話，她不肯時他用力扳開她的嘴巴。顯然他那時確實想要讓她知道自己的所作所為給別人帶來怎樣的痛苦。他一生努力維持理智，卻也暫時失控了。讀者確實一開始會覺得他的憤怒是恰當的。

但接著發生了有趣的事情。愛、悲傷與無助取代了憤怒。首先，他承認自己事實上很無助：「你一直保護著她，但她是沒辦法保護的。不保護她讓人無法忍受，但如果真要保護也讓人無法忍受。總之一切都讓人無法忍受。她是獨立自主的人，這就是最嚴重的問題。」（272）而後，當他對弟弟傑瑞談到那次的見面時突然崩潰，傷悲得無以復加：

　　而現在他能自在地哭泣，沒有什麼事能阻擋他哭泣，這是很奇妙的新體驗，他哭著，就像哭是他人生的重大目標，就像這樣一直哭是他最深沉的願望，而現在他終於做到了，他想起他給過的一切，也想起她拿走的一切，那些給與取占滿了他們的人生。（279）

傑瑞・黎沃夫向作家納坦・祖克曼（Nathan Zuckerman）描述他哥哥的故事（大部分的敘事內容都是祖克曼的想像），他說瑞典仔的問題在於他無法一直生氣，可是憤怒才會給他距離與控制權。「如果他只有半個腦子，也許他早就被那孩子氣瘋而離開她了。老早就傷心透頂而放棄她。」傑瑞認為瑞典仔「……不像他的責任感那樣，他就是沒有怒氣，所以也沒辦法假裝生氣。」（71-2）憤怒是一種排除無助感的方法，藉此取得控制權，憤怒也能讓他消除無法忍受的痛苦源頭。

若沒有憤怒，他只能被無條件的愛絆住。（他繼續私下探視梅麗，直到她過世。）而愛既是無助也是痛苦的。（相反的，傑瑞有「發怒的特殊才能，也有不回頭看的能力」。）[22] 傑瑞的建議是瑞典仔應該想辦法報復，大致上就是要「徹底擺脫這一切」：如果妳繼續這樣子，我就收回我對妳的支持與愛。

然而就瑞典仔來說，只要想到對女兒的愛以及沉重的悲傷，藉由憤怒來進行報復的幻想立刻消逝。愛是最重要的，報復完全說不通。我們看到了憤怒的轉化，在這種情況下只能承受可怕的痛苦，別無他法。他只能繼續探視女兒，表達對她的愛。沒有人道歉，有條件或無條件的寬恕不在他的盤算中。只有痛苦而無條件的愛。

小說（或祖克曼）對瑞典仔的描述有很深的矛盾。他不可動搖地堅守理智、慷慨與愛，讓祖克曼覺得既悲哀又可笑。祖克曼似乎認為，這對瑞典仔來說完全沒好處，那甚至是荒唐的，因為這並不是一個理性或愛或慷慨的世界。我自己的立場則不覺矛盾。[23] 他在最糟的情況下仍是個慷慨且值得稱讚的父親，而他的故事頗像希臘悲劇，儘管受到命運打擊，主角的美德依然「照亮」他人。理性與慷慨無法重塑無意義的世界，但它們自有尊嚴。

---

22. 不讓人意外，這兩兄弟不只個性反差，也代表兩種美籍猶太人。瑞典仔這名字說明了一切：身體強壯、高大、含蓄，他是成功融入白種盎格魯薩克遜新教徒圈子的猶太人（他甚至還娶了前紐澤西州小姐，雖然她是天主教徒，而非白種盎格魯薩克遜新教徒），而傑瑞則較接近羅斯描述的典型猶太人。

23. 對瑞典仔的這種詮釋有個缺點。故事裡，瑞典仔的女兒進入青春期前有次要求爸爸親吻她的嘴，他短暫但高興地這麼做了。也許讀者會認為梅麗後來的問題可歸咎於他，雖然在那之前她已經有些結巴且憎恨母親，而且出現強迫症的情況，這些影響了她後來的發展。我認為那一吻是羅斯的筆誤，或至少是祖克曼記錯了，因為依照整部小說中所描繪的人物性格，他不會那樣做，即使父女關係時常會有伊底帕斯情結式的發展。祖克曼沒有子女、性成癮，或以自己的人生重構別人的生命歷程。但之後祖克曼表示，「讓別人走向正途完全不是人生的目的。讓他們走偏才是，讓他們一錯再錯，然後好好反省，再錯一次。」(35)

　　在這種情況下，顯然父母未必是為了自尊而憤怒。即使傑瑞也沒這麼說：他只是說若要好過一點，通情理的人會發怒。但有一個看來更迫切的問題：不發怒的父母是不是沒有認真看待孩子而汙辱了孩子？我認為這種想法是錯的，但還是得加以說明。瑞典仔如果將梅麗的行為當作嬰兒或行為能力不足的人所做的，顯然是抱著一種優越感。要尊重孩子就必須肯定他們具有責任能力；反過來說也必須承認她犯下的錯誤，而這至少得先轉化憤怒。問題在於盛怒及想要讓對方痛苦的想望，是否也帶有尊重。想想以下這樣的情緒問題出在哪兒：「你犯了很嚴重的過錯，對此我覺得很難過，因為我愛你，希望你有成就也做好事。我相信你有能力做得更好，我希望你忘掉那樣的錯誤，未來可以有更好發展。」我認為這就是瑞典仔的情緒（雖然較不抱希望），他肯定是認真看待（已成年的）孩子，但這樣的情緒尚不足以構成一般的憤怒。如果孩子認為這種不憤怒的態度過於高傲，顯然是誤會了；而儘管這種誤會很常見，還是必須處理。孩子時常認為若是能夠讓父母（或其他大人）失控且出錯，他們的關係就是對等的；但真的有人想要這樣的對等嗎？

　　簡述如下：父母對已成年孩子的憤怒時常因為採取了我們所說的地位之道而有所偏差。若他們沒有犯那樣的錯誤，或其他文化上的謬誤，就比較不會落入想要對方償還的陷阱，因為在這樣的情況下償還是徒勞的。父母的憤怒之所以容易犯這些謬誤，原因在於與成年子女的關係很容易讓他們感到無助：憤怒是想要奪回控制權的枉然嘗試。

　　然而，羅斯筆下的瑞典仔仍然留下一些疑問。作為讀者我們必然對他的憤怒感到同情，而我會說我們因為他短暫地發怒而更喜歡他。

若他維持一貫冷靜的態度，我們對他的評價可能會比較低。完全不生氣的回應難道不是太背離人性，讓人懷疑是不是白人菁英的姿態滲入他內心深處，讓他失去了部分的人性？既然我們都是凡人，若情緒被挑起，在朝向轉化之前，最好還是短暫的發怒嗎？在親密關係中，想要討回公道的想法是徒勞且無意義的，但是完全超脫難道不會有點奇怪且不太合乎人性嗎？這個問題很困擾。整體來說，我的回答是「不會」。悲傷與愛就足夠作為回應。

還有另一個問題是關於寬恕。瑞典仔如此無助，除了無條件的愛，他別無其他選擇，無論是一般的愛或無條件的寬恕。但是對一個犯錯的成年子女來說，交易式寬恕是件好事嗎？若是如此，寬恕什麼呢？我們當然不想要摩德斯通的那一種寬恕，也就是進行了報復式與虐待式的贖罪儀式之後才放下憤怒情緒。不幸的是這樣的寬恕極為普遍。即使在最好的情況下，若要求針對一個惡行進行悔罪，而且這樣的要求未受到地位意識或不當控制所影響，道歉及寬恕又有什麼實益呢？的確，如果是為了讓成年孩子在父母的怒氣下被貶低或展現謙卑，那是沒有用的，在道德上也沒有價值的。但另一方面說來，道歉可以證明子女已經瞭解自己做錯了，而要求道歉可以再次強化他們未來對此等事項的注意。因此道歉有助於轉化。父母的寬恕若能重建信任也是有用的：你讓我的期待落空，但我會再次對你抱持希望，因為我愛你，而且你給了我可以繼續對你懷抱希望的證明。我們重新開始，我不會拿這件事一直煩你。但這只是口頭上的寬恕，因為沒理由將父母的這種態度跟停止憤怒連結在一起。實際上這樣的父母可能根本就沒有發怒，只是有點失望或難過。

現在讓我們回到瑞典仔身上。他的態度是無條件的寬恕，還是無條件的愛呢？這種區別又有什麼意義呢？他短暫發怒過。在無條件的寬恕中，我們可以決定要發怒一下，而這種態度基本上是往回看的，未必伴隨著積極的愛與決心往前走。而且，就像我說過的，寬恕者的姿態時常隱含著道德優越感。相反的，在瑞典仔身上我們看到無條件的愛湧現，取代了一切的憤怒；那是轉化，儘管是悲劇性的。不是決定，也無優越感，他心中滿是自己感受到的（無助的）愛。

一般來說，在可以也應該以愛與慷慨來主導的關係中，道歉與寬恕的儀式有些嚴苛且吃力不討好，而且太過強調階級之別。如果父母每次都寬恕，甚至是無條件的寬恕，可能會有些問題，也許是對孩子的好表現無法滿意，也許是堅持為大小事打分數，以及執著於權威的儀式。當父母真的說出「我原諒你」這樣的話會如何？我認為威廉士的說法「想太多」很有用。相對於「別擔心」或「忘了吧」，「我原諒你」這樣的話是多餘的。這些說法只著重自己，表現了父母自己的情緒，而不是針對孩子的行為。

五、孩子對父母的憤怒

成年子女時常對父母感到憤怒。他們厭惡父母的權威，覺得必須透過情緒上的衝突獲得一些自主權。這種關係事實上帶著憤怒，因為試著獨立的孩子自然對於父母的存在與能力感到不滿，而且相較於不稱職的父母，好的父母讓人更難以忍受（這點在羅斯的小說裡有細膩呈現）。在青春期，這樣的憤怒通常是策略性的：孩子做著傑瑞·黎

沃夫一生都在做的事，也就是利用憤怒作為脫離的工具，即使他們並不清楚意識到自己正在做什麼。在孩子的立場來說，這通常是一種善意的策略，而且是暫時性的。然而它的效力持續。權力失衡的狀態難以動搖，而且在那樣的關係中本來就有些憤怒可能延續一輩子。父母的存在本身看來可能像是一種錯誤，一種讓人無法得到平等地位的情況。要孩子不將父母看作是對獨立自主的威脅，而將父母視為完整的人，實在不容易。

這樣的憤怒本質上是地位型的憤怒。而且那時常是亞里斯多德所描述的零和形態：覺得自己處在弱勢的人會希望或想像透過報復來貶低對方的地位。若父母做出思慮不周或失禮的事，原本屬於有充分根據的憤怒可能因為對地位的焦慮而膨脹放大。因此在喜劇（但事實上讓人痛苦）中，父母時常認為自己做的都是好的，而孩子卻認為父母一直侵犯他的自主權。（想想電視劇《大家都愛雷蒙》〔*Everybody Loves Raymond*〕裡由桃樂斯・羅伯茲〔Doris Roberts〕以高度熱情精彩演出的喜劇性母親角色，她不解為什麼自己努力幫忙並給意見，會讓兩個兒子如此強烈反彈，媳婦的反彈尤其深。）

真正受到威脅的是獨立與自主。這正是孩子們想像自己被剝奪的，而父母或者有意或者無心地剝奪，或者他們只是沒想到自己被這樣以為。剝奪別人的獨立與自主權真的是惡行，而且在那種情況下憤怒是有充分根據的。不過憤怒時常只會讓事情更糟，尤其混雜了對地位的焦慮。真正有益的作法是坦率表現關心，試著與父母共同設想如何保持適當的距離以建構互尊互重的關係。但是傳統的親子關係本質上的不對等讓這件事難以進行。孩子很難從父母的觀點看世界，他們

難以理解父母也是完整的人，也很容易犯錯；孩子常以為父母是神奇且巨大的存在。

什麼時候憤怒與寬恕才是適當的？人們隨時都在表現憤怒與寬恕，而憤怒有時候是有充分根據。而且如同我說過的，憤怒可能因為對地位的焦慮而擴大，而相應的，父母的寬恕可能受到控制欲與優越感所影響。即使不是這樣的狀況，被憤怒與自尊的期望牽著走往往也沒有實際效用。

在《憤怒之舞》（*The Dance of Anger*）一書，心理學家哈里特‧勒納（Harriet Lerner）描述堪薩斯州的一個成年女子常常偏頭痛與發怒，而且幾乎都是因為她的母親，即使她母親住在加州，一年只碰面一次。媽媽雖然遠在天邊，感覺上卻是近在眼前，而若真的出現時，情況更糟：

在她進行心理諮商時，會說到媽媽哪一次到訪讓她受到極大驚恐。聲音中帶著沮喪與憤怒，她一一細數母親的罪行，那簡直罄竹難書。她詳盡記下母親無情的控制欲與介入。例如，瑪姬提到有一次發生了這樣的事：她與鮑伯才重新裝潢了他們的客廳，但媽媽沒注意到。鮑伯表示自己很快可以升遷，但媽媽沒說什麼。瑪姬與鮑伯努力準備豐盛的晚餐，但媽媽抱怨菜太多。雪上加霜的是媽媽開始對瑪姬說教，指責廚房太亂、批評她不會理財。而當瑪姬宣布她有孕三個月了，媽媽的回應是：「如果妳都沒有時間整理房子了，怎麼有辦法照顧小嬰兒呢？」[24]

---

24. Lerner (1985, 69-70).

　　（羅伯茲可能真的會這樣，雖然她的表現會有趣一些。）當然在小孩出生後，可預期的事情只會愈來愈糟。瑪姬希望勒納會說她的憤怒是正當的並同情她；當然她的憤怒是我們所謂有充分根據的。她的報復欲望是輕微的，只希望母親離開。但是這種欲望背後的情緒可能不是那麼輕微。而且對做母親的來說，分離的痛苦太強烈。

　　勒納認為問誰該責備、什麼事該責備，記著別人的錯，很少是有用處的。即使想要弄清楚憤怒有幾分道理，也可能造成反效果。的確，那可能妨礙了其他好的改變。瑪姬從未冷靜談論她的目標，讓媽媽知道她認為獨立自主必須保持什麼樣的界線。必須有對話，而對話是危險的，因為對話之後事情可能必須有所改變。按照可預期的「舞步」循環下去會更容易些，因為那表示不需要處理根本的問題。所以憤怒變成逃避建立互惠關係的方式。那不只是非轉化的，甚至是反轉化的。

　　最後因為照顧嬰兒的問題使母女的衝突升高，勒納鼓勵瑪姬必須擺脫可預期的模式。「瑪姬的心跳加速覺得自己快暈倒了。她很快就明白繼續對抗比做出改變簡單得多。」[25] 她需要做的不是生氣地談論獨立與成熟的問題，而是**表現出成熟的樣子**。因此她第一次平靜而堅定地跟媽媽談話。她母親驚訝地站在那裡。「瑪姬覺得自己彷彿刺了她一刀。」[26] 一開始她媽媽又回到過去那種批評挑剔的老路，但即使對方一次又一次想要「把瑪姬拉回對抗的模式」，瑪姬始終堅定立場。當媽媽氣得甩上門時，「瑪姬害怕地幻想媽媽會氣到想殺了她，她再也

25.　Lerner (1985,76).
26.　Lerner (1985,77).

看不到媽媽了。她雙腳顫抖，頭暈目眩……她決定先離開現場。」[27] 而她母親一樣擔心被拋下，這才開始明瞭兩人的關係其實可以不需建立在相互責怪上。

勒納在這個引人入勝的章節中提出兩個很棒的論點。首先她主張憤怒經常只是一再循環，而非解決問題的方法。（循環的對抗之後所上演的寬恕，其實只是儀式的一部分。在家暴的情況中我們可以清楚看到這一點，但發生在自己身上時就是看不清。）那就像是重複的戲碼，每一次再度上演都只是讓雙方感覺更糟。這樣的儀式是根植於過去。尤其在親子關係，憤怒的戲碼讓雙方無法改變，無須檢視究竟要怎麼做才能真的解決問題。事實上那會讓問題惡化，焦點都擺在對方的壞處，而非應該做些什麼比較好。[28]

其次，勒納強調憤怒是很容易的，思索未來則是困難的，因為重複問題比解決問題更簡單。親密的兩個人要重新協商彼此的關係，如何在獨立之下又維持愛與親密，是非常具有挑戰性的。改變總是讓人害怕，走上熟悉的老路，即使痛苦，也比較不會讓人害怕。

讓我們回到關於尊嚴與自尊的問題。在這裡我認為尊嚴的問題較為明確：我們不會說瑪姬對母親那種冷靜的態度是高傲或不尊重的。確實唯有當瑪姬放下怒氣後，才明白母親也是完整而獨立的人，也才能真的尊重她。瑪姬放下對母親的怒氣是否是不尊重自己？如同勒納主張的，事實上她變成更強大的人，也更加尊重自己。她放棄了依賴憤怒的遊戲，也能夠以一種有效的方式為自己挺身而出，建構真正互

---

27. Lerner (1985,79).
28. 也可參閱 Tavris (1982)，他自始即強調這一點。

惠的未來。

　　至於同理心與輕鬆的態度：在《憤怒之舞》裡缺少這兩種素質。經過冷靜的重新協商，瑪姬才開始從母親的角度思考，明白她一直需要親密感。兩人仍然在嘗試改變而無法輕鬆相處，但我們可以看到以前那種僵化的關係，儘管表面看來輕鬆，內心卻難以放下。經過重新協商之後，事情變得放鬆了些，幽默感也開始浮現。

　　當兩人開始討論界線、獨立與新的未來，還有寬恕的必要嗎？顯然再也不需要傳統那種交易式寬恕。的確，如果出現道歉與請求寬恕，甚或只是表示願意寬恕，舊的「舞步」大概又要繼續了。或許瑪姬需要某種接近寬恕的情感才能夠斷絕憤怒，但也許不是這樣。也許思考母親的錯誤以及如何寬恕母親的錯誤，是逃避建設性改變的方式。相對於思考與練習放下怒氣，採取新的互動模式更能有效使怒氣消散。

　　以上論及親子關係中常見但沒那麼嚴重的一些錯誤，儘管這樣的錯誤確實造成彼此的痛苦。那麼若是父母對子女做了真正可怕的事情呢？好比遺棄、漠視、虐待？[29] 在這樣的案例中，父母時常已經不在孩子的生活裡，而孩子則陷入憤恨的感受。面對這種情況，內在的寬恕非常重要，也就是讓自己從憤怒與懲罰的想法中解脫出來，我將在第八節進一步討論。然而，即使在如此的處境下，慷慨的放手時常比憤怒而後尋求寬恕更能夠讓人得到解脫，特別是當父母其實不是什麼窮凶惡極之人，只是有缺陷但仍值得愛的平凡人。

　　有個故事頗能說明這一點：《最貧窮的哈佛女孩》一書所宣稱

---

29. 在此我略過孩子們很少會對父母做的暴力與可怕的事，參閱 Condry and Miles; Condry (2007)。

的「寬恕之旅的回憶錄」，儘管內容不盡然相符。[30] 莉姿・茉芮（Liz Murray）的父母是有毒癮的嬉皮。就某方面來說，她的父母很愛她，但由於他們吸食了愈來愈多的古柯鹼和海洛因，無法勝任親職。她媽媽賣掉莉姿的外套，拿走她的生日禮金，甚至教會送給他們的感恩節火雞。兩個孩子經常挨餓，而且因為都沒洗澡而長蝨子，在學校被欺負，最後只能輟學。更糟的是，她媽媽染上愛滋，莉姿與妹妹大部分的時間都在照顧媽媽，後來媽媽過世，爸爸付不出房租只好搬到遊民收容中心。莉姿則在街上流浪。

這本回憶錄主要是關於莉姿決定自食其力回到學校完成教育。她最後贏得紐約時報的獎學金而進入哈佛大學，二〇〇〇年開始就讀。由於她父親也染上愛滋病，她得花時間照顧他（回憶錄並未提到這段事情，只寫到得獎學金）。她在二〇〇九年畢業，目前至各地舉辦演講激勵別人。

在這個可怕的故事裡，憤怒與寬恕扮演什麼角色呢？莉姿清楚告訴我們，她的父母確實愛她。她似乎並無怨恨或掙扎著克服對父母的憤怒。但她表示對那些因為她想要受教育而輕蔑她的人感到憤怒。例如，莉姿提到去哈佛大學面試時，有個愚鈍的社工竟然嘲笑她。她真的很生氣。「我怒火中燒，爆發出來。」（309）她的憤怒是有充分根據的。在回憶錄大部分的內容裡，社福系統的運作很糟糕。莉姿並未浪費時間在解釋自己的憤怒或瞭解它，甚至處理它。她只是繼續過生活，抱持著轉化的想法：「我想，那也好，直接推門走出那個可悲的辦公室。也好，因為儘管社工不相信我，我那天下午還是跟哈佛大學

---

30. Murray (2010, ch1).

的校友面談。事實上，我那天的行程已經滿了。」（309）

　　書裡提到她父親時，只有簡短一段提及寬恕，但沒說出來的寓意深遠。莉姿十八歲生日時，她父親告訴她自己得了愛滋：

　　蛋糕端上來的時候，十八根蠟燭火光閃閃，他們一起唱生日快樂歌，爸爸的手在桌面下溫柔地捏著我的手，他的手顫抖著，顯得侷促不安……我可以感覺到他得伸長手才能碰得到我，彷彿無聲地向我保證「我知道，莉姿，我會陪著妳」。我看著他，被這一幕震懾了：我父親在生日蠟燭熄滅後的輕煙前鼓掌，如此脆弱卻仍充滿生命的力量。我想要抓住他，保護他不受愛滋侵襲。我希望這種事不要再發生在我家人身上，我希望他安全，希望他回復健康。

　　我沒有許願。相反的，我選擇原諒父親，暗自許諾要努力修補我們的關係。我不會再犯下對媽媽所犯的相同錯誤，我會陪著他走過這一切。我們會走回彼此的生命。他的確不是最好的父親，但他是我的父親，而且我們深愛彼此。我們也彼此需要。雖然這些年來他已經讓我失望過無數次，但對我來說生命如此短暫，不應該花在生氣上。所以我放下我受到的傷害。我放下我們之間多年來的挫折。最重要的是，我放下想要改變我父親的期望，接受他本來的樣子。我放下所有的苦痛，解脫自己，就像氣球飛上天那樣，而我也選擇原諒他。（294-5）

　　莉姿說她已經原諒了父親。但如同故事中說的，她放掉的是失望、「傷害」與「痛苦」。那不是憤怒。的確，我們從這段敘述可以明瞭她極愛父親，她父親也深愛她。他們向來疏遠，因為她無法忍受一

次又一次的失望，但她的感受就像瑞典仔那樣，是悲傷與無助，伴隨著期望能控制對方，而後她逐漸明白這樣的期望渺茫。她沒有悲苦、沒有怨恨、沒有報復的想法……過去沒有，之後也沒有。對她來說，寬恕就是不再因為父親無法成為不同的人而感到悲傷，更難的是轉而支持他、照顧他，接受原本的那個他（就像瑞典仔探訪女兒並照顧她，直到她過世為止）。[31] 如果她想稱這為寬恕也可以，但那跟傳統的交易式寬恕非常不同（沒有道歉，她不在意父親是否懊悔過去的作為），也不同於曾經非常憤怒但後來決定放下的無條件的寬恕。這裡並沒有憤怒的轉化，因為並無憤怒的情緒，也沒有要對方償還的想像。她只看向自己能合理期待的未來，因為她父親已來日無多了。

　　不意外的，作為一個激勵人心的演說家，莉姿傳遞給人的訊息是控制自己的生活、營造自己的未來，不要以指責別人為藉口，更不要期待能控制別人。相較於那些督促人們探索內在憤怒的心理治療，她的回憶錄朝著相反的方向發展，即使有人可能認為探索內在憤怒是治療的前奏。就算在看起來一定會讓人憤怒的時刻，她也拒絕耽溺於那樣的情緒。

　　莉姿面對人生的方式有許多問題（就其提供別人建議來說）：那全是關於個人意志，忽略了政治關係。某些人確實可以透過意志與紀律而獲得成功，但那只是幸運的少數例外。其他人可能確實需要治療上的幫助以避免或消除憤怒。更重要的是，如果要解決莉姿所遇到的問題，社會本身必須改變。社會福利系統中無人性且無效率的部分不

---

31. 回想第二章，這種悲傷確實帶有想要改變過去的心態，至少有某種超乎現實的思考，而她放棄了這種想法。

應該用斯多噶式的超然態度來面對，而是以政治改革來處理。我們會在第六章與第七章論及這些問題。現在我的重點在於她與父親之間的個人關係，同時討論制度的影響。

六、感激與互惠

現在我們應該回頭討論憤怒的表親**感激**，如同第二章說過的，它同樣強調償還：我們珍視某些我們無法控制的人事物，如果有誰不當損害那些人事物，我們自然會感到憤怒，但若有人刻意增益，我們將心懷感激。斯多噶學派表示這兩種情緒都隱含某種不智地依賴好運氣的傾向，而在第五章裡我大致贊同這種批評適用於中間領域，認為只有在少數有限的情況下，感激才是正當的，而在那樣的情況下，它只是意外獲益且確實是一種不智的倚賴。

然而，在親密關係中我並不贊同斯多噶的立場，我主張這種情感對人類福祉很重要，儘管它們是脆弱的。它們確實是人類福祉的構成要素。[32] 不過我認為憤怒永遠都是不恰當的。那麼希望利益別人的感激呢？它（顯然）與憤怒一樣帶有償還的願望。

首先也是最明顯的說法是，好事總是不夠，更不需要什麼正當理由。所以對於動機過於懷疑且要求合理理由顯然是不必要的。即使利益他人者是出於矛盾的幻想，我們可能也會說「多多益善」。

在親密關係中，感激與愛非常類似，顯示一個人對於父母、孩子

---

32. 有一種典型的斯多噶式反例，這種拒絕憤怒的態度正是全面超脫的一部分，參閱 Juvenal x.357-62，引自 Harris (2001, 226 and note99)。

或戀人給他的利益感到喜悅，那種愉快的情緒似乎還有更深層的內涵：那似乎是關係本身的構成部分，雖然並非純然是互惠的利益，但確實屬於顯著要素。這種感激之情終究是前瞻式的，但並非完全工具性的。父母關心孩子並非只因為希望年老時獲得回報，儘管這是重要的。即使知道他們會活得比孩子久，他們還是會照顧孩子。但這種關心是建構長久的珍貴關係的一部分，而且會交換各種關心與互利的行為。即使嚴格來說孩子的感激是回顧過去受到的照顧，它也帶有前瞻性的作用，無論孩子是否察覺到這一點：這種情感有益於關係的深化與穩定。所以感激，包括希望對方好的想法，似乎不只是正當的，也是非常重要的。

　　然而，必須注意一些悖於事實的論述。感激可能是一種內在形式，「我愛你也相信你所以很容易受到你的行為影響，而我現在很高興因為你對我好。我很感謝，也想要對你好。但這種脆弱性表示若你背叛我、對我不好，我會很憤怒且想要讓你痛苦。」感激有時候、甚至時常是以這樣的形式呈現。對於健康的愛的關係，正當且有益的態度是感激卻不帶威脅，即使受到背叛或決裂，仍以慷慨的態度面對。我認為親子間的互惠態度時常屬於這種更加慷慨的型態。或許此種關係之所以健康的原因在於雙方都預期孩子會變得獨立，不會過於脆弱；而父母也瞭解身為長輩通常能力比孩子好，經得起孩子不好作為的影響。我相信這種脆弱性是健康的，也讓感激更為健全。

　　現在讓我們探究配偶關係中的壓力與背叛。不幸的是，在這種關係中附帶威脅的感激極為常見，或許是因為人們有時會失去核心的自我認同，無法不受到對方的傷害。

七、戀人與配偶：壓力

婚姻[33] 是一種巨大的信任。（至少就某些情況來說）那不像父母對子女的信任，婚姻中的信任不純粹是策略性的與教導式的。配偶在生活許多重要方面皆互相信任，包括性生活[34]、財務安全、照顧家庭、照顧孩子。一般而言配偶透過契約形式將信任關係具體化，尤其是「婚前協議」；也透過明確的婚姻誓詞，只要當事人嚴肅看待這些儀式，或者在這些儀式外另有承諾。婚姻中的信任在許多層面上都是較為默示性的，如果每件事都要靠明白的承諾，那會是信任程度很低的婚姻。當然如果雙方完全不釐清他們在一些重要領域的承諾與期待，例如生兒育女或一夫一妻，那也會變成糟糕的婚姻。由於配偶共同追求彼此生命中最重要的目標，所以這些目標本身可能變成共同目標，而且透過婚姻關係形塑這些目標。

因此婚姻關係是很脆弱的。它迥異於親子關係：父母希望孩子有好的境遇也能回饋父母，但是他們知道人生就像買樂透一樣，你永遠不知道你會得到什麼樣的孩子。父母在規畫自己人生時，不會完全假定小孩能提供某些特定的資源，養兒育女被理解為只是暫時的，父母不會以此作為自己交友、選擇事業及其他重要決定的基礎。至於婚姻就不同了：伴侶被視為熟悉的人，至少在很多方面是如此，而人們通常認為這種關係的終點便是死亡，即使我們知道超過半數的婚姻都以離婚收場。如同親子關係，配偶關係也被認為是人們做出如財務、職

---

33. 事實上是任何類型的成人間的親密關係，但為了簡便行事，我使用婚姻一詞。
34. 當然不是完全隨一方的意思，雖然常有人這麼以為。

業與居住地區等重要生活選擇時的基本考量。我認為也非常希望一個人仍然應該保有核心的自我意識，儘管這樣的自我保留與深刻的愛是很難平衡的。

婚姻中的某些小冒犯可能會引起失望的感受，那會損傷彼此的預期，但不會真的損及信任。如果一方總是遲到，那可能很惱人，但不會讓人覺得被背叛，除非在他們的關係中守時具有特殊重要性，或者不守時可以合理解釋為更大問題的徵兆，像是不尊重。然而對於許多不考慮對方感受、甚或傷害的行為，可能有充分根據感到憤怒，因為那涉及嚴重的背叛。

不過在討論有充分根據的憤怒之前，我們必須明瞭在婚姻關係中，如同親子關係，錯誤的社會價值會影響人們的期待與行為。對於女人應該如何行為舉止的想法受到要她們完全放棄自主權的觀念所扭曲。婚姻間的許多憤怒來自於文化遺緒：一方期待依循傳統，另一方則希望事情如她以為的應該的樣子。當然，如果雙方的商討結果不佳，是否仍必須堅守則又是另一個問題了；若一方同意放棄事業，真的放棄後又對對方感到憤怒，顯然是有問題的。但是至少在那樣的情況下，我們可以說規範本身就是問題：一方之所以憤怒是因為他期待延續階級與不公的條件。

就像配偶間的憤怒那樣，配偶間的寬恕時常也含有錯誤的社會價值。認為有過婚前性行為的女人不潔而無法接受是許多人仍有的迷思，而這種迷思也讓許多人對於不符既定社會規範卻無害的行為，仍想要以寬恕處理，甚至誤以為自己是被害者。認為人們應該為自己婚前的「罪」贖罪（方式是與孩子分離、甚至得不到幸福的婚姻），是

十九世紀小說的主題之一。哈代（Hardy）的《黛絲姑娘》（*Tess of the d'Urbervilles*）描述一段醜惡的故事，安傑‧克萊爾（Angel Clare）向黛絲坦承他有過婚前性行為，但很快獲得原諒，而黛絲也坦承曾被亞雷克（Alec）強暴、施虐，安傑卻因此拋棄她。[35]

　　為了探究親密關係中「純粹」的錯誤行為，我們必須以有限的區辨能力把重點擺在不涉及錯誤文化價值的案例。但必須留意，我們常常難以區分有問題的文化規範與更為一般性的地位焦慮；後者是我們關切的核心，必須加以面對。我們很多時候確實難以分辨一個人對於配偶的獨立自主感到憤怒是因為被扭曲的社會期待，還是因為個人的不安以及對相對地位的焦慮，實際情況常常是兩者皆有。

　　首先，讓我們看看關係中的壓力。隨著時間演進，由於兩個不同的人必須想辦法平衡自主性與共同生活，所以可能面臨諸多壓力。如果人們缺乏彈性且不寬容，只要別人不照著自己的期望做就視其為威脅，顯然會產生更多壓力。亞里斯多德提醒我們的輕鬆與好脾氣在這裡同樣重要：以那樣的基本態度面對人生，就比較不會發現自己一直在憤怒。

　　若一方或多方的不安全感愈重，就愈常會感到憤怒，因為許多事情都可能帶來威脅，甚至包括另一個人的獨立存在。（普魯斯特突顯出對一個深感不安的人來說，另一個人若非常獨立，就是他痛苦的根源，甚至時常也是怒氣的源頭。）婚姻中許多的憤怒確實是關於控制的欲望，而且由於控制的計畫注定失敗，那種憤怒可能特別難以消

---

35. 關於黛絲究竟是被亞雷克強姦還是誘姦，以及羞恥與純潔的更大爭議，參閱 Baron (2012,126-49)。有個相關的案例是 Gaskell 的 *Ruth*(1853)，小說主角很年輕時受到誘惑，之後多年過著「純潔的生活」，而且她的個性與價值觀受到所有人稱讚；但是等到她過去的「罪」被揭發後，成了被社會放逐的人。

除。親密關係是很可怕的，而且會讓人感到無助，因為選擇獨立自主可能會造成深沉傷害；因此就像其他的無助感那樣，人們的反應是試圖透過憤怒尋求控制權。但我們從來就沒辦法透過控制別人或使對方受苦而消除自己的不安全感，可是許多人還是會一試再試。而且人們很可能合理化自己的作為，因為不安而希望控制別人者，總是善於找出合理的說詞來指責別人，就像瑪姬的母親善於數落瑪姬的不是，而她真正想要的其實是女兒繼續當個小孩、永遠不要長大。

勒納在此提出一個頗具洞見的指引。讓我們看看她著作裡一個涉及真正錯誤的案例：不尊重、不傾聽、不容許別人的獨立。問題同樣是，在這種情況下，憤怒有什麼好處？道歉與寬恕又有什麼好處？[36]

珊德拉與賴瑞一起找上勒納博士尋求諮商治療。兩人都對婚姻投入甚深。但他們遇到非常嚴重的問題。勒納觀察到的第一件事是，珊德拉說話時會把手擺在臉前面，這樣就看不到賴瑞，然後她會提出許多指責。賴瑞是個工作狂。他忽視小孩與珊德拉。他把家務事跟孩子都丟給珊德拉，而且如果事情出了什麼差錯，賴瑞也不能同理她的情緒。賴瑞則對於珊德拉的情緒化與過度要求感到生氣。然後他會接掌一切，不問珊德拉的意見就替孩子做些事情（例如買昂貴的禮物）。賴瑞不知道該如何跟她談。她想靠近時，他就退縮，轉而翻書或打開電視。

賴瑞有什麼要說的呢？勒納觀察到他和珊德拉一樣憤怒，卻是採取一種冰冷而自制的語調說話。珊德拉不支持他。他每天努力工作，

---

36. 亦可參閱 Tavris (1982, ch8), "The Marital Onion"，本文包含許多類似例子。

回家後只聽到一堆抱怨。「我六點鐘回到家，滿身疲勞只想要平靜一下，她卻開始嘮叨孩子的問題或她自己的問題，或者抱怨這、抱怨那。如果我坐下休息五分鐘，她就會拿一些了不得的大事來煩我，像是垃圾桶破掉之類的。」儘管勒納後來發現他們對彼此有深刻的愛，但眼前只剩下相互指責。

我們可以看得出來，雖然文化的期待確實形塑了這段關係，但他們彼此的憤怒都是有充分根據的，至少就某個程度來說是如此。那不只是關於地位，還涉及某些重要的善。賴瑞不尊重珊德拉的工作，就像上述引言所突顯的，他認為那些都是微不足道的瑣事，而他才是真正付出的人。他也不能體會她的孤立無援，以及她需要陪伴的心情。而珊德拉可能也無法同理想像賴瑞工作一天後有多麼疲累。當他遇到工作難題時（與升遷機會擦身而過），她又責怪他對此沒有表現出強烈的企圖心！

另一個背景問題在於賴瑞雙親的行為：他們很富有、住在國外，他們不尊重珊德拉，也沒興趣探望剛出生的孫女。如同慣常的模式，珊德拉變得情緒化並責怪他們，而這又使賴瑞變得更沉默、退縮，並為父母辯駁。

就更抽象的層次來說，勒納知道珊德拉是這段關係中表現情緒的人，而賴瑞則是冷靜、理性的。這種情緒上的分工可能老早就開始了，卻是一種失靈的模式，因為賴瑞永遠無法察覺自己的情緒，而珊德拉則以徒勞的方法過度反應。最終兩人耗費太多時間在決定到底該責怪誰，尤其是「究竟是誰先開始的」。

如同瑪姬與她母親的關係那樣，憤怒與責難就算有充分根據，也

已經變成一種沒完沒了的「循環之舞」，妨礙了真正的瞭解與進步。必須打破這樣的循環並採取建設性的行動才會進步。某一天，珊德拉冷靜地請賴瑞幫忙哄小孩睡覺，讓她能去上瑜伽課。「原本追逐的人停下腳步，將精力重新投入自己的生活，而非排解或表達自己的憤怒，這就打破了循環之舞。」（61）這樣的行為可能變成操縱性的。但勒納表示，如果誠實面對問題，而不是落入冷酷無情或發怒，這樣的態度形同宣告想要為自己做些事，不再因為自己得不到想要的事物而責備別人。那會是更長的故事了，事情有進展、有退步，但主軸不變：憤怒是想要以責備別人來尋求優勢，而非專注於營造獨立的生活，也就是一種轉化的想法。就算是那種有充分根據的憤怒，也讓注意力偏離了真正的問題：珊德拉需要獨立的生活，而賴瑞需要加強關心別人的能力。

　　有了勒納的幫忙，夫妻兩人都得到我所說的轉化，不再為自己的問題懲罰別人，他們明瞭兩人都想要解決問題，而那樣的瞭解讓他們能以建設性的態度面對未來。就像瑪姬與莉姿的故事那樣，只要瞭解你能掌握自己的生活，就是關鍵的轉化時點。試著藉由控制別人來獲得什麼是無效的，那只會加深怨恨。依靠自己才能消除關係中的壓力。勒納結論說道：「因此她可以不帶敵意地跟賴瑞談話，讓他知道她需要為自己做些事，而不是為他做。」（65）就像我們提過金恩博士的例子，沒錯，憤怒是有充分根據，但我們毋須陷在那樣的情緒裡，只想怪罪別人，讓我們看看未來，想想怎麼做才有用，以及我們可以過怎樣的生活。事實上，我們希望人們負起責任（明確表述價值所在），而不是只注意過去的責任，「譴責的遊戲」會讓人無法專心於

建設性的解決方案。[37]

　　道歉與寬恕又如何？一路上我們看到許多道歉，那些都是「循環之舞」。它們並無建設性的功能。如果寬恕意味著不要陷溺在憤怒中，它的確能讓人脫離泥淖；但所謂的寬恕並不夠理智，因為它看的仍是過去。上瑜伽課是一種寬恕嗎？寬恕能讓人冷靜討論他們下次要怎麼處理親友來訪嗎？看來不行，除非我們把所有好的對應態度都稱作寬恕。

　　我們時常聽說女人特別需要發洩怒氣。希羅尼米（Hieronymi）鼓勵我們「不要妥協」，那表示應該堅持三件事：錯的行為是錯的，做錯事的人也是道德社會的一員，受害者不應受害。[38] 她認為這三個前提必然會產生憤怒。但怎麼做才算是自我尊重呢？珊德拉應該繼續記著每一次的錯誤而指責賴瑞（無論如何總是找得到理由責怪別人），或者她應該繼續過自己的人生並冷靜地請求丈夫協助呢？憤怒看似幼稚且軟弱的回應，而不是自尊自重的表現。我們可以接受希羅尼米的三項主張，但去除憤怒裡報復的願望。必須再加上建構未來，而不是執著於過去發生的錯誤。

　　賴瑞與珊德拉並沒有犯下什麼嚴重的錯誤，那也是為什麼他們的關係雖然一開始是讓人很不開心的，最終還是可以修復。然而縱使有時候關係繼續下去，仍然有可能因為嚴重的事件而侵蝕信任的基礎。我們在下一節將談論情慾上的背叛及分手，但並非所有信任關係的

37. 此一論點取自 Sharon Krause。關於「譴責的遊戲」的徒勞，我是從 Iris Marion Young 的遺世傑作 *Responsibility for Justice* (2011) 中得到靈感。我在那本書的序言裡對於 Young 否定回顧式分析的主張有些懷疑，但現在完全贊同。
38. Hieronymi (2001).

背叛都是這一種。結婚時雙方是彼此信任的，不只堅守對性生活的忠實，也承諾在群體中作個正直的人。在十九世紀時，一個女人會將自己的人生與社會地位託付給丈夫，相信丈夫會成為她所相信的那個人。倘若發現不堪的過往，背叛與痛苦的感受是無可避免的結果，就如同喬治·艾略特（George Eliot）在《米德爾馬契》（*Middlemarch*）裡提到的尼可拉斯·布爾斯特羅（Nicholas Bulstrode）的婚姻。這種故事藉由讓我們瞭解若無寬恕後果會如何來說明寬恕的意涵。[39]

哈莉葉·文琦（Harriet Vincy）嫁給有錢的銀行家布爾斯特羅，她以為丈夫就是表面上看來的那樣，是個盡責、受尊重的人。然而布爾斯特羅其實靠著一些骯髒的交易獲得財富，當拉佛斯（Raffles）威脅要揭發他時，布爾斯特羅與他人合謀殺了拉佛斯。哈莉葉最後知道了一切，她明白布爾斯特羅終會失去所有的財富與地位。我們可以預期她必然極度憤怒，而且她的憤怒也有充分根據，無論原諒與否都屬合理。布爾斯特羅自己也預期會有報應，不論來自妻子或上帝。但最後的情況完全不同：

晚上八點過後，門開了，他妻子走進來。他不敢看著她。他坐著，眼睛看著地上，然後她走近他身邊，她覺得丈夫看起來又小了，他如此憔悴又畏縮。一股新的同情與舊的溫柔湧出，她一隻手放在丈夫搭著椅臂的手上，另一隻手搭在他的肩上，認真但慈愛地說：「看著我，尼可拉斯。」

他暫且抬起頭，有些驚訝地看了她一會兒，她臉色蒼白，換上表

39. 我要感謝 Emily Buss 建議採用這個例子。

現哀傷的衣服，嘴巴說著：「我知道。」她的手與眼睛如此溫柔地停駐在他身上。他痛哭失聲，而後他們一起哭泣，她坐在他身邊。他們還沒辦法談論所承受的恥辱，或者他所做出造成兩人恥辱的行為。他的認錯是沉靜的，而她也默默地承諾對他忠實。（ch74）

　　就像浪子的父親那樣，哈莉葉完全未發怒。相反的，她看到自己丈夫的脆弱，而她感到同情，那與她向來對他的溫柔有關。（或許正因為他的軟弱使妻子的溫柔轉為同情，過去做丈夫的並未給她太多機會表現關心。）當他抬起頭並未看到預期中的憤怒臉龐，他也沒看到那種帶著道德優越而給予寬恕的面容。相反的，他看到她穿上顯示哀傷的衣服，她將這個事件看作共同經歷的沉重哀傷，而不是一種該責備人的情況，她的穿著顯示她與他一同哀傷，那種哀傷與恥辱都是共同承擔的。她甚至將這樣的恥辱看作是「他們」共同遭遇的。布爾斯特羅的確「認錯」，但哈莉葉並非表示寬恕，只是承諾「忠實」。她甚至不想聽他說他做了什麼。

　　在這樣的情境中有沒有寬恕呢？我找不到。我們無從得知哈莉葉對於丈夫的罪行有何看法，但她就是準備好繼續愛他，共同承擔他的命運。那就像浪子回頭的故事：愛與慷慨超越憤怒的反應，從而無須與憤怒搏鬥。只有牽強附會的人才會將此稱為寬恕，或者以為對於所愛之人的惡行以溫柔、不怨恨的心情對待者皆能稱之為寬恕。但事實上，那就是無條件的愛。

八、戀人與配偶：背叛、分手

　　許多有關寬恕的一般文獻都聚焦在婚姻關係的破裂，尤其是因為情慾背叛而造成的破裂。並非所有背叛的結果都是分手；我們每天都會聽到有些政治人物犯了錯，而他們的配偶對外表示已經原諒，忠誠及／或愚蠢地站在伴侶身旁。但最終結果時常是分手。無論關係是否終止，這些違背信任關係的事件影響深遠，而且造成極大的痛苦。在此種情況下憤怒時常是有充分根據的，但仍會傷害各方當事人（憤怒的人、憤怒的對象，以及孩子或其他受到波及的人）。憤怒是極大也極具破壞性的問題，許多作品著重在如何管理憤怒以避免毀掉整個人生。在這個領域中，多數人認為憤怒雖然是不好的，但人們（尤其是女人）為了自尊，必須保有、鼓勵並公開表現他們的憤怒。如果有個女人並未如此，常會被指責過於軟弱或欠缺自尊。慷慨與接納被認為是種缺陷。在此同時，做錯事的伴侶必須藉由公開表示他正尋求原諒、已經認錯並表示懺悔等等，才能建立社會地位。受背叛的配偶也被預期不能要得更少。

　　在婚姻的背叛中，憤怒同樣有不良的文化發展史，對於出軌的一方懲罰過重，尤其在女性出軌的時候。《紅字》（ *The Scarlet Letter* ）顯示我們這個社會的怒氣在各個層面壓迫著海斯特（Hester），完全無法減緩怒氣的打擊力量。提奧多・馮特納（Theodor Fontane）所描寫的偉大女性艾菲・布莉斯（Effi Briest），就像海斯特那樣，因為（十六歲時）在婚姻中犯了小錯而不見容於社會，甚至連她父母也不再愛她，如果是男性犯這樣的錯就能被原諒。倘若這是不帶寬恕的憤怒，我們

必然會覺得帶有寬恕的憤怒好多了。（的確，艾菲的丈夫在那段錯誤
發生後的許多年才發現並立即想要無條件地原諒，但文化價值阻斷了
這條路。）

　　有時候人們只因一時不好的想法便受到嚴厲的社會懲罰。在
特洛勒普的《你能原諒她嗎？》（*Can you forgive her?*）書中，格倫
可拉（Glencora）女士嫁給一個固執的政治家普蘭塔格涅·帕利澤
（Plantagenet Palliser），她過得並不快樂，丈夫時常責怪她不能生育，而
且不適應她那機靈活潑的個性。她盤算著跟她先前的未婚夫布戈·費
茲傑羅（Burgo Fitzgerald）私奔，但也只進展到在舞廳裡一起跳舞。這
是書名提問的原諒的事由，儘管事實上她根本沒有做什麼錯事，而書
裡給的答案似乎是，若寬恕之外的選項是憤怒與社會排擠，那麼寬恕
必然好多了。（然而，特洛勒普在寬恕遊戲中前進了一步。帕利澤確
實愛著他的妻子，他不如人們想像的那般愚蠢，他並未要求妻子道歉
或自己得表示願意原諒，無論是有條件的或無條件的，任一種作法都
會讓對方覺得受辱。相反的，他只是深情地帶她去歐洲旅行，之後很
快她發現自己懷孕了，所以他們的婚姻維繫下去。）在我們思考另一
半犯的哪些錯需要被寬恕時，常會受到錯誤的社會價值影響。在此我
們也要提到帕利澤選擇不憤怒並不表示他不認真看待妻子。事實上，
相較於憤怒，他的愛讓他對妻子更顯認真，因為文化上預期的憤怒是
關於階級及財產的控制，根本不是關於他妻子本身。

　　婚姻破裂時的懲罰與不對等關係並不是我們的主題。但那提醒我
們，就像在親子關係中，許多人深切需要地位，就算不是絕大多數；
只要有社會性的力量，他們就會將親密的人視作次等、任性的孩子、

個人財產。人們對於權力、地位與無助的焦慮是很常見的，對於瀕臨瓦解的婚姻必然也是如此。在社會與經濟上較弱勢的伴侶（經常是女性），比較容易因為背叛而陷入悲傷與憤怒的困境。因為他們遭受的風險時常不只是失去愛情，也可能失去金錢與地位，強烈的無助感讓他們想要抓住所有能重新奪取控制權的機會。憤怒與責備看似能達成此種目標。而且因為被背叛不只讓人失落，也感到受辱，覺得必須回復失去的地位。地位之道與償還之道複雜交纏難以區辨。

　　美蒂亞的悲劇是世代傳頌的故事，因為它對婚姻中的憤怒所具有的毀滅性有讓人難以忘懷的描述。（二〇一三年，一齣由此改編的西班牙故事在芝加哥熱鬧登場，還贏得「最佳新作品」。[40]）美蒂亞的故事有些特別之處：她在哥林多是個外邦人（現代改編版則是非法移民）。她遠離所有家人與朋友。作為異鄉人，她被伊阿宋拋棄之後完全沒有出路。而且因為伊阿宋再婚娶了富有的統治菁英家族成員，所以可以得到孩子的監護權。美蒂亞的無助感極為強烈。儘管如此，就某方面來說，這樣的故事非常普遍，因為情節主軸是美蒂亞失去深愛的人，對方為了另一個女人而背叛她。許多這樣的女人也放棄了自己的事業，讓自己更顯脆弱。

　　她深沉的悲傷毫無疑問是有理由的，憤怒也是有充分根據的。伊阿宋實在很壞，他完全知道自己的背叛會對她造成什麼後果，卻仍執意傷害她。事實上他毀掉她大部分的人生。她堅持只有憤怒才能回復完整的自我，讓她再次成為美蒂亞，而這種想法頗有道理，至少就某方面來說。她覺得有必要從他那裡抽回自己的全部存在，創造一個完

40. 該劇是 Luis Alfaro 的 *Mojada*。

全沒有他的自己，因此她幻想回復童貞。她甚至走得更極端：

> 即使此刻在我的子宮裡藏著你的東西，我也會用劍切開我的肚
> 子，仔細翻找，把它扯出來。(1012-13)

在這種墮胎的幻想中，美蒂亞表明所有他的東西跟他本身都必須從她的體內被逐出。她要封鎖自己不受他的侵犯。

若只是悲傷，不帶想要讓伊阿宋痛苦的渴望，則美蒂亞不會有這樣的憤怒。如我們所見，她想著如何擺脫他，而這一切的想法都涉及暴力與製造痛苦。悲傷的想像並非如此。美蒂亞希望變成不會受傷害的（處女），而因為他已經進入她的身體，所以不受傷害對她來說就是把他碎屍萬段。她要再次成為美蒂亞，再次有力量，讓伊阿宋變得無助。殺死孩子的計畫與對孩子的憤怒無關：她一再表明孩子們是無辜的，她也愛他們。她只是想不出還能用什麼方法讓伊阿宋痛苦。伊阿宋已經不愛她了，所以她對自己做任何事都影響不了他。但他深愛著孩子，他們是他「活著的理由」（547）；所以，如她所說，「那大開傷害之門」。（550）

但是那種報復的想法仍然說不通。她並不能討回她真正想要卻已失去的東西。從報復的行為裡她所能得到的只是讓所有人都更加痛苦。美蒂亞選擇的道路非常極端。憤怒所隱含的應報想法時常是較文明的，只是期望對方新的關係會破裂，或者新的伴侶會以某種方式受苦。然而，孩子也時常因此受苦，因為他們確實是背叛者心裡的脆弱之處。但這也無法回復已經失去的東西，反而時常讓被背叛的一方變

得更糟。

　　美蒂亞的問題只是在於她過於極端嗎？根據我對憤怒的分析，問題其實更深層。問題就在於伊阿宋受苦能緩和或平衡她的痛苦這種想法本身。她總是能找到讓他受苦的辦法。但是究竟這麼做有什麼好處呢？如果她的焦點在於愛，那樣做沒有任何好處。報復不僅無法讓她得到愛，還會讓她更無能力愛人，更不可能找到愛。所以雖然她的憤怒有充分根據，她應該很快打消報復的念頭，因為那不是處理這種困境的好方法。在那齣戲的最後，她駕著蛇拉的四輪戰車飛上天際。她說：「那是我遠離這一切的方法。」地位之道所建議的出路當然只能遠遁天際：她已（暫時地）貶低他，讓自己相對提高。但那無法解決無伴可依、沒有愛、沒有人可以說話、沒有錢、沒有孩子的真正困境。

　　所以憤怒雖然是可以理解也有充分根據的，但並無益處，而且可能造成巨大傷害。那麼寬恕呢？當人們覺得無助且需要重獲控制權時，很容易會運用寬恕的想法控制另外一個人。想想在那些政治婚姻中，政治人物必須至死都卑躬屈膝才能獲得「原諒」以便繼續政治生涯，實在是挺可怕的。某些交易式寬恕並沒有這樣的汙點。但在如此混亂的情況下，人們無法認清自己，難以確認一個人是否假愛與純潔之名而行道歉儀式來壓迫對方。我自己倒是希望，至少在某些情況下，那種名為寬恕的東西只是著迷於基督教懺悔儀式的大眾裝模作樣的遊戲，內心其實會有更具建設性的作法。即使無條件的寬恕看似過於不對等，而且執著於過去，但布爾斯特羅太太抱持著慷慨而能做得更好。

　　道歉確實可以證明做錯事的人已經瞭解自己的行為錯在哪裡，從而是一種顯示未來關係仍可維持的訊號（無論是婚姻關係或其他類型的關係）。[41] 但是要求道歉似乎太過控制性，跟清教徒在海斯特的頸子上掛著猩紅色的 A（通姦字樣）沒什麼兩樣。

　　真正的問題是什麼？那是深刻的失落。兩個人的生活如此糾纏在一起，以至於被「拋棄」的那個人不知道該如何快樂、如何邀請朋友共度晚餐、如何說笑，甚至也不知道如何挑選衣服。所以就像重新學走路那樣，尤其對那些沒有獨立的事業與社交網絡的女人來說更是如此；那些有工作者的生活有許多部分不會受到背叛影響，他們有獨立的社交圈，還能從事許多有用的事。孩子們在青春期也會逐漸學習如何離開父母生活，但一個受到背叛的配偶時常沒有準備好要分開，也沒有適當的技能可以單獨過日子。我很常見到剛分手的女人對於如何單獨與朋友外出晚餐感到困擾。她們對自我的全部界定並非露薏絲，而是喬治太太。若沒有喬治，她根本不存在。

　　那就是問題所在。在那種狀況下，人們很容易認為要得到最好的未來，就是要討回公道，因為那樣的未來比較容易想像，自己創造的未來則不易想像。但那仍然是與另一個人糾纏不清。那就像是還沒分手。你可以繼續假裝仍是一對伴侶，讓那個人繼續停留在你的思考中心。

　　憤怒無助於解決人們真正的問題，而且基於多種原因它確實會妨礙事情的進展。首先，它會讓思考偏離真正的問題，執著於無法改變的過去。它會讓人以為必須讓背叛者痛苦事情才會好轉。但事實是，

---

41. Martin (2010).

讓人痛苦完全不能解決實際的問題。它會吞噬整個人格，讓人難以相處。它會妨礙有益的內省過程。報復會變成人們全心投入的事，取代或阻礙其他有用的計畫。而且很重要的，它幾乎總是會讓人與人的關係愈來愈糟。對方有些讓人喜愛的地方，即使婚姻已經不可能維持或讓人不想維持，還是可能保持某種連繫，而那或許有益於兩人未來的幸福。或者可能並非如此。但如果心裡滿是憤怒的情緒與想法，問題完全無法解決。憤怒非但無法強化人的自尊，事實上還會阻礙以有價值的行動來主張自尊，以及獲得有意義生活的機會。

如果與另一方仍維持某種關係，要求做錯事的人承認自己做錯了看似合理（這也是我在第六章與第七章將提到的情況）。受害者想要別人傾聽並認可他的說法，這是合理的願望；要求真相與理解與想要討回公道是不同的事。前者才有助於轉化。然而，**強迫**認錯到最後很容易落入討公道，甚至羞辱，應該加以避免。

憤怒是現代生活中很重要的問題，許多討論寬恕的心理治療文獻都聚焦在人們如何從過度且侵蝕人心的憤怒中解脫。[42] 通常「寬恕」這個標籤並無兩個主體間進行某種交易的意味。相反的，被寬恕的對象通常是不見的，治療者努力想要達成的目標只是讓被背叛的人停止被憤怒所控制。那是一種個人努力克服報復欲望、幻想與計畫（例如訴訟、影響小孩與朋友等等）的過程。

在這樣的過程中，有一種常見的方式是想要改變受治療者對背叛

---

42. 有些書名相當有代表性，包括 Robert D. Enright, *Forgiveness is a Choice: A Step-by-Step Process for Resolving Anger and Restoring Hope* (Washington, D.C.: APA LifeTools, 2001); Beverly Flanigan, *Forgiving the Unforgivable: Overcoming the Bitter Legacy of Intimate Wounds* (New York: Wiley Publishing Inc. 1992); McCullough, Sandage and Worthington, T*o Forgive is Human: How to Put Your Past in the Past* (Illinois: InterVarsity Press, 1997)。

者的想法：採取同理心與諒解，而非將對方妖魔化或採取其他類似的負面態度。這樣的過程與格里斯沃德所說的寬恕的過程有些連結，儘管是單方面的，因為另一方不在安排中。因此那是一種無條件的寬恕，也正因為如此這種態度本身還是有些道德上的危險：道德優越感，以及過度執著於過去。更進一步的問題在於若只閱讀這些心理治療的文獻，人們時常難以分辨目標是真正的寬恕，或者只是想以可行的策略擺脫憤怒情緒。如果催眠有效，這些治療師也會加以採用，因為他們並不關心寬恕的道德價值，只關心它的工具效果。

真的應該強調寬恕的工具性效用嗎？治療師當然這麼說，但那是他們營生的方法。我們必須記住，他們並未比較憤怒的治療法與其他回復自我的方法，例如工作、交朋友、購物、運動的效果。被背叛的人真正需要的可能是學習如何往前走、享受獨處、交新朋友、投入新的活動，但憤怒的治療多數時候將心理與情緒的能量投注在已經離開的人身上。那可能是一種支柱，讓他可以倚靠過去而不是倚靠自己。即使背叛者已經走了卻彷彿仍在場，因為每一天都有關於他的新劇情。治療師會說，除非受治療者「處理好」自己的憤怒，否則任何辦法都沒用。但是克服悲傷是人生必經的過程：新的連結取代了舊的連結，世界逐漸不會再繞著已經離開的人轉。憤怒會不同嗎？若真有不同，為什麼呢？就像悲傷那樣，隨著生活繼續，傷害的重要性逐步轉變。當我們看到一個人在親友過世五年後仍每日思思念念，我們會覺得那是一種病態的哀悼。新的價值會取代舊的價值。憤怒應該也要隨著時間變化而移轉；隨著生活繼續，受傷害的人以及傷害本身都變得比較不重要了。憤怒通常不像腫瘤那樣一直存在。的確，認為憤怒會

不斷持續，以及人們必須檢視並表現出埋藏的憤怒，是治療學理論最有害的部分。[43] 如果憤怒無法消散，那正是因為治療師堅持挖探被埋藏的憤怒而使那種情緒深化，就像石頭那樣。畢竟真正的問題是承受的損害，以及如何從那裡走出來。

簡言之，如果一個人被憤怒與報復的想法掌控，就應該加以處理，並且努力處理。尋求寬恕是不是一種有用的方法呢？那就像是已經失去了信仰卻時時努力想著上帝。憤怒的治療是有利可圖的行業，因此治療師會說服人們相信（內心的）寬恕是有價值的。但或許歌唱課程或上健身房，甚至更一般的專注在自己的專長與自尊、結交新朋友（若是持續執著於憤怒顯然無法做到）會是擺脫過往更好的方式。

同樣的，必須留意雖然治療師時常訴諸亞里斯多德的好建議，將重點擺在同理心，不過他們忽略了亞里斯多德關於輕鬆與玩樂的態度。事實上，如果人們讀了一大堆這類書籍之後，會產生這些接受心理治療的案主顯然難展笑顏的刻板印象。他們將接受治療的人拉進陰沉且時常讓人沮喪的過程，如此必然讓人難以放輕鬆，阻礙任何對無助感有創造力的回應。

總結來說：親密關係是暴露自己且難以控制的，因此也是充滿風險的。總是有可能受傷，因此憤怒是持續存在的深層誘惑。如果給予愛必然會讓自己變得脆弱，那麼悲傷時常是正確的也是有用的。但不表示憤怒也是如此。從我的分析來說，確實憤怒常常是有充分根據的：因為他人的錯誤而受損害的事物確實很重要，而且對方確實做錯了。然而，一如既往，當我們看向真正的愛與信任的價值，憤怒中典

43. Tavris (1982).

型的償還願望就顯得奇怪且說不通了。

　　也許有人會說，這種看待情感破裂的方式太冷酷且過於理性，從而否定了愛與脆弱。我不認為。我所持的觀點並非斯多噶式的。一個人失去具有重要價值的事物時，哀傷與悲痛確實是正當且必要的。我甚且認為，只要受到損害的事物具有價值，憤怒就有充分的理由。問題只是在於憤怒給出的建議並不好。事實上情況完全相反。那個憤怒的美蒂亞試圖藉由控制別人好讓自己不再脆弱。她的憤怒是封藏自己，而不是真正的悲傷或接受脆弱。

九、對自己的憤怒

　　最後，我們必須談談世界上最親密的關係：與自己的關係。在某些方面，這確實是一種極其獨特的親密關係，我們每天每時每刻都跟自己相處，從出生到死亡皆然，所以我們知道自己的許多祕密，而其中許多是我們不會讓別人知道的。我們顯然也有能力可以改變自己的個性或行為，對他人的個性與行為卻無能為力。

　　然而，這樣的人我不對稱大部分是假象。就某種意義來說，我們時時「與自己相處」，但我們會改變、會遺忘、會隨時間演進：年輕時的自己的所作所為，可能比朋友現在的所作所為更讓我們覺得陌生。我們也常欺騙自己，即使不自欺，也可能無視於自己的動機與行為模式。我們是有嚴重偏見的翻譯者，這也是亞里斯多德認為從朋友那裡我們可以對自己有更深瞭解的原因之一。[44] 我們就是沒注意到許

---

44. EN IX，也可參閱 Cooper (1981)。

多有關自己的事，但別人注意到了。我們甚至對自己的身體也不見得知道得更清楚。我們確實看到也感受到某些別人沒看到或感受到的事，但別人看我們也常常比我們看自己更透澈，所以他們掌握了許多我們自己並未掌握的證據。

然而，人我之間的差異即使在許多層面上只是假象，倫理上仍具重要性。我們有權為自己做決定（甚至為未來的自己做決定），卻無權為別人做決定，除非是在特殊的情況下。自我控制可能過於極端或變成具毀滅性的後果，但整體來說，那還是件好事；而控制別人通常不是件好事。與此類似，嚴以律己或堅持極嚴格的標準、安排固定的作息時間，可能是好事，只要那對自己有效；但嚴以待人，即使是自己的小孩，通常不太好。即使在一些小事上也會有這樣的道德不對等。努力工作的人可能為了讓自己放鬆些而對自己說「現在我允許你去讀一本奇幻小說」，但跟朋友或小孩這麼說會很討人厭，即使是還小的孩子。

關於對自己的憤怒，首先是轉化的憤怒在此很常見，而且也是道德提升的重要動力。看到了某種不符標準的行為（無論是道德的或非關道德的），一個人會想：「實在讓人無法忍受！我最好確定不會再犯。」由於這樣的判斷是參照了理想與目標，所以基本上是前瞻式的（如果那屬於憤怒），而且是有建設性的。一個人如果做錯了，他不會對自己施加痛苦以求與所造成的損害平衡；相反的，他會解決問題，繼續過日子，希望下次小心一些以求表現得更好。

然而，許多時候對自己的憤怒也會伴隨自我傷害，那也是一種報復的作法；而人們時常認為這樣的痛苦對道德來說很重要。這種對自

己的憤怒時常被稱為罪惡感，它的確在相當程度上涉及對自己的憤怒。罪惡感是一種對自己的負面情緒，原因在於認為自己主動或被動造成了錯誤行為，或至少是期望讓那樣的行為發生。[45] 那種情緒與羞恥不同，羞恥是聚焦於人格或特性而對自己產生的負面情緒。我們可以看到罪惡感與憤怒是對應的：它們都聚焦在行為。

　　把重點擺在行為而非個人是好的開始，因為將行為與行為人分開，對道德（或非關道德）改變來說是具有建設性的。罪惡感的另一個好的面向在於它通常著重在對自己與他人的關係所造成的損害，這是行為上一個重要且可改善的面向（不像那些或多或少屬於永久的特性）。[46] 一如前述，當我們聚焦在報復的願望時便會出現問題。

　　從而可以提出四點分析：一、對自己感到憤怒總是帶有想要讓做錯事的人受苦的欲望，即使憤怒的焦點是在行為上。二、**如果**重點在於應該被懲罰的錯誤行為，這種應報的想法在此說不通：行為人自己受苦並不能消除或「平衡」他已經造成的傷害。三、如果那個人認為真正重要的是相對地位，則報復的願望完全有道理；倘若他的地位降低了，另一人的相對地位確實會提升。然而這種狹隘地執著於地位的觀點在倫理上是有問題的。四、因此一個理性的人仍會聚焦在過失或故意造成的傷害，但會避免報復的想法，只希望未來能做些有用或好的事情以改善情況，也就是轉化。

　　在人與自己的關係中，這種分析是否說得通？一、二與四顯然完全說得通。但分析三乍看之下有點不可思議。如果只涉及一個人，哪

---

45. Nussbaum (2004a, ch4).
46. 參閱 Herbert Morris 對此議題的敏銳觀察，Morris (1976,ch2)。

來的零和遊戲呢？現在我們必須指出「人與自己」以及「人與人」的關係的另一種對稱性：這兩種關係都包含多重實體。我們不需為了自我控訴所涉及的多種人格面向而接受分裂自我的特定理論，例如柏拉圖的分裂自我，或佛洛伊德的超我／自我／本我三元論。下達指令或進行判斷的自我會壓抑幼稚而只想尋求快樂的自我；有時候那個有創造力的自己想要壓制僵化的自己；有時候是高度專注的自己與一個放鬆或不太注意情況的自我之間的掙扎。無論如何，只要想著與自己爭論，第三項分析就沒有那麼難以理解。你多吃了一個麵包；你現在就在和自己爭論。

所以那樣的類比是有道理的。問題在於截至目前發展出來的理論是否能解釋這種對自己憤怒的特殊情況。憤怒是否讓人偏離有用的未來導向式的思考？同樣的，在大部分情況下，寬恕自己是不是一種誤導的迷思呢？

這是我過去的想法。[47] 對自己的侵略行為、傷害行為或傷害的想法感到罪惡，是道德生活中一個很大的創造力量，因為它讓人想要做出彌補。根據梅蘭尼‧克萊恩（Melanie Klein）與費爾貝恩（Fairbain）的精神分析論述，我認為我們之所以關心涉他道德以及許多有創造力的行動，正是因為想要彌補自己對那些關心我們的人所做出的傷害行為或想法。所以罪惡感雖然可能過度、甚或錯置（如同士兵對於同僚陣亡自己卻活著感到罪惡[48]），但整體來說是正面的感受。

罪惡感在道德發展中也至關緊要。幼兒對於阻礙他們追求自己目

---

47. 參閱 Nussbaum (2004a, ch4) 與 Nussbaum (2001, ch4)。
48. Sherman (2011).

標的任何事、任何人都充滿侵略性的想法，有時也會化為行動。由於
受到自戀心的蒙蔽，他們無法賦予別人的需求任何道德上的重要性。
然而，他們對於照顧者已經發展出某種愛，他們多少能夠明瞭自己的
侵犯是個問題。突然間他們明白自己希望毀滅的那些人正是照顧他們
且讓他們生活安適的人。一旦明白，便產生了人格上的深刻危機，可
能讓整個人生停擺，除非道德能及時作用以拯救他。費爾貝恩所說的
「道德防衛」（moral defense）是指藉由接受保護他人權利的原則，孩子
可以彌補自己的侵略行為。藉由遵守這些原則，他們可以寬恕自己。
克萊恩進一步補充，對於罪惡感的持續焦慮讓人一生都會努力嘗試做
有益於他人的事：罪惡感引導人們走向文化的創造力。[49] 那也是我早
先的看法。

　　赫爾伯特・莫利斯（Herbert Morris）提出一種有力且細膩的說
法。[50] 罪惡感與施加自己痛苦有關，而且認為自己是罪有應得。的確，
痛苦是一種情緒要素。這種痛苦代表「對自己的敵意」。但是在一個
必須學習道德規則才能生存的世界，痛苦是必然存在的。為惡者因為
違反社會規則而將自己孤立於社會之外。 幸運的是，在這個充滿人類
惡行的世界裡，人們知道如何重建遭破壞的社會構造：「請求並獲得
寬恕、做出犧牲、補償以及懲罰……均具有儀式性的重要性而能讓行
為者回歸社會。」[51]

　　這是我的老師威廉士的想法。（我有點猜測性地重述這套理論，
因為他在許多脈絡下都反對他所稱的「道德系統」。）康德將道德視為

---

49. 關於這一點的詳細說明，參閱 Nussbaum (2001, ch4)。
50. Morris(1976)，特別是第三章。
51. Morris(1976, 96-103)。他以較長篇幅的論述詳細探索此一圖像，相當吸引人。

一套禁令系統的概念，若以罪惡感來看則相當局限且壓抑。那會扼殺創造性的渴望與個人理想的追求。那與愛的慷慨與自發性不相容。威廉士承認道德準則在政治領域中具有正當角色，但他質疑道德準則在倫理生活中具有普遍性與優越性的主張。[52]

　　有時候人們只有在老師過世後才能瞭解他的完整洞見；在我的例子裡這是可悲的也不成熟的。[53] 我現在認為自己當時受到某些精神分析學者過於強烈的康德式觀點影響過深，而我當時對罪惡感的主張有嚴重問題。我們不需要對自己施加痛苦以矯正自己並幫助別人。而且我們也不需要以畏懼良心的譴責作為追求理想的動機。正面地愛著別人，加上對於他們的苦境的同情，就足以構成道德行動的動機，而且這也是比較沒有問題的動機。的確，如果一個人只能藉由折磨自己來追求道德，那麼他對道德的信念必然是非常不完整的。那就像亞里斯多德區辨自我克制與美德一樣：如果你發現自己掙扎著想要阻止自己做出偷竊與殺人的行為，那麼你早已經有些地方出錯了。我們應該承認每個人都會對別人犯下一些錯事，但是對他們的愛，以及想要讓他們好過一些，這樣的情感似乎比罪惡感更有效果，因為罪惡感完全是關於自己，而不是關於他人。

　　就像憤怒那樣，罪惡感時常也是有充分根據的。但是也像憤怒一樣，倘若是出於「如果我施加痛苦（在我身上），事情就會好轉」這樣的想法，則是不理性且無用的。就像對別人的憤怒，如果重點還是

---

52. Williams(1985) 提出許多反對康德主張的見解，我目前只探討其中較顯著的一種。我跟他對於羞恥的角色有歧見，而這種歧見在此也是相關的，但我不打算深入探究。
53. 當我還是研究生時，我發現那些整理亞里斯多德著作編年的德國學者通常認為亞里斯多德在他的老師柏拉圖還活著的時候，應該不會「提出尖銳的批判」，然而英美學者，尤其是我的論文指導老師 G. E. L. Owen，認為只有在柏拉圖過世後，亞里斯多德才明瞭其理論的真確性。

擺在真正的問題上，痛苦並不能解決問題。唯有當焦點轉移到地位，在這種情況下人們期望透過貶低自己平衡妄自尊大的行為，則讓自己受苦才會看似有用。但是那樣的焦點是錯誤的，因為那是自戀的，而且與別人無關。如果將焦點正確擺在別人身上，一個人可能會覺得罪惡感並希望讓自己受苦，但他很快會承認這樣的計畫沒用，並邁向轉化。在這種情況下，轉化的方法是大幅增加對別人的權利與需求的關注，並思考採取何種行動可以讓別人過得更好。

　　罪惡感真的能提升創造力嗎？許多經驗性的主張因為無法檢驗，而且與猶太教與基督教文化給我們的教導相互呼應，從而看似為真。這就是那樣的主張之一。希臘人並不承認罪惡感是一種值得討論的情緒，但他們相信有許多動機都有助於提升創造力，包括對美德本身的喜愛，也包括想要追求不朽的欲望。這些正面的動機似乎足以產生關懷別人的情感，以及創意性的行動。它們也比罪惡感更加適當，因為罪惡感帶有陰鬱與自戀的成分。如果我們想想愛，無論是親子或配偶之間，則威廉士的想法似乎才是對的：罪惡感是一種錯誤的動機，正面的愛與憐憫才是正確的動機。罪惡感可能會阻礙或抑制前述其他動機。

　　在小孩子身上，罪惡感的功能性主張似乎更強一些。想想尼采主張罪惡感是具有生產力的，「讓獸類有權做出承諾」（在第三章討論過）。[54] 這種想法認為小孩就像漫不經心的動物，只有製造痛苦才能夠讓他們注意道德並嚴肅以待。我們當然可以質疑痛苦是不是訓練馬與狗的最佳方法，而且也應該質疑。長期以來即有證明，對於某些「野

---

54. Nietzsche(1989, II).

性」的動物，例如大象，正面的增強要比負面的痛苦更有效果。[55] 研究海洋動物的科學家同樣也發現正面的增強更能有效教導；如果鯨豚不喜歡眼前的東西，大可以直接游走。目前對於正面增強的評價也擴大適用於其他物種。所以我們對於動物訓練的過時看法也快速演變。[56] 若提到人類，與尼采對於幼兒心理的認知相較，我們現在知道的事情遠勝於此，而且我們知道幼兒既能有同情心，也發展出初期的利他行為，能對抗自戀心，雖然形式仍屬原始。我們可能並不需要費爾貝恩那種突然的自我危機理論，便能解釋為什麼自私的嬰兒可以發展出道德能力。但那也表示我們不需要倚賴罪惡感並將它當作道德發展中的一股力量。正面地聚焦在別人的權利與需求，發展對別人困境的同情，似乎既是可能的而且也會讓情況更好，因為那樣的想法比較是關乎別人而非自己的內心戲。人們最多只能給予莫利斯的主張有限的重視：對於隔絕人我感到痛苦（小孩子被打發去房間裡閉門思過）可能會促成有用的自我批判，並期望以有助於珍貴人際關係的方式採取行動。

　　威廉士的想法（再次，我可能對他的意思有所扭曲）認為基督教原罪的概念是我們對罪惡感與懲罰的看法之根源，這種想法也隱含摩德斯通對小孩子教育的概念：它本質上是壓迫並憎恨自我的，鼓勵父母的虐待欲與孩子的被虐欲，無疑的孩子長大後又會變成施虐者。雖然我仍然想要區別克萊恩與費爾貝恩的精神分析與威廉士提出的義務論（相當極端而不完整），但我現在明瞭兩者具有先前我未看清的連

55. Croke (2014).
56. 參閱 Halberstadt (2014)，本文廣泛討論近來有關動物情緒的研究。

結，而我寧可倚靠愛，就像在精神分析學者當中我最喜愛溫尼考特。

　　如何評價寬恕自己呢？如果一個人充滿罪惡感，因此對自己感到憤怒，那麼練習寬恕自己肯定是比較好的作法。但是對這樣的過程必須保持警覺，也必須留意過度聚焦於內在可能帶來壓抑的效果，從而妨礙了展望式的思考與行動。與其想方設法擺脫快要壓垮人的罪惡感，並採取有條件或無條件的方式寬恕自己，還不如以不同的方式看待這個世界，使自己不會因為那些感受而被壓垮。即使身處在一種自己不喜歡的狀態，比較好的作法是轉移心理焦點去關心別人，積極投入利他的計畫，以此擺脫那樣的狀態。

　　此時人們可能自然會主張說，在今日這個世界，我們的問題並不是太常對自己感到憤怒，而是太少。公眾生活充斥著那些沒有自省或自我批判能力的人，而那些人也不會堅持什麼高標準。我同意這個問題，但有不同的原因診斷。問題並不是太少的罪惡感，而是太少的同情憐憫，以及太少對正義的熱愛。我們都知道政府官員經常表現出來的一些鬼祟行事可能是出於罪惡感。無論如何，更常對自己感到憤怒並不能解決問題。那至多只能顯示問題的存在，也可能作為解決問題的一種動機。但那也可能妨礙人們著眼於未來，而無法解決公眾生活中的問題。罪惡感是一種不可靠的動機，因為那與真正的目標（他人的福祉）之間只有不穩固、偶然的連結。

　　那麼罪惡感的嚇阻效果呢？確實有些人只因為知道某些事將會破壞他們與自己的關係，會讓自己夜不成眠、白天也不安寧，所以選擇避免去做那些事。好吧，如果有人就是這樣，而且非得如此，那也沒什麼好說的，他們最好就小心躲閃對自己的譴責。但若有任何人只因

為這種純粹負面且只顧自己的理由而避免做壞，看起來挺可悲的。因為知道會讓自己晚上睡不好而避免下午喝咖啡是一回事，但是如果要避免的是有嚴肅道德內涵的行為，我們會希望迴避的動機與道德的正面目標有關。就像親密關係中的信任那樣，我們也希望信任自己：任何信任的關係若只能倚賴對憤怒的恐懼，那就不是健康的關係。如果可以建立更正面的動機以促使自己表現更好，那就必須這麼做，盡快邁向轉化。

這些動機當中有部分可能帶有某種痛苦：因為不能成為自己想要成為的那種人而感到痛苦，或者做出某種不合自己標準的行為而感到痛苦。我想這種痛苦可以被視為像是悲傷，也就是失去或遺失自己的某個部分。就像悲傷那樣，它聚焦於外部，希望有新的事物加以取代：我加倍努力做好事，成為自己真的想要成為的那種人。那種痛苦（我稱之為道德上的失望或失落感，時常伴隨著轉化的憤怒）也可能驅動好的行為（以及嚇阻不好行為的自覺）。但那與罪惡感給自己的懲罰不同。

更廣泛地說，雖然相較於折磨別人，折磨自己比較不會受到反對，但那也不是必要的，用更慷慨且更具建設性的態度看待自己的不完美似乎比較好。畢竟人們應該為了別人好而去關心他們的福祉，而不是只因為擔心自己良心不安而勉強為之。

還有一項複雜的議題有待處理；如同本節其他部分，我必須重新建構先前的一些看法。人們有時會因為環境的壓力而犯下嚴重的錯誤。我想要強調的是廣為人知的道德兩難問題：在某些情況下，無論怎麼做都會犯下嚴重的錯誤。有許多兩難困境，我長期以來已經寫作

不少。[57] 就像威廉士那樣，我曾主張將這樣的衝突類比為信念的衝突是不恰當的，並主張如果兩種義務相互衝突，至多只有一項義務是正確的。[58] 我也曾像威廉士那樣主張 [59]，這些情境並不能利用典型的功利主義的成本效益分析來加以正確描述，因為功利主義只問：「我該選擇哪一個？」而未能提出另一個非常重要的問題：「有無哪一個選項可以避免犯下嚴重的錯誤呢？」我主張在這種情況下，若第二個問題的答案是「無」，那麼即使行為人自己沒有錯卻陷入那樣可怕的情況並已做出最好的選擇，他仍應覺得有些「自責」（remorse），縱使在那種力有未逮的情況下他是無可責備的，他自己仍然做了某種道德上讓人不快的事。[60]

為什麼堅持負面情緒能夠改變情況呢？在早期的著作中，我提出三個理由。首先，負面情緒的痛苦強化了有價值的道德承諾，也強

---

57. Nussbaum (1986, ch2, ch3); "Flawed Crystals: James's *The Golden Bowl* and Literature as Moral Philosophy"，收錄於 Nussbaum (1990); Nussbaum (2000a); Nussbaum (2013, ch10)。

58. Williams, "Ethical Consistency"，收錄於 Williams (1973, 166-86)。比較 Nussbaum (1986, ch2)。

59. 我認同他批判功利主義的精神，雖然他並未將這樣的主張直接運用在道德兩難上：參閱 "A Critique of Utilitarianism，收錄於 Smart 與 Williams 合著 (1973, 77-150)。

60. 為了認錯，我必須更加精確。在 "Ethical Consistency" 這篇文章中威廉士使用「後悔」（regret）而不是「自責」（remorse）。*Moral Luck* (1982)，在另一個不同的脈絡下，他創造了「行為人後悔」這個詞，我之後將再討論。在 *The Fragility of Goodness* (1986) 這本書裡，我說過行為人應該也認為「這對他及他的人格來說都是嚴重反感的」，因此「後悔」這個詞不足以表達真意。「然而他的情緒應該不只是後悔，若是後悔，一個旁觀者也能感受到並加以表達，不見得暗示表達此種情緒的人做了什麼壞事。那更像是自責的情緒，與他自己作為行為人的事實有關，無論多不情願，但已經做了。」在 *Love's Knowledge* (1990) 一書裡，我進一步評論 James 的 *The Golden Bowl* (1904)。那時我談到罪惡感的「適當」情緒內涵，並表示這些衝突普遍存在，特別是在家庭裡，可以類比為現實生活中的原罪概念。我並未定義罪惡感是什麼，也不確定是否以為那是對自己的憤怒，包括自我懲罰的願望。在小說故事發展的後段發生了兩件衝突，我確實瞭解到若要回應那樣的情緒，會危害未來的愛與信任關係，所以我說因為 Maggie Verver 與她丈夫的愛，必須做出一種道德上不完美的回應。至少在那些情況下，我思考的是如何認定痛苦的自我責罰仍是妥適的情緒。然而，這兩種情況並不是標準的道德兩難，因為這兩種情況涉及嚴重的道德錯誤，而不是任何人受環境所迫。對於那些情況，我提出的說法雖然與我在本章對背叛的回應不一致，但針對此處我們所考慮的非自願的兩難情境來說，卻不具有清楚的意義。最後，在我更近期討論成本效益分析的論文中，我好幾次使用了罪惡感這個詞，但那指的是責任感及彌補的義務；我並未暗示那樣的情緒必須是想要懲罰自己的憤怒。

化了人格的完整與延續性，顯示一個人並不是隨情況改變的變色龍。
（亞里斯多德曾用那種動物比擬倫理上的不一致！）其次，負面情緒
可能引發彌補的行動（就像前述的克萊恩理論），例如彌補在戰爭中
犯下的某些惡行。[61] 第三，對我來說愈來愈重要的則是黑格爾提出的
論點：強調悲劇情況下所呈現的「權利與權利的衝突」可能幫助我們
好好思考未來，嘗試為那些努力想要求全的人建立一個沒有這種衝突
的未來。

　　我仍然相信區別悲劇性的選擇與其他選擇情境是極為重要的，而
黑格爾對此一重要性的展望式論述是很有力的。我想人們可能也會贊
同進行這種區辨的另外兩項原因。但我們現在必須提問，什麼才是正
確的情緒。顯然悲傷與後悔都不夠，因為它們並未區辨僅只是運氣不
好，還是可怕而身不由己的情況。另一方面，若我們將罪惡感理解為
某種自我懲罰的憤怒，就像我在本節一直主張的那樣，我不明白為什
麼需要訴諸罪惡感。「自責」是一個非常曖昧的詞，若不加以定義就
無法繼續使用。最好的詞是威廉士的「行為人後悔」（agent-regret），
對自己的錯誤行為感到後悔。我們可以將它與一個好人所感受到的
道德恐懼感結合在一起，那種感受是必須違背某個自己重視的道德規
範，而且或許還有沉重的道德失落感，失去自己作為一個道德良善之
人的一致性與完整性。這些情緒均不要求自我責罰或自我憤怒。至少
我目前看來是這樣。[62]

　　稍後，在政治脈絡下，我將主張我們需要兩種事物：**真相**與**和**

61. Walzer (1973).
62. 簡言之，Nussbaum (1986) 與 (2000a) 均提出正確的想法，但 (1990) 卻陷入謬誤。

解，也就是確認究竟已經做了什麼，以及超越並追求更好的未來。那也是我們在此所需要的：真確的認識，不只是風暴或野火那樣的偶然，而是刻意進行的，縱使在最糟糕的情況下並承受著壓迫，亦不退卻；而後採取一項策略以超越恐怖的過去。就此而言，黑格爾帶給我們受用的想法。

十、法入家門

　　慈善女神讓家人不用再永遠承擔為遙遠過去的罪行復仇之重擔：那個責任從此移交給無偏私的法庭。艾斯奇勒斯的觀點在此仍具有重要性。根據我的主張，親密關係本身就是重要的，所以若在親密關係中發生嚴重的惡行，法律無法完全接手處理其中的悲傷與失落。但是它可以對於已經發生的惡行究責。許多嚴重違法的行為（強暴、殺人、虐童或遺棄、人身侵犯、偷竊與其他許多罪行）都發生在親密關係裡，而且發生這些事情的時候法律必須介入。如果艾斯奇勒斯真的認為法律可以完全處理被傷害者的情緒，那麼他必定是搞錯了。不同於中間領域裡那些不理性而粗魯的人，我們對於所愛的人或愛過的人仍有著深切的情感，而那樣的情感也是對的。但是法律的介入必然會減少人們陷溺在長期憤怒中的可能，有助於協助行為人達成轉化。

　　法律過去時常藉口它在「私人領域」中無正當的立足之地而迴避了這項工作。防治家庭中的犯罪行為的法律至今仍然不夠落實。如果法律未善盡責任，那些在親密領域中受傷害的人應該抗爭並要求法律善盡其職。茉芮表示人們對於父母的惡行應該以意志與努力加以對

應，而不是要求法律負起責任，這是誤導性的說法。

　　然而，法律應該進行這項重要工作並不表示它只是作為受害者發洩憤怒的管道，或者以應報精神處理侵犯者。究責表現出社會對重要價值的承諾，但那不要求報復的思考。第六章將討論更佳的替代方案。甚且，在尚無法律的世界裡，許多被害者的憤怒實際上無關於親密關係中的損害，而是關於世代相傳的復仇責任，當前的世代時常必須繼受他們不認識而且除了復仇之外別無其他有意義的連結的前人所留下來的復仇重擔。這種無用的報復想法可以完全消除，也應該如此。好幾世代之前阿垂阿斯所做的事應該與奧瑞斯特斯完全不相干，那不是深刻而必然含有愛與悲傷的情感連結。在這樣的情況下，家族的仇恨並不是親密關係中的犯罪；而就像在中間領域那樣，法律將完全負起這個錯誤的責任。

　　我們很脆弱，因為我們愛著並信任別人。脆弱時常帶來悲傷，它也時常帶來強烈的憤怒。有時確實有充分理由應該憤怒，但不同於悲傷，憤怒永遠都不會是完全正當的：它或者過度執著於地位，或者含有沒道理的報復幻想。在任何情況下，雖然承認已經發生了不好的行為，但我們應該把重點放在其他人的福祉，以及創造未來的可能。憤怒無助於這項任務。如果人們內心正掙扎著對抗憤怒，寬恕有時候可能會有幫助，但是那些（宗教或治療的）專家或許誇大了寬恕的重要性，因為他們的職業正是協助人們進行此種內心掙扎，所以他們必須把這樣的掙扎說成是必要的且有價值的。在轉化的過程中，讓憤怒消散的方式似乎更有益：一個人只要不再想著自己內心的狀態，開始思考如何做些有用的事，甚至對他人更慷慨即可。

第五章

中間領域：修正的斯多噶主義

波洛涅斯：殿下，我會依照他們應得的方式對待他們

哈姆雷特：以上帝聖體之名，人呀，應當做得更好！若依照每個人當得的份來對待他們，那麼誰能夠避免一頓鞭打呢？依照你自己的榮譽與尊嚴對待他們！

——莎士比亞，《哈姆雷特》，第二幕第二景

一、日常生活的憤怒

塞內卡造訪他位於郊區的房產，屋況非常糟糕。他向管家抱怨，但管家說這不是他的錯，房子就是老舊。他們都知道這房子是塞內卡年輕時所建造的，於是塞內卡把這個回答當作是針對他的年紀，不論有意還是無心。「因為對他感到憤怒，我一找到機會就立刻把我的惱怒傾洩而出。」他跟管家說看來你完全忽略了那些懸鈴木，它們沒有葉子、樹枝扭曲打結、樹幹光禿，如果你灌溉過根部，保護周圍的土壤，它們就不會變成那樣。然而管家對他再度過於尖銳，他以塞內卡的保護神之名發誓說他已竭盡所能做了所有他該做的事，這些樹就只是老了。塞內卡寫信向盧基里烏斯（Lucilius）敘述這個故事的時候，坦承這些樹是他年輕的時候種植的，所以管家的回答在他聽起來像是在說他（太老了）。怒火中燒的塞內卡轉身怒視站在一旁的門衛：「這個衰朽的老頭是誰？這門正是他該待的地方，因為他正要被掃地出門！你為什麼雇用他？你很享受這房子裡有個屍體走來走去嗎？」這次管家一個字都不必開口，門衛替他說了：「你不認得我嗎？我是法利西歐（Felicio），老管家費羅西塔斯（Philositus）的兒子，你和我過去總是玩在一塊

兒，你總是叫我你的小夥伴。」[1]

不論塞內卡去到哪兒，人們總是暗示他的年齡（或他認為他們這樣），侮辱他（或他認為他們這樣）。而當時塞內卡大約六十七歲，若不是常常被激怒而亂發脾氣，那倒是個很適合寫道德哲學的年紀。[2]

塞內卡的行為無疑是荒謬的。他對所有事情都反應過度，而且讓憤怒主宰了他的一天。在這個過程中他侮辱他人，卻讓自己成為笑柄，而他其實本來可以表現得仁慈又慷慨，無視對於他年紀的影射（即便他們真的如此影射），他也或許**真的**可以忽略這些人，只專注於他的工作。這是他根據自己的愚昧行為所編寫的小喜劇的重點，而盧基里烏斯（在選輯前面的信件裡）有著與之相仿的年紀[3]，被認為應該能夠瞭解這個喜劇是一種宣傳，以便讓人更接受斯多噶學派的哲學。不過也許他不應瞭解，因為塞內卡二十五年前在《論憤怒》（*De Ira*）裡就已經將自己形容成容易爆發不當憤怒的人，可見那時他力行每晚自我反省並無多少幫助。但我們不應將任何這些片段解讀成單純的自傳；塞內卡是藉由關於自己的虛構故事來教導讀者。（在下面的章節裡我將塞內卡的著作當成文學範本，並採用類似的自述方式來說明弱

---

1. Seneca, *Moral Epistles* 12.1-3，我是從 Oxford Classical Text 翻譯過來。那個詞是 *deliciolum tuum*，字面上是指「小可愛」，隱約顯示親密關係（Robin Campbell 的企鵝版則說「你這個可愛的小玩伴」）。
2. 塞內卡生存年代從西元前四年到西元後六十五年。*Moral Epistles* 很可能是在西元六十三至六十四年間出版的，完成時間則稍早於此。塞內卡確實在這些信件裡表示自己健康狀況不佳的，但不知是疑神疑鬼還是真的，抑或只是為了哲學上的效果。由於他因為參與密謀推翻尼祿而在這套書出版後不久被命令自殺，我們很難評估他當時的健康狀況，僅知朦朧的哲學家因為當地氣候宜人的關係通常很長壽。逝世時的年齡：蘇格拉底七十（被謀殺），伊索克拉底一〇七，柏拉圖八十，亞里斯多德六十一（腸胃不佳），斯多噶派的尼祿七十二，克里安西斯一百歲（拳擊手以及斯多亞的第二領導），克律希波斯七十三，以及西塞羅六十三（被謀殺）。二〇一四年我進行洛克講座時，剛滿六十七歲。
3. 盧基里烏斯大致是依照一位真實的羅馬騎士而虛構出來的人物，重要的是要注意這部書同時使用自我與他人來作為哲學典範，而不應解讀為單純的傳記或自傳。參見 Griffin's 權威著作 *Seneca: A Philosopher in Politics* (1976)。這部書是以虛構的哲學進程來鋪陳的，所以將盧基里烏斯描寫為全心全意相信斯多噶學說。

點，也希望藉由此種超越的作法、甚至自嘲來探討這些問題。）[4]

　　本章是關於可稱為**中間領域**的生活範疇，我們每天的生活有許多部分是發生在這個領域：和陌生人交流、生意關係、雇主和員工、點頭之交，簡言之就是與我們沒有什麼親密和深層信任關係的個人，而非法律或政府機制。很多憤怒出現在這個領域：對於名譽和榮譽的輕慢、侮辱或是幻想的侮辱，還有真正傷害且惡劣的行為。塞內卡的《論憤怒》將一個典型的羅馬人的一天描述為地雷區。去鄰居家必然會遇到對你言語不敬的門衛、去參加晚宴時發現主人把你的座位排在一個會讓人瞧不起的位子，類似例子隨處可見。[5]

　　今日這類情況仍然常見，特別是當大多數當代文化包含了如此多足以讓人憤怒的不尊重態度，以及如此多粗魯、不為他人著想的行為。舉個絕非偶然的例子，不論去哪裡，搭飛機就是一個地雷區。你幾乎必然會遇到粗魯的旅行社人員或空服員，馬虎的程序作業導致延誤或麻煩，同艙乘客太吵、太臭，或被強加讓人惱怒的要求。我個人常感到氣惱的是會有個大塊頭的男人，通常很暴躁，未先問過就拿起我的行李往上方已經很滿的置物櫃硬塞，讓人覺得因為性別或年紀而受到羞辱，彷彿塞內卡那樣想要暴怒。開車也常會發生這樣的情況，不過至少冒犯者不會就站在你旁邊，而且通常因為他們胡亂開的車是休旅車，所以有效阻隔了他們的身體，讓人眼不見為淨。當所愛的人

---

4. 對於這一點我說得極為直白到無聊的程度，因為以前我被誤解過。我在 Nussbaum(2001) 論及同樣的事，一開始我提到母親過世時我的悲傷。和塞內卡的讀者們一樣，很多我的聽眾們把它當作是很私密的自傳，因為他們無從得知這些故事是否全部為真，但知道我一定是有個媽媽。由於我貧乏的想像力，這一章裡頭的小故事都是以真實故事為基礎而改編的，所以任何打算將我說的全部當真的人還是要小心一點。但其實這真的無關緊要，我的目的和塞內卡一樣，是要提醒讀者這類在日常生活裡會引起憤怒的事情，藉此讓他們想想自己的例子。

5. Seneca *De Ira*, III.38.

做了不好的事情，憤怒有所緩衝：因為他們是我們愛的人，我們喜歡並選擇了他們。不幸的是，我們一天大部分的時間是花在與不是我們所選擇的人相處，於是憤怒的可能性充斥四周。

我自己的憤怒主要就在這個領域，而且我遠遠做不到不憤怒，就像上述的事例。事實上我經常很荒唐，就像塞內卡一樣。對於我所愛的人，很幸運的我覺得很容易可以進入轉化期，時而焦慮，時而悲傷，但所幸憤怒的情況很少且都很短暫。然而，對於惹人惱怒的陌生人，我覺得要做到不憤怒真的很難。的確，如塞內卡所描述的，心理上的努力鮮有助益，不過必須說因為這些互動相當瑣細，我並未多做努力。顯然我應該更努力一些。

中間領域交雜了許多不同元素，包含存在於憤怒者眼中的惱怒事物和明顯的侮辱；對榮耀和名譽的輕慢；從任何合理標準來看都是粗魯、不顧他人或敵意的行為。它同時也包括一些非常嚴重、會影響個人福祉或所愛者的壞事：不當解僱、醫療疏失、職場騷擾、偷竊、性侵，甚至殺人。我並不期待或希望對這些侵犯行為採取相同的分析，然而我們仍可以提出一些初步的論點。

總體來說，我將論證在這個領域裡，斯多噶學派的主張基本上是正確的：大部分這些事情（除了最後這一類）是不值得為之沮喪的，將它們視為值得認真反應的更是錯誤。就連為了不好的關係而感到悲傷都不妥當——這種分析與我對於親密關係的觀點是不同的，這一點亞當・斯密已經清楚歸結如下：斯多噶學派對於很多事情的主張都是對的，唯獨對於親密領域的主張不正確。

有時這樣的錯誤出於錯誤的理解：人們之所以認為某些事情是侮

辱，是因為他們自己的焦慮或過於敏感，但實際上並沒有理由那樣看待事情。有時這種錯誤涉及錯誤的社會（或個人的）價值觀：過度強調名譽上或其他方面的輕慢是不恰當的。錯誤的社會價值在親密關係中確實有某種程度的影響，但如我所說，在中間領域它們占有主導地位。我對於貶低的分析歸結如下：在大部分文化中，人們常常過於強調相對的社會地位，這樣的關注是不適當的。我認為如果有任何情緒算是好的，那便是轉化式的（但嚴重侵害福祉的案件不在此限，我將另外討論）。如果該錯誤行為的程度確實讓人氣憤，那麼我認為抱持前瞻性的態度是合宜的，我稱之為轉化的憤怒，它的情緒內涵為：「實在讓人無法忍受！必須做點什麼才行。」然而，全然的憤怒，即便只是短暫的，看起來也相當不適當。此外，如同塞內卡常指出的，若不改正此種傾向，保證你一整天都會充滿憤怒，因為到處都有粗魯、不顧他人或各種輕蔑的行為。若想要過得好，保持態度超然是迫切需要的。

但我的立場並不是斯多噶式的，即便在這裡也不是，因為我認為個人福祉的重要成分很容易被不是朋友亦非所愛之人所損害，包括健康、身體的完整性、工作，以及我們所愛之人的健康、完整性以及工作。我認為對於這些事情非常關心是對的。但是這些事情可能被陌生人和其他非親近的人所損害，所以憤怒即便無法正當化，仍然可能是有充分根據的。我會說這類的案件複雜多了。首先，我主張在這些案例裡有某種失落或悲傷的感覺是正當的，而且確實是不可避免的，因為人們很在乎個人福祉受到損害。但此種（適當的）悲傷的對象與在親密關係中的悲傷是不同的。當一個人愛一個朋友或孩子或配偶時，

那樣的關係本身具有內在的價值，而當關係結束時我們有理由感到悲
傷，不論結束的原因是死亡或是關係破裂。但與陌生人之間的關係並
不具有這樣強烈的重要性，因此我們不應該把情緒的注意力集中在那
些人身上，例如惱人的電話銷售員、無禮的同座乘客，甚或是小偷或
攻擊者。如果一個人本身的健康或生計被這樣的人損害，那種損害是
悲傷與沮喪的正當對象，而行為人只是附帶的，即便我們往往傾向過
度強調人。所以悲傷及沮喪的情緒雖然適當，仍有不同的焦點。就像
在親密關係的情況，憤怒以及報復的想法是不適當的，而基於同樣的
理由，我們最好盡快邁向轉化。

　　然而，這些情況並不完全像親密關係的領域，因為在此可以選擇
較具建設性的路徑：把問題交給法律處理。我們一點兒也不需要涉入
不必要的憤怒並幻想對嚴重傷害我們的人採取報復，因為他們的作
為若嚴重到能成為強烈情緒的對象，必然是非法的或應該是非法的。
法律不能完全處理這些案件中的悲傷，就像親密關係的情況，那是個
人必須自己去處理和面對的。但是法律能夠處理我們覺得必須對侵犯
者採取某種行動的想法，因此一般的憤怒是多餘且不必要的。轉化就
在我們面前，而轉化的憤怒（或經歷短暫的憤怒後轉化）有直接的方
向：那真令人憤怒，讓我們交由法律去處理吧。和這個造成損害且討
人厭的陌生人在心理上、情緒上繼續糾纏是完全沒必要的。讓公正的
法律制度想想如何以具有社會效果的方式去處理。有時在親密關係下
也可能需要訴諸法律，親密關係中的暴力與中間領域的暴力同樣是非
法的。但我已經說明了親密關係在情感上的重要性遠超過法律所能提
供的緩解，中間領域則不然，我們可以忘了那些侵犯我們的陌生人，

而且我們不需要和他們再往來。

　　事實上，主要是在中間領域，人們才需要**慈善女神**。艾斯奇勒斯把事情想得太簡單了，對於吃了你兄弟的殺人犯母親或父親，他給的建議作法是把他們丟進鍋子裡。親密關係間複雜的談判溝通顯少或從未能藉由法律完全解決。但是如果某個斯巴達來的陌生人砍死了你父親，完全沒有必要考慮未來和他的關係，比較好的作法是哀悼父親的逝去，然後將起訴謀殺犯的事交給國家處理。[6]

　　另一方面，憤怒有個效果有限的用途在於吸引注意，因此也帶有嚇阻的效果。雖然我之前批評過那些需要以憤怒來嚇阻朋友壞行為的人，但這種批評不適用於中間領域裡那些騷擾我們且滿不在乎又粗魯的莽漢。我將主張在中間領域的很多例子裡憤怒（甚或更好的是，一種小心控制的怒氣）可以是一種有用的工具，用以引起注意或嚇阻惡劣的行為。它也可以作為一種（向自己或有時對他人）警示訊號，作為處理問題的動力來源，雖然效用通常不太可靠。

　　那麼寬恕又如何呢？在中間領域，面對損害（如果損害嚴重的話）你需要的只是傷心一下，然後就繼續過你的人生；若損害不嚴重的話，就放下此事繼續往前走。道歉若能作為一種對於侵犯者未來的期望的信號，那是有用的。但是得到道歉和逼人勉強道歉是極為不同的，而迫使侵犯者忍受寬恕的儀式往往只會收到反效果。無條件的寬恕是比較好的，但是，再一次強調，就像我的那些例子所描繪的，通常在這個領域很常見的是帶有道德優越感的寬恕。

---

6. 希臘哲學家在此犯了一個大錯，因為那時並沒有檢察官，受害者必須自己追究惡人。我們在第六章裡將說明這為什麼是個不好的主意。

二、斯多噶學派關於中間領域的主張

　　塞內卡對憤怒的批判是建立在斯多噶學派悠久的傳統之上。[7] 雖然他的評論是我們所能找到在這主題上唯一完整的斯多噶學派論述,但我們知道偉大的斯多噶哲學家克律西波斯以憤怒作為討論激情的著作的核心;[8] 而就標題和簡短的摘要來看,顯然也有好幾十部其他哲學書籍是關於憤怒這個主題。[9] 的確,相較於個人的其他激情,斯多噶學者似乎更關注憤怒。比方說,他們相對較少談論悲傷、憐憫,甚至連恐懼也很少提到;而他們也讓人意外地對各種激情的色慾抱持友善態度,雖然並非始終如此(但小心加以約束,避免產生憤怒)。[10] 這些學者描述他們的社會過度執著於輕慢和侮辱,為每一個想像的不榮譽而飽受煎熬,由此看來他們強調憤怒並不讓人意外。

　　斯多噶學派對於憤怒的批判是建立在他們對於**外在善**(非個人理性與意志所能掌控的事物)的全面性蔑視。他們認為家庭與朋友、健康、身體完整性、工作以及政治地位都沒有原生的價值,甚至不具有多大的工具價值。儘管若沒有特殊狀況的話,追求這些善是理性的,但一個人的幸福可以完全不依靠它們,因此當它們偶然的或因他人的

7.　在以下我主要引用 Procope(1995) 的翻譯版本,雖然有時為了讓文義更明瞭而有所變動。

8.　克律西波斯大約死於西元前二〇七年,比塞內卡出生的時間還早了超過兩百年。

9.　參閱 Fillion-Lahille (1984)。並非所有作品都採用斯多噶主義:我們有些片段來自於伊比鳩魯的 *On Anger*。塞內卡也知道中期的斯多噶主義者波西多尼烏斯以及克呂西普的著作。

10.　參閱 Nussbaum, "Erōs and Ethical Norms: Philosophers Respond to a Cultural Dilemma",收錄於 Nussbaum 與 Sihvola 合著 (2002, 55-94)。這裡提到的愛被想像為老男人對年輕男子的愛,並無情慾之愛的感受,這樣才能符合希臘式求愛的規範。芝諾將 *Erōs* 定義為:「試圖建立一種友誼之愛,那是受到年輕男子正處在極盛時期的美麗而激發的。」在 *Tusculan Disputations*,西塞羅取笑他們,暗示他們只因為希臘普遍的斷袖之癖就守不住迴避強烈激情的原則,但 Craig Williams 的權威著作 *Roman Homosexuality* (1999) 則很有說服力地說明羅馬的規範是非常相似的。雖然西塞羅似乎從未與男人有過性關係,但他最好的朋友 Atticus 性好此道。

壞行為而被移除或損害時，個人不應感到沮喪。這表示他們對於憤怒的批判起點很早，以至於看起來好像對於憤怒沒什麼特別要說的：憤怒不過就是人們陷入不智的眷戀外在事物的多種方式之一。我不接受這種觀點，他們的批判對於我的論述或許不太有幫助。

然而，斯多噶學者們是聰明的說服者，也與不同意他們立場的辯論者往來。他們喜歡找尋可以吸引這些人的方式，旁敲側擊地往斯多噶學派的主張推論，而不直接顯露他們的立場。塞內卡通常以半對話的方式書寫，或者透過寫給盧基里烏斯而未獲回覆的虛構書信，或是以「對話錄」的方式，由某個特定人物作為對談者（通常是真實的人物但被用來作為虛構故事中的角色）。然而那個對象並不直接說什麼，他的回應通常是塞內卡想像出來的。在《論憤怒》中，對話的人是塞內卡的兄弟諾華托，一位平凡的羅馬紳士，他在這部作品一開始時認為憤怒是很適當也很有用的情緒。塞內卡慢慢說服他拋棄這樣的想法，但只在這部作品較後面的第三部簡短而淺顯的陳述完整的斯多噶學派理論。他的論述並不太仰賴斯多噶學派對於價值的極端主張，我對其中許多部分頗感興趣。而且他大部分的論述實際上並未涉及親密關係或其他有關福祉的重要元素，所以我們可以專注於中間領域，同時仍瞭解斯多噶學派事實上並不區分親密領域與中間領域。

塞內卡提出一些反對憤怒的具體論點。他主張憤怒通常聚焦在極其瑣碎的事。即使有時關乎比較重要的事情，也極可能是因對於地位和階級及金錢（通常是地位和階級的象徵）過度關注而被扭曲。憤怒不僅無助於促成有益的行動，更是一種非常不穩定且不可靠的動力。憤怒絕對難以讓人愉悅，反而是極不愉快，也是造成更不愉快的原

因。憤怒絕非好的嚇阻方法，反而讓人看起來很小孩子氣，而耍脾氣無法嚇阻什麼。憤怒遠非崇高的，而是心胸狹窄和猥鄙的，無法讓真正自重的人獲得自尊。讓我們依次來討論這些論點。

塞內卡指出一項顯著的事實，亦即憤怒時常關乎極其瑣碎之事，或者根本無關任何錯誤的侵害行為，這個說法漸獲諾華托的認同。前述第二類的事指的是無生命的物體、非人的動物、小孩、大自然的力量等等的作為所造成的挫敗，或出發點是為我們好的人的意外舉動。在任何這些例子裡，憤怒在概念上都是不適當的，因為並不存在傷害的意圖。（II.26）（顯然塞內卡是假設無惡意的人並未有可歸責的過失行為。）然而人們的確會因為這些事情而被激怒。他認為諾華托很快就會認為這些人是愚蠢的。在第一類的事情裡確實可能涉及某種錯誤行為，但是這些行為是如此瑣碎，諾華托會立刻瞭解到並不值得為之感到沮喪。他們不過是「空洞的影子」，並不會讓我們的憤怒看起來比公牛朝紅色衝去更為合理。（III.30）這些瑣碎之事包括：

笨拙的奴隸或是半溫的水，椅子亂七八糟，或是餐桌沒擺好——因為這種事而憤怒實在有毛病。病弱的人只要一點點微風就會起雞皮疙瘩……只有那些放縱口腹之欲而體態走樣的人才會因為看到別人體力勞動就感到肌肉抽痛……為什麼某人咳嗽或擤鼻涕……會讓你發瘋，或是一隻狗擋在你前面，或是一個奴隸不小心把你的鑰匙掉到地上？如果一個人的耳朵受不了拖拉板凳的摩擦聲響，你能期待他在市民大會或參議院集會裡當許多毀謗加諸於身時，還可以平靜的忍受公開批評嗎？（II.25）

這些生動的例子指出了一連串會讓人氣惱的事物以及明顯易怒的傾向：比方說，誰發明了那個可以拖拉的板凳？[11] 塞內卡在第十二封信裡強調了另一個論點：通常因為誤認有惡意而引發了憤怒。當別人說他們被侮辱了或被欺侮了，我們很容易輕信，或只因為一丁點證據就相信了。（II.22）相反的，我們應該要抱持懷疑的態度。他補充一個有趣的觀點，通常人們會把意外的行為誤認為錯誤的行為。大概因為我們是習慣的動物，任何悖離習慣的事都會讓我們慌亂。

為了維持連貫的論述主軸，他採取斯多噶學派有關「做最壞的打算」（praemeditatio malorum）的標準建議：如果你一直想著所有可能發生的壞事，就能避免不智地依賴運氣；反過來說，如果你期待所有銷售員都很聰明、有禮貌，而且非常熱心幫忙，你便是自己選擇了讓生活裡充滿失望。

不過塞內卡明白儘管諾華托認同他取笑過度敏感和容易相信別人的人，但是當他在那些羅馬紳士認為非常重要的領域裡（榮譽、名譽和階級）提倡不憤怒時，諾華托不願認同。塞內卡個人的真正立場是：好人不應將這些事情看得太重；在他寫給盧基里烏斯的信裡往往會表明此一立場。但是與諾華托不同，盧基里烏斯認真學習斯多噶思想。為了進行艱難的論證，也就是在羅馬人視為重要的領域裡反駁憤怒的適當性，塞內卡以虛擬對話的方式寫作了《論憤怒》，而無須將極端的價值理論直接搬上檯面。

他採取的策略之一，是將這些侮辱和損害名譽的情況混入諾華托顯然認為愚蠢或是猥鄙的作法：因此當他在處理羞辱、謾罵、破壞感

---

11. 不過這並不排除可能是虛構的或是從其他作者那裡借來讓人氣惱的事物作為例子。

情的行為時，他用前面提過的一些瑣碎之事（沒禮貌的奴隸、沒規矩的牲畜）來包裝這些問題，同時把重點放在錢的議題上，錢顯然是權力與階級的象徵，但驕傲的羅馬人認為不值得為錢生出強烈情緒。透過關於遺產和其他財務訴訟的詼諧討論，他指出對階級的各種憂慮便是如此愚蠢。某個典型的段落是這麼開始的：

> 你問到：「我們如何能如你所要求的，始終記得別人對我們的傷害是如此微小、卑下和幼稚？」真的，我唯一的建議是擁有崇高的心胸，去看看我們為之訴訟、奔走、忙得喘不過氣的事情是如何猥鄙和低下。有著深刻且崇高思想的人根本不可能考慮這些事！（III.32）

不過塞內卡同時運用了補充策略：他預想諾華托可能提出有關憤怒的功用的論點，然後逐一反駁。諾華托的第一個論點是（在書中很前面的部分便提出且經常重複）憤怒是有用的，它或許是激發合宜行為的必要因素。塞內卡回覆時，首先指出那些舉止合宜、有男子氣概卻沒有憤怒的人們，像是獵人、羅馬武士及認真的軍人（I.7,8,11）；其次則證明憤怒會讓行為變得較不穩定也比較不能準確地調整以達到想要的結果。日耳曼這樣的北方部族充滿了怒火，而他們在長期的軍事行動上不太成功；羅馬人反而較值得讚揚，他們致勝的關鍵正是在於知道如何策略性的暫時休兵。再者，在公民事務中，憤怒會導致過激的懲罰（塞內卡引用了酷刑和死刑的例子）[12] 以及過度的行為。

憤怒也不會讓人愉快，事實上正好相反（II.32）：它像是發燒，一

---

12. 塞內卡並非一貫反對死刑；他只是表示那常因為情緒而被誤用。

種疾病（I.12），野獸的聚集（II.8），而且人只要放縱這樣的情緒，它會讓你一整天都充滿不愉快，因為如果有人一直發怒，這世界就會有許多錯誤讓他可以憤怒。

憤怒能夠遏止不好的行為嗎？塞內卡把這個問題與動機的問題一起討論，方法則是說明憤怒不太有效：能夠有效嚇阻的軍隊是一再獲勝的軍隊，而不是最吵鬧的軍隊。

最後，塞內卡再度反對憤怒是崇高人格或偉大靈魂的證明（I.20, II.15, III.38）因此可避免侮辱、獲得尊重這個主張。他告訴諾華托，事實上憤怒是失控、生病與空洞的自我膨脹的徵兆。就像是情緒失控或生病的人才會因為稍微的碰觸就覺得疼痛，只有軟弱和病態的性格才會對什麼事情都感到沮喪。（I.20）的確，事實是：真正堅定、崇高且值得尊重的人能夠忍受輕侮並超越它，無視挑釁而讓敵人顯得小家子氣。在這本書的最後，塞內卡終於請出了斯多噶學派的典型英雄人物加圖（Cato），他當然也是受到眾人頌揚的羅馬英雄：

> 加圖正在為一個案子辯論時，倫土魯斯（那是我們父執輩所稱的無法控制的異議人士）朝他吐了一口濃濃的口水，恰好噴到他的前額。加圖把口水從臉上抹掉，說：「倫土魯斯，我可以對任何人發誓，人們說你不會用嘴巴肯定是錯的。」（III.38）

對任何正公開演說的羅馬人來說，被人吐口水可以算是最丟臉的事。然而，藉由證明吐口水的人（而非被吐的人）才是猥鄙和令人反感的，塞內卡成功扭轉諾華托原本的預期，使他轉而支持他的論點。

能夠藉著慷慨、甚至幽默來超越讓人丟臉難堪的情況，顯然比起被對手引誘而陷入低劣的表現更加高尚。加圖用拉丁文所說的一句話也相當有趣，*os habere* 既指「有一張嘴」也指「有演說家的口才」。

　　如同我們看到的，塞內卡將自己描述為易怒、執著於地位與容易覺得受辱的人。在《論憤怒》一書中，他描寫了自己每晚進行的自我反省，藉由這個過程顯示摒除自我憤怒正是斯多噶學派自我治療的本質：

　　如果一個人能夠瞭解每一天他都必須當自己的判官，他便能夠停止憤怒，表現得更為節制。因此，有什麼比這個檢討一整天所發生之事的習慣更美好的事呢？當心靈獲得稱讚或是告誡，而且當內在的調查者和評鑑者已經瞭解自身的性格之後，人們可以睡得極安寧、極深沉、極自在！我利用這樣的力量，每天在我自己面前為我的目標辯護。當油燈被拿走，而我那早已熟知我這個習慣的妻子安靜下來，我會檢討自己一整天的言行。我不對自己有所隱瞞，也不忽略任何發生的事。因為當我能夠說：「你好好注意下次不要再犯同樣的錯，這次我原諒你。」我何必要害怕自己的錯誤呢？（III.36）

　　接著塞內卡提供了這種自我反省的代表性例子：對他人的言詞過於嚴苛，對他人的嘲諷玩笑太過敏感，對門衛的粗魯反應過度，對給自己安排爛位子的主人、甚至是對其他獲得好位子的賓客感到憤怒，以及對一個貶低自己才幹的人冷眼相待。面對所有這些審視，他的立場是改進自己，但不對自己憤怒：面對自我而不恐懼，帶著往前看的

決心，下次要準備得更好。甚至連轉化的憤怒都沒有；他對自己的行為並不憤怒，只是耐心地改善。

　　塞內卡的論理仍有待進一步評估。但是他顯然提出許多不同於斯多噶學派理論的好觀點。塞內卡並不區分中間領域和親密領域，他也不分別政治領域和中間領域，然而關於本書剛開始時所提到的憤怒與法治原則衝突的主張，他則帶有艾斯奇勒斯思想的意味。（I.16）但這些不完善之處並不足以否定他的論證價值。若全盤否定諾華托贊成憤怒的主張將有失偏頗，而且這樣的觀點並未留給轉化的憤怒任何空間。轉化的憤怒確實有其效用，即便效用有限。除此之外，他大部分的論證都相當具有說服力。

　　這部書最大的價值在於提醒我們不只要在社會領域對抗憤怒，更要在個人內心對抗憤怒。就此而言，中間領域有時是親密的，因為人們常會為了很多無關重要福祉的事情而對自己感到憤怒。然而，從轉化的觀點來看，也許塞內卡所要求的不斷自我反省太過苛刻，因而不太理想。之後我將論證幽默感（自嘲）以及對自己的寬容這兩點也很重要。

三、一般互動中的錯誤歸因和扭曲評價

　　瞭解了塞內卡的論述，加上我們的分析以及生活經驗，現在讓我們來評價中間領域。首先，塞內卡正確指出在這個領域裡，很多時候人們的憤怒是出於錯認某個行為帶有侮辱和惡意，而這樣的錯誤認知通常是由於一種病態的自戀所引起的過度反應。他對於身體健康的比

喻是對的：心理狀況很好的人不會把每一件小事都當作可能的侮辱，他們會將注意力放在更重要的事情上。

　　他也正確的論述了這個領域裡很大部分的憤怒是出於社會對於聲譽、地位和階級的過度重視。若如何安排晚宴座位讓人很在意，這種文化肯定有問題。古羅馬晚宴的問題在現代生活的許多領域也可以見到，或許網際網路是一個特別顯著的例子，它讓人們可以花上一整天的時間去搜尋毀謗和侮辱，焦慮地掃描這個世界以尋找有關自己被褒或貶的徵兆。這不是錯誤歸因的問題，因為人們有時真的會被人貶低。但這些問題是相關的：你愈是為階級痴迷，就愈可能把一些無心的評論當作侮辱。而階級可能在中間領域裡占有過度的重要性。在親密關係中我們出於愛或關心來選擇對象，但陌生人並不具有這些吸引人的特質，有時他們看起來不過就像是用來象徵我們擁有或是缺乏某種社會階級的一組代幣。所以在中間領域裡我們必須聚焦於控制那些嚴重扭曲社會互動的階級意識。過度執著於地位的謬誤影響更大，而報復的謬誤本身比較不是問題，至少在不涉及福祉的核心議題時是如此。

　　塞內卡也正確指出，從兩方面來看許多憤怒是荒謬的：一方面，有些憤怒是錯誤地認定某些人事物存有惡意，但事實上不可能如此；另一方面，有些憤怒則是關於那些太過瑣碎、毋須認真看待，但我們卻極為重視的事。想想我所提出有關搭飛機和開車的例子，我們知道這兩種錯誤都很常見，因為很多不便利根本不是惡意侵犯，但我們通常相信它們是；對於那些其實不值得認真的挫折，我們往往給予太大的重要性。

　　但這裡我們看到了塞內卡的分析裡的一個漏洞。雖然陌生人對我們有禮貌且尊重並非個人福祉的重要構成要件，但那仍然很重要，所以我們應該在意是否欠缺那樣的禮貌與尊重。若人們彼此有禮並樂於互相協助，而且遵守有關安全、禮儀、公平競爭、互惠的默示規範，則社會能運作的比較好。若有人違反這些規範，憤怒是否恰當？一方面，如同塞內卡正確說明的，這些事情不值得我們認真投注情緒能量，且如他所補充說明，如果只要發生這樣的事情我們就憤怒，那麼我們每天都滿是不愉快。但另一方面，我們必須以某種方式落實這些規範，以免落得損害有用的社會慣例。大致來說，在這個欠缺法律規範的領域，難道憤怒不是好的落實機制嗎？

　　這樣的情況正是轉化的憤怒發揮作用的時候。人可以有真實的情緒反應並表示：「那實在令人難以忍受，不應該再發生了！」但同時完全不讓（或只在非常小的程度容許）情緒影響判斷。表達這樣的情緒通常有助於嚇阻。不過必須要小心，有時候冷靜地表達憤怒反而會讓事情變得更糟。抓起行李往座位上方的置物櫃堆放的男人，真的很討厭被一個女人平靜地告訴他說這不是對待別人行李的好方式；這樣的回應不會增進社交快樂，反而只會讓人陷入更多不愉快的對話。所以我發現了一種可以祕密的表達轉化的憤怒卻不會讓對方察覺的方法──我會說：「非常抱歉，那行李裡有易碎物品，所以我寧願自己來處理，以免萬一意外發生損壞，錯的是我不是你。」抑或有時我會有短暫的憤怒，想要按照他們應得的待遇對待他們，但很快就朝向轉化。

　　但是最好不要太早恭喜自己，在我完成洛克講座後回程的班機

上，我只是將小型的隨身行李舉起放入座位上方的置物櫃（大件行李已經拖運），差不多快完成時，有個大塊頭的男子問我是否需要幫忙。我說：「不用，謝謝。」正準備謝過他關心的詢問時，他卻抓住我的行李把它往更裡頭推。我禮貌的回說：「如果你無論如何都會這樣做，幹嘛要問呢？」他說他是一名德國創傷外科醫師且有「很多經驗處理病人的……」然後他停住，從我的表情裡看出什麼，或許那讓他想到我並不是他的病人。我有點不太禮貌地說，我每天花那麼多時間在健身房練舉重不是為了被這樣侮辱，而且我可能比他能舉起更重的物件放入置物櫃（因為他雖然塊頭大卻不是很健康的那種）。顯然他是那種對病人過去狀況沒有興趣的醫生，醫生通常也屬於這一類。他必定認為許多女人大概都沒有每天做重量訓練，才會因為搬行李這樣的事而受傷。然而我真的很氣憤，而我的回應也真的很蠢。我氣到要求空服員是否可以幫我換座位，因為我希望回家的路上可以享受一段沒有事情讓我憤怒的飛行旅程。結果原來他是占了別人的座位（他就是這種醫生），後來一個開懷且幽默的英國紳士取代了他，我的問題順利解決！

　　這些都屬於個人心態所造成的障礙，即便兩個星期之後我仍然為此生悶氣。諷刺的是，我發現自己想像跟他進行一段小小的德文交談，我假裝我們只是有一點語言上的誤解，而我以完美的德文告訴他，在英文裡頭當一個人說「不」（no）就是德文裡的「不」（nein），而當一個人想要說德文的「好」（Ja）他會說「好」（Yes），我想要用這樣的方式來羞辱他，因為他的英文其實說得極流暢。顯然我那時仍然感到憤怒，那樣的憤怒值得拿來嘲諷一下。然而，就這個事件，即

便我頗能享受被朋友取笑，但我沒有辦法自我嘲解，而且完全沒有想要透過進行清醒的反省來排除我那荒謬和不恰當的憤怒。

值得注意的是，如果那時候我選擇了無條件的原諒那個無禮的男人，我的寬恕很可能含有我在第三章裡提到的道德困境：一種自命不凡的優越感，以及未能有建設性地考慮未來（若你認為不會再見到那個人，便很容易犯這種錯誤）。

這個故事指出中間領域的一個難題：與陌生人的一次邂逅可能讓我們看到他惱人的特性，卻無法表現出這個人其他有助於我們不憤怒的特質。（我在芝加哥禮拜堂的輔導師是一位具有同樣惱人性格的醫生，但當他治癒了我們一位很有天分的學生的手時，就展露出足以讓人對他不憤怒的特質。）

那麼假裝憤怒又如何呢？有時候並未真的生氣，但假裝憤怒可以得到好結果，特別是在我們這種好訟的文化裡。某個星期六，我躺在洗髮檯上準備洗頭的時候，我的髮型設計師為了拿洗髮精而打開一團亂的櫃子，各式各樣的瓶瓶罐罐掉了出來，其中一瓶（很幸運的是塑膠瓶）砸中我的眉毛。我嚇了一跳但並沒有真的受傷或生氣。但我想到未來其他人可能因為這種情況而嚴重受傷（如果掉下重一點的瓶子或是被破碎的瓶子打到），因此我認為警告這件事的嚴重性是有用的。所以我表演一段有禮貌的憤怒，並強調他們應該在那個櫃子裡加裝欄架以便支撐那些瓶瓶罐罐。那位髮型設計師回答說，是啊，我們已經跟管理階層反應了好幾個星期。所以我到櫃檯前又更賣力地演出，深知以美國人對於訴訟的恐懼，此舉既能幫助員工也能幫助消費者。這個例子在我看來和烏庫對於耶穌在聖殿外的行為的詮釋很像：

演出文化上期待的行為以求好的結果。讓我們再次歸功於塞內卡的洞見：與真實的憤怒距離愈遠，就愈容易控制與調整。這樣的表演達到了以憤怒作為訊號可達到的結果，但更為可靠。即便是短暫的憤怒也可能會擴大成試圖羞辱別人，而讓人覺得非常糟糕。為了達成好的社會結果而表演憤怒卻沒有這樣的危險。在這兩者之間，轉化的憤怒是另一種合理的回應，但是它比純粹的表演來得更危險一些，因為可能在不知不覺中變成真正的憤怒。[13]

以下有個例子是我並未完全迴避這種危險：在法蘭克福機場的安檢處，我被要求做額外的觸身檢查，而為我做檢查的人是一個格外無禮且訓練不良的職員，我決定要冷靜的以我最好的德文來告訴他們「禮貌一點比較好」。[14] 但當我說出這些字，特別是當我試著在飽受時差之苦的狀態下唸出所有子音時（我剛從印度飛過來），聽起來像是對德國人的死板和固執的一種拙劣模仿，而我察覺有人真的生氣了，因為在某方面看來，我顯然是想要模仿他們也瞧不起他們。

這些故事顯示一個問題：由於憤怒已經成為社會生活的一部分，不帶憤怒的回應反而常常會被誤認為是一種侮辱或不尊重。人們預期女人會情緒化地回應，因此當她們以一種平靜且有條理的方式說話時，男士們會感到惱怒，覺得對方以高姿態在對他們說話（就像實際上我或許真的是以一種高姿態對那些德國警官說話）。在這裡我們面臨兩個問題：不憤怒是否因此在道德上有問題呢？以及，它會不會有時候讓事情變得更糟呢？對於第一個問題，我想答案為否，不過我們

---

13. 也可參閱 Harriss (2001, 415) 有關被激怒的古代事例。
14. Est is wirklich viel besser, höflich zu sein.

最好先確定它真的是不憤怒，而不是表面理性的憤怒。至於第二個問題的答案，很不幸的，是肯定的。我恐怕得說，當男士們因為女性平靜且有條理地說話（特別是當她用顯然從布林矛爾學院學來的怪腔怪調說話時）而感覺抓狂時，這真的是他們的問題，我沒有責任要表現得像個小孩來避免他們的惱怒。但有時候瞭解到這種反應的可能性，也許更好的作法是表演憤怒或是其他情緒，讓互動更人性化，即便我們並不想要如此。我想這也有助於我們避免藉由理性來貶低別人，人們鮮少能避免這種傾向。

此外，我不能不提另一項觀察：男人尤其可能認為若能讓女人抓狂即是某種成就，特別是若這位女士是冷靜的知識分子。通常他們把讓女人發怒視為一種調情手段，無疑的他們認為挑起這種女士被壓抑的情緒算是一種性慾上的勝利。（而且他們往往假設這些情緒是被整個壓抑，而不單單只是他們得不到！）這種極無聊的作法顯示他們少有或缺少有趣的調情方法（例如幽默或想像力），而且真的只會產生反效果，讓女人覺得很無趣，因為她肯定已經見過這樣的手法，從而使他們顯得極為愚蠢。

如我們所知，惡魔有很多種偽裝方式，儘管我學會了如何在抬行李時避免憤怒，但中間領域那些毫無道理的作為實在讓人難以抗拒憤怒的誘惑。想當然耳，這個領域充斥著非理性，而且種類多到難以預測，相較來說抬行李的行為則容易預期到讓人覺得無趣。比方說網路服務商多不可數的自相矛盾的發明，或者銀行行員除了幾乎不會說英文（不論是不是在美國受教育），還機械性的複述荒謬無理的政策。以下就是這樣的情況：我收到一封關於我的信用卡可能被盜刷的電子

郵件通知。我打電話給銀行，在等候了二十五分鐘之後，反詐騙部門的某位行員接聽電話。我們很快便達成共識確認這筆消費不是我的，而這筆費用其實也沒有入帳，顯然我的卡號是被隨機撥選的，而輸入卡號的那方並沒有其他訊息（到期日與安全碼），因此該筆消費被銀行拒絕了。然而該部門的行員堅持要給我一張新的信用卡，那實在浪費時間且不方便。我堅持說如果一組號碼可以被隨機盜用，其他的號碼也一樣，所以我和銀行並不會因為新卡而獲得更多安全保障。但他說銀行規定只要有盜刷情形就必須重新發卡。我就法論法地說，事實上因為該筆消費被拒絕所以並沒有盜刷，最多不過是一個意圖盜刷的情形。因為我即將進行長途旅行，所有行程都是以舊的卡號來訂購的，換發新卡意味著無窮盡的國際電話溝通。我更進一步申辯：一、他所引述的規定只有說盜刷但沒有說意圖盜刷，所以他無權做這樣的決定；二、他的行為對公司生意來說是有害且無用的。爭論超過一小時，我輸了（而且後來睡得很不好）。

我們該直接向生活的非理性投降嗎？這世界常常對我們提出這樣的問題。但是從塞內卡的觀點來看，相信這個世界應該是理性的，且相信只要單純的指出某件事是不理性的就能產生改變，其實只會繼續招致憤怒，同時也會招來充滿惱怒的噩夢。

然而中間領域的侮辱有時候不僅只是輕視個人，它們會鎖定某些集體特徵，藉此使那群人被汙名化與貶低。若到了這種程度，那不只是侮辱，還可能侵害公民的平等尊嚴與政治合作的條件，例如美國法典彙編第七編所定義的性騷擾及種族騷擾的侵權行為。既然政治平等很重要，就這點來說，侮辱可能對個人福祉有深遠影響，而某些羞辱

人的行為可能構成非法歧視。所以我將那類的侮辱留待下一節討論。現在我們要談談塞內卡的分析中的一項問題。他如此深信侮辱與貶抑是微不足道的，所以他甚至不認為身為奴隸是該沮喪的事。儘管他教導人們要用非暴力的方式對待奴隸並尊重他們，他卻放任這種地位的傾斜，還告訴奴隸們內在的自由才是唯一重要的事。[15] 無論如何那很可能是前後矛盾的立場：如果該地位是微不足道的，為何其中的無禮和不尊重待遇會是重要的事呢？然而無論前後矛盾與否，這個立場是錯誤的：特定類型的侮辱在政治上很重要，而且是不能容忍的歧視。

塞內卡理論的另一個漏洞（從中間領域延伸到政治領域）是對誣告的處理。有些不實陳述純粹只是惹人厭煩。但是有些會造成很嚴重的名譽損害，不能僅當作小事。誣告何時會超過界限而構成應該嚴肅看待的個人損害？當它影響到雇傭關係和就業機會時，顯然已經越界；還有當它嚴重影響社會關係以至於讓人難以繼續維持友誼和工作，甚至無法維持健康時；以及像許多的網路誹謗以及霸凌行為（可能透過網路也可能在其他領域），不過由於完全沒有真假可言，所以並不完全符合嚴格意義上的誹謗。無疑的那些執著於地位的人通常會因為一些我和塞內卡都認為瑣碎不值得在意的事而感到無比沮喪，並且覺得他們的工作和人際關係被破壞。所以此處的挑戰在於區別這種情況與那些確實妨礙重要福祉的損害。處理誹謗的法律試圖劃出這條界線，所謂「故意造成精神上的痛苦」的侵權行為規定也是如此。一個人不能因為被迫在種族融合的工作環境裡工作而提出訴訟，因為法律認為種族融合是重要的公共利益。什麼情況下法律應該肯定真正的

---

15. 參閱 Letter 47。

沮喪感？什麼情況下我們應該直接告訴那個人你應該成熟些？隨著社會的發展，這條界線可能向這兩個相反方向的任何一方挪移。性騷擾過去一度被認為是屬於「受害者要自己成熟面對」的領域，然而現在已被承認是影響公民平等以及尊嚴的要素。我在第六節將盡力處理這些複雜問題。

塞內卡關於福祉的概念過於簡化，而且他對憤怒效益的想法也是偏頗的。他拒絕承認憤怒可以扮演任何嚇阻或激勵的角色，這種主張實在說不通。然而，他正確提醒我們讓憤怒扮演這種角色時，它是善變且不可靠的，而小心掌控的假裝的憤怒，或「小心監控的轉化的憤怒」，因為較容易掌握所以更有效。就連像開車這種極常出現無法可管的不好行為的領域，憤怒有時候確實可以發揮遏止的功能，但也可能引發或促成危險升高；相對來說，精心算計的憤怒表現可能更有效。

然而，塞內卡終究還是正確回應了另一種永遠存在的反對主張，即認定為了自尊，我們必須對於嚴重的錯誤感到憤怒。他說得對，情況往往相反：超越這些錯誤傷害才是真正崇高的表現。我們承認許多行為是很低級的，卻無須因此讓我們自己也降到跟侵犯者或侮辱者一樣的層次。就像哈姆雷特說過的：總是有機會可以報復別人的惡行，但是為什麼需要這麼做呢？為什麼某人做出某種讓人憤慨的事，就讓我們有正當理由縱容自己情緒失控或冒犯別人呢？「依照你自己的榮譽與尊嚴對待他們」意思是：「不要變成他們那種人，不要只因為他們低級至極，就讓自己也變成那樣。想想你自己是什麼樣的人，你的人格要求你怎麼做。這是標準的好行為。」

　　但我們想像的那位對話者說，憤怒的人時常才會成功。對此應該回答「通常只是一時的成功」。在政治上，暴躁的人很容易惹上麻煩，而冷靜樂觀的人，例如小羅斯福、柯林頓與雷根都更加出色。如果易怒的人爬上了高位，那通常不是民主制度，而且他們時常很快就會被趕下來：克勞狄一世與尼祿（Nero）只短暫地統治，而冷靜的奧古斯督（Augustus）與圖拉真（Trajan），更不用提斯多噶哲學家皇帝馬可‧奧里略（Marcus Aurelius）則長期統治，而且得享天年。[16] 即使在體育，運動員被教導不能容受別人的侮辱與輕視，但仔細審視後可以發現容易發脾氣的人通常發展得比較辛苦。人們對那些不容易發怒的人評價較高，像保羅‧柯內可（Paul Konerko）、吉姆‧湯米（Jim Thome）或布萊恩‧烏拉赫（Brian Urlacher），而人們較不喜歡古怪的隆‧阿泰（Ron Artest），他被強制參加控制憤怒的治療課程後，以新名字慈善‧世界和平（Metta World Peace）復出，職業生涯較為成功也沒有那麼多爭議。[17] 而且雖然人們鼓勵那種有激勵效果的自我憤怒（小威廉絲〔Serena Williams〕比賽時常有這種表現），卻討厭那種用憤怒來嚇阻或羞辱別人的作法（有時候毀掉約翰‧馬克安諾〔John McEnroe〕的比賽）。當然並非毫無例外，例如一些暴君（想想長壽的毛澤東），但仍值得深思。

---

16. 圖拉真與馬可‧奧里略兩位皇帝都統治了十九年，而且因病過世；奧古斯督統治了四十一年。

17. 慈善‧世界和平先生（從NBA退休後到義大利比賽）將自己能參與湖人隊獲得冠軍的那場比賽歸功於他的心理醫師，他也投入推動訂立學校心理健康法（Mental Health in Schools Act）；也為小孩子錄製床邊故事，並與善待動物組織（PETA）合作推廣反虐待動物。另一個遠離憤怒的著名「歷程」是前小熊隊外接球手 Brandon Marshall，現在他也積極投入邊緣人格障礙基金會（Borderline Personality Disorder Foundation）的活動。他早年很容易發怒，因為暴怒的行為而多次被停賽，最知名的一次是二〇〇四年的打架事件，那時他攻擊了好幾位球迷與球員。他也因為家暴事件在二〇〇七年被判有罪，再次被停賽。

　　道歉能否讓情況改變？顯然我們預期在其他情況不變下，道歉了以後會讓問題好轉，從而確實讓人往前走。道歉可能消除對抗或憤怒的必要性。

　　在這裡我們只論及未嚴重危及個人福祉的錯誤行為，就此塞內卡的建議非常可行，而我提出的案例原本就排除陌生人對我們做出的嚴重惡行。在第六節時，我會進一步釐清這些觀點，我將論證我們不應陷入報復式的憤怒，而是應將這些問題交由法律處理。

四、中間領域的中間：同事與夥伴

　　我們還沒有談完不嚴重的錯誤行為。截至目前為止我把焦點擺在陌生人，以及那些我們只是偶爾碰到的人。可惜生命的複雜程度遠高於此。我們與許多熟識的人一起工作往來。雙方不算親密，也沒有任何深切的個人信任關係，但還是存在某種相互依賴、甚至信任，也有些制度關係來界定規範與期待。這些規範時常被違反。有時候我們的夥伴習慣性地讓我們覺得惱怒，但我們沒辦法不跟他們接觸。事實上，由於好的喜劇通常奠基於角色個性，所以相較於人際接觸更少的領域，在我們稱為「中間領域的中間」（也就是既無深刻的親密關係，也不純然是偶然互動的陌生人），我們能找到更多好的喜劇題材。葛爾・戈登（Gale Gordon）在《布魯克老師》（*Our Miss Brooks*）裡扮演以可笑方式表現怒氣的高中校長奧斯古・康可林（Osgood Conklin），便是好的情境喜劇題材。

職場的親密程度不高，卻是我們追求生命重要目標的所在。[18] 所以那是個奇怪的地方：你沒有理由為了自己的人生而信任你的同事，但事實上你又必須如此。這樣的詭異為喜劇添加了不少料（有時候則是悲劇，我們稍後再談）。

以職場故事編作喜劇由來已久。事實上，儘管塞內卡的嚴肅哲學著作聚焦在偶然接觸的人們，而且讀者印象中那會是一個非常孤單且沒有共事者的人，不過他的喜劇作品之一，也就是在克勞狄一世（Claudius）過世後寫來諷刺他的作品，其中的主角們都是他知之甚詳者，包括皇帝、被釋放的奴隸、皇帝的法律顧問，以及元老院其他重要人物。而那齣戲顯示塞內卡很容易因為許多事情惱怒：克勞狄一世無趣的好辯個性、他的不良於行與講話結巴、他的胃脹氣，而後我們才明瞭整部作品主要講述的事情對於公眾福祉可能造成的損害。[19]

同事跟偶然接觸的人不同，因為我們不得不與同事往來。他們不同於親密的人，因為我們不是自己選擇跟他們往來的，而且事實上我們可能不喜歡他們。所以我們必須設法與他們相處，在此同時必然有許多可能讓人憤怒的情境，而我們仍必須跟他們繼續往來。塞內卡建議我們避免涉入有惱人傢伙的場合，那是對的；在選擇工作時，這是一個正當的考量因素。（這肯定也是避免花時間在網際網路的原因之一，在許多情況下那裡必然會有許多事惹我們生氣。）但那種建議的正確性有一定限度，因為我們不可能完全依照自己的喜好打造工作環境，或者每次覺得被激怒就辭職不幹（雖然有些人確實這麼做）。

---

18. 那是指我們當中那些相當幸運而能擁有一份既有意義也感到滿足的工作的人。
19. 由 Nussbaum 翻譯在 (2010c)。

　　我最後要討論的是同事間造成的重大傷害：例如剽竊、性騷擾、歧視、不當解僱。這些問題是法律要處理的重點，由法律來處理也很適當。此處討論的重點在於時常引發怒氣但不致造成嚴重傷害的常見行為態樣。之前有關侮辱的說法在這裡也能適用：我們每天在群體裡工作，讓自己不要太敏感是很重要的，若能以寬容的方式去理解那些語意曖昧的話會比較好。但同事們可能真的是很有問題的，像是太多話、講話粗魯、試著操控某項合作計畫、在合作的計畫中沒做好分內的事、違背重要承諾、想要獲得別人沒有的特殊待遇。這些事情時時都在發生，塞內卡說：如果一個人要為這些事情生氣，肯定會氣炸了。即使你能對於榮譽與地位的侮辱淡然處之（很少人始終或完全做得到這一點），別人也沒辦法做到，而你還是必須處理錯置的價值與因此發生的惡行。你必須想辦法跟那樣的人共存，所以你不能只是像對待偶然接觸的人那樣轉身走開。那麼憤怒是不是恰當的反應呢？寬恕是否有用？我們將看到，在這裡道歉可能有效且有助於繼續前進，但也可能變成一種陷阱。

　　在此以四個真實生活的例子來探究這個議題。由於我們談的不是那些沒人曉得誰是誰的陌生人，這裡我要介紹一個虛構的分身，名叫路易絲，藉此避免有人對號入座。

　　案例 A，路易絲與同事一起教課，那位同事的職等與成就都與路易絲相當，而且學生必須經過申請才能修課。他們共同審查申請的學生資格後，她同事寫紙條向她表示，「我很樂意由妳來做決定。我現在忙到沒辦法處理。」

　　案例 B，路易絲正在籌備一場重要會議。另一個系所有位她很熟

悉的同事同意提交一份報告。九個月後，會議日期快到了，對方寫了一個輕描淡寫的訊息表示他無法到場，因為他要去參加澳洲的另一場會議。他似乎不認為自己的行為有任何問題，但時間已經太遲了，路易絲無法找到接替報告的人選。

案例 C，路易絲有個同事在許多方面都非常了不起，聰明、慷慨、對別人很友善，但他也很孩子氣，老是講話講個不停。除非打斷他，不然他是停不下來的。在團體討論時，他時常讓年輕的教師不想發言，但他其實沒有惡意，就只是沒意識到自己的行為與克制不了愛講話的個性實際上造成了什麼結果。

所有這些情況都讓人惱怒，而且也確實有惱怒的好理由。我們可以說，在這些情況下憤怒是有充分根據的。在第一個案例中，路易絲的同事可能無意侮辱人，但因為他暗示了自己的時間比路易絲的更寶貴，確實侮辱到別人，也顯示出某種在學術圈不恰當的浮誇（雖然在學術圈裡這種表現相當普遍）。第二個案例的情況更嚴重，路易絲的另一個同事影響了會議能否成功，從而也影響了所有已經投入時間與心力在那場會議的人，而且他違反了既定的規範。或許他後來才收到另一個邀請而背棄了先前的承諾，因為他想要去澳洲；或者他已經先答應了澳洲的邀約，之後才接受路易絲的邀請，而沒想到時間衝突。他對整個事件以毫不在乎的心態面對，也沒有表示後悔或歉意，他不知道自己對別人造成損害，也沒想到自己違反了規範，雖然他肯定已經跟大家相處了很長的時間。第三種狀況可能是最嚴重的，一個沒有惡意的人可能因為缺乏自制力而干擾到整個社群。

我們必須注意道歉能夠發揮何種效果。在 A 與 B 的情況，如果同

事已經道歉，雖然那樣的侮辱仍在，但路易絲可能會比較有繼續與對方相處的信心，也代表那兩位同事已經瞭解自己哪裡做錯了而不會再犯。（在 C 的情況下她可能沒有這樣的信心，因為問題在於對方欠缺自制力。）道歉可以證明規範已經獲得確認，這也是與同事繼續往來的基礎。[20] 但是該怎麼做呢？這些案例的後續很有趣。

在第一個案例，路易絲以電子郵件告訴同事他的話似乎不恰當，因為路易絲跟他一樣忙，而他的話暗示相較之下路易絲比較閒且沒有生產力；儘管如此，路易絲表示樂意審查申請資料（她真的樂意，因為比起把資料交給對方，然後花好幾天等候回應，她自己審查會比較省時）。對方並未回覆，這似乎不是好兆頭。然而，由於路易絲已經認識這個人好多年，他除了學術表現優秀，個性上也有許多優點，只不過不太有自知之明，而且絕對不願意承認自己犯了錯。路易絲決定讓事情就這樣過去。我們看到，她決定讓同事知道那樣的羞辱被嚴肅看待，如此才能避免因為日益惡化的憤怒而影響未來的互動，而且避免像別人那樣總是順著他，同時這也暗示對方道歉是對的，只要他願意表現出再也不會說那種魯莽的話語。但是當他未照著她暗示的做，路易絲必須進一步明白要求道歉，而或許她能成功，也或許不能成功。但她若這麼做將會危及未來的互動，在課堂上造成一種緊張的氣氛，最終總會以某種方式爆發。所以路易絲必須考慮她自己是否想要與這位同事繼續維持密切的工作關係。若答案是肯定的，不強求道歉似乎才是好的選擇。人們面對道歉的要求時通常不為所動，所以你必須決定你要拿對方怎麼辦。但你應該記得，你只是要與這樣的人一起

20. 參閱 Martin (2010).

教課，而不是與他一起生活。

第二個案例事實上很類似，因為這兩個案例都涉及那種不願承認自己錯誤的人。在這個案例中，路易絲確實嘗試過，事實上還試了兩次，她想要跟對方說明為什麼任意推掉已經排好的會議讓她覺得很不妥當，但她只得到一個粗糙的回覆（透過電子郵件）：「我不需要向妳解釋。」至此路易絲下定決心，因為她不用再看到那個人或跟他一起教課；但她也想得更深，會不會是他恰好有嚴重的記憶問題且深感羞愧，也擔心自己是不是老了。而且她真的想要他的報告。所以她最後認定若逼對方道歉只會讓未來的互動變糟。展望未來共同的好處，她提議無論如何還是請他提出報告，由別人做現場講述；而路易絲也邀請他喝一杯聊聊這件事。他接受了。（然而近期內路易絲不會再邀他參加學術活動。）

我想這兩種作法都是很好的解決方式（無疑那是因為路易絲正在寫一本書談論憤怒以及憤怒的徒勞無功）。兩人的關係獲得保存，她也更明瞭自己對那兩位同事能期待什麼、不能期待什麼，而她也維護了能夠有豐富成果的知識合作，以及某種接近友誼的關係（在案例 A 裡是真正的友誼）。路易絲生氣了嗎？確實有一小段時間如此。在第一個案例中，那可能是轉化的憤怒：路易絲非常瞭解那個人，所以她（通常）不會因為他而真的抓狂。在第二個例子裡，路易絲真的被惹惱了，但她在憤怒深淵前回過神來，而後認定若能正面看待這種情況，對長遠的利益比較好。所以她真的生氣了一下子，但隨後就邁向轉化。畢竟要跟別人共事就得接受他們的德性。妄想改變對方是件蠢事，所以只能想辦法怎樣務實地做事。

接著是第三個案例。這種情況有些棘手，因為牽涉到整個團體，不同的人可能有不同的反應方式。什麼樣的作法無效：對那個人發怒，無禮相待。對一些同事來說，這種反應極其自然，卻只會讓整個團體都陷入緊張關係。直接跟對方談論這件事同樣無效，畢竟他長期以來就是這樣的行為模式，根本的問題就在於他不知道自己如何影響了別人。時常能夠奏效的方法是堅定且頻繁地打斷他，對此他非常能夠接受。但最有創意且能提升整體利益的解決方法是某個行政人員想出來的，他更動了那位同事的課表，讓他的課在午餐討論時間開始後幾分鐘才結束，從而他會比較晚才加入群體，無法插手設定話題，也較少打擾別人。這個案例顯示前瞻式的思考正是關鍵所在。對這個人憤怒能有什麼效果呢？那就像對一個聰明的兩歲孩子發怒一樣。即使轉化的憤怒可能都只是浪費情緒能量。而且在這裡有一點很重要，那個人是個很好心、和善且聰明的兩歲孩子。

讓我們簡短地對照另一個案例，**案例 D**，主角是一個聰明的兩歲孩子，但是人不太好。不幸的學術界充斥著這樣的人。這位重要的學者獲邀加入路易絲所屬大學在某個開發中國家正要設立的新研發中心的籌備會議。路易絲負責規畫其中一場重要的開幕會議，而這個人因為其研究工作具有受到諾貝爾獎肯定的價值而成為計畫中的重要部分。必須那位學者確定會參加，其他優秀的來賓可能才願意參加。而這個人採用典型的拖延戰術，還要求提供頭等艙，並要求給她妻子商務艙；按照一般大學的規則，這種要求是不合法的，而且顯露出幼稚的自戀心態。但路易絲從過往痛苦的經驗中瞭解到為此不滿、甚或直接跟 D 談他的這些缺點是徒勞的，所以她告訴大學的行政人員，

那個人就是如此，而他們希望他能到場，所以最好勉為其難照著他的要求做。學校也瞭解那個人的個性，所以同意路易絲的說法。在這個例子裡，怒氣甚至未曾出現，只是有些厭煩而不想介入。同樣的他們也未嘗試協調或修補共事的關係，路易絲想的是盡可能不要跟這個人共事，但如果真的必須跟他一起合作，就把他當作自私又聰明的兩歲孩子。這個案例顯示出不憤怒的界限：當人們就是那個樣子時，不憤怒也無法改善共事關係。（案例 C 是很不一樣的，因為不憤怒，人們可以繼續喜愛那個主角。）但不憤怒至少讓這項學術活動可以繼續進行。（與 D 共事的困難度是眾所周知的，上次路易絲跟 D 合作時，他們在自己的大學舉辦會議，有位受邀的專題演講貴賓是 D 的研究領域的諾貝爾獎得主，他跟一位同是諾貝爾獎得主的朋友表示自己將到 Z 城市，在路易絲與 D 合辦的會議上演講。那位友人的回應竟是：「那是我聽過最難以置信的事。」所以不發怒可以完成不可能的任務！）

　　簡言之，對於與陌生人往來所提出的每項主張，在同事相處間或多或少能夠適用，這個領域有更豐富的喜劇題材，因為職場讓人容易自戀，學術圈或許更嚴重。有些人認為應該憤怒才能保護自己應得的自尊，這種想法在職場的危害更甚於陌生場域。在前述四個案例中，我們能感受到適當的憤怒，勉強說來那樣的憤怒也是正當的，但結果可能極具破壞性。主要差異在於，在同事相處的領域，道歉可能真的有用，儘管效用有限；它可以作為一種證據，證明未來會更好，以及追求合作關係會帶來豐碩成果。但接受道歉與強迫別人道歉是完全不同的事，後者往往是錯誤的作法。如果對方不願意認錯（這是常見的缺點），你可以一直挑戰他直到世界末日，盡情傾洩你的情緒，但還

是得不到任何好處，只是陷入萬丈深淵。相較於認為一切都是衝著自己而來，自己「應當發怒」，倒不如理解有些人就是不喜歡承認自己的過錯，但他們還是有其他好的個性值得重視、甚至喜愛，並且努力想想以後如何跟他們共事。人有各種各樣幼稚的自戀心態，某些類型較無害，有些類型則害處頗大，你必須思考如何處理這些問題。

從上述案例我們可以學習到，想像與換位思考對於改變自以為受辱而想要報復的心態是很重要的。強迫別人道歉可能（顯然）是討回公道的方法之一，但那無法以有用的方式改變狀況。瞭解別人的個性及其限制（在第一與第二個案例中，主角都是不願意承認自己的錯；在第二個案例中，主角自己或許也非常惱怒於忘記一些重要的事情，卻不願意承認；第三個主角則充滿善意，但無法傾聽）有助於找出有用的回應方法。人際關係充斥著各種難題，需要一點同理心才能妥善解決，也要有幽默感：因為那有助於將這種互動看作學術情境劇的劇本。

路易絲不生氣是否因為她不認真看待這四個人嗎？是的，如果「認真看待」指的是不把他們當作可笑、甚至幼稚的人。但是為什麼我們要那樣的定義呢？如果與這四個人是屬親密關係，路易絲的態度可能會讓情況變糟（無疑的若要與 C 及 D 維持好的親密關係，強烈的母性是重要要素），但幸運的是，此處我們不需考慮這一點。或許在案例 B，路易絲有點操縱性，利用同事作為會議成功的工具；而或許在案例 C 中的行政人員也有點操縱性。但這只是顯示在非親密關係中，為共同的利益而影響別人的行為並不總是壞事。

五、自發性的感激

　　雖然在許多層面上，感激與憤怒都是屬於回顧過去，但我在第四章裡論證過感激在親密關係中可能是有價值的，因為它有助於形成相互間的善意。那麼在中間領域又是如何呢？如果斯多噶派學者認為這個領域裡的人際往來並不值得嚴肅以待（下一節我們將討論例外情況）的想法是正確的，那麼感激又如何呢？基本上，基於類似的理由，它似乎也是不恰當的——就像我們不應該為了搭飛機、開車、日常生活中許多其他方面所發生的侮辱與輕蔑而生氣，如果別人讓這些事情順利進展，我們也不應該覺得感激，畢竟這種情緒暗示我們過度倚賴外在的好處。但如同先前說過的，我們必須瞭解感激並非完全與憤怒相對。首先，感激和希望為別人做些什麼有關，那種願望與想傷害別人的願望相比較無問題，而且伴隨著愉悅的感受，不會損害福祉；相反的，痛苦的感受時常是有損福祉的。其次，感激之情似乎不受幻想影響，抱持感激的人並不會幻想只要給那些曾經幫助過他的人一些好處就能改變過去。他通常認為給別人好處能促進未來的善，或者它本身就是一件好事。所以斯多噶學派提出的真正問題只在於不當的倚賴。

　　但中間領域裡有一種感激可能不受過度倚賴的影響。對此我打算稱之為「自發性的感激」。人們時常已經習慣了在旅行中或其他日常互動時所發生的壞事。斯多噶學派的人避免憤怒的方法通常就是降低對這些互動的可能結果的期待，就像斯多噶哲人常用的練習**負面預想**（*praemeditatio malorum*）。一旦真的發生什麼好事，那是讓人意外而歡

喜的。遇到一個聰明且能幹的修車機師，或遇到一個確實知道自己在做什麼且說話謙和的電信公司技術人員，或遇到一個願意回答顧客問題而不會表現出不屑態度的超市員工，或在健身房遇到一個人願意耐心等候你使用體重機，不會表現出類固醇過高時典型的暴怒情緒與煩躁，而且講話時微笑又和善，甚至在同個健身房遇到一個少女送回你剛剛弄丟的文件，還禮貌地稱呼你，所有這一切都是日常生活中的意外好處，因為極罕見所以讓人感到愉悅。這只是愉悅嗎？或者也是一種感激呢？我相信時常是後者。

在那樣的情況下，愉悅的情緒是否不恰當呢？也許有人會說那並不恰當：你對最糟糕的事情已經做好心理準備了，所以讓自己不致發怒，那完全符合斯多噶學派的主張；但其實你並未真的停止在乎這些事。在盾牌底下，你還是在乎禮節與好的行為，你還是凡夫俗子，你只是假裝自己不是，藉此避免不時都在發脾氣。當你意外遇到別人的善行，你感受到的強烈情緒暗示著你還是執著於這些脆弱且不可靠的幸運，因此這樣的情緒是個徵兆，顯示你想成為斯多噶派的哲人還差得遠了。

或許如此。但或許感受瞬間的愉悅，而且想想那個做了好事的人值得受到好的回報（無論只是表示謝意並加上溫暖的微笑，或者在網路上給予好評），也是適當的。我喜歡較慷慨的解釋，因為無論如何，我們談的是愉悅與做好事，這始終是我們缺乏的，不需要複雜的理由才能去做。

讓我們來研究一個例子，以便更精確說明這樣的直覺。某天早上我到市場買菜要準備一場重要晚宴，我想買條魚做一道美味的印度

菜。我預料自己得花很長的時間除去魚皮。（在那個市場你無法期待額外的服務，而且我也不期待。）我跟一個男的買了六鎊的鮭魚片，因為我提到我要做什麼料理，他問我需不需要幫我除掉魚皮並切塊。我驚訝地張大眼睛，馬上點頭。看著他使用厲害的刀具加上高超的技巧，動作熟練、力道適中，我更加感恩，他不僅省下我許多時間，他做得還比我好很多。我對他的情緒有部分是因為他的技巧嫻熟而感到愉悅，有部分是感謝他主動幫助我。如果他沒有主動幫忙，我肯定也不會覺得不高興，那完全是意外得到的好處。所以我不認為我的情緒中有一絲一毫執著於外在善。那實際上是好的情緒，除了溫情的謝意，我也希望能給他某些回報（雖然我不確定除了寫下他的姓名給予好評外，我還能做什麼）。

在同事相處的領域，這類情況會有更複雜的形式。我要舉出兩個例子，在我敘述時會繼續使用路易絲作為分身。在第一個案例中，路易絲正進行一項系列演講的計畫，卻突然收到某位她已經多年未曾聯繫且先前曾對她的作品有些瞧不起的學者，寫來一封長篇且極有幫助也極富洞見的評論。他聽了她的一場演講，而後仔細閱讀她的手稿。她肯定不會期待他的評論，而且如果他並未提出任何評論，她必然也不會生氣。的確，經過了三十年，她最終做到讓自己完全無動於衷，即使那個人出現在大講堂裡，她也不會像塞內卡聽到拖拉板凳時那樣心神不寧，或者至少只有當凳子被拖了很久才會感到煩躁！儘管如此，她覺得非常高興而且感激，因為那些評論確實極有助於她的修正。雖然她若因此以為自己的職業生涯完全仰賴於這個人實在說不過去，而且若因此邀他共進晚餐也有些過頭，因為她真的不喜歡他，但

她覺得自己為此感激是適當的，因為他的評論相當全面，那花了他不少時間。（他工作速度很快，但即便如此……）或許他是出於某種善意原則而這麼做，但那又如何？那還是好的行為啊。

至於第二個案例，我們先回到早先關於案例 D 的討論，並加以更新。這個難搞的同事最終還是搭了二十個鐘頭的飛機，參加在開發中國家舉行的開幕會。但是他並未表現出疲累與焦躁的模樣，反而充滿正面能量。他不僅在開幕會上發表極佳的演講，也匆忙外出參觀城市古蹟，回來之後也滿是熱情提出許多問題。路易絲很感激他卓越的貢獻，感謝他除了出席之外也做出其他許多傑出表現，更感激他同樣熱愛她所熱愛的國家，以及他那整體上讓人意外的善意與好態度。

同事可以讓人得到愉快的意外經驗。由於許多同事很孩子氣，與他們共事時所發生的許多問題都源自於此，所以我們也要記得孩子們常常是歡欣愉快的。就像在偶然接觸的情況裡，我們可能以批判與苛刻的態度解讀路易絲的反應，認為她的感激顯示她不智且不當地依賴兩個靠不住的人。但為什麼不讓她就享受這種意外的快樂，而不加以批判，並允許她抱持希望對方獲得好報的想法？只要她不會改變謹慎小心的基本策略，為什麼她不能好好享受這意外的好運呢？簡言之，如果對自己慷慨是一件好事，為什麼在這裡不能這樣做呢？

這兩個案例跟偶然往來的情況並不相同，因為它們是關於路易絲應該關切的重要價值：在第一個案例中那是她的工作，而在第二個案例則是大學研發中心的開幕。由於她正當地關注這些重要價值，相較於偶然往來的案例，那些意外幫忙實現這些價值的人更能引發她強烈的感激之情。這種情緒不僅僅是「**總算**有個能幹的技術人員可以處理

這件事」，而是「這個人非常有助於推展一項重要計畫」。若這個人不幫忙，或甚至搞破壞，路易絲應該也能避免憤怒（如果她受到的損害非常嚴重，則應交給法律處理）。她肯定也能從別人那裡得到好的評論，而且也確實得到了。但在這個意外獲益的案例中，為什麼不能有感激之情，希望對方能得到好的回報呢？如果他交給她一些東西要求她提供評論，她也可能加以回饋，而且她的處事準則是同事的拜託優先，其他人則再說，這會是表達感激的好方法。再說一次，這並非誤以為人生有太多歡愉。當意外出現值得感激的事情時，太多苛刻的質問反而暗示一種不寬容的傾向。

還有另一項理由支持在這種情況下適切的感激：這種情緒能促進未來的合作。職場的人際關係是有界限的。它並未含有親密關係中那種深刻的信任，而只是一種較表面的倚賴。但它們確實攸關重要問題，所以鼓勵能改善人們生活的道德情感是有幫助的。

六、損及福祉：交由法律處理

如同截至目前為止的分析，中間領域基本上是個喜劇性的領域。喜劇時常是關於過度投入於某些實際上不太重要的事物：虛榮、吝嗇、執著聲名。對斯多噶的哲學家來說，整個中間領域都是喜劇，因為別人對我們所做的一切都沒什麼大不了的。但那是不對的。如果非親密的人破壞了你應當重視的事物，不論生命、健康、身體健全、工作與享受、重要財產、甚至不具財務價值但有情感價值的物品，也會造成真正的悲劇。在此我們應該加入嚴重到足以妨礙工作、受僱關係

與友誼的聲譽損害；也應該加入違反政治平等的歧視的那種尊嚴傷害。最後，我們還要加入不是傷害我們自己，而是傷害我們所愛之人的行為。

我的分析並不會讓中間領域混入親密領域。在親密領域，我主張那樣的關係本身就具有內在價值，所以當不好的事情傷害了另一方以及兩人的關係，我們會感到悲傷、失落與焦慮，那樣的感受是很有理由的。在中間領域，我們理應對於那些損及自己或所愛之人福祉的事情感到悲傷或焦慮，但是造成那種損害的人確實或理應只是偶然成為我們的關注焦點。然而，我們仍應對那樣的損害有所回應，也因此我們需要慈善女神。

這些嚴重損及福祉的事件是法律應該嚴肅看待的侵犯行為。在某些情況下，那需要費較多時間處理（性騷擾）；有些情況則對於分際有所爭執，而各個國家會劃出不同的分際（憎恨言論）；在另外一些情況中則較為模糊而難以做出判斷（損害名譽）。但是法律提出的關鍵問題通常是損害的嚴重程度。舉例來說，在性騷擾的法律中，「敵意的工作環境」必然比一般的冒犯是更為嚴重的妨礙。這種行為必須是「嚴重或普遍」，[21]「具威脅性或其他嚴重干擾」。[22]

我們將在第六章討論這類情況的法律／政治層面。但我們仍必須想想受害者。在此我們看到許多情況是一個人受到的傷害是相當嚴重且出於惡意的，或者至少對方是有過失的。我們之後將探問法律制度如何適當地肯認被害者的地位。但是被害者應該有什麼樣的情緒反應

21. *Harris v. Forklift Systems, Inc.,* 114 S. Ct. 367 (1993).
22. *Baskerville v. Culligan,* 50 F. 3d 428 (1995)，在此判決中，波斯納法官的意見書認為該項冒犯事件是很愚蠢的，但並未嚴重到足以構成性騷擾。

才是恰當的呢？再一次，這些情況不像第四章所討論的那樣，因為當事人之間沒有相互信任的關係，而且通常是毫無任何關係，除非那構成湯瑪斯・史坎龍（Thomas Scanlon）所說的「純粹道德關係」（bare moral relationship）[23]，只因為是人且具有道德，所以拘束人們的一套預期與規範，然而當事人時常歸屬於同一個政治社群。這是一種薄弱的關係，而且在大部分情況下當事人之間未來不需要有任何關聯，除非共同參與某項法律程序。

悲傷是這種個案中極重要也正當的部分，並視所造成損失的重大程度而定（不是親密關係中那種關係本身的損失，而是福祉的損失）。那是很清楚的。受害者必須處理那樣的悲傷，但那經常是很困難的。那麼憤怒又如何呢？

在此種情況下，對加害者的憤怒是可以理解的，而大部分的受害者若未經歷一段憤怒的時期且想要加害者受苦，或者以某種方式做出對加害者不好的事，反而才叫人意外。然而，我們能夠說的第一件事是，被害者應該將對付加害者的事交給法律，而不是自行處理。那是艾斯奇勒斯向我們揭露的根本轉變，下一章將進一步探討。但我們時常還是會想要自己懲罰侵犯者，法律在某種程度上也瞭解這樣的欲望。在普通法中的殺人責任的規範下，「充分刺激」之抗辯事由是指因為「充分」或「適度」的嚴重刺激，「而在激動情緒下」殺了人（那是以規範性的「理性之人」來加以定義），而且缺乏足夠的「冷靜時間」，若有此種抗辯理由，其違法行為可由謀殺減至殺人。然而，刺激的抗辯是一種減責事由，並不是免責事由：一個人仍然會因為未

---

23. Scanlon（2012），參閱附錄二。

將事情交給法律處理而被認定為違法。但有一點很有趣，法律也認同憤怒需要花點時間才能受到克制，因此在受害之後立即做出錯誤行為可以受到比過了一段時間才犯下錯誤更輕的處遇。

　　然而，在大部分的情況下，受害者並不會變成加害者，而是應該將事情交給法律處理。即使存在類似於受刺激所產生的情緒亦然。如果被害者在短期間內對於加害者感到非常憤怒，而且如果在那段時間他們一心一意想要讓傷害他們的人受到懲罰，我們可以不用對受害者過於苛責；我們很容易可以理解加害者的面容與身體可能在一段時間內占據了受害者的心思與想法。可是如果持續專注在加害者身上以致沉迷其間，這樣的行為應該加以責難（並尋求治療）。短暫的憤怒後要邁向轉化，使受害者的關注焦點轉向社會福祉，以及法律制度該如何促進社會福祉。與其過度執著於找尋謀殺犯、強姦犯或竊賊的蹤跡，人們應該以更宏觀的方式關注犯罪，尋求適當的法律運作方式以促進其他受害者或潛在受害者的福祉，就像第二章裡談到安琪拉那樣。受害者時常只關注他們自己受害的那一類犯罪類型，就像生病而尋求社福制度協助的人只關注自己（或家人）特有的疾病，這雖然不符理想，但看起來完全沒錯，只要這樣的努力匯集起來足以提升整體的社會福祉。

　　如同我們一直說的，被害人確實需要傷心一陣子，並且處理他們經歷的失落感受。但是不能因為這樣的需求而沉迷於對加害者的報復幻想。藉著將事情轉交給法律，他們可以讓傷害獲得轉變，使那些犯罪不再只與受害者有關，而是關於如何讓社會變得更好。再說一次，我們必須堅持個人尊嚴，但這不表示必須追逐某個人並對那個人過度

憤怒。讓無偏私的正義按其程序運作並不是懦弱的表現。以暴制暴能讓事情變得更好嗎？過度執著於讓加害者受苦只是讓我再度想起加害者那些惡意且可恥的事。為什麼那樣的行為要讓我變成像衝動的狗一樣？加害者是否應該受苦應是一個純屬展望性的問題，法律制度應該以自己的方式去處理。

那寬恕又如何呢？基於相同理由，專注於寬恕特定的侵犯者也是有問題的，因為那會讓思緒釘在某個人身上以及過去發生的事。就像第四章所討論的：如果別無其他方法可以在與憤怒的交戰中獲勝，或許專注於寬恕是恰當的。但是對於治療師說的話我們應該存疑，因為他們正是靠這種模式來賺錢。或許專注於工作或有建設性的政治活動也不錯，甚至更好。談到悲傷時，人們通常認為不需要透過冗長的治療過程與悲傷奮戰，只有在過度而病態的悲傷時才有必要。那麼對於憤怒，為什麼我們要做不同的對待呢？在親密關係中，兩人的生活緊緊交纏，所以只要關係破裂，好比一方死亡，需要花費不少時間與心力去療癒。但是與陌生人的互動則不需如此，所以人們應該透過任何可能有效的方法避免過度關注陌生的加害者。

然而被害者的憤怒難道沒有嚇阻效果嗎？在這個領域我們必須謹慎區別這種說法與懲罰的嚇阻效果。懲罰嚇阻論是說得通的，我們將在下一章加以探討。但憤怒嚇阻論則是說不通的。當然如果被害人永遠沒注意到強姦或謀殺行為，就不會有處置這些行為的法律，也就沒有嚇阻效果。而被害者與其他人必須確實具有特定的心理狀態，任何可能有效嚇阻犯罪的政策才可能獲得支持。有時候被害者的發聲有益於激發公眾認真看待特定類型的侵犯行為，就像酒駕與性騷擾案件的

情況。但是在這些案件裡，是因為被害者（與其家人）所受的**損害**與**痛苦**極其重大而產生社會效果，並不是因為他們的憤怒。而被害者的行為絕大部分也是轉化式的，而非報復式的。所以我不認為被害者與其家人只是因為覺得憤怒有助於嚇阻，於是就醞釀並耽溺於某種原本無用且過度幻想的憤怒。

七、好脾氣

塞內卡的建議說得容易，但要做到很難。他承認即使多年以來謹慎留意，仍一再陷入憤怒情緒。（在本章中我也跟隨他的例示，無論是我自己的故事，或者我所描述的路易絲的故事。）但他提醒了我們，有很多方法可以讓我們自己不受到憤怒的誘惑。他鼓勵諾華托多跟那些不發怒的人在一起，或者有時候至少做到這一點。更一般來說，人們可以試著迴避那些會被激怒的情況，例如不要時時在網路上搜尋自己的名字，以及不要閱讀別人評論自己著作的意見。最後，對我們這些從事法律行業的人，他提出一項建議：不要跟律師打交道，別打官司！

而他也提出一項永遠有效的建議：對於難料的世事要培養幽默感。「可以用許多方法去控制憤怒；讓許多可能發怒的情況轉化為戲劇與玩笑。」（III. 11.2）（被朋友取笑可能是達成這種「心態轉變」的好方法，儘管塞內卡並未這麼說。）要轉變心態通常需要走出自尊受傷的情緒：「努力回復平靜，然後大笑。」（III.37）亞里斯多德關於好脾氣的說法也得到了支持。塞內卡還提出進一步的建議：一種幽默且

超然的態度，這樣人們就不會把自己遇到的事當作地動山搖了。可能真的沒有地動山搖。但如果問題確實很嚴重，我們應該把它交給慈善女神去處理。

第六章
政治領域：日常的正義

　　所有法律都有也應該有一個共通目的，就是累積社會的總幸福；因此必須
竭盡所能盡快地去除所有可能減少幸福的事物；換句話說，要去除惡害。

　　但所有懲罰都是損害，所有懲罰本身都是惡的……如果必須認可這件事，
應該只在能夠去除更大之惡的範圍內。

——邊沁，《道德與立法原則》（ The Principles of Morals and Legislation ）

　　「伊班轟澤·史古基先生，在今年這個歡慶的季節中，」那位紳士這麼
說，並且拿起筆，「我們比平常更應該捐贈一點點給窮苦的人，他們正承受極
大的苦難。有如此多人得不到日常所需，無法享有最普通的舒適愉快。」

　　「監牢都關了嗎？」史古基這麼問。

　　「有許多監牢」，那位紳士這麼說，把筆再次放下。

——狄更斯，《聖誕頌歌》（ A Christmas Carol ）

一、慈善女神

　　艾斯奇勒斯描述法律與政治正義從古老的報復式憤怒脫胎而出的
過程。復仇女神的存在原本是為了追逐為惡者，對他們施加痛苦與災
厄，但現在她們變得仁慈且前瞻，保佑土地並追求住民的福祉。她們
也變得理性，能傾聽說服的聲音。作為法律的守護者，她們仍然透過
激發恐懼以嚇阻違法行為。但是她們讓自己的怒氣沉睡。（8323）她
們強調防止犯罪而非討回公道。她們的防範策略包括廣泛地籌謀社會
繁榮與福祉，減少飢貧與病痛，並接納所有的公民。也包括創建刑事
司法制度。

　　以下兩章我將討論政治領域，看看對政治制度某些層面的憤怒進
行批判會有何種後果。艾斯奇勒斯給我們一些想像，但不足以構成理

論。公元前五世紀欣賞他作品的雅典人對民主懷抱著熱情，但是在我們感興趣的政治領域，他們對於制度設計思慮甚少。他們沒有公設的檢察官，那種至少能夠承諾對於何種違法行為有必要進行追訴會進行公正判斷的公務員。所有的追訴都必須由公民發動。[1]（也不區分刑法與民法。）這種制度引發許多問題，包括有爭執的人們可能互相進行敵意的追訴（例如對蘇格拉底的起訴就是由某個敵對者發動的），或者憑藉著財富與地位的不對等而發動的訴訟（起訴耗費時間，委託律師還得花錢），而且對那些未損及有權勢者的違法行為便沒有人會提起訴訟。柏拉圖的《尤西弗倫篇》（*Euthyphro*）便討論過最後這個問題，顯示這樣的制度對良善的人造成極大負擔。尤西弗倫的父親謀殺了一個無公民身分的臨時工卻不需付出任何代價，因為沒有人為那個臨時工發動訴訟，直到尤西弗倫決定代表那個死去的臨時工追訴他父親。對話清楚顯示一個兒子把父親告進法院是很有問題的；然而一個殺人犯不受追訴也是很有問題的。因為欠缺公訴人，這種問題處處可見。

最糟糕的是，私人追訴的制度鼓勵了熱烈的報復心。第五章主張被害人較適合的轉化進程是對失去感到哀悼，但必須不再與侵害者產生交集，讓公正的司法接替後續的工作。但雅典的制度讓被害者難以脫離加害者，被害者陷入復仇女神之境，有義務追究特定的侵犯者。這種制度本身似乎促成了持續的憤怒與對報復的執著。因此雖然在其他層面上古代雅典制度嚴肅地處理了《歐墨尼得斯》裡戲劇性呈現的議題，將憤怒視為政治社會中的一種疾病，認為社會大眾有責任治療

---

1. 參閱 Allen (2000; 1999) 的卓越討論。

並重建病態的人際關係，然而這個制度事實上一直維持先前即存在的復仇倫理。[2]

無疑的這種讓人不滿意的特性，加上它對蘇格拉底的審判與死亡影響甚鉅（他被自己的一群仇敵起訴），有助於解釋許多希臘哲學家何以會批判政治應報主義，並且不斷透過專注於改造與嚇阻的法律制度來加以取代。的確，這樣的追尋始於蘇格拉底本身，他拒斥以**報復法則**（以牙還牙、以眼還眼）作為處理受害者的基本原則。[3] 事實上在柏拉圖較早期的作品《普羅泰戈拉》（*Protagoras*）裡，這樣的追尋相當明顯，該書細膩地論述嚇阻與改造。在那部對話錄中，普羅泰戈拉宣示了以下的政策[4]：

那些承諾理性地進行懲罰的人，並不是為了已成過去的錯誤而這麼做，畢竟往者已矣，他們是為了將來，那樣的過錯不能再犯，無論是原本就為惡的人，或者那些看過為惡者受罰的人……人們是為了嚇阻而懲罰。[5]（324A-B）

如果丹尼爾·艾倫（Danielle Allen）的說法是正確的，也就是說古希臘的懲罰是追尋憤怒之疾的解方的漫長過程，那麼這些思想家並非如同艾倫所說的那樣拋棄先前傳統，而只是採取合乎邏輯的下一步，

2. 艾倫對於將憤怒視為疾病有極佳的說明，但我認為她後來提出的辯護理由欠缺說服力，她認為雅典式的追訴是處理扭曲的社會關係的好方法。
3. 參閱 "Socrates' Rejection of Retaliation"，收錄於 Vlastos (1991, 179-99)。他的論述來源是柏拉圖早期的對話錄，特別是《克利同篇》。
4. 雖然是普羅泰戈拉而非蘇格拉底這麼說，但普羅泰戈拉這個角色贊同蘇格拉底的立場，而柏拉圖可能也贊同這種論述。
5. Vlastos 譯文。

主張在政治生活中治癒憤怒之疾的最佳方法便是拒絕以憤怒為基礎來設計制度。[6]無論如何，尋求一種前瞻式而非報復式的懲罰理論，以及更上位的刑事司法理論，並非邊沁的創見：那是柏拉圖與蘇格拉底兩人對論述惡意行為的主要特徵，不僅是人際關係的特徵，也是法律與制度的特徵。就此而言，他們均追隨艾斯奇勒斯所創造的未來想像，呼籲若要追尋那充滿吸引力的理念，就必須揚棄雅典人某些顯著的慣例。然而他們的提案一方面過於薄弱，一方面也因為拒絕透過民主制度的協助而過於局限。

　　在本章我將思考侵害行為造成什麼樣的結果，以及當它們成為政治正義的制度所關切的對象時，會激發什麼樣的情緒。此等制度的何種特點最能嚴肅看待侵害行為，卻無須擁抱憤怒呢？在下一章裡，我將思考如何從一個存在深層結構性不正義的時代轉型到期望能超越不正義的時代。這樣的區辨並非始終都很明確。在一種基本且延續的憲政框架下，可能發生從普遍的不正義到更接近正義的制度轉型，就像美國的民權運動期間那樣，那是透過憲法的重要再詮釋而非廢棄憲法所推動的變革。或者那可能涉及以某種新制度取代舊制度，就像在南非的情況，該國通過了新的憲法。但是這兩個案例的差異與其說在類型，不如說是程度有別，兩者都能被視為我所稱的「革命正義」（revolutionary justice）的案例，從而本章只討論在法律框架下處理對個人或團體的侵害行為，只要這樣的法律框架的基礎無論在抽象與一般層次上均非根本的不正義。[7]

---

6. Allen (1999).
7. 這是憲法詮釋的事，無論民權、女權或同志權。還有其他事物可能讓人主張美國憲法仍允許根本的不正義（在社會經濟領域）。但是人們也可能像小羅斯福那樣主張國家的核心承諾包含承認社會與經濟的基本權。

　　針對這兩種狀況，我都依循對憤怒的批判理論，並探問在這個新的脈絡下，那樣的批判會得出什麼結果。有一項長期以來的傳統主張，為了政治正義必須有憤怒的情緒。時常有人聲稱，這樣的情緒是我們作為負責的主體彼此互動時必要的特點，而且為了表現對受害者尊嚴與自尊的在乎，必須有這樣的情緒。

　　這樣的主張事實上是什麼意思呢？有些實證主張表示必須有憤怒的感受才能驅動人們追尋正義，並且讓他們繼續追尋。這樣的主張很有趣，但屬於臆測，而且在日常的法律運作中難以評估，因為法律運作涉及大量的行為主體（被害人、被告、律師、法官與許多其他人），不同的人無疑受到許多不同的情感所驅動。甚至人們時常不明白是什麼情感驅動了他們的行為。另一個比較能探討的問題，也是我要探究的問題是：法律制度本身表現出什麼樣的情感，從應然面來看哪些情感是好的？或者用另一種方式來問：若將正義擬人化，正義之人會不會對違法者感到憤怒呢？如果不會，那樣的虛擬人物應該表現出何種態度？

　　我們必須同時關注寬恕與道歉的關聯。在政治正義中，表現這些概念與情感的公開儀式應該扮演何種角色呢？

　　我主張政治制度應該仿效慈善女神：表現出對社會福祉的前瞻性關注，避免在三聯劇中被描繪為荒謬的（以為嚴懲能修復損害）且在應然面上對城邦亦屬有害（鼓勵應報的想法將造成無止盡的報復）的回顧式的憤怒。政治制度不應含有不一致且規範上有缺陷的想法。儘管如此，若要發揮保護福祉的功能，政治制度就應該嚴肅看待侵害的

行為並加以防止；若真的發生侵害時，必須以慈善女神式的精神加以處理（以下我會試著說明）。制度上有許多具體的辦法可以避免復仇女神再臨，而我們可以描述這些方法，儘管限於篇幅無法窮盡。

就像雅典人強調的，制度必須公正無私，由善意所驅動。它們也應該有良善的意圖。就像好的父母、夥伴與同僚那樣，它們應該體現對正義的愛，以及超越僵固法條的慷慨精神。我們在其他領域中對憤怒與寬恕的探索，已經足以讓我們看好這種前瞻性的慷慨態度。在本章，我們的任務是在政治領域中調和司法公正、承認錯誤行為，以及帶著同理的慷慨。

我們仍然必須注意信任的問題，那在分析親密關係時是很重要的。我主張親密關係要能發展，雙方必須在某些重要層面上願意承擔可能受到對方傷害的脆弱性，而不是單純**仰賴**對方怎麼表現（這與對對方可能的行為感到悲觀或懷疑並不衝突），將自己的幸福交付在他人手上。在政治社群中也有幾分類似的情況。如果公民只是**倚賴**制度以特定的方式發揮作用，一個有周全制度的社會依然無法穩定，因為這樣的倚賴和對制度與官員的不信任並不衝突。舉例來說，在一個腐敗的社會，公民還是會**倚賴**貪腐的官員、腐化的司法制度。在一個種族主義的社會，少數族群**倚賴**壓迫他們的主流族群。在這樣的例子，倚賴產生了自我防衛的藉口與抗拒。如果一個社會要維持穩定，而不只是企望在**活路模式**（*modus vivendi*）下苟延殘喘，而且如同約翰·羅爾斯（John Rawls）所說的，「為正確的理由」而穩定，那就必須培養對原則的堅持，以及願意承擔脆弱的決心。[8] 若無信任，這種脆弱是不可忍

8.　Nussbaum (2013).

受的。因此如何創造信任是良善社會應該持續關切的事。

　　政治社會需要培養的信任迥異於親密關係的那種信任，因為它們
所涉及的愛是不同的。但是這兩種愛與信任都表示願意將自己的幸福
交託至別人手上；在政治領域則是交託給制度，而非採取自我防衛與
逃避的行動。

　　就最廣泛的層次來說，我的取徑屬於結果論或福利主義，我必須
一開始就表明我與它們的相同與相異處。如同我其他討論政治正義
的著作，[9] 我主張一個最低限度的公平社會的必要條件在於它必須保護
她的人民擁有一定程度的機會或「能力」。這些能力是多元的且具有
內在價值，不同於它們可能創造的其他善果。一個社會若忽視這些能
力，只為追求財富或成長，就達不到最低限度的公正。社會對某些機
會亦須一視同仁不能代換取捨，也就是不能讓公民在任何領域中受到
低於門檻的待遇。這樣的能力包括經濟上的利益，也包括基本權與自
由，並應肯認人性尊嚴是串連這些事物的核心。[10] 雖然這些能力是分
別的，但它們也互相支援，而且大致上是藉由參照整體可行的政治目
標來界定。

　　因此我的主張既非邊沁式的，也與最為人知的經濟功利主義不
像。毋寧說在精神上極接近彌爾主義，而且整體來說不適合歸類為福
利主義的哲學支派。[11] 它的確具有義務論的要素，因為侵犯個人的能

9.　Nussbaum (2000b; 2006; 2010a).
10.　關於人性尊嚴所扮演的角色有一點必須補充說明，就我的觀點來說，人性尊嚴無法脫離其他主張與
　　原則而單獨定義，參閱 Nussbaum (2010a)。
11.　事實上沈恩是這樣理解的，他參照彌爾的理論而得出他所說的「能力取徑」，而且也費力地論證結果
　　論能夠調適權利使其成為內在價值，參閱 Sen (1982)。我的應然面政治觀點與其他形式的結果論之差
　　異在於界限：我引入能力取徑只是作為多元主義社會政治原則的基礎，而非作為善或繁榮生活的全
　　面性原則，然而大部分的結果論者將他們的觀點描述為全面性的原則。那樣的差異在以下的論理中

力被認為是不正義的，無論那樣的能力會產生財富或其他益處；而保護各項能力本身在政治上就是一種善。然而，我認為此種觀點整體來看可以正確地定義為一種政治福利主義，比其他理論具有更豐富、更多樣貌的福祉。

二、問題同樣在於錯誤的社會價值

就像親密關係領域與中間領域那樣，錯誤的社會價值也是政治領域的普遍問題。如果人們強烈不贊同法律制度背後的價值，便不會支持、甚至遵循這樣的制度。甚且，普遍的公眾支持不僅是一項實際要件，也約束了政治正當性。任何方案如果不能讓人民接受，便無法通過基本的規範測試。舉例而言，亨利・西季威克（Henry Sidgwick）所偏好的「官府式」（Government House）功利主義主張只有少數菁英才知道政治選擇的真正原則，即嘲諷對政治正當性來說看似必要的透明與公眾認同。但當前的社會價值時常是有瑕疵的：我們需要什麼才能彰顯我們所提倡的價值呢？

羅爾斯的**政治自由主義**主張要具有正當性，必須證明所提出的價值可以成為公民所接受的主要的合理的宗教與世俗原則的共識。然而，他並不堅持這種共識必須現在就存在。他另一項更有說服力的主張是，一個人只要能證明有一合理可行的路徑能隨著時間並透過論辯而達成此種共識。[12] 我贊同這一點，我也進一步贊同羅爾斯認為我們

不具重要性。

12. Rawls (1986), "The Idea of an Overlapping Consensus"。關於羅爾斯的說法，參閱我在 Flavio 與 Nussbaum (2014) 合著撰寫的前言。

毋須證明那樣的政治概念是一種全面性的原則，但我們必須尊重主張
各種不同且合理的原則的人。接著我必然面臨一項艱鉅的挑戰：我們
所主張的不憤怒原則應該採取何種具體的形式，才可能被多元主義社
會的公民所認同呢？目前看來即使不是絕大多數當代社會的絕大多數
公民，至少有許多人都推崇競爭、追求地位、男性的榮譽感，以及復
仇心，而這些心態可能會讓多數人不僅無法認同我所主張的理念，還
有可能斥之為軟弱且無男子氣概的。

　　我相信確實會有這樣的挑戰。但我們可以指出此等理念獲得普遍
成功的近期事例，以此作為論證的開始：甘地與金恩博士，以及曼德
拉擔任新南非領袖時的作為。我將在第七章進一步討論所有這些案
例。還可以加上第三章討論過的南卡羅萊納州被害人家屬不憤怒的反
應。這些案例顯示我對憤怒的批判不僅對知識分子具有說服力（因為
他們的專業傾向可能讓他們不認同流行的「男性氣概」典範），也能
為社會大眾所接受，甚至那些在此等演變具有影響力之前並不接受它
們的人，或者自認為不贊同這些理念的人。這三位領袖之所以迅速獲
得成功，在相對短期內讓數百萬人認同他們的典範，可歸功於他們串
連了宗教傳統：基督教、印度教與傳統非洲宗教的主要支派，以及整
個佛教的思想。訴諸宗教思想有助人們覺得自己和這些理念站在同一
邊，對於領袖的話他們不會感到陌生，而是看作挺身而出的召喚，要
求他們擺脫文化包袱；這些包袱與某些更深層且過去未曾思考的承諾
相衝突。

　　因此我們不能誇大地說整個當代文化都反對我們這裡的主張。如
果有這麼多人能夠在金恩博士、甘地、曼德拉或者某種深刻的個人經

驗的影響下快速改變，就證明了我們的文化在此方面尚無定論。[13] 人們可能將小說中的正義使者浪漫化，但是整體來說，我們在現實生活中並不想遇到這樣的人；人們很樂於一面讚許這樣的正義使者，但又支持奠基於不發怒的言談與論辯的法律秩序。[14]

在哪些層面中法律必須抵抗最獲普遍信仰的思潮呢？其一在於決定法律何時介入是適當的。如同我說過的，並不是每一種普遍會讓人感到憤怒的情況都涉及對福祉的嚴重損害，儘管人們時常認為有如此的損害。如同塞內卡所說的，人們會將小事化大，而且時常因此變得亟欲懲罰別人，「路怒」（road rage）只是其中一個例子。就算不是大多數文化，至少在許多文化中，有損榮譽會演變成因憤怒而起的暴力，儘管法律並不支持對此種損害的普遍觀點。決鬥早就是非法行為了。人們也已普遍認為跟蹤及親密伴侶間的暴力是值得法律介入的問題。同樣的，即使流行文化有時會讚揚「男子漢式」的暴怒，但現代民主通常不認為羞辱或其他損害地位的行為可以正當化暴力的使用，不管那樣的行為有多麼讓人生氣。

在美國的殺人罪中，「合理的刺激」是慈善女神出現之前的社會殘跡：一個人如果因為「充分的刺激」引發憤怒而殺人，有時可以獲

---

13. 參閱 Levmore 與 Nussbaum (2014) 合著的前言部分。
14. 關於這些複雜問題，有一文本提出極吸引人的反思：Wallace Stegner 的小說 *Angle of Repose* (1971)，其中描寫在十九世紀美國西部，一位來自東方世界的女性與一位強壯但沉默的宅男墜入愛河，兩人結了婚：參閱退休法官 Howard Matz 的論文關於這個悲劇故事與美國法律的關聯性之討論，該篇論文收錄於 Levmore-Nussbaum (2014) 合編的選輯。也可參閱同一部選輯中 Saul Levmore 所著 "Snitching, Whistleblowing" 與 "Barn Burning': Loyalty in Law, Literature, and Sports"，這兩篇論文對福克納的小說故事與美國法律及文學對「告密者」、「非男子漢」的角色進行解讀，也可參閱 Nussbaum, "Jewish Men, Jewish Lawyers: Roth's 'Eli, the Fanatic' and the Question of Jewish Masculinity in American Law"，本文主張（就像 Roth 在 Tzuref 中所說的那樣）法律根本上是猶太精神的，也就是基於討論而非自作主張，基於憐憫而非憤慨的榮譽感。

得某種程度的減刑，從謀殺減至非預謀殺人。在過去，榮譽感被侵犯或某種損及地位的行為可能構成「充分的刺激」，尤其是在通姦的情況；而現在要構成「充分的刺激」，該侵犯行為必須符合彌爾理論的真正損害，例如攻擊一個人或其家人。如同我在第五章主張的，以刺激作為抗辯事由，（通常）要求被告證明報復性的暴力行為是在沒有充分的「冷靜時間」下發生的，這就像我主張的在回復冷靜而回歸法律之前，於短暫時間內不當地發怒的人可以較不受嚴厲苛責。然而，對侵犯者使用非法的暴力仍然無法免責，就像抗辯理論所表示的，那只能作為減輕責任的事由。就我來看，抗辯事由本身是一種不幸的舊式作法，創造了一個漏洞，讓有關侮辱與地位的舊觀念可以溜進刑法。[15] 然而，就大部分的情況來說，該項法則已經考量了我在此所提出對於憤怒的批判。[16]

　　然而，錯誤的社會價值可能威脅法律秩序之處不只在於各種侵犯行為的歸類。一旦起訴並被判罪之後，許多人對懲罰的觀點是更加頑固也更加反艾斯奇勒斯。應報的概念繼續主導，儘管這樣的想法兩千年來飽受批評，批判的理由也是人們極能瞭解的。雖然蘇格拉底、柏拉圖與邊沁提出各種論理，更不用說甘地、金恩博士與曼德拉的言行，許多人仍然偏好符合應報模式的懲罰，認為「違法者必須受苦」，而且必須「付出代價」。即使他們也喜歡嚇阻理論，卻傾向認為只有應報式懲罰與製造痛苦才能有效嚇阻。其他的懲罰觀點一再被貶

---

15. 關於各時代的改變，從地位型的冒犯（特別是男性榮譽）到真正的傷害，參閱 Kahan and Nussbaum (1996)。
16. William Ian Miller 曾主張即使在早期強調「榮譽感」的文化中，對地位的報復式競爭也受到社會的規訓而導向以談判為之。參閱 Miller (1990)。

抑為軟弱且無男子氣概，而政治人物如果不能充分展現出「強悍地打擊犯罪」，亦即「嚴苛」、「製造應報式的痛苦」（無論能否嚇阻），就會輸掉選舉。[17] 如果有人跟我一樣認為對於傷害的適當反應是前瞻性的思考與福利主義，而且抱持慷慨與社會復歸的觀點，這樣的想法必然與主流的情感有極大衝突，而這一點本身就可能危及我的提案的成功可能性，即便其論理上的正當性仍獲接受（因為顯然可以看到就此問題這條路徑最終能讓人們達到共識，即使現在看來仍屬遙遠）。

　　儘管如此，就此議題來看實際的任務仍非無望，而且嚴苛的監禁方式顯然無法達成嚇阻效果，人們逐漸以「明智打擊犯罪」（smart on crime，意指做能證明有嚇阻效果的事）取代「強悍打擊犯罪」（tough on crime）的口號，以回應社會大眾的情感。[18] 人們都希望採取任何有助於勸阻犯罪的作為，而且他們瞭解懲罰最終必須是為了保護重要的人類價值。

　　懲罰是個大問題，本書無法詳盡討論。但是一種有說服力、以不憤怒的精神為基礎的犯罪行為理論還是很有機會消除反對意見。在開始之前，人們可以論述傳統的懲罰理論已經含有某些不憤怒的想法，例如反對懲罰中的羞辱與殘酷的行為。美國憲法禁止「殘酷與異常懲罰」是難以解釋的，而且未曾援用於一般的監禁作為；但是憲法中出現這樣的詞語必然顯示即使是十八世紀的建國者也明瞭國家作為懲罰者的道德界限。那麼就讓我們回到理論建構上。

17.　參閱 Coyle (2013, ch3) 卓越的社會語言學研究。
18.　Coyle (2013, ch3).

三、不法行為與法治：應報主義者與矯正主義者的挑戰

　　國家該如何處理不法行為，以及因此產生的憤怒呢？我的主張是如果某種傷害嚴重損及福祉（不只是地位），法律必須嚴肅以待。但當然法律可以嚴肅看待傷害，卻未必要嚴肅對待錯誤的行為——倘若不去區別意外與天災造成的損害與故意的錯誤行為。這樣的法律制度仍然可以展現對受害者的同情，補償他們，嘗試保護他們往前走不再受到類似傷害，但它連憤怒的表現都沒有，甚至沒有錯誤傷害的概念。

　　然而，此種法律制度可能太過粗糙，無法有效保護公民繼續向前；因為保護人民免受地震、水災、其他自然災害之苦的策略迥異於保護人民不受他人惡行的損害。而且那樣的制度缺少被害人似乎有權要求的事：公開承認那個行為是錯的，而不只是一種不幸。如果制度將謀殺犯只當作突然發狂吃掉人的老虎，不僅無法保護未來不再發生此等惡行（因為嚇阻人與嚇阻老虎需要不同的策略），也未給予被害人與所有人應得的尊重（未肯認法律所保護的人類價值的重要性）。就此而言，制度必須回顧過去，才能邁向未來。即使治療病態的社會關係是首要的任務，還是必須先承認錯誤才有可能邁向復原。[19]

　　為什麼承認錯誤如此重要呢？很多原因可說，但我認為最重要的在於向前看：必須公開承認錯誤才能維護並強化信任，或回復已經失去的信任。如果信任的連結已被侵蝕，甚或完全破壞，要回復信任就

19.　Allen (1999) and Walker (2006).

必須對於什麼是錯的、什麼沒錯產生共識。[20] 即使在運作良好的社會，如果制度並未嚴肅看待錯誤行為，以某種公開方式承認其重要性，則對公正的政治制度的信任仍會消蝕。社會契約的內涵在於保護人類生命與人類之善，國家必須宣誓生命與人類幸福的要素是重要的。

所以制度不應將謀殺與老虎傷人等同看待。他們應該清楚表現這樣的想法：「X做了這件事，而那是錯誤的。」如果我的說法是對的，則他們不能掉入憤怒投下的兩道陷阱。一方面，他們不能主張說與損害程度相符的痛苦能夠修復損害。這種對於懲罰的強烈想法影響了我們大部分人；但那是一種神奇的抽象理論，無法經得起理性之光的照射。它在應然面是有瑕疵的，而我們希望我們自己與我們的法律都是理性的。我們無法以折磨加害者而讓謀殺變成未發生，其他犯罪亦然。只要加害者受苦，我們便覺得好像回復了某種「平衡」；人們用來主張這一點的各種理由都暗示著折磨Y就能讓X受到的苦少一些，或者消除已經造成的損害。但如果法律表現得好像可以修復過去，那是非理性的。儘管這種想法如此普遍且有深層的人性根源，但我們不能忽略了它們的無知。[21] 就像柏拉圖所說的：理性進行懲罰的人不會為了過去的不正義而懲罰，而是為了未來。

法律也不能錯將犯罪看作只是「貶低」或羞辱X，認為修復就是透過回頭羞辱Y而讓Y的地位低於X。這在概念上說得通，但在應然面上是有問題的。法律不應認同扭曲了許多社會的地位執著，應該堅持所有人的人性尊嚴都是平等的。（如我說過的，人類的平等與尊嚴

---

20. Walker (2006).
21. Mackie (1982).

是地位特殊且與生俱來的，並透過各種受保護的能力加以界定；它們不是一種相對的位階。）

　　所以法律能說什麼呢？首先，它可以說，O 做了一件錯事，而那個錯誤很嚴重。如果你要說這是法律中的應報元素，我也可以接受，而邊沁的功利主義懲罰論也是這麼說的，但是人們最熟悉的應報形式還不只於此。如果法律既理性也關注正確的事，也就是關心人民福祉而非地位，那麼它必然會做出這樣的聲明，而後轉向關注未來，選擇能阻絕犯罪又能達成一般嚇阻與特別嚇阻效果的策略。在這樣的過程中，法律確實可能帶有明確的轉化的憤怒，主張該項錯誤讓人氣憤，應該有所因應作為。轉化的憤怒事實上只是我想像法律提出的兩項主張的情緒結合：那個錯誤行為很糟糕，我們必須以前瞻性的態度仔細思考如何處理。

　　此時，一個理性的立法者會揚棄管理錯誤行為所引發的爭論，也就是有關「懲罰的正當理由」的爭論。事實上我傾向認為合理的思考過程是未來幾十年完全拒絕使用「懲罰」這個詞，因為它局限了我們的思想，讓人誤以為對應錯誤行為的唯一適當途徑就是施加某種「惡害」（mischief）在為惡者身上，就像邊沁所用的詞語。我們面臨的問題在於如何處理整體的錯誤行為，而不是如何處罰那些已經做錯的人。如果我們還是使用懲罰這個詞，應該同時想想處理犯罪問題的其他策略，從而關於「懲罰的正當理由」的爭論其實應該在於社會可以**事先**採用何種策略以減少犯罪（某程度上也有**事後策略**）。即使最細膩的應報主義在這一點上也犯了錯，偏執於為惡者「應得」什麼對待，而非更大的人類福祉，以及如何保護的問題；後面這兩個問題應

報主義者與功利主義者應該同樣重視。

　　我們確實可以將**事後**的懲罰視為一種嚇阻機制（包括特別嚇阻與一般嚇阻），視其為保護人類重要價值的方法之一。或許很多違法者都可以被改造，雖然並非透過我們所知的監獄來進行。但是我們必須思考**事前**嚇阻這個更大的議題。如同邊沁所強調的，避免錯誤行為是一種複雜的任務。我們必須以最廣泛的方式思考，探問營養、社會福利、教育、就業與各種建設性措施可以如何做出貢獻。邊沁主張若人們真正想要的是減少犯罪，著重事後懲罰是很沒有效率的，我們通常可以用「更低的成本以相同的效率達成一樣的結果，例如教導與恐嚇的結果是一樣的：提供資訊能讓一個人瞭解，就像直接影響意志那樣」。[22] 事後懲罰是一種反饋機制，運用這種機制便表示我們承認事前的策略已然失敗。

　　無論如何必須探究整個問題。邊沁在其他作品中對這個議題有極多闡述，但許多這類寫作並未出版，而是透過邊沁專案（Bentham Project）逐步發表，他的《人生志業》（*magnum opus*）並未完成。在《道德與立法原則》中，他把重點擺在狹隘地以功利主義的精神重新建構「懲罰」的概念。但是我們應認同他說的：大部分社會未能就更大的防範犯罪的脈絡去思考「懲罰」是一種很不可思議的失敗。

　　我們並非總是會犯下這樣的錯誤。想想電梯的情況。一個旅人到了遙遠的異國，發現那裡的電梯很不可靠。它們時常是粗製濫造的，而且維護不良常故障。沒有電梯相關的法律，沒有強制檢查，也沒有許可或認證。但房東告訴她不用擔心：我們不會浪費錢在這些事情

---

22. Bentham (1948, 177).

上，不過我們確實花了很多錢對付違法者，對他們判處重刑，然後由
國家負擔監獄費用，好讓這些做壞事的人知道應該付出什麼代價。這
位旅人很有理由認為這是一個非常奇怪且非理性的社會，而且這樣
的社會並未嚴肅看待人類的安全。（地震、火災等等也可以做例子。）
但我猜想大部分社會對大多數犯罪都是採用這種不嚴謹的態度加以看
待。更奇怪的是，不同於無生命的電梯，犯罪人都是平等的公民，他
所屬的社會承諾過要保障並提升他的福祉。

　　為什麼有關犯罪的辯論變得如此狹隘？可能原因之一在於「懲罰
的正當理由」對哲學家來說是很有吸引力的議題，也是哲學技巧適於
處理的議題，但更大的犯罪問題則需要跨學科的探討，而且在任何情
況下都是很困難的。但這樣的問題並不會讓社會用我想像的那種不慎
重的**事後**方式來處理電梯、水災區與震災區的房屋建造等等問題。

　　限縮論辯的第二個理由在於福利主義者的嚇阻理論也限制了他們
的焦點：為了回覆應報主義者，不同於邊沁，許多功利主義者著重於
懲罰而忽略了其他福利主義的策略。

　　第三種解釋在於人們認為事前的福利主義策略將耗費過多資金，
但他們忘記監禁是極昂貴的。美國各地的監禁成本都不同，聯邦監獄
受刑人每年大約花三萬美元，而州監獄受刑人的數據比這高出許多
（加州每年每人超過四萬美元）。就紐約市來說，根據近期的研究，超
過六萬美元，但如果考量監禁的總成本（包括獄警的薪水、建築物的
維修費用等等），該城市的監禁成本每位受刑人高達 167,731 美元。[23]
美國人口占全球的百分之五，但在監禁人數上卻占了百分之二十五。

---

23. Santora (2013).

有項數字是估算監禁費用給納稅人造成的總成本，每年是六百三十四億美元。[24]（隨著受刑人年紀變大，高昂的醫療成本也會上升。）當然，我們難以將監禁成本與教育成本、就業機會成本等進行比較，但至少我們知道如何與假釋及社區勞動服務的成本做比較，因為許多監獄受刑人都是因非暴力犯罪（例如毒品犯罪）而被關。在採行「三振出局」（three strikes）*或「嚴格打擊犯罪」的政策之前，原本可用假釋或社區勞動服務來處理，而且許多國家也是這麼做的。

即使這些成本顯而易見，執著於監禁的心態仍然存在，我想這一點也值得進一步解釋：應報主義深植大眾心理，形塑這類議題的論辯，以致報復的聲浪讓福祉的考量靜默無聲。在電梯與建築物的案例裡不太會發生這種情況，因為主流團體住在建築物裡而且使用電梯。但暴力犯罪會發生此種情況。或許我們並不真的愛我們的同胞，或希望他們發達幸福；而學界的哲學家們，就像大多數的美國人那樣，傾向於認為那些犯罪的人「非我族類」。或者我們推定確實有一群人（肯定不是「我們自己」）天性暴力，好侵犯人，只有透過懲罰才能加以嚇阻。但我們對「自己」的孩子卻不會這麼想，這顯示嚴刑峻法背後的思維需要受到嚴格檢視。

關於犯罪，有件事我們確實明白：早期介入孩童的教育能降低孩子以後變成罪犯的機率，只要教育的方式正確。詹姆斯・赫克曼（James Heckman）贏得二〇〇〇年諾貝爾經濟學獎的創新著作是關於對一群幼稚園兒童進行的長期研究，內容不只有課堂的教育，也包括

★　編按：法院對於犯三次及以上重罪的累犯採強制性量刑準則，延長監禁時間
24.　CBS News (2012).

營養情況並研究家庭。[25] 多年後得出的研究成果豐碩，無論是針對就業情況與守法程度都有好表現。沒有任何社會嚴肅看待這些研究結果實在讓人沮喪，這顯示縱使具有充分的知識，人們仍然偏好透過不一致且無效率的憤怒概念來處理犯罪問題。有些徵兆顯示這種心態在美國已經有所轉變，不只在紐約，其他許多地方也愈來愈重視幼兒園教育。然而，整體來說，赫克曼的有力分析仍是對牛彈琴。

　　何以如此呢？在美國，種族主義肯定是原因之一：如果你已經懷著恐懼與嫌惡看待一群人，你可能不會選擇那些顯然能改善那群人生活的措施，即使（有時候）那群人可能會讓你日子更好過。邊沁正確探討的問題事實上鮮少成為公眾關注的焦點，由此顯示報復的直覺有多強烈，以及對少數族群的汙名化、嫌惡與恐懼有多麼嚴重的影響。有人認為面對所有的錯誤行為，最好且相對輕鬆的處理方式就是用更嚴苛且惡劣的環境條件將更多人關起來，這種想法已經非常普遍，而且直覺上也是吸引人的。有個例證，馬克・基爾克（Mark Kirk）最近主張對於幫派暴力的處理方式應該是將芝加哥主要幫派約一萬八千名成員通通關起來。這種主張含有隔離與阻絕犯罪能力的想法，而不只是應報，所以與人類的福祉還有些許關聯。但它也受到應報觀念的影響，諸如採取嚴刑峻法這類的想法。而且這種想法無法通過理性的檢驗，就像基爾克自己很快便瞭解的。[26] 以美國這樣的監禁規模來「搞定」複雜的社會問題，是一種快速但無效的方法。我認為它之所以被當作是一種可接受的犯罪防治策略，唯一的原因與有意或無意的種族

25. 我曾摘要說明赫克曼的研究結果，並按年分列出他最重要的部分貢獻，參閱 Nussbaum (2010a) 附錄。
26. 關於最初的說法，參閱 Zorn (2013)；關於認錯的表示，*The Huffington Post* (2013)。

汙名化有關。

　　要求把更多人關起來的心態究竟涉及何種糾結的情緒實在難以釐清。恐懼肯定是其一，基於厭惡感而產生的種族主義也是。憤怒也是一股強大的力量：因為這些少數族群傷害我們，讓我們生活不安（人們這麼認為），為了他們造成的不快，我們必須懲罰他們。積極懲罰沒有受害人的犯罪行為，例如吸毒，肯定也是受到厭惡感的驅動。此外，一般人期望懲罰那些看起來會引發不快與不安的人，也可能強化這種作為。下一章我將提到亞蘭・帕頓（Alan Paton）的《哭泣的大地》（Cry, the Beloved Country）一書，屆時將進一步探討這種情緒網絡。

　　除了限縮懲罰的意思，福利導向的法律思想家也強調「刑事司法制度」這整個用詞，提醒我們應該顧名思義地記得那是一套有限的制度，而且應該為包括可能成為犯罪者或已經成為犯罪者在內的所有人創造社會正義。[27]

　　只要傳統的懲罰概念不變，前瞻式的法律制度可能會繼續採取監禁的方式，它或許有助於嚇阻，但已有證據證明監禁只是造成更多慣犯，別無生活的正向動力，從而損及特別嚇阻與矯治，甚至可能危及一般嚇阻的效果，更不用說慣犯可能影響社群。這項討論必須考量那些遠遠較少使用監獄的國家。的確，我們沒有理由假定不衛生、暴力與羞辱人的環境可以產生特別嚇阻的效果，我們都知道這樣的環境只會產生絕望、覺得繼續犯罪是未來唯一的路，而且也讓個人的責任能力完全崩壞；另一方面也會損及家庭與社會（從而也損及一般嚇阻效果）。甚且，由於重建或支持政治信任關係也是重要任務之一，國家

27. 參閱 Coyle (2013) 有關在形塑思想的過程中我們使用的詞彙的重要性。

必須考量公民之間的信任與互重可能因為採用侵犯尊嚴的懲罰而受到何種影響（即使那樣的懲罰不違反憲法第八修正案）。

因此，對於「懲罰的正當理由」的傳統論辯似乎太狹隘又太粗糙，它包含我們處理各種錯誤行為的措施，包括嚇阻效果，主要是採取事後償還的形式，而未嚴肅檢證其他許多可能性；而且由於懲罰這個詞讓人感覺像是某種討公道的作法，而這樣的想法讓人無法認真思考什麼樣的處遇真的能提升整體福祉，改善公民之間的信任。

不過我們必須先停在這裡。根據先前的論述，我假定正確的方法是前瞻的，並且駁斥「譴責的遊戲」[28]，但我還未完全面對最有力的應報主義的論述。我已經提出反對憤怒的理由，主張那或者是非理性的（執著於報復的幻想），或者不當地聚焦在相對地位。但是應報主義的論述並非總是支持憤怒或將他們的提案建立在肯定憤怒的內涵的基礎上。（而且他們的確也並非始終提議採用極端嚴苛的懲罰。）所以我必須進一步說明我的論述如何連結到各種不同的應報主義。由於有很多文獻討論此一議題，而且本書的主題不在懲罰，我必須嚴格篩選，刪略許多對此論辯有益的文獻，保留者也必須加以濃縮；我並未奢望滿足所有讀者。[29]

截至目前為止我的論述已足以排除仰賴報復原則的任何應報主義，也就是任何主張錯誤行為能夠以相應的痛苦加以平衡的想法。如同我說過的，這種報復的幻想根本是不理性的。而且在日常生活中我們都同意這一點。我們絕不會認為對錢包被偷的適當反應是去偷別人

---

28. Young (2011).
29. 在許多對此議題的卓越論述中，有一篇特別探討此領域，Tasioulas (2010, 680-91)。我並未完全同意此篇論著，但它的明晰值得讚揚。

的錢包，或者對強暴的正確反應是安排別人去強暴那個施暴者。那會有什麼好處呢？但美國監獄系統就是在此等幻想的基礎上運作（如果強暴與羞辱人的環境可以滿足為被害者討公道的願望）。錯誤的行為已經做了，無法消除，但基於某種神奇的宇宙平衡而認為施加可怕的懲罰就能平衡過去發生的事，實在無稽。

但是有兩種更複雜的應報主義有待思考。首先是莫利斯的著名論點。[30] 其次是麥可·摩爾（Michael Moore）的抽象應報主義。[31] 這兩種論點似乎都未仰賴我所批判的「神奇的想法」。然而，我將論證這兩種論點事實上最終仍然仰賴於那種想法，而且也是有問題的。

根據莫利斯的主張，社會是由一套利益與責任的制度組合而成。犯罪人背離了那套制度，拒絕承擔責任，且／或奪取他們不應得的利益。而懲罰制度藉由相應地消除違法者的某些能力，便能修正這樣的不平衡。由於違法者行使超過其權利的自由，他自己的自由就會受到相應的限制並承受其他不利益。莫利斯主張人們有權接受懲罰，因為用那種方式對待他們正是將他們視為理性的主體而以尊重的方式對待他們；相反的，如果一個制度把他們當作小孩，認為他們只是生病了，那是不尊重他們。

讓我們先條列莫利斯的論點。一套法律制度應該知道一個錯誤行為是錯誤的。它不應拒絕區別錯誤的行為與意外，或減輕責任能力的情況。此外，我已準備好同意他所提到的社會基本面貌與犯罪的某些層面，儘管我很懷疑將強暴、殺人當作享受不當的自由是否能妥適掌

30. Morris (1968).
31. Moore (1995).

握其錯誤核心。這樣的概念過於抽象，以致我們忘記法律是為了保護重要而獨特的人類生活面向。[32] 強調人類的幸福是很重要的，因為如果那是我們努力的方向，而不只是為了保護某種抽象的架構，那麼我們似乎應該選擇一種真正能促進人類幸福的方案，而這肯定會將我們推往福利主義者的方向。社會契約必然是**關乎**且**為了**某種事物；它不只是為了締約而締約。

即使我們接受莫利斯的基本圖像，認為犯罪人奪走了被害人的自由或空間，我們現在要問，為什麼對那件事的正確反應是相應地剝奪犯罪人的自由。根據莫利斯自己的說法，重點在於保護一套平等自由的制度與公平的機會機制。那麼難道真正的問題不在於：如何對待犯罪人最有可能促進並維持公平且平衡的制度嗎？似乎沒有理由推定相應的報復是最有效率的回應方法。而且為什麼莫利斯要求我們選擇一套不能如其他可想像的制度那樣可以保護人類自由與機會的制度呢？

我認為在這裡莫利斯的觀點開始落入報復原則。雖然莫利斯的觀點相較於標準的報復原則細膩也抽象許多，但仍牢牢抓住報復的幻想。因為唯有認為報復的想法確實有道理，他才會忽略了這種論點在保全社會機制上有何問題。而且更重要的是，社會契約的確是關乎人類的幸福。讓我們回頭想想第四章：婚姻是一種契約。有時候一方違反契約，奪取「不當的自由」，而報復的想法會主張相應地減少那個人的自由是恰當的，例如透過某種懲罰性的離婚協議。這似乎符合莫

---

32. Duff 也提出了相關論點：莫利斯的觀點將強暴與謀殺這樣的行為當作原本沒錯，只因為刑法的存在才變為錯誤；參閱 Duff (2001, 22)。

利斯描繪的圖像。然而，如果真正重要的是人類的幸福，也就是婚姻契約的目的所在，那麼懲罰性的離婚協議是否適當就不是那麼確定了。即使重點在於為所有人保全某種理想且平等的抽象的自由制度，我們仍需探問在離婚時施以懲罰性的作為是否確實能達到此一目的，包括將孩子也納入計算的範圍。莫利斯不覺得有必要解釋為什麼他選擇以刑罰（或訴訟相關）的痛苦來回應犯罪問題，我相信這一點顯示了他仰賴報復的強力直覺，而對於促進社會目標來說這並非好方法。而且他的觀點似乎忽略了許多犯罪人的生活環境一開始就很差，人們若有意支持社會契約應該會認為這個事實是極為明顯的。

　　莫利斯的看法的另一層問題在於對人類形象的描繪。看起來人們愛偷竊、強暴與殺戮，那是他們「如果有更大的自由」就會幹的事，而且那些「自由」被視為是正面的利益（顯然莫利斯是這麼看，大部分人也認同他的觀點）。[33] 從人的角度來看這很奇怪（而且我要說，那也與莫利斯其他論述中對人類情感的細膩瞭解不一致）。那當然不是我們希望一個文明社會的法律制度傳達給人們的訊息。我們不應該表示，「強暴犯與謀殺犯的行為……本身是人們想要而且理性的，而我們拒絕它們的唯一理由只在於，如果每個人都這麼做，整體會產生有害的結果。」

　　我們甚至能用莫利斯的說法來補充，他對懲罰的關切是片面的。他完全忽略了權利被侵害的受害者，只想著對侵犯者施加傷害，而不關心矯治或修補的議題。此外，若要合理地關注被害人就必須對嚇阻

---

33. 參閱 Jean Hampton 論著，收錄於 Hampton and Murphy (1988)，該文表示這種立場「奇怪，甚至令人反感」(115)，而她也表示，她的共同作者 Murphy 說這「讓人不寒而慄」(116)。

進行前瞻式的整體思考，而懲罰可能有益或有害，但我們尚未找到理由可以認定按比例懲罰確實符合這項利益。簡言之，社會契約是關於人類福祉，那應該是任何持莫利斯觀點的人的主要關切。但它看起來未脫莫利斯思想中的應報直覺。

摩爾所主張的抽象應報主義乍看之下極為不同。摩爾謹慎地將他的看法與建立在憤怒上的觀點做區別。他也分別了自己的主張與各種**報復理論**。在他看來，應報主義認為道德的賞罰既屬必要，也足以支持懲罰，而懲罰不應以福祉或後果來理解。由於他的論述內容空洞且與任何後果都無關，因此難以加以檢證，對此摩爾也同意。儘管如此，他主張可以用兩種方式加以合理化：證明它是從一套引人入勝的一般原則推導而來的，或者證明它最能解釋我們某些具體的判斷。他認為莫利斯追尋第一種路徑，而他則要追尋第二種路徑。

就此摩爾採取我們都想得到的滿足報復情緒的標準例子。最先也最重要的例子是將一個犯下令人憎惡且可怕的罪行的謀殺犯處死。被害人的朋友極為欣喜，覺得處刑是正確的，儘管有些反對死刑的抗議者。[34] 我認為這種例子並不妥當。沒有人會懷疑應報是受歡迎的想法，而且符合人們的直覺情感。但是我們需要思考更多，需要完整說明為什麼要採用那些直覺，而不是就認為其他與此種直覺衝突的想法才是可靠的。如同第二章已經說明的，即使典型的「男子漢」時常也會為了成全眾人的福祉而放棄報復。甚且我們也都有強烈的直覺會朝著金恩博士的方向去思考。所以我認為必須提出更系統化也更原則性的論述方法。更有問題的是這個例子是摩爾根據某篇用詞可怕的新聞報導

---

34. Moore (1995, 98-99).

而來，連他自己都說那是「這位記者煽動讀者的眾多事例之一」。[35] 的確，如果我們想要倚賴直覺（我贊同羅爾斯所說的我們倚賴的直覺只是整體的原則、理論與判斷的一部分），這個判斷必須是「思考過的判斷」，也就是經由檢證與反思後得出的判斷結果，而不是為了盡可能逃避思考。摩爾否認他的理論是以情緒為基礎，但他這麼說的真意只是該理論不是一種藉由發洩情緒而使懲罰正當化的表現理論。的確如此。但是就正當化的層次來說，那樣的觀點確實看似以我們在此進行批判審視的那些情緒為基礎。

我認為摩爾的理論前後矛盾。他宣稱他那種應報主義並未倚賴報復理論。但之後他在論述的過程中又利用了仰賴於報復理論的直覺。至少他沒有試圖證明有一種可靠的直覺支持他的理論，而且那樣的直覺不仰賴於報復理論，或者我所謂的「神奇的想法」。

至於摩爾所主張的「錯誤就足該受罰」的抽象論述，[36] 我們難道不用問「為什麼」嗎？難道他不應該說明嗎？他試圖迴避「為什麼」的問題而訴諸理論的直覺吸引力，但我們不能因此排除這樣的問題。當一個孩子做錯事的時候，我們不會不考慮後果就加以處罰。事實上我們通常會顧及後果；我們希望孩子將來成為一個有道德且理性的成年人，我們也會選擇能合理達到此一目標的策略。我們尋找專業的理論，我們努力想清楚什麼樣的對待能產生最好的結果。如果某種懲罰顯得有用，我們可能就會選擇那種作法。但我們這麼做是因為那是達成目的的好方法。如果一個父親或母親把孩子關在房間裡是「因為她

---

35. Moore (1995, 98).
36. 他主張道德賞罰即足以支持懲罰，因此無論是法律上或非法律上的錯誤行為均應受到報應。

活該受教訓」，而且不管這是不是造就美德的好方法，那他們可能不是我欣賞的那種父母。從史波克（Spock）博士之後，對孩子的懲罰方式有了改變，而那樣的改變是建立在臨床與實證數據上：嚴厲的對待根本無效。如果父母不在乎哪一種作法有效，只是認為做錯就該受罰，他們顯然也不會在乎數據，也就不會有所改變。難道摩爾認為父母關心怎麼做才有效是錯誤的嗎？（當然，我認為即使嚴厲的懲罰真的奏效，人們也不該加以利用，但至少在那種情況下我們可以有真正的論辯。）

摩爾必然會反駁這個例子，理由在於孩子並非完全的理性，因此不是能承擔完全責任的道德行動者。我懷疑這種說法，尤其若我們想想自己較大的孩子或剛成年的孩子。我在第四章論證過，對我們自己的孩子，報復是一種不好的方法。但讓我們對摩爾公平些，不要想著傷害彼此的朋友，而是想想那些持續的朋友關係。（記得摩爾認為道德賞罰便足以作為應報的理由。）的確，如同我在第四章曾經主張過的，只為了賞善罰惡而進行懲罰並不是毫無問題或當然的策略。我認為任何人在面對這種情況時若只想到事後該責怪誰，而不是更關注於未來，終將落入孤單且不快樂的人生。在一般的人際關係中，忽略未來絕對是錯誤的；我們只能改變未來，事實上那是我們唯一享有的人生。

整體上我比較偏好莫利斯的論證方法。雖然我不認為他所舉的例子說得通，但那至少是建立在一些原則上，而對於那些原則他也提出了有力的論證。摩爾空洞的應報主義似乎貼近某種強烈的情緒，但是那些情緒的合理性與實用性確實讓人存疑。

想想應報主義的論辯中兩種更細膩的中間理論可能頗有啟發性，我們可稱之為「非典型的應報主義」，也是杜夫（R. A. Duff）與丹・馬克爾（Dan Markel）的理論。[37] 根據杜夫的說法，「核心的應報主義思想」在於「為刑事懲罰賦予意義，而且它主要的規範正當性在於對過去的犯罪行為施以處罰，而不是未來能帶來任何利益」。（3）就我的主張來說，這不是一個好起點，因為它聚焦在懲罰而排除其他的犯罪處理策略，而且它完全拒絕關注未來。儘管如此，杜夫闡述的處理過去的錯誤的主張有其吸引人之處：核心概念在於「要求負責」，它的重要性在於政治層面，呈現出核心的政治價值。我認同這些，而且我也說過，關注過去的重要性只是在於發生過的事實必須被公開承認，這一點是正確的也是很重要的。人的能力本身就是善，所以一個旨在保護所有人的能力的社會應該留意所有違法的行為：確實發生了損害社會福祉的事件。但是這種關注焦點最主要的理由在於前瞻思考：我們試圖建立一個保護個人能力的社會，所以我們必須關注中途所發生的問題。我曾主張一個文明社會需要在公民間建立信任的關係及相關的道德情感，而如果公民覺得政治原則只是具文，雖然宣稱個人的重要性但實際上不認真看待違法行為，那麼他們就不會信任這套政治制度。

在該篇文章裡，杜夫並未說明為何「要求負責」對社會來說是重要的。但在他更早的另一本書《懲罰、溝通與社會》（*Punishment, Communication, and Community*），杜夫確實提到非常類似我剛說過的論

---

37. Duff (2011) and Markel (2011)，兩篇都收錄在 White (2011)。兩位作者都發表了許多有關這個議題的著作，但是這兩篇近期的文章簡要摘述他們的立場。馬克爾於二〇一四年七月在佛羅里達州自宅外被謀殺。他的死仍然是個謎團。

點，也就是如果法律要貫徹它所說的，「它必須責難那些做出法律禁止的行為的人」。[38] 若對違法行為坐視不管，則違背了法律對自身價值的承諾。杜夫在這裡並未明確提到信任，但那肯定是整體的一部分。（如果是那樣，則此種提案也是前後矛盾的，因為它否認任何前瞻的傾向，卻以前瞻的要素為自己辯護。）杜夫似乎也正確地主張民事法律針對損害，刑事法律則是針對錯誤行為。我同意。而我也贊同杜夫認為刑事法律不應將自己視作道德律的代理人：在一個多元而自由的社會，對法律來說，此種道德觀點並不恰當。（14）然而，所有這些好主張似乎因為杜夫突然轉變路徑而受損，杜夫之後表示，「核心的應報主義思想」在於「犯罪就該受（某些）苦，而刑法的正當目的便在於讓他們受苦」。（16）在此他似乎擁抱了他先前否定的道德主義，反而贊成與他一開始主張不同的另一種應報主義思想（以及另一種遠遠更熟悉也更不是非典型的應報主義）。然而，杜夫所稱「要求負責」的過程事實上相當具有前瞻性，而且是矯正導向的，他說道：「藉由沉重的懲罰，我們希望讓違法者更難忽略我們的訊息，而能專注於他做過的事，並提供一個方法讓他們可以面對自己的錯誤行為，並且讓他可以努力避免再犯。」（17）在一個重要的注腳裡（第二十一頁註四十五），他再次說明懲罰的目的是要「影響他未來的行為」。

因此，整體來說，杜夫的提案仍有充滿希望的部分，但它試圖符合應報主義的傳統而犧牲了那些好的成分。

馬克爾基本上接受杜夫的意見，他支持的應報主義是「面對」違法者。它應專注於溝通，而非折磨，目的應在於影響未來的行為，焦

---

38. Duff (2001, 28).

點應該在於個人的錯誤行為，而非那個人本身。就像杜夫那樣，他也強調這種懲罰概念是政治性的，而不是某種倫理或抽象學說的一部分。因此他明確放棄倚賴抽象的平衡或宇宙適應性的論點。儘管如此，他仍主張懲罰必須與違法行為的嚴重程度「比例相符」，顯然那是因為他相信唯有謹慎校準的嚴厲程度才能準確傳達所感受到的罪行輕重。

　　就我看來，馬克爾或多或少已經放棄了應報主義，轉而偏向某種前瞻式的理論，強調對犯罪者的矯正。[39] 如果那是他的目標，他應該要對實證數據更感興趣。懲罰是否真的帶來認錯與矯正，或者更常造成慣犯？一個以懲罰為主的制度如何真的傳達有助於矯正的訊息呢？這是約翰‧布萊特懷特（John Braithwaite）的問題，而我認為馬克爾應該會變成布萊特懷特那一派。難道沒有許多其他變因可能影響違法者會不會再犯，例如技能訓練、就業機會與教育？馬克爾確實提過毒品與酒精的戒治及技能訓練可以減少犯罪（59），但他認為這些方案與懲罰的差別在於它們應該適用於所有人，而不只是犯法的人。（59）儘管傳統的懲罰是否是我們唯一能設計出來而特別適用於違法者的方案仍不明確。（或許刑事犯罪者需要特別的諮商與治療，對此布萊特懷特提出極有說服力的論述。）我們也不確定為何特定類型的方案適用於所有人這件事，可以證明它不是對待犯罪者的最佳方法。馬克爾主張矯治犯罪最有效的方法是透過「嚴厲程度相符」的懲罰。我認為這個主張看似合理——如果真的能做到這樣的懲罰，那樣的應報主義確實有所改善，而不只是對吸毒這類犯罪行為也採取最嚴厲的方式。

---

39. 就這點來說，他的觀點極接近 Hampton，參閱以下。

　　這兩種較為細膩的應報主義理論有個有趣的地方，就是不可避免地展望未來。它們沒有採取我所反對的宇宙平衡思考，而是轉向溝通與矯正，儘管仍主張他們還是屬於應報主義者的陣營。

　　對於那些被稱為「表意型應報主義」（expressive retributivism）的主張，我們也可以提出相同的評論；而杜夫確實可被歸類於此，儘管他的論點較為複雜所以我另作評論。這些觀點結合兩種主張：其一是認為某些犯罪行為很嚴重，應該公開承認其嚴重性；其二則可說是一種「空談」，認為只有嚴厲的處罰才能適當表達社會對於這些犯罪的負面評價，也才能適當表現社會對於人類生命與安全所賦予的價值。[40] 現在我同意第一項主張，而我自己所接受的彌爾主義式的後果論也承認這一點，雖然其他類型的福利主義可能無法接受。但第一項主張絕對不是純粹的回顧式思考，因為社會承諾繼續保護這些事物。「已經發生的這件事很糟糕」這句話若要不只是空談，必須能夠強化繼續保護人類生命與安全的承諾與決心。因此這種主張可能有部分是回顧的，但它至少有部分是前瞻的。

　　但是聲稱唯有嚴厲懲罰才能適當表現社會的負面評價這個主張，需要有針對未來的實證評估。我們都同意輕縱暴力的違法者很可能不是保護人命的好策略。但是採取實證研究顯示最能保護人命的方法，應該才是社會證明她會嚴肅看待犯罪的最佳方法。沉溺於應報的幻想根本不是嚴肅的態度，事實上在我看來那多半是空談。讓我們真正地探究問題，看看怎麼做才能發揮功效。當然，回到我們稍早的論點，

---

40. 「空談」這個形容是我的同事 Richard McAdams 想到的。此種觀點的顯著範例除了杜夫，還有 Bennett（2001）；Hampton（1984）；Primoratz（1989）。關於對此等觀點的批判可參閱 Boonin（2008）。

這表示不只思考懲罰的**事後的**嚇阻效果，也應投入教育、營養與其他**事前的**策略。有人認為很多人天生就是會犯罪，只能透過某種極端令人不快的恐懼加以嚇阻；這種想法很普遍，但完全說不通。唯有適當的社會投資才能展現社會嚴肅看待犯罪，而非只是將人丟到殘忍且無尊嚴的環境，我們要願意投入金錢使未來真的有好的發展。我們可以稱此為社會福利支出的表意理論。[41]

事實上，表意理論（不自稱是應報主義）最好的論述之一是漢普頓的《懲罰的道德教育理論》（*The Moral Education Theory of Punishment*），她主張促進社會福祉是讓懲罰正當化的重要理由。而後她也補充，懲罰的功能中有個重要部分在於可以「教導違法者與社會大眾**選擇**不違法的道德理由」。[42] 因此她結合了我對公開承認犯罪嚴重性的強調，以及矯正犯罪者使其能邁向未來的利益。她對於何種手段最能達到這些目標的證據抱持開放態度。[43]

如果某些價值尚未獲得普遍承認，則公開表達其政治價值特別重

---

41. 這個用詞同樣要歸功於 Richard McAdams。杜夫承認關於國家要透過什麼樣的行為才能傳達禁令的問題還容有爭議，而且不能自動認為嚴刑峻法的效果最好。他透過「世俗的贖罪」的圖像來論述聚焦於事後嚴厲處置的作法。但是除了能否以此種準宗教的角度看待監禁，我們必須問為什麼在犯之前介入不是最好的作法，而是要等到犯了罪之後再要求贖罪。
42. Hampton (1984, 213)。她補充即使應報主義「將懲罰理解為履行原本相當抽象的『否定錯誤』並『重申正確』的任務」以「達成確實的道德目標」，這樣的目標對犯罪人與社會均有利。她也有力地主張這種方法尊重被害人對於所受傷害能得到公開承認的需求。
43. Hampton and Murphy (1988)，漢普頓帶著同理心闡述，似乎贊成不同立場，也就是某種報主義。她闡述兩種理解「應報想法」的方式。其一，將懲罰理解為「透過保護證明價值」，這與她先前贊同的觀點相似，而且也難被認為是某種應報主義，因為那是一種明確的聲明且具有前瞻性的目標。另一種想法則顯然是應報主義，認為懲罰是被害人擊敗犯錯者。用話語來理解這樣的想法，就是社會表示那樣的錯誤行為是無法接受的，而且會被禁止，那也是她早期主張的教育／表意立場。但是她似乎用個人的方式加以理解：特定的被害人藉由確切懲罰具體的犯錯者而擊敗了他。以這種方法思考刑事懲罰除了不準確（實際上是國家而非被害者施予懲罰），也引發了報復理論的所有問題；因為究竟個人施予的痛苦怎樣才會構成某個曾經被強暴或者因其他犯罪而受害者的勝利呢？難道只是空洞地主張被害人的價值嗎？這又夾雜了第一種論述。但如果漢普頓的意思是說隨著加強 O 的痛苦，V 的尊嚴就會升高，這就真的是一種報復理論，也是我所批判的。漢普頓的說法是探索性的，她未曾宣稱完全接受任何想法，也會反駁自己先前的觀點。

要。因此從職場性騷擾到金融詐欺等案件，這些行為顯現的漠視法律與傲慢自大愈嚴重，公開承認該行為的嚴重錯誤就愈重要。在這樣的脈絡下，針對那樣的行為處以懲罰可能對特別嚇阻與一般嚇阻都是很重要的，尤其是一般嚇阻。「教訓某人」的想法在此種情況下特別吸引人，也是合理的期待。更要緊的是，懲罰能教育社會大眾那樣的行為是錯的，他們先前可能未經思考曾接受過。然而，即使在此等情況下也不應推定人們只要有機會都會想幹壞事，因此唯有透過恐懼才能加以嚇阻。在性騷擾的情況，教育與公開討論已經讓這種行為的傷害更加顯著也更能被瞭解。若只追求懲罰，卻不施予這樣的教育，那就跟電梯傷人時只懲罰建造電梯的人，卻忽略事前制定電梯相關規範一樣蠢。

回到關於懲罰的論辯的另一面。蘇格拉底主張國家絕不可為惡。我們有沒有理由主張懲罰（即使是人道與前瞻的）並不是對人民的傷害呢？只說「那是 X 自找的」顯然不夠，因為我們已經駁斥了報復的想法。若說「為了社會福祉，必須利用 X 來達到我們的目的」似乎也不夠正當，因為我們已經說過，基於法治原則必須對人性尊嚴有平等的尊重，而利用某人作為工具有違於此。矯正論者必然會強烈提出這樣的反對意見。

如果我們能指出我所主張的後果論包括保障尊嚴及不羞辱人，則某些強烈反對後果主義懲罰理論（認為嚴厲或羞辱人的懲罰，或者對無辜者的懲罰是正當的）的意見便消失了，因為這些保障是基於正義，也體實了公民權利。[44] 因此它們屬於想要促進的後果的要素；而

---

44. 關於後果論可調和整體後果中個別權利的重要性，參閱 Sen (1982) 與 Nussbaum (2010a)。

表達（政治）信任與平等尊重的關係也是如此。[45] 邊沁曾經苦惱這些
問題，雖然他竭力證明嚴苛的懲罰或懲罰無辜者無法提升公眾效益。
但我的看法（較接近彌爾）則是打從一開始這就不是問題。有人覺得
功利主義的觀點不重視承認錯誤的重要性，但在我的理論下這樣的疑
慮也會消失，因為對責任能力的承認是根本的（我不說「賞罰」，因
為對責任能力究竟如何回應才屬正確還有待討論）。

　　真切地承認事實這件事本身是否具有價值，或者只帶有工具性的
效益？我的觀點可能兩種方向都解釋得通。我傾向於認為最重要的問
題是工具性的。相較於不太關心事實的制度，認為事實具有本質重要
性的制度更能提升對基本人權的保障，畢竟事實真相能夠保障福祉並
提升信任，無論是在公民間或公民與政府之間都是如此。信任在「革
命正義」中具有核心重要性，也關乎真相委員會的角色，在此我無意
深入探討此一問題，留待第七章再行討論。

　　基於我對社會福祉的論述，政府必須運用強制力來滿足社會強烈
要求的限制措施，但它必須不違反平等尊嚴與不羞辱的原則，它必須
伴隨著公開承認錯誤行為的嚴重性，而且在能合理促進社會福祉的
全面計畫中，這樣的限制措施只是其中一部分而非全部，如此一來對
相關人來說才具有正當性。矯治目標時常也能證明強制力的合法性。
但也可以對犯罪者說：「為了公眾福祉我們要暫時取走你的自由，以
促進你也身為其中一分子的社會之善。」我認為如果監禁措施真的是
人道且尊重的，不是那種讓人厭惡、暴力且侵犯基本尊嚴的，那麼要
正當化這樣的措施並不難，就跟為罰款或社區勞動尋找正當理由差不

---

45. 參閱 Nussbaum (2010a)。

多，也跟徵稅或徵兵差不多，那些都是為了全體福祉而不得不付出的讓人不快的成本。

　　反功利主義者往往不認為徵稅是把人當作社會福祉的工具，除非他們支持極端自由意志主義。一個文明社會有權運用強制力使人們對全體社會福祉做出必要的貢獻。我們當然可以說我們選擇把你關進這個牢房（而不是罰錢）是因為你已因危險的惡行而被定罪。[46] 如果這是應報主義，就那樣吧。但當然在這種情況下，國家的利益在於隔離與嚇阻，而不是為了某種宇宙衡平，好讓違法行為得到報應。它絕不會說：我們要讓你付出代價，或者你罪有應得，或者你受折磨可以平衡你所造成的傷害。我的國家會避免這樣的主張。但即使在那種非報復性的應報主義之下，這樣的主張也是重要特性。[47] 另一方面，我們之所以施予特定懲罰是為了聲明我們對於政治原則的承諾，那也是承認全體公民平等尊嚴的重要性。如果對於犯罪問題我們只有施加懲罰，別無其他作法，則這樣的聲明不啻空談。而我想像的國度會追尋各種明智的策略。

---

46. 某些矯正論者主張應避免使用「惡行」這個詞，因為那與妖魔化犯罪者有關。我不贊同這種說法。Coyle 確實證明了「邪惡」這個詞如何讓違法者妖魔化，並讓人們的關注重點偏離非懲罰性的犯罪防治策略 (Coyle, 2013, ch5)；但是「惡行」這個詞就我看來並無「邪惡」那種過度指責的價值判斷。它指的是一種行為，而不是指那個人的全部，而且它只是表示事實的情況：我們應該區分人的故意行為、野獸的攻擊，以及大自然的意外。然而我的直覺並不像 Mackie (1982) 那樣，他主張「挑起敵對的反應」是「惡行」概念的一部分。如果有人贊同馬克爾的直覺，應該對那個詞語抱持懷疑態度，但我相信那種人不多。Will Jefferson 教導我「非暴力的溝通」，那是 Marshall Rosenberg 在一九六〇年代開始採用的衝突解決方法，目前在全世界被廣泛運用，主張思考必須完全消除道德語言，這麼做才能消除憤怒。對此我並不認同。但是那樣的主張很細膩且需要更全面的探討，不是我在這裡打算做的。Jefferson 的博士論文對此議題有很大貢獻。

47. Brooks (2012, ch1).

四、不憤怒與刑事法

在討論犯罪與刑事司法制度時，我們忽略了最顯著的社會改革機會。刑法制度以及懲罰是備用機制，我們如果轉而採用這些機制，就等於承認預防與嚇阻的策略失敗了。唯有當我們真心相信特定人或群體真的冥頑不靈且必然作惡時，我們才能安心地轉向以刑法處理社會問題。的確，在下一章我們將看到，即使那些看起來極端邪惡的人，例如曾經實行種族隔離這種邪惡制度的南非白人，也確實具有善的能力，而如果用這樣的精神對待他們，除了嚴格要求負責，他們還是有可能變成合作且具有生產力的公民。的確，我們的不安應該讓我們再多想想刑罰的問題。

若不全面思考政府可以運用的各種犯罪預防措施（包括教育、營養、社會安全、反歧視與其他許多措施），只討論當前存在的刑事司法制度的某些面向，我可能同樣無法通過人們對邊沁的《道德與立法原則》的批評。（請注意我甚至未討論這樣的想法在民法上的衍生意義，並不是說它毫無意義，而是因為我對這個領域的法律知識並不充足。）需要進行的探討相當廣泛且是跨學科的，而且隨著背景脈絡有所不同。我的論述突顯出進行更廣泛研究的必要性；但它在這個主題的各個領域上也對既有的制度有所啟發。這些啟發很複雜，而本書只探討某些議題，簡略呈現這樣的理論能提供什麼樣的效用。

被害人在刑事審判中的角色：被害者影響陳述

在現代審判中，對犯罪者的憤怒使人們要求提供有組織與機制性

的管道以發洩怨恨。如同第五節將討論的，刑法在量刑階段規定必須對被定罪者的整個人生懷著同情而加以考量，而這可能得出減刑的結果。然而，如果同情心能進到法院（至少話是這麼說的），怨恨難道不該有平等的機會嗎？[48] 許多受害者與受害者的代言人認為應該如此，並且主張受害者自己或更常是他們的家屬有權出庭說明犯罪行為對他們造成了多大的傷害。通常這種要求是在殺人案件中提出的，因為如果被害人還在，有關犯罪行為造成何種傷害的意見早在審判或其他時候就已經有機會被聽取。所以此處的關鍵問題在於接受看似與實際犯罪與其真正被害人無關的證詞作為證據，理由在於親友也受苦而應該能夠影響量刑的過程。由於這樣的證詞形同發洩憤怒，所以不意外的我對這樣的主張感到不安。將復仇女神以原來的形式引入法庭正是慈善女神的精神所要反對的：憤怒女神在進入國家時，應該轉型為前瞻式的女神而能思考社會的整體福祉。

我們也可能說，這種程序太像古代雅典人的私人追訴，被害者的聲音取代了無私的法律制度。在此它們並未取代法律，但它們必定會讓法律走偏了路。

犯罪相關事項都已經在審判中提出了。假設 O 被判了刑，他的惡行已經獲得公開承認。而且在決定犯罪嚴重程度時，對被害人與社會其他人的影響也已經被列入考慮，所以如果被害者影響陳述還有任何相關性，那也是多餘的，從而只是為了發洩想要報復的情緒。至於被害者影響陳述與嚇阻與整體福祉有什麼關係，以及被害人到底想要什麼，根本是不清楚的。它們的目的只是表達憤怒，讓犯罪者得到更

---

48. Gewirtz (1998).

重的應報懲罰。所以它們的要求具有我們在應報理論上看到的一切問題，也讓憤怒的不理性繼續存在：公開表達憤怒並讓犯罪者得到更重的懲罰，無法讓人死而復生或為死者家屬創造更美好的未來。甚至，由於投入司法審判的時間拉長了，並且鼓勵當事人執著於過去的事情，時常反而讓未來變得更糟。

我們現在要談另外兩個問題。首先是謀殺案的被害人並非全都有悲傷的家人守護。就像尤西弗倫的父親的僕人那樣，他們可能沒有人支持。所以被害人家屬要求的只是基於因為有家屬存在且他們很憤怒，所必須給他們影響犯罪者 O 量刑的機會，但對犯罪者 P 與 Q 卻可能沒有這樣的影響。這看來不是一個非常有說服力的理由：犯罪就是犯罪，相同的犯罪應該按相同的方式處理。一個獨居沒人愛的人也跟有人愛的人一樣值得關心。第二個問題則在於證據顯示陪審團比較能夠認同那些與他們相像的人。而多數案件中，被害人的家屬似乎比被告更像陪審員那一邊的人，被害人家屬出庭將會影響陪審員聆聽辯方說法時的專注力。[49]

好的政策應該是要處理被害人繼續生活時真正需要什麼。例如，若犯罪行為損及重要的收入或家務勞動來源，家人應該獲得補償。但是被害者影響陳述通常不是繼續生活的補償，它們通常是報復式的指控，目的在於讓犯罪者受到更嚴厲的懲罰，就此而言應該被否定。

懲罰對於犯罪人的家屬會有什麼影響呢？[50] 就像犯罪本身，我的主張如下：每一項作為對廣泛社會福祉的影響均應納入考量。在思考

49. Bandes (1997)。也可以參閱更近期的著作 Bandes (2016)。
50. 這個問題的提出要感謝 Jeff McMahan。

監禁是不是恰當的懲罰時，我們應該思考那對家人與社會的影響，特別是如果某個族群有很大部分的男性最後都被關起來而無法從事有生產力的社會生活。有許多理由可以認為對非暴力的犯罪行為（例如毒品犯罪）施以監禁是很有問題的，其中一項就是在於那對整體社會的影響。

在第二章裡我考量過另一種反對意見，認為被害人的憤怒能嚇阻犯罪，因此是有價值的。在刑事審判的情況，那樣的主張似乎特別薄弱。人們真的會因為想到（通常根本不知道）某些家屬會出庭作證而被嚇阻嗎？（或許他們因此會想要乾脆滅門！）沒有適當的數據可以檢證侵害者知道被害人家屬的情況，或者侵害者知道某個法域是否許可提出被害者影響陳述。看起來大部分的加害者可能根本不知道這些事情。被害者的損失與悲傷可能有效地鼓舞立法者制訂更好的法律（例如防治兒童性侵害或防制酒駕）。但若說在量刑階段被害人的憤怒具有嚇阻效果，又是不一樣的主張。

被害者影響陳述最好的效果只能說是在某些案子裡有助於滿足被害人想要訴說自己故事的願望，從而有助於他們繼續走下去。好吧，如果述說故事有幫助且沒有傷害，我們應該鼓勵他們說。但必須記得，被害人經常採取報復的敘事方式，而且近來的情況是，他們總是以譴責加害者並希望他受到更嚴厲的刑罰作結。[51] 我們不應支持被害人滿足報復的願望，因為那對被告會有公平性的問題。或者我們應該補助被害人進行某種創傷諮商，讓他們面對發生在自己身上的事，並向一群人訴說他們的故事。在處理創傷後壓力症候群與強暴後的心理

---

51. 參閱 Bandes(2016)，關於這個概念的社會建構與其相對近期的起源。

創傷時，這樣的治療方法已廣為人知。但是那些治療法並不包括鼓勵被害人想著如何討公道，也不是讓報復的想法真的實現在某個已經被定罪的人身上。可以肯定的是，滿足報復的願望會帶來真正的滿足感，但是一個理智的社會不會將刑法政策建立在經濟學者約翰·夏仙義（John Harsanyi）所稱的「殘酷與惡意的偏好」上。[52]

但是有人會說，被害者的聲音應該被傾聽，不只是被治療師聆聽，也要由曾經對他們做出惡行的犯罪人來聽。就像在親密關係裡，即使那種不會想要報復的人仍希望造成傷害的一方能**傾聽**與**理解**，犯罪被害人也是如此。他們的平等尊嚴以及他們對社會制度的信任，可能也仰賴於這種回應。如果被害人的敘事偏見過重而無法在量刑時納入考量（我相信往往如此），我們可以考慮安排一項制度情境讓被害人在量刑後可以述說他們的故事。這種敘事的內容或許大部分還是報復式的，但已無損於法律程序。[53]

但必須留意，被害人可能要求的是兩件非常不同的事。其一是要求被加害者傾聽並理解。大部分量刑後的敘事方案都能滿足這種要求。另一種要求則混合著報復式的控訴，通常這種要求的整體目的在於影響法官與陪審團。如果第二項要求才是主要的訴求，而我相信通常確實如此，被害人對量刑後的陳述方案不會感興趣。

關於被害人參與審判，有一個值得一提的例子發生在南卡羅萊納州的查爾斯頓，當認罪的殺人凶手盧福出席保釋庭訊時，他在承認殺

52. Harsanyi (1982)，主張這些偏好應該排除在社會選擇之外。這一點的歷史與功利主義一樣久遠：彌爾的 *The Subjection of Women* 在考量促進女性權益的成本時，不認為男性因不正當的特權減少之後所感受到的痛苦也是成本。並不是說利益大於成本；它們只是根本不考慮，就像 Harsanyi 的建議那樣。
53. 這一點要歸因於 Mary Anne 案件。

害的九名被害人的家屬代表面前表示，他本來想要開啟一場「種族戰爭」。我在第三章分析過這個案例的被害人聲明，他們以某種異常純粹的形式表示無條件的寬恕，未主張道德優越感，也未暗示想要討回公道。此種聲明因為罕見所以讓人意外，如果有更多的美國人能認同這種無條件的愛，不受查爾斯頓教會向其教友傳達的仇恨所影響，必定能讓整個被害者影響陳述有不同的面貌。

尊嚴與羞恥

　　不受控制的憤怒還有另一項讓人更不愉快的影響就是傾向羞辱或貶低他人。憤怒並非總是但時常是過度聚焦於地位，並且希望扭轉地位，將侵犯者置於受害者的地位之下。如同我說過的，這是憤怒說得通的情況：羞辱侵犯者真的能消除錯誤，只要那種錯誤被視為純粹的地位損害。儘管如此，我也說過，憤怒會產生某種非常不愉快且在應然面不符標準的感受。事實上，在公共生活中我們不想鼓勵人們執著於相對的地位，尤其這種心態會導致羞辱人的作法。

　　如果公共原則在於避免貶低他人，必然會因此得出倘若要仰賴懲罰機制，就必須避免羞辱的作法。顯然一個希望避免羞辱人的良善社會，應該從個人小時候開始扎根，採取住屋、學校與其他諸如此類的政策。刑事懲罰如同過往一樣，始終太遲了。但是如果採用了懲罰制度，社會不能只是呼口號說「不得有殘酷與異常的懲罰」，必須真的嘗試讓懲罰不具羞辱性。另一類的懲罰也是有幫助的，例如社區勞動服務，但是監獄本身也可能變得不是持續製造羞辱的來源，就像跨國比較的結果所顯示的那樣。歐洲的監獄大致上比美國的監獄（除了白

領犯罪者的監獄）更有尊嚴。如果美國並未堅決以薄弱的理由將人關起來，從而監禁了大批的人，監獄原本更容易提供較文明的環境。

　　監獄真的能變得尊重人的尊嚴嗎？很難說，目前的實務狀況與真正尊重人的作法之間有極大落差。但受監禁的人仍可以保有一些權利，讓監獄不那麼羞辱人。即使在美國監獄，受刑人有權獲得乾淨與堪用的設施。他們通常有權保有某些個人物品（相片、紀念品），重要的是他們有權結婚，即使是服無期徒刑的人。[54] 有些法官希望囚犯的個人隱私可以獲得更好的保護。[55] 在歐洲，監獄內通常保有基本公民權，包括投票權與福利權。許多人也獲得可以在監獄外工作並探訪家人的權利。我們必須研究此種作法，看看他們是否已揚棄監禁必然造成基本人性尊嚴喪失的想法。[56]

　　社會也不應接受那種顯然基於公開羞辱的懲罰方式，那樣的懲罰在歷史上曾經相當普遍，烙印與刺字都很有名。[57] 有時候這些現代的羞辱性懲罰也被當作監禁的替代方案，但那只是不同類型的羞辱，而由於目前的監獄環境，尤其是在美國，這樣的羞辱式懲罰反而看起來更有吸引力。通常這樣的羞辱式懲罰是作為輕度犯行的罰款與社區勞動的替代方案，因為它更能夠表達社會貶低侵犯者的欲望。相反的，據稱社區勞動讓人可以做些好事並真的創造出個人的驕傲感與信心；而羞辱式懲罰的主要理論家丹・卡漢（Dan Kahan）認為這與表達社會

---

54. *Turner v. Saffley*, 482 US 78 (1987)，該判決主張服無期徒刑而不能假釋的囚犯仍有憲法保障的權利可以結婚，即使他們很可能無法過婚姻生活。最高法院判定婚姻有表意性與宗教意義。
55. 參閱波斯納法官在 *Johnson v. Phelan*, 65 F. 3d 144 的不同意見，一位男性囚犯抱怨由女性獄警戒護他淋浴與上廁所違反了基督徒的禮節。波斯納評論某些法官，「將囚犯看作不同的動物，甚至看作害蟲，不具備人性尊嚴，而且無權受到尊重……我自己並不會那樣看待美國監獄裡一百五十萬受刑人。」
56. 有項極有價值的研究值得翻譯，Archimandritou (2000)。作者口頭向我說明該書的大致內容。
57. 關於我對這個問題的詳盡討論可參閱 Nussbaum (2004a)。

的核心道德價值有所衝突。[58] 就讓我們來思考一下用羞辱式懲罰取代
社區勞動服務。

　　有許多理由可以反對故意將那些犯下例如拉客、隨地便溺、酒
駕等（通常是）非暴力犯罪行為者汙名化（標示、公告等等）的懲
罰。[59] 首先，那以讓人痛苦的方式損害尊嚴，即使不會真的讓人覺得
痛，也因為不符合基本正義而無法被接受。我所主張的那種福利主
義，如同我強調的，認為保護尊嚴與自尊自重的社會條件是一種基本
價值，也代表我們應該拒絕國家主導的貶低公民地位的作為，即使那
在嚇阻犯罪上極富成效。

　　其次，羞辱式的懲罰事實上鼓勵群眾復仇：那個告示或牌子是法
院命令設置的，但是懲罰者卻是一般公民，他們會嘲弄並施加羞辱；
從而這些懲罰滿足了多數人貶低特定不受歡迎的人並加以汙名化的願
望。對於一個以平等精神與法治原則為基礎的社會來說，將懲罰變成
那種帶有偏見且不像法律的力量，在應然面上是很有問題的。

　　第三，如同我們可能預期且歷史也已明證的，這種傾向很快就會
失控，[60] 懲罰的對象將從真正有惡害的行為擴大到僅僅是讓人不愉快的
人，因此在許多時代、許多地方，宗教與性別、性傾向上的少數團體
被汙名化並烙印。[61] 給群眾「汙名化」別人的能力等於公然邀請他們
霸凌別人，這種情況太普遍了。這種擴張的傾向也顯示出基於羞辱的
刑罰並不能真正嚇阻犯罪，因為它們不會鎖定（或主要鎖定）真正的

---

58. 參閱 Kahan (1996) 與 Nussbaum (2004a) 中我的批評。
59. Nussbaum (2004a) 闡述了這五項論述。
60. 參閱前注引用著作裡我所提到許多關於羞辱式懲罰的文獻。
61. 參閱 Posner (2000)。他的論證與其他相關的歷史論述也在 Nussbaum (2004a) 裡有詳細討論。

犯罪者。而且它們傳播給社會一項訊息：被汙名化的特定身分才是刑事司法制度的主要對象，而非具體的犯罪行為。

第四，羞辱式懲罰鼓勵報復式的憤怒。慈善女神必須處理的問題之一是憤怒是沒完沒了的，會一代又一代循環下去。汙名化與羞辱也是如此，詹姆斯‧吉力根（James Gilligan）對暴力問題進行了卓越的實徵研究，結果顯示這種懲罰因為增強犯罪人自我認知為法外之民，並與其他法外之民連結以報復社會，從而實際上增加了社會的暴力。因此它確實是極差的嚇阻手段。[62]

最後，這樣的懲罰會導致刑法理論家史蒂芬‧舒霍福（Stephen Schulhofer）與其他人所稱的「網絡擴大」，也就是說只會增加社會中的懲罰數量。因為它看起來不如監禁嚴厲，時常用來取代直接的釋放或假釋，從而增加了社會中「強硬對待」的作法。[63] 我們有理由認為這種廣泛的網絡擴大效應不利於嚇阻那些真正嚴重的犯罪行為。

我反對羞辱式懲罰的五個論點中有三個是實證的，顯示那樣的懲罰並非好的嚇阻手段。（第三項論證與特別嚇阻與一般嚇阻相關，而第四項與第五項主要關於特別嚇阻。）只有第一與第二點是應然面的論點，從而必須面對一個問題：「如果那有效，我們難道不應該這麼做嗎？」事實上，所有的社會都避免「殘酷與異常的懲罰」，以及例如奴隸制度這樣的作法，而理由無關於這些作法的效益。我所支持的那種福利主義完全贊同那樣的論點，甚且指明這樣的懲罰因為許多原因事實上是沒有效益的。

62. Gilligan (1997).
63. Schulhofer (1995).

　　但是就像我在第二章說過的，某些地位傷害屬於特殊類型，涉及否定人的平等尊嚴。種族、性別或身心障礙的歧視，職場性騷擾，特定類型的霸凌或威脅性的仇恨言論，這些都是特殊型態的羞辱作為，承諾法律之前人人平等的社會必須嚴肅以待。而無論如何我們都可以透過前瞻式的福利主義論述，讓這種作為變成非法的，因為它們是可以被制止的。所以我們不需改變公共論述的模式。即使是對仇恨言論的懲罰通常也能達到嚇阻效果。[64]

　　歐洲廣為人知的禁止仇恨言論的法律（包括防制「群謗」）可能無法證明可增進社會福祉，所以一個追求整體福祉的社會將會謹慎權衡言論問題，理由就如彌爾在《論自由》（*On Liberty*）裡所說的。羞辱式懲罰極可能被多數族群濫用以羞辱少數族群，好比說英國與印度等不同國家的褻瀆法，將冒犯多數族群宗教的行為入罪化（或者多數族群強烈要求執行某項一般法律），長期以來對少數族群的言論與宗教批評極為嚴苛。[65] 但是用以處理對個人的霸凌與威脅的法律則似乎沒有這個問題。改革網路的匿名性使受到誹謗的人可以依據既有法律追訴似乎是迫切的優先法案。[66]

　　簡言之，我對執著於地位的批判不表示政治原則絕對不應關注地位。我批判的對象在於執意比較「相對的」地位與階級。身而為人的平等尊嚴是一種特別的地位，應該獲得憲法保障。因此反歧視法、禁止性騷擾法，以及我個人主張應加入的少數族群優惠待遇政策，應該發揮重要的角色。（少數族群優惠待遇如果只是一種身分政治或主張

---

64. 參閱 Nussbaum (2004a).
65. 關於這一點有個相當好但有點短的討論，可參閱 McConnell (2012)。亦可參閱 Nussbaum (2014b)。
66. Levmore and Nussbaum (2010).

族群相對地位，則是不能接受的；它必須是立基於平等。）

衝突與再整合

當孩子做了不好的行為，一個健全的家庭會清楚告訴孩子那種行為是不被接受的，而這樣的溝通是建立在愛與寬容的精神上，鼓勵持續發展的孩子可以遠離那種錯誤的行為，瞭解自己有能力創造美好的將來。如果父母以身作則，巧妙運用衝突與再整合的作法，加上孩子的愛與模仿，會讓孩子發展得更好。

知名的澳洲犯罪學家布萊特懷特主張，許多犯罪，尤其是那些涉及年輕罪犯的犯罪，最好透過社區會議以支持性、類似父母精神的方式處理。布萊特懷特的方法很複雜，包括精細的社區的社會控制理論，以及由社區而非政府機關（至少在第一種作法）執行的公開羞辱與懲罰。[67] 我認為他的看法在某些方面極具吸引力，其他則不然。我會先說明他的核心理論，包含他的思想特點；之後則以批判的態度檢視這個想法。最後我會說明在其核心犯罪理論外圍那些看似沒那麼有吸引力的部分。[68]

布萊特懷特的基本想法是，如果要改變違法者（尤其是年輕的違法者）的行為模式（還要嚇阻他們），則他們需要的是對於自己的所作所為的錯誤性質有清楚的道德訊息，加上必須具有與他們所違犯的社會再整合的管道。他的方法整體來說是功利主義式的，最終目標則

---

67. 此理論是 Braithwaite (1989) 提出的；用較狹窄的理論框架來具體落實，參閱 Braithwaite and Mugford (1994)。關於多種「修復式正義」的整體評估，參閱 Braithwaite (2002)。
68. 我較認同的方法是後面這篇論文所提出的；早期的書含有許多對描述來說非屬必要的資料，較不吸引人。

是要嚇阻犯罪，而他認為自己再整合式的方法別具吸引力。[69] 他主張大部分不講人情的刑罰會讓犯罪者被異化，特別是年輕還有可塑性的犯罪者，這會讓他們認同犯罪的次文化，從而更加僵固於犯罪行為模式。如果刑事司法制度傳遞汙名化或羞辱的訊息，將犯罪者看作低等、欠缺尊嚴且不值得關心的，則那樣的結果特別容易發生。事實是太常發生了。布萊特懷特相信龐大且不講人情的制度極常用這種不尊重且汙名化的方式行動。[70]

另一方面，他主張大部分的矯治努力並未成功地讓年輕的犯罪者記得「犯罪不見容於社會」這項道德訊息。他們必須仰賴理性的說服，而布萊特懷特主張社區就像家庭那樣，如果能夠激發出犯罪者對社區道德規範的強烈情感，就能得出最好的結果。他將自己主張的重要情緒稱為「羞恥」，藉由這種痛苦的情緒讓犯罪者承認自己未能符合社區的理念或規範。

就像（他認為）一個好的家庭會透過愛與尊重強調孩子本身與孩子犯的錯是不同的，成功防範青少年不法行為的方案也必須區別違法者與違法行為。布萊特懷特認為要正確做到這一點的最佳方法是藉由設置社區會議來去除犯罪者處遇的機械性並將之個人化，讓社區成為一種刑事司法系統，而且如果一切運作良好，年輕的犯罪者絕不會落入正式系統之手。他與他的同事試過在澳洲的沃加沃加（Wagga Wagga）與紐西蘭的奧克蘭召開這些會議並進行研究，但只適用在掠

69. Braithwaite (1989, 81).
70. 然而在 Braithwaite (2002) 這篇著作裡，他釐清我們應該區別修復式過程（對話、會談）與修復式價值（矯正、再整合）。修復式過程可能課予懲罰性與應報式的制裁；這樣的過程如果未能納入原則上應該被納入的全體社區成員，還是可能促進修復式的目標。

奪性犯罪，從而避免社區對那些沒有被害人的案件以過度干預的方式壓迫個人自由。依他的觀點，大部分的懲罰制度會讓人變得更暴戾；相反的，他這種制度的目的在於讓犯罪者清楚明瞭其行為對社區造成的成本，以及社區對其行為強烈的反對，以此喚醒良知。整體來說就是對犯罪者表現尊重態度，將他們視為能夠為善的人。就此布萊特懷特頗具同理心，這讓他與他的方法與其他以羞恥為基礎卻聚焦於汙名化或羞辱的懲罰方案顯著不同。[71]

　　實際上的結果如何呢？通常這些會議會邀請被害人出席，他們可以向犯罪者說明犯罪行為所造成的負擔。[72]無名的受害者變成「脆弱的老婦人，因為錢被搶走而難以度日」。[73]這種會議也會邀請親人、老師與受歡迎的社區人物出席，在整個情境中置入熟悉的仿效結構。[74]而且即使被害人未直接觸及侵犯者（可能已經發展出一套卸責的能力）的情感，被害人仍可能接觸到親友，而他們的痛苦會輾轉傳遞給侵犯者。[75]協調者讓大家保持向前看與正面的態度。因此當做母親的提到「他以前是個好孩子，只是後來」，協調者會立刻插話說：「他現在還是好孩子。我們這裡每一個人都不認為我們正在處理一個壞孩子。他是個好孩子，只是犯了錯，我希望他知道我們所有人都是這樣看他的。」[76]犯罪行為被看作是一個好人所做的壞行為。同時犯罪者人生中不好的處境也會獲得關注，期望喚起人們的同情。

---

71. 參閱 Braithwaite (1989)，也可參考我與布萊特懷特討論有關丹‧卡漢的通信，引自 Nussbaum (2004a, ch.5)。
72. Braithwaite and Mugford (1994, 144).
73. Braithwaite and Mugford (1994, 144).
74. Braithwaite and Mugford (1994, 142).
75. Braithwaite and Mugford (1994, 144).
76. Braithwaite and Mugford (1994, 145).

　　協調者代表誰又要表達什麼呢？布萊特懷特表示，這是很複雜且具有挑戰性的任務。協調者必須讓自己對犯罪者、被害人、家屬都感同身受，但也要認同「法律揭櫫的超越個人的價值」。[77] 那是較高位階的秩序。最重要的是，協調者必須傳達出這個會議是為了再整合，而不是懲罰「錯誤」。這個過程是需要耐性的：布萊特懷特提到某個案例連續開了八場會議只為了與某個累犯建立情感連結。

　　如何達成再整合呢？[78] 想法也很相似，犯罪者、被害人與相關親友必須將行為與人分開，對人展現愛與接納，但對行為堅定地表示不認同。協調者利用他自己對社區的認識設計出「再整合的儀式」。在此，道歉是一種儀式性的姿態，讓違法者能將自己切分成兩部分，脫離犯法行為並支持社會的規則。[79] 但是道歉的方式必須謹慎設計，避免有任何羞辱，而是要正面地重新強化自尊。希望達成的目標是讓犯罪所造成的各方當事人之間的距離能夠拉近，創造「機會……讓加害者與被害者表現出對彼此（非預期）的慷慨」。[80]

　　就轉化與前瞻式的觀點來說，這種方法有顯著的吸引力。它確實是轉化式的懲罰：不憤怒、抱持慷慨的精神，但主張錯誤行為是錯誤的。如果以適當的技巧運作，似乎可能極富成效，就像證據確實顯示的那樣。的確，一個經過訓練的協調者比檢察官與法官更能夠以前瞻的方式與犯罪者合作。布萊特懷特說得很對，正式的刑事司法制度經常讓人落得疏離且汙名化。

77. Braithwaite and Mugford (1994, 147).
78. Braithwaite (1989, ch3) 裡對於各種此類已知方案的效果有較完整的討論。
79. Braithwaite and Mugford (1994, 150).
80. Braithwaite and Mugford (1994, 152).

另一方面，就公正的司法機制而言，上述這項提案有些可疑之處。布萊特懷特明白那樣的會議可能輕忽了程序正義與正當程序的觀念。因此如果犯罪者否認指控內容，會被轉入一般的司法系統。他不一定要認罪。[81] 顯然也得擔憂這種會議情境本身會產生憤怒、羞恥與羞辱，儘管協調者已經盡了最大努力。布萊特懷特自己也明白這一點，但他認為被害人一旦與一個敘說著自己故事、真實存在的人共處時，實際上會變得比別人預期的較不憤怒、較不想要報復。[82] 他也知道確實存在風險會讓他那種基於模仿好的典範而產生的羞恥感演變成排斥與汙名化，而他提議透過多種「接納的儀式」來降低這種風險。至於社區規範本身可能包括對次團體汙名化，他提議藉由專注在各團體均有高度共識的掠奪性犯罪以避免這樣的問題。至於在會議情境上不可避免的權力失衡（時常伴隨種族與階級不平等而來），這些問題可以透過謹慎地安排會議，特別是協調者的警覺心，盡量加以控制。

我們如何評價這些方案呢？有個顯然的難題在於，布萊特懷特比較了一個理想化且有謹慎控制的流程與刑事司法制度枯燥乏味的任務。如果這個系統在一個多元社會擴大適用，有多少協調者真的能夠落實該負起的困難任務，而平均結果會是如何呢？就像所有具裁量性質的制度那樣，我們必須看規則，而非理想。若用一種日常或不特別謹慎的方式進行，會議可能欠缺刑事司法制度的程序機制，同時也欠缺讓人印象深刻的**布萊特懷特的制度**的優點。

我想布萊特懷特說得沒錯，司法正義需要以某種個人的、前瞻

81. Braithwaite and Mugford (1994, 159-60).
82. Braithwaite and Mugford (1994, 144,149).

的、重視喚醒良知的方式加以輔助，而他這種作法具有意想不到的力量，因為它傳遞愛、寬容與尊重，這些美德在司法制度中難尋。只要我們能相信協調者具有必要的專業與判斷能力，這確實是一項有潛力的輔助機制，而且顯然比社會處理年輕犯罪者時的報復態度來得好。

事實上，我們不需要等犯罪行為發生後才採用布萊特懷特的技巧。芝加哥一所高中的校長針對已經被其他公立學校退學的學生運用了類似的會議技巧，主要由一群具精神病學背景的社工團隊執行，希望讓這些以後很可能落入犯罪的孩子以不同的方式看待自己。當我拜訪他們時，團體治療的協調者強調他們希望自己貢獻的不是任何特定類型的方法或專業，而是傾聽孩子說話並認真看待他們，這是其他成年人通常不會做的（如果情況許可，他們也會盡量讓家人參與）。我想只要在任何地方有任何機會在制度中注入這種針對個人的關懷與傾聽，我們就應該嘗試這麼做。這些社工在摩頓另類學校（Morton Alternative）進行的這種群體治療方式可以在各學校與青少年司法處遇系統中被廣泛推行。

然而（以下我要說明我與布萊特懷特理論的不同觀點）要運用這些另類技巧，正確的方法是獲得司法制度的授權，司法制度也確實已經藉由這種方式達成某些目標，特別是對青少年。沒有理由接受由社區作為正義場域的理論，或者主張正義的主要代理人應該是社區，法律制度只是第二順位；儘管布萊特懷特似乎這麼認為。那就像是將任何事情都私營化一樣——如果有理由相信私人系統可以運作的比公營更好，政府可以選擇這麼做，但是它必須維持透明以接受公眾批評，並對選民負責，而且必須受到基本程序的限制。這種方法可以再次向

被害人擔保，他們的關心與擔憂將獲得嚴肅看待。布萊特懷特難以回應女權主義者的批判，後者表示非正式會議以不好的方式將家暴與性侵事件的處理「私營化」，將被害人的尊嚴看得比法律保護標準更低。[83]

我也認為布萊特懷特應該更明確地說明他試圖激發年輕犯罪者何種情感。「羞恥」通常被認為是一種整體都不好的感覺，是針對一種持續性的特質，而不是單一行為。[84] 因此若主要的目的在於將行為與犯罪者分開看待，這樣的情感會讓人誤會。我會說「後悔」與「行為人後悔」（參見第四章）都是適當的詞語，可以描述針對行為的負面情感，而且這兩個詞與仿效好的典範相容。模仿與羞恥是非常不同的。布萊特懷特一開始似乎採取了在相當程度上以羞恥為基礎的懲罰形貌：在他書中介紹日本作法的那一章提到他支持嚴厲訊問，以及許多認罪與貶低；在那之後他才轉向一種更有吸引力的遠景，由此推動他的實證研究。但是這些概念未曾獲得適當的釐清。所以我認為布萊特懷特的提案雖然不同於我已駁斥的基於羞恥的懲罰方案，但是他的提案在這一點上還是可能引起誤解。

布萊特懷特的具體提案是因應青少年審判制度的需求而設計的。但是在轉化的概念下有許多方式可能產生對刑法中回顧式慣例的批判。目前的制度在許多方面根本不具前瞻性，而是堅持將犯罪者與不好的行為綁在一起。對於依據「前科」與「常業犯」的分類進行量刑的三振法與其他類似法律，理性的社會應該以前瞻性的精神進行實證

---

83. 參閱 Braithwaite (2002, 152)，在論著中布萊特懷特描述這是「對修復式正義最有力的批判」。
84. Nussbaum (2004a, CH4).

研究，探究那樣的作法是否能促進社會福祉。至少某些方案將無法通過這樣的檢證，但基於報復的心態，它們往往極受歡迎。

五、寬赦：結合事後因應與事前防範

在對於事後懲罰觀點的整體討論中，我已強調事前防範的思考很重要。如果一個社會用更好的方式保護人民福祉，當然還是會發生犯罪，但會少了許多。教育、就業、營養與住屋都有助於改善情況。在結束對懲罰的討論前，我要說一種獲得斯多噶學者高度讚揚的態度，它可以做出有價值的貢獻，並且連結同情式的想像與對於好法官（或陪審員）的應然面論述。

根據希臘羅馬人的概念，慷慨（希臘語 *epieikeia*，拉丁語 *clementia*）是一個好法官在決定如何處理錯誤行為時的一項特質。[85] 塞內卡將這個詞定義為「在施加懲罰時傾向寬宥的心態」。寬赦與同情並不相同。（拉丁文 *misericordia*，義大利文 *pietà*，希臘文 *eleos* 與 *oiktos*。）寬赦是一種心理傾向，未必是一種情感；同情是對他人痛苦的情感反應。寬赦承認那人犯了錯，所以它屬於審判定罪後的懲罰階段。相反的，同情與犯錯未必有關，這種情感是指我們知道許多不受人類控制的事會讓人陷入不好的處境，引發了痛苦的感受；我們認為那個值得同情的對象完全或大致上是無可非難的。[86] 然而，這兩種態度之間還是有某種關聯性，就像斯多噶學者定義的，寬赦是承認一個人的壞行

---

85. 參閱我在 "Equity and Mercy" 對此問題的討論，收錄於 Nussbaum (1999a)；而關於 Robert Kaster 所譯新版本的 *De Clementia* 與 *De Ira*，參閱 Kaster (2010).
86. Nussbaum (2001, ch6-8).

為有部分是基於之前在標準以下的環境條件所造成，而對此不應加以責難。

　　我只談希臘羅馬的寬赦概念，那與西方法律思想史中的概念並無太大差異，而我將後者稱為「君主式」的概念。[87] 例如在莎士比亞的《威尼斯商人》（*The Merchant of Venice*）中波蒂亞（Portia）關於寬赦的著名演說，她主張寬赦是神聖的上帝或統治者的一項無償的禮物，永遠高於會犯錯的凡夫俗子。這樣的概念預設了一種階層關係，也表示寬赦的源頭是完美無瑕的。君主賜予寬赦不是因為肯定一般的人性，而是因為他明瞭永恆的差異與優越。君主的寬赦也不需要任何同情或想像，那些都是低層次的、惡的、有罪的，想像一個人在想什麼無法作為任何減刑的具體理由，只是浪費時間。波蒂亞被詬病之處在於不願花任何心思想像在威尼斯的一個猶太人會怎麼想，以及是什麼樣的汙名化與憎恨導致他執拗地主張依約行事。

　　君主式的寬赦概念與我們在第三章批判檢視的寬恕概念密切相關。相反的，希臘羅馬的寬赦觀念並非君主式的，而是平等的：我們所有人都適用，我們瞭解我們生活其間的人類生命，而且受到各種人生難題的牽絆，儘管有些人的重擔更多更大。沒有人是絕對安全的，法官也不比侵犯者更安全。這種觀念有其悠久傳統。而且它在莎士比亞的創作中也占一席之地，《一報還一報》（*Measure for Measure*）的內容像塞內卡式的更甚於君主式的。

　　塞內卡（或整個希臘羅馬）的寬赦始於一個單純的想法：許多阻

---

87. 我早期有關寬恕的著作尚不明瞭這項區分。我將在 Nussbaum (forthcoming a) 這項著作裡更完整地討論。

礙會讓人無法為善。因此當人們做了壞事，有時候完全是他們自己的錯，但時常我們會說他們是因為特殊的環境與壓力而失足。許多犯罪的起源是環境，而非內在的惡劣本性。因此深入檢視那些環境後，我們常會抱持減責的慷慨精神來量刑。通常這些考量是在審判的處罰階段作用，但也可能讓我們對刑事司法有不同的看法（就像布萊特懷特對青少年犯罪的處置）。

　　就某種意義而言，抱持寬赦心態的法官會回顧過去。他承認發生的犯罪事實，從而表達社會對核心價值的承諾，但同時他也會展望再整合的世界。他整體的精神是轉化的憤怒：對於已犯的錯表示憤怒，但是慷慨的精神取代了只想嚴懲的想法。除了強調特別嚇阻與一般嚇阻，以及對阻絕犯罪能力的關切，這樣的法官也會探詢在人類容易犯錯的世界裡，我們如何盡可能地共同生活。這樣的態度有時以寬赦犯罪者來表現。由於這樣的法官會試圖瞭解犯罪的複雜背景，他的關切應該也要包括更一般的考量，也就是採取怎樣的事前措施可避免未來再發生這樣的案件。他會重新思考**事前預防**的觀點。對被告的情況抱持同情理解可能未必在每一個具體個案中都能得到減刑的結果，而且也不應如此。（顯然它主要取決於減輕的限度以及嚇阻的效果。）但那會有所幫助，它提醒我們都具有相同的人性，可能因為我們有能力改變的環境條件而受損害。應報的嚴屬性很常加劇，因為我們會將被告妖魔化，訴說常常並不真實的故事，認為他們與社會中「善良的」人如此不同。所以寬赦的心態可以引導好的社會思考。

　　就像邊沁，既然我們暫且將討論限縮在「刑事司法」，我們可以想像各種方法讓轉化的心態可以在這個領域運作。這種福祉導向的制

度必定能避免對沒有被害人的犯罪行為採取強制最低刑度與嚴厲的懲罰。如果可能，也可以運用布萊特懷特的技巧，尤其是處理青少年犯罪的問題。對於成年人，抱持寬赦態度的法官可能想像司法制度內的替代方案，採用治療式的的刑責（戒毒與戒酒治療、家暴與憤怒控制計畫），而不是監禁和讓人變得更暴戾。在量刑階段，法院可能鼓勵被告述說自己的生命經驗中有哪些阻礙讓人無法為善，雖然就像我說過的，這種作法不會在每一個案子裡都得出減刑的結果。[88] 社會整體上應該表達的是：犯罪是讓人憤怒的，但我們可以帶著同情心看待犯罪者，犯罪者本身遠比犯罪行為更好，他未來仍然可以做好，而我們可以基於那樣的想法調整刑度。在此同時，我們還要加倍投入為所有人創造好的環境條件。

　　我強調過無助感在報復情緒中所扮演的角色：報復的想法時常來自背後的無力感，幻想透過報復可以改變自己不好的狀況。我們可以說，那些比較能展現寬赦心態的人與制度，對自己的安定與能力更有信心。事實上，尼采曾經以極有說服力的方式說明這樣的關聯性。[89] 就像塞內卡（尼采深受塞內卡影響），尼采主張他在基督教裡看到的那種基於報復心的道德，其實與軟弱及無力感有關。他探討了從這種無力感到幻想報復（通常是由上帝在人死後執行）的發展路徑。他認為強大的人或社會不會一心想著報復。事實上在一個強大的人或社會的心中，對報復的興趣會逐漸轉向寬赦。尼采和我都把重點放在「刑事司法制度」：

---

88. 關於 *Woodson v. North Carolina* (1976) 與死刑案件在量刑階段之同情，可參閱 Nussbaum (1993)。
89. 關於斯多噶主義對尼采道德哲學的影響，參閱 Nussbaum (1994a)。

　　隨著力量增強，一個社會不再將個人的侵犯看得那麼嚴重，因為他們不再像過去那樣被認為對整體具有危險性與毀滅性的……隨著社會的力量與自信增加，刑法總是變得更加溫和；每一件削弱或危害社會的行為都會讓刑法回復更嚴格的方式。「債權人」只要更加富有，總是會變得更人道；最後他能忍受多少損害就變成衡量其真正財富的指標。可以想像，一個社會可能因為感受到自身具有強大的力量，從而以最高貴的方式享受力量，放過那些損害她的人……從「可以原諒的事都應原諒」出發的正義，最終就是睜一隻眼閉一隻眼，放過那些無力償債的人；最終，就像世上的每一件好事那樣，她克服了自己。這種正義的自我克服有個美麗的名字：寬赦。毋庸贅言，寬赦是那些最有力量的人才有的特權，他可以超越法律。[90]

　　放棄報復的能力彰顯了個人與社會的力量，這個主張是本書不斷延續的主題。

　　塞內卡式的寬赦與寬恕有何關係？如果我們將自己局限在交易式寬恕的核心論述，寬赦與寬恕乍看之下相當接近。兩者是否都是在懊悔中暫停或放棄憤怒的感受？是，也不是。寬赦要求真相，它不會抹去或「忘記」錯誤的行為；而寬恕在某些情況下確實會抹去或忘記錯誤。這是一項非常顯著的差異，但是還有另外兩個更重要的差異。寬赦根本不需先有憤怒，它可以也的確時常表達出一種純粹的轉化的憤怒，單純就只是承認錯誤，抱持一種前瞻且慷慨的精神。用另一種方式來說，寬恕談的則是我們如何回應過去。塞內卡式的寬赦從頭到尾

---

90. Nietzsche (1989, II.10).

談的都是未來，它展望再整合。如果憤怒一時出現，寬赦很快就朝向轉化。而第三項差異在於交易式寬恕要求道歉；寬赦則是要讓事情繼續運作，展望明日。過去已經過去了，現在我們已明瞭你不會再犯，讓我們看看社會怎麼做能夠讓事情獲得比以往更好的解決。那麼寬赦更接近那種無條件的寬恕，或者某些宗教文獻所蘊含的無條件的愛，那也是革命正義的典範所抱持的。它拒絕「譴責的遊戲」或者創造一種好的（被害者）與壞的（加害者）的分別。因此它不會貶低或羞辱犯罪者。相對的，它的觀念在於我們是一體的，而且我們最好努力共同生活。

如同我們將在第七章討論的，這種前瞻式的精神產生了一種革命正義的取徑，那是迥異於以寬恕為基礎的方式。從個案中我們可以更加理解兩者的不同。

我的焦點在於刑事司法制度，而非參與者的情緒。然而，目前我們看到制度內許多角色都具有裁量權限，而且在裁量範圍內必須能適當控制他們的情緒。過於機械化或不能回應實際情況需求的人，無法成為好的法官或陪審員。然而，同樣重要的是不能讓情緒過於氾濫而毀掉一切，他們必須謹慎發揮文明的制度給他們安排的有限的情緒角色。[91] 他們一方面需要發展情緒能力，一方面也要有相當的自制能力；尤其後者特別重要，因為在許多社會中憤怒的魅惑之歌如此吸引人。

慈善女神永遠不會滿足，她們也不應滿足。她們追求的是「與邪惡的勝利無關之事」；邪惡的勝利指的是成功的報復。「願風不摧折樹枝」可以理解為讓我們用好的營養、好的住屋、好的教育、好的健保

---

91. Nussbaum (1996).

照顧年老與年輕的公民。[92]「願疫病不會蔓延而致命。」現代社會已經
不在意這些話語了（當然古代雅典人也不在乎，那種奴隸社會連公民
之間極不平等的情況也允許，而且對鄰近地區發動殘酷的征戰）。我
們無法擺脫監禁與「懲罰」機制，因為我們在其他任務上已然失敗。
如果我們過去能做好那些工作，這樣的機制可能仍會存在，但它們做
的事就會少了許多。

　　回想史古基的故事：有人請他在聖誕節的時候捐贈食物給挨餓的
人，他驚訝地問難道監獄、折磨犯人的踏車與救濟院都關了嗎？現代
社會，或許尤其是美國社會，就像史古基那樣，把無法為任何社會帶
來正義結果的既定制度視為是必然的。關於「懲罰的正當理由」的爭
辯應該就像與史古基辯論「救濟院」的正當性那樣，他會說服我們相
信為了避免有人挨餓與陷入不幸，我們已經盡了全力。但我們應該一
直探問：「除了懲罰，還有什麼其他手段？」而「其他手段」不應該
是某種不甚積極的作法，例如在噁心的監獄裡安排治療，而應該全面
轉變我們看待貧窮與不平等的問題的方式，尤其在處理青少年犯罪問
題時更應如此。儘管如此，我們距離目標仍然非常遙遠，而目前似乎
仍只有那些不甚積極的方案（我在本書為其中部分辯護過）能引人注
意。

---

92. 這樣的關懷在古代傳統中並不特殊，就像亞里斯多德的《政治學》，其中有關社區食物與乾淨水源的
　　廣泛討論即釐清了這一點。也可以想想古印度皇帝阿育王（公元前三世紀）：我差人在路上種了榕
　　樹，可以為走獸與人類遮蔭。我差人種了芒果，也挖了井，每隔九哩路就設客棧……而我也在四處
　　安排了洗浴的地方以供走獸與人們使用。這項福利很重要，世人從先代國王與我這裡都受到許多方
　　面的照顧。但我做這些事以便讓我的子民可以遵從戒律。

第七章

政治領域：革命的正義

當我說我們不應怨恨時，我的意思不是說我們應該默許現狀。

——甘地，古吉拉特邦（Gujarat）

沙提亞拉哈阿斯朗（Satyagraha Ashram）法規，一九一五年 [1]

一、高貴的憤怒？

　　如果社會腐敗又殘酷，憤怒不是高貴的嗎？當人們一再被欺壓，他們往往會選擇「認命」。他們會形成所謂「適應性的偏好」，認定他們的命運是可接受且被默許的。但如果他們認命了，就不可能改變。喚醒人們認清社會對他們並不公平，是社會進步必要的一步。難道我們不預期人們被喚醒後會產生正當的憤怒嗎？如果人們相信他們被錯誤地苛待卻又不憤怒，難道他們的想法不是有些錯誤嗎？難道他們不是將自己的尊嚴與權利看得太低了嗎？

　　憤怒似乎有三種珍貴的角色。首先，那是一種有價值的訊號，表示被壓迫的人承認發生在他們身上的錯事。那似乎也是必要的驅動力，讓他們起而抗議不公義，並向外在世界傳達他們受到的苦難。最後，憤怒似乎有單純的正當性：對巨大的錯誤感到憤慨是正當的，憤怒表達了真相。

　　若社會的基本法律架構健全，人們可以轉向法律尋求救濟；慈善女神建議這種作法。但有時候法律結構本身是不公義且腐敗的，這時人們必須做的不只是為特定的錯誤尋求正義，而是最終要改變法律秩序。那樣的任務不同於維護日常正義，儘管有延續的關係。那似乎必

1.　重刊於 Jack (1956, 136).

須訴諸憤怒，即使日常的正義未必需要如此。

　　另一方面，如果我們檢視過去數百年來追求革命正義的事例，立刻就能看到三個最突出且成功的例子都採取不憤怒的方式，但絕對不是認命。甘地對抗英國殖民的不合作運動、美國的民權運動，以及南非為了消滅種族隔離制度而進行的努力都獲得高度成效，而且所有這些例子均反對憤怒，無論是理論上或實務上。如果這些例子當中有任何一個認為憤怒是可接受的，那麼它或者是我們所謂的「轉化的憤怒」，也就是雖然感到憤慨卻未期望侵害者發生任何惡事；或者它只是短暫的憤怒，但很快邁向轉化。甘地完全反對憤怒，而且他顯然成功地完全未感受到憤怒，他向世人證明不憤怒並不是一種軟弱與奴性的姿態，而是展現力量與尊嚴。他表現出憤慨，但總是帶著前瞻而不憤怒的精神。金恩博士也追隨甘地，鼓吹不憤怒（或至少快速地轉化到不憤怒）與非暴力。金恩博士似乎不像甘地那樣超凡入聖，他經歷過憤怒（至少在演講中），也在一定程度上鼓勵他的聽眾要發怒，但總是要迅速轉化，而且嚴格強調非暴力；雖然他主張為了自衛而採取暴力行為在道德上是正當的。曼德拉鼓勵非洲民族議會（ANC）如果非暴力的策略不管用就放棄吧，以有限的策略性方式運用暴力，但是他始終以慷慨的前瞻精神看待任何問題，即使處在最糟糕的情況下亦然。雖然他顯然會憤怒，但是藉由擺脫對地位的焦慮以及抱持慷慨的態度，他總是能夠很快超越怒氣。探究這樣的例子有助我們瞭解為什麼把「高貴的憤怒」視為一種信號、驅動力與合理的表達，在革命時是一種錯誤的指引，以及為什麼慷慨、甚至過度慷慨的心態會更適當且更有效。

　　本章的另一個主題是在這種情況下寬恕的角色。如往例，我將論證有條件的、交易式的寬恕並不是唯一能取代憤怒的方案；無條件的慷慨會更有用，而且至少在許多情況下在道德上更為正當，較少受到報復心態的汙染。

　　最後我們必須更深入探索信任的問題，那是一個社會的穩定、從而具正當性的要素。在沉重的壓迫與系統性的不正義之下，信任是不存在的。被壓迫者很容易便相信不可能有信任，唯有透過反支配才能贏得鬥爭，或者建立各方盡力保護自己不受他方侵犯的活路模式。此種不愉快且不信任的妥協狀態不太可能穩定。因此本章探究的三項革命運動均明瞭創造政治信任是非常重要的。我將論述無論革命式的憤怒對多數革命分子具有多大吸引力，以不憤怒與慷慨為基礎的策略才是有價值的，能夠讓先前敵對的團體產生信任，在政治機制與原則上共同發展。

　　我要從一個案例（虛構的歷史事件）談起，在那個例子裡個人沒有安全的發展路徑。不公不義的情況非常普遍，政治動員尚在初期，整個機制非常腐敗。在這樣的例子裡，對任何我們可能認為應該憤怒才有未來的情況，關注未來且不憤怒的想法是更有成效的，而且充分表達出受壓迫者平等的人性尊嚴。接著我將分析甘地與金恩博士帶領的運動背後的不憤怒理論。[2] 我在他們的作品中發現一種吸引人的革命式的不憤怒圖像，以及駁斥「反對不憤怒」的各種理由；儘管如此，他們反對憤怒的論述還是有所不足。為了補充這些不足之處，我將轉

2.　如果未另外說明，我的資料來源如下：關於甘地，Jack (1956)；關於金恩，Washington (1986)。我用 G 與 K 來指稱這些文獻，並在文中標示頁碼。有時候我也引用 Gandhi (1997)，稱為 GHS，以及 Gandhi (1983)，稱為 GAut。

向說明曼德拉的生涯。[3] 雖然曼德拉深諳各種理論，但他並未寫就深刻的理論性著作。然而根據由他人寫作的兩冊傳記，他的整個行動便足以支持在爭取正義的過程中選擇不憤怒。按照對憤怒的批判，我將轉而討論寬恕在革命運動中所能扮演的角色，以及對真相與和解委員會的評論。

二、憤怒轉化的故事：《哭泣的大地》[4]

帕頓在一九四八年出版的小說《哭泣的大地》是一份熱情而沉重的抗議。帕頓是抱持自由精神的青少年觀護人，後來組成一個不合法的種族融合政黨。他這本在國外寫作並出版的小說，主要目的是讓世界知道南非的種族關係，以及這樣的關係對國家造成的巨大痛苦。

表面上這部小說是個人的悲劇，主角是兩位失去兒子的父親：詹姆士・賈維斯（James Jarvis）是富有的白人；史蒂芬・庫馬洛（Stephen Kumalo）是貧窮的黑人。前者是謀殺案被害人的父親，後者是殺人犯的父親。押沙龍・庫馬洛（Absalom Kumalo）在搶劫過程中殺了詹姆士的兒子亞瑟（Arthur），按重罪謀殺法被擬制為有罪，但事實上他是因驚慌而開槍，並無意傷人，在道德上他的罪也比另外兩個冷血的同伴輕，因為他只是聽從兩位同伴的指示。[5]（但那兩人運用法律策略而

---

3. 有一部集結訪談、信件與各種文書的珍貴合輯，參閱 Mandela (2010, 253)，以下稱為 C。這段話摘自與作者 Richard Stengel 在一九九〇年代初期的對話錄音，那時兩位正合作將 *Long Walk to Freedom* 編輯成書。標題是參考馬可・奧理略的《沉思錄》，他的沉思的希臘文標題意思是「給自己」。我經常引用的論述來源還有曼德拉的自傳 *Mandela* (1994)（以下稱為 LW）與 Carlin (2008)（以下標示為 Inv.）。
4. 本節提出的想法將在 Nussbaum（近期出版 b）中更詳細討論。
5. 重罪謀殺法至今在南非仍然有效。帕頓似乎不知道這一點，因為他曾經判斷如果押沙龍真的無意殺人，「法院必須判定被告未犯謀殺罪。」（Paton 1987, 235）。

能脫罪，即使其中一人還刻意攻擊詹姆士的僕人，顯然有意造成對方嚴重的身體傷害。）讀者會覺得押沙龍在這個充滿種族主義的刑事司法體制中從未被當作人看待；他雖然極有理由懇求寬赦，卻從未獲得回應。

　　眼睜睜看著唯一的兒子將被處死，身為聖公會牧師的史蒂芬有充分理由對白人社會感到憤怒。而詹姆士也有理由對殺人犯感到極度憤怒，或許也對放任孩子在約翰尼斯堡街頭遊蕩，又沒有教他如何抗拒犯罪與壞朋友的那一家人感到憤怒。「我向上帝祈求將惡人交到他們手上。把他們都吊死。」詹姆士的朋友哈里森（Harrison）這麼說。（182）

　　另一方面，為什麼押沙龍會離開家庭呢？小說一開始就提到生活在多薩尼（Ndotsheni）是無以為繼的，因為河谷被侵蝕已經乾枯，一切作物都生長不了。詹姆士與其他住在這個區域的富有白人知道問題所在，但未做任何事以求改善。為什麼押沙龍會走上犯罪？無疑要歸咎於未曾教育他、提供他就業機會的種族主義社會。而那是亞瑟正在進行的研究題目，他那悲傷的父親在書房裡找到他未完成的手稿。押沙龍確實有些好機遇：一位抱持矯正主義的獄政人員（以帕頓自己作為原型）設立了一所先進的青少年矯治機構，因為太成功了反而遭到白人嫉憤而很快被政府解散。但押沙龍也面臨犯罪的誘因，也就是他那犯罪的表親，以及他對都市的恐懼和對法律的合理不信任，都讓他成為聽話的同夥。如果不是因為他害怕都市生活，他也不會隨身帶著一把槍想要保護自己。

　　在小說前面的篇幅我們看到報復的心態，「把他們都吊死」，但那

完全無濟於事。南非是一個緊抓著恐懼與憎恨的社會，人人惶惶不安。由於擔心占多數的黑人會驅逐白人社群，所以白人政府加強懲罰與種族隔離。（就在小說將出版之際，建立種族隔離制度的南非國民黨剛獲得第一次勝選。）法律是恐懼的表現，而它熱切地追求報復正表現出社會想要透過嚴刑峻法以控制恐懼。在占多數的黑人這一邊也有極大的恐懼：擔心城市的危險，擔心白人的憎恨與想要嚴懲的心態，擔心無望的未來，擔心法律本身。雖然白人說他們要的是嚇阻效果，但他們並未採取合理的策略以達成目標，諸如教育、鄉村發展、就業機會。相反的，他們的策略只是加重懲罰，因為他們感到恐懼與不安，彷彿黑人的存在這件事本身對白人來說就是一種錯誤。在此同時，黑人的犯罪行為也是絕望的恐懼所激起的生存策略，雖非憎恨的表現，但醞釀著想要報復的心態。未來極可能兩方都進行暴力的復仇，引發血腥的內戰。

　　這兩位父親就像他們的社會一樣，陷入了冷酷、恐懼與憎恨的衝突（如同小說所寫的），結果不只是消耗生產力，更無法處理國家若想繁榮必須解決的社會問題。白人少數族群未能有效思考正是國家最大的失敗。「我們不知道，我們真的不知道。我們每天都要過活，然後在門上加裝更多道鎖，如果鄰居養的凶猛母狗生了小狗，就抱一隻回家養，還要把我們的手提包拎得更緊……我們的生活會愈來愈退縮……良心只能暫且擱一邊：生命之光不應熄滅，但被藏了起來，保留讓下一世代在未來某一天重新點燃。」（111）

　　帕頓的小說以預言詩的形式寫就，也是為國家而寫的寓言。它呼籲南非，讓她痛苦地清醒，最後走向遠方具有希望的未來。兩個父親

的故事呈現出一個社會只想發聲卻不願意傾聽，好發議論卻不願思考。對他們來說，帕頓提出了迫切需要承認的事實與真正想法：

　　摯愛的國家正在哭泣，為了尚未出生即已繼承我們恐懼的孩子。希望他不要過分深愛這塊土地。希望他在流水穿過指頭時不要笑得太開懷，當落日讓大草原恍如在烈火中炙燒時，希望他不會震驚而呆立。希望他不會因為這塊土地上的飛鳥鳴叫而過於感動，也不會過度醉心於群山幽谷。因為他若有過多的情感，也會被恐懼奪走。（111）

　　這種苦澀的聲音來自遠方，卻對身旁人事物深具熱情。它要傳達的訊息是白人族群的恐懼與憎恨正扼殺一個美麗的國家，而尚未出生的孩子究竟是黑是白完全不重要，因為他們全都將走向末日。

　　史蒂芬與詹姆士的故事具體到讓人心痛，也帶有政治的隱喻，那是小說的希望預言。為憤怒辯護的人會說這兩個父親都應當憤怒，因為他們都受到深刻的傷害。難道他們的自尊不要求他們放下對彼此的溫柔嗎？

　　然而，我們很快便看到這兩個人都不是易怒，也不是會陷入徒勞的報復想法的人。史蒂芬認為牧師的工作必須放下怒氣，所以當他發現自己很氣弟弟約翰要法律手段救了兒子卻不管押沙龍時，他反而批判起自己。至於詹姆士，當他讀著兒子的手稿時，他只希望亞瑟未曾走下樓查探吵鬧聲的來源（搶劫）。「但這些想法毫無益處，他向來不會沉溺在本來可以如何，而是想著可以不再如何。」（186）而後兩人都邁向轉化，帕頓想讓我們看到的正是憤怒轉化的故事，這是他希望

的預言並在故事中埋下了線索：一個白人駕駛慷慨為懷，在一場公車罷乘運動中反抗警方幫助黑人（81-2）；白人法警頗具成效的實驗；還有黑人首長米斯滿谷（Msimangu）的寬容哲學，「米斯滿谷對任何人均無恨意」（311），那種「我很樂意幫你」的態度讓史蒂芬擺脫了沮喪。（116）

　　憤怒的轉化從孤獨的沉思開始，詹姆士獨自一人在兒子的書房坐上好幾個小時，讀著兒子的手稿，標題是「論南非的演進」，他同樣也讀著啟發亞瑟的亞伯拉罕・林肯（Abraham Lincoln）的演說集，尤其是他第二任就職演說特別吸引他。帕頓並未引用演說的內容；他期望讀者知道裡面有份處方可以癒合這個國家的傷口：「對任何人均無惡意，對任何人均懷抱慈善的心。」（這部小說是在美國寫的。）很快的，在偶然的機會下，詹姆士與史蒂芬碰了面：當時詹姆士正在他媳婦家，而史蒂芬前來探問一個曾在那裡幫傭的鄰人的女兒，詹姆士幫他開了門。詹姆士對於史蒂芬的驚慌與悲傷感到不解，慢慢地他知道他是誰。「我明白了過去所不明白的事，」他說，「但我心裡沒有憤怒。」（214）從那時起，這兩位父親建立了一種不安但深刻的關係；誰都沒有道歉，也都沒有請求或表示原諒。（聖公會主教確實要史蒂芬離開社區以示懺悔並尋求對方原諒，但那顯然是愚蠢且毫無幫助的。）他們瞭解彼此也分享彼此的悲傷。在兒子於遠方被處死的那天，史蒂芬一個人去爬山，路上遇到詹姆士，他能理解他的感受。

　　轉化過程的主要行動者是一個小孩，這是帕頓的寓言式鋪排，暗示必須以不帶仇恨的心來指引政策。詹姆士的孫子非常聰明，讓每個人都想起他那已過世的父親亞瑟，有天他騎著腳踏車拜訪史蒂芬。他

請史蒂芬教他科薩語（Xhosa），但是當他要一杯牛奶喝的時候，才知道在多薩尼這個地方沒有牛奶，因為莊稼收成不好也影響了牲畜，許多孩子因為沒有牛奶喝而垂死。（270）不久之後，牛奶「裝在閃亮的罐子裡」送到史蒂芬家的門口，還留個訊息表示那是給鎮上孩子的。詹姆士的特使顯然很滿意自己完成了任務，興高采烈騎著車離開。史蒂芬「笑了……一個男子漢就該這麼做。他想起庫魯瑟（Kuluse）的孩子可能還活著，又笑了。而當他想起至高之處那個肅靜的人，又笑了。他一路大笑進到屋裡，他的妻子用懷疑的眼神看著他。」兩個父親都開始展望未來，而不只是看著過去。

　　新的未來從一開始便逐漸浮現：詹姆士聘了一位受過科學訓練的年輕黑人技師到多薩尼，提出拯救當地農業的計畫。在史蒂芬與部落酋長的配合下，他們說服民眾採用新的農法。黑人技師正是新型態跨種族合作的成果：他將自己「對真理的愛」歸功於一位白人教授，他教導「我們不是為人做工，而是為土地與她的子民做工」。（303）身為一位年輕的自由鬥士，他為村裡帶來〈天佑非洲〉（Nkosi Sikelel' iAfrica）這首歌。但他也聽史蒂芬的話：「別恨任何人，別想要以力制人……因為在我們的土地上已有太多的恨。」（303）相較於恨，多薩尼展開了辛勤的勞動、理性的籌畫與希望。

　　由於兩位父親從憤怒轉向慷慨，想像一個跨族群合作與建設的未來，他們在腐敗的法律秩序外，創造了新的法律與政治秩序的遠景，那是承諾追求正義又懷抱慷慨與前瞻的精神，而且有歷史、科學與經濟事實作為根基。在小說結尾，希望是真實的，只是尚未到來：

溫金庫魯（Umzimkulu）大山谷仍是暗黑一片，但光明終將來到。多薩尼仍然晦暗，但光明也終將到來。黎明會到臨，千年來每日皆如此。我們獲得解放的黎明之時何時會來，可以讓我們脫離被束縛的恐懼與恐懼的束縛，這應該不是祕密。（312）

三、革命的不憤怒：理論與實務

甘地與金恩博士的革命之所以主張不憤怒，並非以此作為遙遠未來的希望，而是一種應該立即努力的任務，在對抗不正義的此時此地就必須加以擁抱。它最終包含一套眾所接受且被民主運動成員深刻內化的心理與行為實踐。但由於它不是個人的心理治療，而是一種集體的修養，需要有一套明確的理論讓每個人都能瞭解它的目標，並教導新進者該有的態度與作法。這是我們的幸運之處：甘地與金恩博士遺留給我們豐富的理論，以描述並支持不憤怒的情緒與行為。曼德拉也留下寶貴的經驗，可以為不憤怒提供有力的論證。我將論證甘地與金恩博士的論述仍有缺漏，但他們以能啟發追隨者、具共鳴效果的宗教意象加以填補，不過那並未回答所有的哲學問題。曼德拉則填補了那樣的缺漏。[6]

首先我們必須問：不憤怒，或非暴力？這兩件事時常被同時提出，許多尊敬甘地與金恩博士的人認為非暴力是主要的概念，不憤怒則是更高的理想。他們覺得可以要求一個人為自己的行為負責，但顯

---

6. 相對於我在此試圖說明的，Sorabji (2012) 針對甘地的態度與行為提出更詳盡的建構。我聚焦在不憤怒的議題，就這點來說，那是甘地與金恩的共同基礎。

然無法要求他為情緒負責；要人們修正內心狀態實在太苛求了。對此甘地與金恩博士並不同意，他們主張一場革命運動唯有透過心靈革命，要求人們以愛與慷慨的精神，用新的眼光審視他們的目標與他們的壓迫者，才能達成對於非暴力的可靠承諾。他們相信這場革命唯有透過訓練與團結才可能成功，儘管金恩博士對人類的弱點做出很大的讓步。而他們也主張在創造新的政治世界的過程中，最終「不憤怒」才是最重要的事，因為在暴力已經過去許久後，我們必須能以慷慨且無憤恨的精神進行合作。非暴力可能是負面的，也就是避免去做某件事。唯有以愛與慷慨取代憤怒的內心轉化，非暴力才有可能產生創造力。我贊同這樣的論述，也贊同這種人際連結是能夠教導與學習的，創造一種共同的情緒氛圍並非不切實際的理想主義。然而，我也贊同金恩博士，他認為我們在某些情況下應該接受人們的憤怒，只要那能穩定地被引導通往轉化。

　　但我也主張不憤怒未必會產生非暴力。甘地並不同意這一點。看起來他像是採取某種抽象的觀點來理解人類，認為有種正確的內在傾向會產生非暴力的行為，而暴力則需要不正確的內在傾向。[7]（他在傳記中對吃肉與暴力的猜測是這個想法的跡象之一。）如同理察·索拉吉（Richard Sorabji）表示的，甘地確實提出一些例外情況，主要是關於殺害危險的動物，但是界限始終在於唯有暴力有益於受暴者時才可以被接受。這種界限在人類關係中幾乎永遠無法符合。[8] 我們不能僅因

7.　甘地確實認為在他的追隨者當中，暴力始終是可能出現的，參閱 Sorabji (2012, 122)，也因此必須費盡心力準備才能進行一場非暴力的抗議。他也排除了在被攻擊時可能發怒的跟隨者（同前引著）。

8.　參閱 Sorabji (2012, 88-92)。人類的自我防衛並非例外許可情況，但是他的確認為在許多狀況下暴力比其他替代方案好。

為甘地的那種看法根植於有關身體的抽象觀點且未被廣泛接受，就認
為那是一種迷信而加以否定。但我們必須問，甘地主張一個具慷慨與
愛的精神的人永遠不會贊同或參與暴力行為，這樣的主張是否有說服
力。

　　我認為不夠有說服力。甘地對於戰爭的觀點說不通，他認為看待
希特勒最好也最適當的方式，是透過非暴力與愛，但那是荒謬的，如
果有人當真將會造成很深的傷害。他犯了兩個嚴重的錯誤。首先他將
對希特勒的暴力回應等同於「希特勒主義」，他認為反希特勒主義永
遠無法擊敗希特勒主義。（G337）這樣的主張根本無法說服人：在道
德上，自衛與侵犯是不相等的，捍衛文明的政治制度與推翻制度也是
不一樣的。其次，他也主張希特勒應該會回應一種非暴力與愛的提
案：「人性本質上是相同的，因此絕對會回應愛的邀請。」[9]（G340）有
個反對者表示非暴力只是讓希特勒輕易就獲勝，有趣的是甘地為了回
應這樣的反對，放棄了這種荒謬的實徵預測，而只是主張說在歐洲，
在任何情況下非暴力的行為在道德上都是比較優越的。「最終我認為
最重要的是道德價值。其他都不重要了。」（G338）事實上，很幸運
的是，尼赫魯陪他妻子到瑞士避暑勝地時真的看到了德國法西斯主
義，他對甘地的提案不感興趣，而當時在印度的英國殖民政府當然也
沒興趣。甘地更糟糕的提案是如果日本人侵犯印度就不加抵抗，關於
這一點已無須評論。

　　所以甘地確實並未證明不憤怒會產生非暴力。如同我們將看到
的，曼德拉則抱持正確的觀念，認為非暴力與談判是比較好的策略，

9.　在別處甘地也主張勇敢的自我犧牲能夠改變人心，參閱 Sorabji (2012, 83)。

但如果長期以往它們無法奏效，就該放棄。金恩博士是更忠誠的甘地主義者，人們時常認為他明確提倡非暴力。但事實上，相較於甘地，金恩博士更偏向曼德拉。他經常承認暴力在道德上也有其正當的角色，自衛便是他常使用的語詞。（K 32, 57）他並不反對所有的戰爭，甚至也不反對所有個人為了自衛而做出的暴力行為。然而，他的確主張在自由運動的情況下，留下自我防衛的訴求空間是很危險的，因為給出太多機會將會讓人為了自身利益而模糊界線，最終增強了憤怒介入的空間。如果人們可以輕易地訴求自我防衛作為復仇的正當理由，他們便較不可能進行他所要求的內在轉化。這樣的運動既無法預測也容易破裂，似乎也無法達到金恩認為要贏得多數人尊重並達成社會目標所需要的一致性與穩定性。

以下我將詳細討論甘地的著作；也將探討曼德拉將非暴力視為工具與策略，並以不憤怒（以及相關的正面情感，愛與慷慨）為主並兼具策略與內在政治重要性的思想（有時候也論及金恩博士）。

哲學家與非哲學家都認為在某些壓迫的情況下憤怒是正當的且攸關自尊。因此，不讓人意外的，不憤怒的精神會讓許多人覺得奇怪、不人性，甚至讓人厭惡。合眾社通訊記者韋博‧米勒（Webb Miller）報導一九三〇年代在達拉薩那（Dharasana）發生的鹽場工人非暴力抗爭事件（由詩人沙拉金尼‧奈都〔Sarojini Naidu〕領導，因為甘地坐牢），看到許多遊行者被警察毆打他感到非常困惑，在之後的回憶錄中他這麼寫道：

> 遊行者連伸起手臂阻擋都沒有。他們就像保齡球瓶那樣倒下。從

我站的地方，我聽到棍棒打在沒有任何保護的身軀上的可怕聲音……好幾次因為看到毫無反抗的人被故意打到血肉模糊，讓我厭惡到不得不轉過頭去。西方人的心理難以瞭解不抵抗的概念。我感到無可言喻的無助的激憤與噁心，對那些不抵抗而被痛打的人，與對那些揮舞棍棒的警察都一樣厭惡，儘管在我到印度時原本很同情甘地的主張。（G 250-1）

　　遊行者並非單純地認命。他們繼續遊行，唱著〈革命萬歲〉。然而，就像米勒所說的：在他們心裡有些不同於西方人的想法，他們拒絕以暴制暴。（有趣的是，警察還是很尊重奈都女士，當她要求他們不要傷害她時，他們連碰都沒碰一下。如果警察一樣打她，那些承諾非暴力的男人還能忍受嗎？）對於那些認為憤怒才是對壓迫的正確回應且是唯一符合自尊的作法的人，甘地與金恩博士要怎麼說服他們呢？

　　首先，他們指出這樣的立場絕非消極。甘地反駁人家說他的作法是「消極抵抗」（passive resistance），認為那是英國人曲解了他的想法。如同丹尼斯‧道爾頓（Dennis Dalton）在他重要的哲學研究中所寫的，從一九〇七年開始，甘地便否定「消極抵抗」這個詞，認為「消極抵抗」太軟弱且被動，他的想法是主動抗議；他最後選擇「真理之路」（satyagraha）作為較適當的詞語。[10] 他與金恩博士都堅持他們建議的是一種高度主動的思想與行動，甚至「具有活躍的攻擊性」（K7），因為那包含抵抗不正義與進行抗議。「但是當我說我們不應怨恨時，

10. Dalton (2012, 12-16)。如同道爾頓說明的，甘地刻意不用英語詞彙來描述他的想法；他甚至徵求用印度文來為核心概念重新命名，認為若容認這場鬥爭只能用英文名字讓世人知道，那是「羞恥的」。

我的意思不是說我們應該默許，」甘地這麼說。（138）金恩博士也有類似的說法：「我並沒有向我的同胞說『拋下你們的不滿』，這種正常而健康的不滿可以被引導到有創意的、非暴力的直接行動。」（K291）與我相同，這兩位都主張憤怒本質上與報復的心態連結在一起，甘地認為怨恨表示想要傷害對手（即使只是透過神力）（G138）；金恩博士談到「回擊」的心態。（K 32）那是他們想要擺脫的，而我們很快便能看到他們用什麼取而代之。

　　新的態度不只是內在的主動，它還必須產生具體的行動，需要相當勇氣的行動。（K7）金恩博士稱之為「直接行動」；在「自我淨化」（例如拒絕怒氣）之後的行動，身體力行提出主張。（K 290-291）這種行動是強烈的且不妥協的追求自由。（292）抗議者透過遊行、以正義之名打破不正義的法律，拒絕與不正義的當權者合作。目標呢？在金恩的情況，是要迫使對方進入談判，朝向法律與社會改革的方向發展。（291, 294）對甘地來說，此種作法不亞於推翻不義的政府並「迫使它屈服於人民的意志」。（G 193, 195）米勒感到厭惡的應該是默許殘酷的對待，但是誤會，並無默許，而是勇敢地抗爭以追求基本的目的。[11]（在艾登堡拍攝的電影中，由馬丁・辛〔Martin Sheen〕飾演米勒的角色，將其描繪成完全瞭解自己所看到的一切，並向世人報導印度人民如何憑其尊嚴經受英國人的殘暴。的確，無論米勒真實的感受是什麼，他的報導確實呈現了真實發生的事。）

　　他們提議用什麼新態度取代憤怒呢？金恩博士允許某種程度的真

---

11. 比較古代有關軍隊中的憤怒情緒的討論：菲洛德穆（Philodemus）與塞內卡都強調成功的軍事策略必須具備的紀律絕不容許被個人的憤怒所掌控；參閱 Harriss（2001, 103）。

實憤怒，主張示威與遊行是疏導被壓抑的情緒的方法，若不加以疏導可能會引發暴力。[12]（297）他甚至看似認為在鼓勵人們參與的過程中，憤怒可能扮演重要的角色。儘管如此，即使出現真正的憤怒，必須迅速導向未來，對於正義的可能性懷抱著希望與信心。（K 52）在此同時，對敵人的憤怒必須藉由一系列有紀律的行動加以「淨化」，最終轉化成能夠謹慎區辨行為與行為人的心理態度，批判並否定惡行，但不將無可扭轉的邪惡歸諸於人。（K 61, GAut 242）（與布萊特懷特對青少年犯的作法相似。）行為可予以譴責，但人始終值得尊重與同情。畢竟終極的目標「是創造一個世界讓男人與女人能共存」（K 61），而那個目標需要所有人的參與。

　　而後，最重要的，人們不應期望以任何方式羞辱敵人，或者希望他們遭逢厄運（K7, G 315），而是要努力贏得他們的友誼與合作。（K7）甘地提到他早年便覺得〈天佑女王〉（God Save the Queen）這首歌第二段祈求上帝「殲敵方／一鼓敵蕩／破陰謀／滅奸黨，把亂盟一掃光」（G152）很不恰當。他問道，我們怎能推定這些敵人是「奸黨」。主張不憤怒的人不應該鼓勵這樣的態度。敵人只是一個犯了錯的人，我們希望能夠以友誼與慷慨贏得他的心。[13]這種態度可以稱為愛，只要我們瞭解甘地與金恩博士指的不是柔軟感性的態度，而是堅強且不妥協地要求正義。那是尊重與主動關懷，尋求接納所有人的共同善。[14]

---

12. 甘地有時候會發怒且為此自我批判；參閱 Sorabji (2012, 200)。
13. Dalton (2012, 16,96).
14. 參閱 Dalton (2012, ch1)。比較 Honig (2013) 提倡的「競爭式人道主義」是很有趣的；雖然 Honig 並未承諾不憤怒，但她駁斥基於悲傷與哀悼的政治，建議強調團結與希望。

　　甘地有一項重要的見解（也出現在帕頓的小說裡）在於憤怒時常植根於恐懼。尼赫魯指出，甘地留給追隨者最大的禮物是免於英國統治下已然「四處瀰漫的恐懼」。「恐懼的黑幕從人民的肩上被移走。」怎麼做到的呢？尼赫魯表示透過大眾「心理的改變」（他將之比擬為成功的心理分析），而此種改變的根源在於甘地能夠提出逃脫恐怖統治的路徑，並且激勵人們認同自身的價值與行動的價值。這使得一種冷淨、有尊嚴、策略性的抗議形態成為可能，而不是隱密的、絕望的、容易陷入報復的暴力行動。[15]

　　抗議者的最終目標必須是所有人共享的美好將來：「創造一個受人喜愛的社會。」（K7）金恩博士著名的演說〈我有一個夢〉也是一份情感的地圖，能夠讓不滿且一度憤怒的抗議者轉向美好的未來，而這種美好的未來有可能在短期內達成，只要它著眼於真實的美國，從現在起她被視為自由之地。[16] 稍後我也將以這場演說作為轉化的範例。相信這種未來是可能的，對轉化過程是很重要的。就此而言金恩博士非常傑出，甘地還稍嫌不如（因為禁欲主義，甘地一直將未來描繪成貧困鄉村的樣貌，對大部分人來說這難以激勵人心，而且在思考如何建立一個成功的國家時不太切合實際）。金恩博士對未來做了寓言式的描述，將敵人轉變為建立美好將來時的潛在夥伴，而問題自然由此衍生：我們如何讓他們能相互合作？金恩博士並非只告訴人們應該試著合作，他藉由描述需要所有人通力合作的迫切目標，鼓勵採用一種合作的態度。甘地的策略則有些微不同，他希望英國人就這樣離開印

15. Nehru (1989, 274-5)。參閱 Dalton (2012, 66-7, 168-9)。尼赫魯並未提到恐懼與暴力之間的關聯性，但對甘地來說，這樣的關聯性極為明顯。
16. 參閱這次演講的分析，收錄在 Nussbaum (2013, ch9)。

度，而不是留下來幫忙建構未來；英國人長期以來即已試著建設，但沒有做好。他鼓勵人們想像有可能建設一個自由的國家，但並非透過憎恨與流血，而是透過協商。英國人不需要被當作同胞，但必須將他們看作理性的人，最終會做出正確的選擇並離開，但仍然可以作為愛好和平的大英國協夥伴。

我已經將某些憤怒連結到過度執著於地位的心態。甘地的運動有項重要的特點在於透過細膩而全面的同情心來揚棄人為的地位區別。有權勢的人必須過無權勢的人那種簡樸的生活模式，以此打造一個讓所有人在全體生活中都能看到自身命運的國家。律師也洗鍋子，種姓制度上層的人也要清理公共廁所，以此打破種性與性別之間的界線。就像研究時常發現的，不憤怒以這種方式連結到支持以同理心參與他人生活的作法。這也是金恩博士帶領的運動的一項顯著特徵，黑人與白人合作挑戰法律，並一再鼓勵白人支持者想像黑人生活中所承受的無尊嚴與艱辛。

在回應對甘地／金恩的理念的可能批評時，我們會看到有人主張他們的理念是不人性的要求。我們的回應是證明他們確實讓人們接受並內化不憤怒的行為模式，並說明他們是如何做到的。不過甘地超脫情緒與慾望的觀點確實有問題。甘地是個徹頭徹尾的斯多噶學派。他主張人若不對抗各種激情，包括慾望與情感，便無法適當地追求真理之路或不憤怒的抵抗。他也不發展個人的愛與友誼，因為那自然會產生深刻的悲傷與恐懼。如果他認為斯多噶式的超然確實是為了做到不憤怒所必要，我們便有理由認為這種要求是無用的，從而也是不具吸引力的目標。

　　首先，我們必須問，甘地提出的是工具性的主張（超越情感與激情對成功的真理之路是必要的），或者作為規約式的定義（真理之路包括非暴力與不憤怒的抵抗，並承諾超越情感與激情）。答案並不清楚。對甘地自己來說，他指的可能是後者，因為證據顯示他一貫自律。然而，對於他領導的運動來說，他似乎連有限的工具性主張都不贊同，因為他並未嘗試說服尼赫魯或其他領袖棄絕特定的愛或其他形式的激情。[17] 或許他的想法單純是成功的非暴力抵抗運動的**領袖**必須追求斯多噶式的超然（無論是工具性的或概念式的）。然而，即便如此也會讓現代讀者擔憂：如果不憤怒的路徑需要一個領導者抱持著令人難以置信、某種程度上不討人喜歡的超然態度，這樣的正義路徑又能有多吸引人呢？

　　我們可以從檢視歷史開始，金恩與曼德拉的範例（也包括尼赫魯）似乎反駁了甘地的理論。他們三個人都過著熱情奉獻的生活，也沒有棄絕慾望。事實上金恩的風流韻事讓他受到埃德加‧胡佛（J. Edgar Hoover）的威脅，損及了自由運動的成就。但是那只是顯示領袖最好恪遵社會規範，如果沒辦法的話就要藏好。

　　曼德拉的情況又不一樣，他多次提及：運動領袖難以成功追求愛與家庭生活。早年他長期離家，之後又長期坐牢，所以他不可能有健全的婚姻，也無法好好扮演父親的角色。但是證據（例如他在獄中寄給溫妮的信）顯示在他的政治生涯中，愛仍是他能量的來源，在他的寫作中也無隻字片語暗示若他超脫各種情感，而非追求愛與家人間的照顧，他便能夠成為更好的領袖。尼赫魯也是如此。

---

17. 他確實對孩子這麼要求但並未成功；他是很愛評斷又嚴苛的父親，對 Harilal 似乎很容易發怒。

甚且，即使人們希望偶爾受到像甘地那樣不同於一般人的領袖所鼓舞，但就政治來說，他們可能還是、甚至更常接受那種顯然具有常人的需求與脆弱但可能比其他人更有自制力的領袖。就像曼德拉，尼赫魯在自傳中花了許多篇幅強調自己脆弱的人性面，包括他對妻子熱切的愛，以及對妻子過世的悲痛。[18] 喬治・歐威爾為許多人發聲，他認為「聖人在被證明無罪前，總是會被判有罪」，這樣的判斷也適用於甘地，但結果是複雜的。[19]

心理學家愛利克・艾瑞克森（Erik Erikson）在他那部談論甘地且深具洞見的書裡進一步提到，他認為甘地對一般人類的愛，特別是性愛，他的態度是一種自我憤怒，那確實是暴力的。談到這位過世的領導人時，他說：「你應該停止理論空談，要用非暴力的方式對待自己的身體。」[20] 他接著比較心理分析這種透過事實進行自我轉變的非暴力藝術與甘地的嚴苛態度。在甘地的傳記中有相當篇幅建議採用艾瑞克森的觀點，認為甘地對自己的憤怒持續表現在他對自己身體的態度上。根據甘地自己的說法，他之所以認為所有性慾都具有毀滅性，是因為某段非常具體的經驗。他十幾歲就結婚，父親過世時他正與妻子溫存。他父親已經病了多年，他覺得自己有義務時時陪伴身旁。儘管如此，他卻讓自己受到慾望所惑，即使父親狀況不佳，他仍然離開去陪妻子。因此父親過世時他並未守在病榻前。「那是我永遠無法抹去或忘記的汙點……那讓我多年來想要擺脫情慾的枷鎖，我必須經歷各

---

18. Nehru (1939)。尼赫魯的第一句是：「有錢人的獨子時常容易被寵壞，特別是在印度。」由此發展，這部著作是一種溫和的自嘲，也承認主人翁的渴望與寂寞。曼德拉從牢中獲釋後，他「第一件想跟人說的事情是，我不是彌賽亞，只是個普通人，因為不尋常的機遇而成為領袖」。(LW676)

19. Orwell (1949).

20. Erikson (1993, 248).

種磨難才能克服。」（GAut 27）艾瑞克森認為自我憤怒是某種極為明確的報復，而當然甘地的自省是以最為蔑視的態度描述自己的所作所為。如果我們接受艾瑞克森的主張，便更有理由不接受會產生甘地那種拋棄七情六慾的自我憤怒；在這個案例以及或許其他個案，棄絕情慾本身就是憤怒的表現。歐威爾也同意這一點，他如此談論甘地：「如果有人可以追蹤他的心理根源，我相信應該會發現『無念無住』的主要動機是要逃避活著的痛苦，最重要的是愛的痛苦，無論是性或非性的愛都是艱難的課題。」[21]

所以不憤怒不僅不要求違反人性的棄絕情感，甚至也與這樣的要求衝突。相較於甘地，金恩、尼赫魯與曼德拉都是更為成功的不憤怒的實踐者，雖然他們都認為因為政治生涯消耗心力而難以成為好的伴侶與父母。[22] 人還是可能一方面強烈地感受到悲傷與愛，一方面避免憤怒的錯誤。

我們現在大致瞭解不憤怒的革命行動，也提出了具說服力的答案可以回應對此種不憤怒革命行動的反對意見。我們對於不憤怒的革命也有動人的說法：尊嚴、勇氣與驕傲，而不是毫無感情或違反人性的超然。但或許我們尚未完整回答一開始提到的規範問題。我們已經證明不憤怒是可以被接受的，但是尚未確切證明發生壓迫時，那樣的革命是比較好的。就算可以找到一種具吸引力的革命方式，但憤怒究竟何錯之有？

為了回應這種假設性的質疑，甘地與金恩一再轉向宗教的形上

---

21. Orwell (1949).
22. 參閱尼赫魯對自己在丈夫這個角色上的缺點之動人省思，出自 Nehru (1989) 第二章標題「人類關係的問題」。

學，描述神的愛。[23] 此種抽象的論述對抱持那些宗教觀點的人可能曾經或仍然具有吸引力，但似乎不足以回答我們的哲學問題，也不足以說服多元社會的公民。在曼德拉的論述中我們會找到更多收穫。

四、曼德拉令人不可思議的慷慨

在曼德拉的著作中，我們看到的不是系統化的不憤怒理論，而是一個別具洞見又充滿自覺的人。我會將他的論述建構成一種準理論，並且提出斯多噶理論對他個人發展可能造成的影響。但有一點很重要必須說明，我並未添加任何東西，我只是指出在他思想與行動中已經潛藏的結構。

我已論證憤怒可能導向兩種路徑，任一種都帶有根本的謬誤。其一是償還之道，希望厄運降臨侵犯者身上，但這麼做並無法回復已經受損的幸福要素。其二是地位之道，執著於相對地位，這個目標雖然可能達成（相對的貶損），但本身極無價值。而我現在要說曼德拉直覺地做出相同的主張，那是他在二十七年的牢獄生涯中透過反思冥想等自我審視的過程所得到的結論（LW200-12），他說那段監禁期間他思考了憤怒的問題後得到極豐碩的成果。

曼德拉在他所稱的長期的「自我對話」（以奧里略的《沉思錄》為喻，此文獻是由艾哈邁德‧卡特拉達〔Ahmed Kathrada〕帶到羅本島供獄囚閱讀）中了悟了什麼呢？[24] 首先他承認執著於地位是不值得

---

23. 如同 Sorabji (2012, 32-42) 證明的，甘地的態度在相當程度上可以歸因於基督教的禁欲主義，有時候那是從托爾斯泰的作品滲透出來的。
24. 參閱 Schalkwyk (2014, 58-59)。Schalkwyk 主張曼德拉太過依循斯多噶學派的精神，超脫七情六慾。我

的，因此他拒絕走上這一條路。（或許他的皇室血統有助他舒緩那樣的焦慮。）他從未在意特定角色或活動會不會「貶低了」自己。透過自省，他刪去所有可能顯露對地位焦慮的線索，即使有時候那樣的焦慮可能是正當且自然的。有一次某位新進獄囚被要求替另一個必須在早上五點出發前往開普敦而沒辦法自己清理便桶的獄友清理時，那人拒絕了，說他絕不會替別人洗便桶。曼德拉表示：「我來替他清理，那對我來說沒什麼；我自己每天都清便桶，幫忙清理別人的也不會有問題的。」（C149；手稿記載曼德拉笑著提到這個故事。）他也並未表現出冷峻而憤怒的黑人革命家經常顯露出的不願使用南非白語（Afrikaans）的態度。他完全不認為說南非白語貶低了自己的身分，他在牢裡還選了一門這種語言的課程，並把握機會以南非白語對話，例如與監警（Inv28），他完全不覺得這樣會讓對方顯得高高在上，他只思考未來的效益與眼前的尊重。他一再告訴獄友，學南非白語和南非白人的歷史很重要，如此才能瞭解對手是如何思考的，因為談判的時刻遲早到來。[25] 一九七五年，他從牢裡寫信給溫妮，他說大部分人都錯誤地執著於地位，他們應該重視的是自己內在的發展 。（C vii）

　　不過曼德拉也知道大部分人確實非常擔心地位的問題。對他來說，領導就代表耐心地訓練自己的能力，就像訓練運動員那樣，而他持續訓練的能力之一就是如何瞭解別人的想法。（Inv138）因此他明白要化解抗拒，必須先化解焦慮，而如果表現出憤怒或怨恨的感受，就永遠做不到這一點，唯有表現禮貌與尊重別人才行得通。要與往往

認為他的說法沒有說服力。（例如他主張曼德拉知道他兒子 Thembi 的死訊時呆住了，這正是斯多噶那種不悲傷的例示，他好像誤以為真正悲痛的人都會明確地表現哀傷。）
25. 艾哈邁德・卡特拉達是一位好友也是獄友，二○一三年十二月接受 CNN "Nelson Mandela" 節目訪談。

帶有很深的階級焦慮的獄警保持關係，重點便在於「尊重，平常的尊重」。（Inv128）曼德拉在羅本島坐牢的第一年，有一次他的律師到島上探視，曼德拉向律師介紹獄警，他說：「喬治，我很抱歉還沒向你介紹我的儀隊。」接著他一一點名介紹每一個獄警。律師記得，「那些獄警如此驚訝，表現得就像是儀隊一樣，每一個都禮貌地與我握手。」（Inv29-30）有個獄警告訴他，即使獄警彼此間也是不交談的，因為他們「憎恨自己低下的地位」。（219）曼德拉的作法是去瞭解一個人的過去，好比說他在孤兒院長大，從來不知道自己的父母是誰。曼德拉認為，「他沒有父母愛他，他對我的苛待也是因為那樣。而我非常尊重他，因為他自己成為了獄警，是的。他很獨立，也認真念書。」（219）

所以曼德拉不僅小心迴避地位之道的憤怒，也以同理心加以瞭解，從而靈巧地加以化解。

曼德拉也非常理解報復的願望，他在自己的生命中也曾感受過。他想起一些讓他極為憤怒的事件。「不正義讓人怨恨難消，」他如此評論早年在福特海爾（Fort Hare）學校的某個事件。而且憤怒不只一直都可能發生，也一度是他決定投身政治生涯的關鍵動機：

　　我並未悟道，沒有遇過天啟，也沒有真理顯現的時刻，只是持續累積千次被輕看、千次無尊嚴、千次記不得什麼讓我憤怒，以及想要反叛、想要與一個關押許多同胞的制度對抗的情況。我並不是在特定的某一天突然說，從今以後我要投身解救我的同胞；相反的，我只是發現自己就這樣投入了，而且已無退路可行。（LW109）

　　但他承認報復的想法讓人哪兒都到達不了。憤怒是人性，我們可以瞭解為什麼惡行會讓人產生憤怒，但如果我們仔細思考毫無益處的報復想法，如果我們真的想要讓自己、讓別人好過，我們很快就能發現不憤怒與慷慨的心是更有幫助的。

　　他在自己的故事中提到，這些態度的根源來自部落會議，當時攝政王靜靜傾聽每個人的意見，表現出對每個人的尊重。（LW25）古時候的英雄故事強調「慷慨與謙遜」。（LW26）我們不確定這究竟是真實的情況，或者只是為了當前與未來而重新建構的非洲傳統，重要的是它留給現代人的訊息。[26]

　　曼德拉並非聖人，易怒是他一直想要克服的問題。就像他自己寫的，他在監獄裡大部分的自省都是針對憤怒傾向。有次他認為自己對某個獄警講話太過尖銳，因此向對方道歉。（C219）他刻意將自己的對話紀錄如奧理略般定為《沉思錄》，顯示他堅定地自省也可能是仿效斯多噶學者的典範，雖然然他的理念也與非洲**烏班圖**（*ubuntu*，指人性）概念有深刻的關聯。[27]（對照之下，他從未表示要擺脫失望與悲傷，他始終坦承有這樣的感受，不過一再強調不要失去希望。）他時常提及習慣性自省的重要性。一九七五年他在獄中寫信給同樣在獄中的溫妮，信中提到（鼓勵她自省）：「牢房是很理想的地方可以認識自己，真實地並經常地省察自己的心理與感受。」（C vii）

---

26. 他特別強調另一個早年事件，顯示在族群關係中魅力的重要性。他在二十多歲時與朋友，也就是攝政王的兒子朱斯提斯一起到約翰尼斯堡，一位白人律師安排他母親開車載他們。這位女士一開始因為跟兩位年輕黑人在一起而感到不自在，尤其因為朱斯提斯對白人似乎百無禁忌。她打量著他。但朱斯提斯的幽默與魅力逐漸打動她，最後她甚至因為他講的笑話而大笑。以魅力與幽默化解焦慮是曼德拉一生都運用的策略，也得到良好效果。

27. Schalkwyk (2014, 60).

　　即使曼德拉提到早期的憤怒感受，最後前瞻式的思考依然勝出。他想要改變制度與解救同胞，而不是讓別人承受痛苦或不好的情況。就算他的憤怒是真正的憤怒，而不是轉化的憤怒，卻仍快速朝向轉化發展。而且即便如此，他還是透過自省謹慎地滌除憤怒的感受。

　　整體來說，曼德拉似乎從未想過要讓南非白人受苦，或以任何方式討回公道，一點都沒有。如同他所言，他的目標是要改變制度；那很可能需要白人的合作，如果沒有白人的合作，局勢會非常不穩定且持續受到威脅。奧比・薩克斯（Albie Sachs）是解放運動中一位重要的（白人）成員，後來成為南非憲法法院重要的初任大法官之一，他表示他們永遠為政治平等的積極目標奮鬥，那樣的目標原則上便是接納所有人。[28]

　　就曼德拉的觀點來看，不報復是受託管理國家者的重要態度。一位負責的領袖必須務實，而憤怒與前瞻性的務實心態並不相容。憤怒很容易干擾進程。一個好的領袖必須盡速邁向轉型，或許大部分時間都停留在那裡，只表現、甚至只感受到轉化的憤怒與失望，拋開真正的憤怒情緒。

　　有一段很好的摘要可說明曼德拉的方法，那是他向訪談者理察・斯騰格爾（Richard Stengel）說過的一段小故事，而他之前也跟追隨者說過同樣的故事：

　　我說過那段故事……太陽跟風爭辯，太陽說「我比你強」，而風說「我比你更強」。因此它們決定要以一個旅人來測試它們的力量……那個

---

28. 個人對話錄，二〇一三與一四年。

旅人正穿著一件大衣。它們決定誰能成功讓旅人脫下大衣就是較強的一方。風先開始了。它開始吹，愈吹愈猛，旅人緊緊地揪著大衣。風吹啊吹的，就是無法讓他脫掉大衣。而且就像我說的，風吹得愈猛，旅客愈緊緊地用大衣覆住身體。最後風放棄了。接著太陽開始照射，原本非常溫和，然後加強力道……旅人覺得大衣已經不必要了，因為那是為了保暖。所以他決定把衣服扯開一些，但是太陽光愈來愈強，最後他脫掉大衣。所以透過溫和的方法，可以讓旅人卸下大衣。這個寓言是說，你要明白，透過和平你可以扭轉最固執的人……而那就是我們應該依循的方法。（C237-8）

顯然曼德拉以前瞻務實的方式來呈現問題，也就是如何讓對方做你想要他做的事。他接著證明，如果你能讓對方與你合作，而不是對抗你，這項任務會更加可行。對方的防衛心與焦慮的自我保護會阻礙進步。因此憤怒並不能讓事情前進，那只會增加另一方的焦慮與自我防衛心。相反的，一種溫和而鼓舞人心的方法可以逐漸削弱防衛心，直到對方完全卸下心防。

當然，曼德拉既不天真也不會固守意識型態而不顧現實，因此我們從未看到他提議放棄對希特勒的武裝抵抗，或者試圖透過魅力說服對方。他的這個故事是在特定脈絡下提出的，當時正要結束一段暴力的解放鬥爭，而對立的那一邊有許多人是真正的愛國者，希望國家有好的發展。他從政治生涯一開始時就堅持非暴力只能策略性地運用。然而，策略性地訴諸暴力背後始終是朝向轉化的觀點，著重的不是報復，而是創造共同的未來。

可能有人會主張說相對於不憤怒，報復才是適當的替代方案，對此他已經備妥了答案：報復無法帶來任何好處，用那種方法應付反對者只是讓自己奮鬥的目標往後退。他接受批評者說他這種對待敵人的方式只是一種選項，並不是必然的道德誡命（由此看來他的主張沒有我的強烈）。但他表示他的作法是有效的：

斯騰格爾：人們說「曼德拉最大的問題在於他太容易把別人都當好人」，你怎麼看？

曼德拉：嗯，許多人確實那樣說。從我還是青少年時人們就那樣說了，我不知道……可能有幾分真實。但是如果你變成了公眾人物，你必須相信別人的正直，除非有反證。而如果你沒有反證，別人做的事看起來也是好的，有什麼理由懷疑他們呢？難道要說他們是別有用心才做好事嗎？除非有證據，然後你便去處理不老實的部分，然後就忘掉它吧。因為這樣才能跟別人一起活下去。你必須承認人是你所存在的這個社會的塵土所造的，因此他們只是凡人。他們有優點，也有弱點。你的職責就是把他們當做人來合作，不是把他們當天使。因此，就算你知道這個人有美德，也有弱點，你還是必須與他合作，你要適應那些弱點，然後試著幫助他克服那些弱點。我不想因為某個人犯了一些錯，以及他有一些凡人的缺點，就被他給嚇跑了。我不允許自己因為那樣而受影響。那也是為什麼許多人批評我……所以我也必須接受那樣的批評並且試著適應，因為我認為無論是否那樣，這麼做都是有益的……而且因為你的這個基本假設……與你往來的人都是正直的，從而能在人際關係上取得進展。我相信是那樣的。（C262-3）

　　對曼德拉來說，憤怒與怨恨的方法不適合領導者，因為領導者的角色是要把事情辦好，對此慷慨與合作的方法才是有效的。

　　他對盟友與追隨者也是這麼說。當一群來自黑人覺醒運動（Black Consciousness）的囚犯抵達羅本島，並以狂暴與憤怒攻擊獄警的方式顯示抵抗的決心時，他耐性勸導他們想想是否能用不憤怒的策略呈現奮戰的決心，而且這麼做是否會更有收獲。[29] 許久之後，在國家建立之初，也就是黑人領袖克利斯‧漢尼（Chris Hani）被一位白人謀殺之後，報復的想法確實可能危害國家團結。曼德拉發表電視演說表達深沉的哀痛，但他以父親的口吻呼籲大家冷靜，而人民也感受到了，「如果做父親的自己都不想要報復，其他人有什麼權利說報復呢？」（Inv119）之後他指出謀殺者是個外國人，[30] 且南非白人婦女英勇記下殺人犯的車牌號碼，從而使警方得以追查，藉此轉移群眾的情緒。他說：「這對我們所有人來說都是關鍵的時刻……我們的選擇與行動將會決定我們能否以我們的痛苦、哀傷與憤怒繼續前進，達成國家唯一能長治久安的解決方案，一個由人民選出的政府……成為有紀律的和平力量。」（Inv120）再也找不到更動人的典範，因為曼德拉愛漢尼如子，顯然因為他的死經歷了沉痛的悲傷。

　　我們現在要檢視不憤怒的態度發揮功效的三個例子，看看曼德拉的慷慨精神，也看看它促成了何種值得讚揚的合作：他處理白人軍隊的方法，包括在一九八五年與司法與矯治部部長柯比‧庫切（Kobie Coetsee）的討論，以及在他獲釋之後處理白人部隊的方式；他說服人

---

29. 參閱 Schalkwyk（2014, 55-56），援用 Mac Maharaj 的回憶錄。
30. Janusz Walus 是個波蘭移民，曾經想要討好右派的南非白人。

們將兩首歌結合成國歌；他也贊助南非的橄欖球隊跳羚隊。這些行動都是堅信建立不同族群對團結國家的信任以及「共同邁向未來」才是正確的目標。（LW744）

柯比‧庫切，信任與安全

從武裝反抗轉向談判必須有個起點，而發起的方法、送出的訊息都對新國家的前景有極大影響。創造信任是關鍵。當時看起來曼德拉即將獲釋（那是一連串複雜的轉變所造成的），他一度因為肺部感染而住進監獄醫院。這一次是國家的司法與矯治部部長庫切前去探訪他。許多人關注這次會面的結果，如果曼德拉表現得像個憤怒的革命家，將危及他獲釋的機會，或者根本不可能獲釋。這次會面讓人緊張，警方與軍方準備好隨時進行暴力鎮壓，庫切也絕對知情。然而，曼德拉善於處理這種情況。儘管在醫護室裡穿著睡衣，曼德拉仍是個完美的主人。他用和善與溫暖的態度歡迎身高矮了他一截的庫切，兩人很快相處自若。[31] 他們以幽默謙和的態度交談，也能自在聆聽對方。曼德拉多年來自修瞭解南非白人的歷史、憂慮、關切與情緒，在那天展現了成果。

他與庫切建立友好關係絕非單一事件。一九九四年，在曼德拉就任國家首任民選總統的那一天，他趁著遊行時展現了對白人軍隊的尊敬與接納。當時有位剛入伍的年輕南非白人，他在二〇一三年時回憶道，當年他看到曼德拉無預期地走近一位軍官。他直視那位軍官並且說：「你已經成為我們的和平力量。你就是我們的和平力量。」那

---

31. John Carlin 根據柯比‧庫切的回憶錄描述這次事件。

位軍官原本預料會受到敵意或冷淡對待，訝異之餘卸下了心防，他開始流淚，周遭的人也都流下眼淚。多年後，曼德拉過世時，那位軍官還記得這個事件，認為曼德拉用自己對國家未來的思考創造了一場革命。[32] 就跟所有年輕的南非白人一樣，那位軍官的成長過程中，聽到的故事都是非洲民族議會是邪惡且具破壞性的。但他那天看到的情況完全不同，也激發出他的信任與友誼，而不是恐懼與怨恨。

　　這兩個事件均顯示曼德拉如何成功爭取民眾的信任。他瞭解憤怒只會孕育不信任，唯有尊重與友誼才能維持信任。

兩首國歌

　　南非現在的國歌是由兩首具有非常不同歷史的歌曲組合而成，分別是〈天佑非洲〉以及〈呼喚〉（Die Stem）。前者本身也是混曲，歌詞採用了非洲三種主要語言：科薩語、祖魯語（Zulu）、索托語（Sesotho）。這首歌是在一八九七年創作，成為反種族隔離運動的解放之歌。〈呼喚〉是在一九一八年創作，是種族隔離時期南非的國歌（與〈天佑女王〉都是南非國歌，直到一九五七年）。目前這個混合的國歌從〈天佑非洲〉開始，然後轉到南非白人語的〈呼喚〉第一段，最後用英語寫成的新段落作結：「傾聽同聲呼喚，我們團結一致，同為自由奮鬥，南非吾土吾國。」曼德拉在一九九四年就職時，這兩首國歌是各唱各的，而後橄欖球隊員開始學會唱混曲，就像我們後來聽到的那樣；一九九七年時混合版取代原來各唱各調的作法。

　　國歌帶有深刻的情感共鳴，而這兩首歌界定了兩種相互衝突的

32.　CNN, "Nelson Mandela"，二〇一三年十二月。

目標與情感。非洲黑人從小學的是憎恨〈呼喚〉，程度不亞於猶太人厭惡〈德意志勝過一切〉（Deutschland über Alles）。而南非白人大部分厭惡並害怕聽到〈天佑非洲〉，那是一首抗議的歌曲。問題的複雜度不僅於此：自由派的白人吟唱且支持〈天佑非洲〉；許多白人長期以來對〈呼喚〉持保留態度，因為他們還留有一些源自波耳戰爭（Boer War）的反英情緒，而那首歌的某些樂段讚揚波耳游擊兵的成就。在此種情況下，一個統一的國家該怎麼做呢？方法之一是廢掉這兩首歌，寫一首新歌。然而這種作法會失去這些歌曲原有激勵人民追求國家利益的強大力量，這些歌論及和平、昌盛與自由的抽象目標，同時彰顯國土的美麗景緻，而那是所有人都熱愛的。基於相似的理由，儘管德國完全反對納粹的意識型態，仍未廢除〈德意志勝過一切〉，理由是海頓譜的曲以及許多歌詞都是不受汙染的：因此無可爭議的第三段（「統一、正義和自由」）取代了原本三樂段的國歌。[33]

　　大多數的非洲民族議會領袖想要直接廢掉〈呼喚〉，以〈天佑非洲〉取而代之。事實上，當曼德拉為了接一通國際電話而離開會議室時，政府高層本來已經都決定好了。但曼德拉提出異議，要求他們再想想這項決定。「你們如此輕易處理掉的這首歌維繫著你們還無法代表發聲的許多人之情感。只用一隻筆，你們就要做出決定，毀掉我們建立和解的根本基礎。」（Inv147, cf. LW747）那是艱鉅的要求：要求各族群必須學著用別人的眼光看待這個世界。

　　下一步是要讓各族群唱他們認定屬於別人的國歌。雖然目前這項

---

33. 英文轉譯中文如下：「追求德意志祖國的統一、正義和自由！讓我們懷抱同胞之情，以熱誠共同為此目標而奮鬥。統一、正義和自由是幸福的保證。在幸福的光芒裡昌盛。在幸福的光芒裡昌盛，德意志祖國昌盛！」

志業尚待完成，因為人們時常只唱他們知道或喜歡的部分，但是透過
曼德拉的下一項策略，仍然獲得重大的進展。

橄欖球隊

　　一九九五年世界盃橄欖球賽前後所發生的種種事件已在約翰・卡
林（John Carlin）的著作《打不倒的勇者》（*Invictus*）中有生動描述，
也在二〇〇九年克林・伊斯威特（Clint Eastwood）執導的同名電影中
簡要呈現，所以許多人對這段故事非常熟悉，而且由摩根・費理曼
（Morgan Freeman）飾演曼德拉也強烈傳達了這位領袖慷慨、自制與歡
愉的精神。[34] 此處我簡略說明當時情況：曼德拉知道那項運動競賽，
因為它可以激發深刻的愛國心，是達成和解與統一的有力管道。但是
運動競賽就像其他所有事情一樣，早就因為種族界線而分化。橄欖球
是白人的運動，黑人輕視並怨恨這項運動。同樣的，白人球迷與選手
也很可能用懷疑的眼光看待黑人球員。

　　透過與國家橄欖球隊跳羚隊的教練與選手耐心互動，時任總統的
曼德拉改變了這一切。首先他讓選手對他個人產生好印象，建立信
任、希望與友誼。他與球隊的教練莫內・杜普萊斯（Morné du Plessis）
以及隊長法蘭索瓦・皮納爾（François Pienaar）發展出強烈的情感連
結。之後他說服球隊公開且熱情地唱國歌，以此作為典範讓白人球迷
也跟隨他們。他也設立訓練課程，讓球隊選手教導許多黑人孩子玩橄
欖球，孩子們「跟他們那些吃驚的長輩說，波耳人大哥哥也可以當

---

34. 最近由南非憲法法院退休的 Albie Sachs 大法官，在鬥爭的年代也是協助非洲民族議會的解放運動鬥
　　士，他對曼德拉非常瞭解，且在二〇一三年的節目談話中表示由摩根・費里曼詮釋的曼德拉實在與
　　本人很像。

朋友」。（Inv196）有了這些成就之後，曼德拉成為球隊最熱情的拉拉隊，鼓勵他們在世界盃中爭取勝利。如果說那是一場表演，他倒也讓每個人都相信他的溫情與真誠，但那極可能確實是真誠的。如果說這當中有些刻意與計畫，那也是他刻意選擇了相信並付出關心。他並不是冷淡的，而是愉快且輕鬆的，充滿溫暖與幽默。（Inv185）最重要的是，曼德拉的行為完全沒有憤恨或種族差別，他說那些隊員都是「我的孩子」（Inv194），而他像父親那樣擁抱曾反對他的人，也讓人無法想像過去曾是那樣。球員們覺得跟他在一起很舒服，接受他的關懷，逐漸變成統一的新南非最熱情的擁護者。

在一九九五年世界盃的決賽中，南非擊敗紐西蘭，這是南非一場重要的情感大事，讓各種背景的南非人聚在一起共同慶祝國家認同。曼德拉穿著皮納爾的六號球衣出現時，白人群眾歡聲雷動高喊曼德拉的名字。[35] 皮納爾在曼德拉死後不久描述當時的情況，難以置信有這樣的轉變。他提到曼德拉的幽默與對於隊員真摯的關愛。當他試著告訴曼德拉說他為南非做了偉大的事，沒有別的領袖辦得到，曼德拉回答說：「我要感謝**你**為南非做了很偉大的事。」十八年後，這位南非卓越的運動選手眼中仍泛著淚光。[36]

任何人想到這段故事時都會驚訝於曼德拉的幸運，因為縱使他的支持激發了球隊，肯定仍不足以讓他們擊敗另一支更強大、技巧更好的球隊。人們可以質疑他讓重大的國家情感在某程度上仰賴於比賽結果。但他事先努力創造民眾的團結卻無可置疑。

---

35. 在電影中這個片段很容易找到，而且在 CNN 的紀錄片 "Nelson Mandela" 也有明確描繪。
36. CNN, "Nelson Mandela."

曼德拉給橄欖球員的擁抱不是冷淡的、政治的，而是一個真正的
球迷及曾經身為運動員的真心（他是很厲害的業餘拳擊手）。各地的
運動迷都可以看得出來，他真的瞭解運動本身的力量。他在二〇一三
年十二月五日過世後，除了預期中的追悼者，體育界也溫暖地表示悼
念。ESPN 網站引用他的話，「運動具有改變世界的力量……它有激勵
人心的力量。它有其他事物所少見的團結人心的力量。它可以以年輕
人懂的語言跟他們說話。運動可以在原本只有絕望的地方創造希望。
在打破種族藩籬上，它比政府的力量更強大。」重要的運動選手從
穆罕默德・阿里（Muhammad Ali）到國際足球總會主席賽普・布拉特
（Sepp Blatter）都讚揚曼德拉在追求自由的過程中擁抱運動。[37]

這些故事顯示了對過去的錯誤抱持慷慨與寬恕的態度（就像接受
回頭浪子的父親），會產生極大的創造力。曼德拉並沒有說憤怒永遠
是不對的，因此他的主張不像我這麼強烈。但他的主張與行動讓我們
看到，憤怒在政治上是徒勞的，唯有慷慨才能帶來豐碩成果。如果他
讓白人心懷戒備，奪走他們的國歌，將橄欖球員當作種族主義的頑劣
分子與壓迫者，他大可以訴諸歷史來正當化報復的行為。如果非洲民
族議會拒絕吟唱壓迫者的國歌，誰能說他們有錯呢？但是憤恨會斲傷
他們想要追求的自由平等。一旦關乎國家未來，憤怒的報復心是沒意
義的、幼稚的自我縱容。

這一切有無可能透過刻意的表現而非真心的不憤怒與慷慨來達
成？或者，它是否顯示了一種優越的心態，還是一種行為模式？曼德
拉肯定認為這兩件事是不可分的。事實上他一再歸功於坐牢的那段日

---

37. ESPN (2013).

子讓他有時間自省並鍛鍊整體人格。[38] 他很喜歡威廉‧歐內斯特‧亨利（William Ernest Henley）的詩〈打不倒的勇者〉（Invictus）（該詩受到斯多噶理念極深的影響），看得出來他強烈追求成為「自己心靈的統帥」。他早已朝向轉化，但他必須控制自己的憤怒傾向，他認為內心的紀律是必要的。

還有其他的可能嗎？難道說一個偽君子能夠愚弄這麼多人，還愚弄了這麼久的時間？無論如何，假如真有如此可能（如果唯一替代方案是壞的想法、甚至行動，我不反對表演），重點在於那是一種心理的表演，而我跟曼德拉都認為這種表演在革命與其他情況下是比較好的。就像甘地一再說的，未經歷內在轉化的人的靈魂並不自由。受憤怒奴役是一種在應然面上不穩定且不好的狀態，即使在某個奇蹟時刻它可能產生看似相同的成果。[39]

我們舉出的三位思想家清楚證明了不憤怒具有策略的優越性：它能贏得世人的尊敬與友誼，最終也能說服反對者，讓他們一起合作打造新的國家。他們並沒有否定憤怒作為訊號與激勵的工具效用，至少在某種程度上憤怒是有用的（金恩博士的確強烈表示這一點）。有些情況的主要問題在於如何處理公眾的消極與漠然，這時候有限度地訴諸憤怒作為激勵人心的工具是相當有用的，就像英國曾經鼓舞民心對抗希特勒。但在此闡釋的三個案例證明，在策略上，憤怒的轉化是很重要的，才有可能憑著信任與合作邁向未來。[40] 我曾主張轉化在道德

38. 例如，在 CNN, "Nelson Mandela"：問到坐牢的不利後果，他反而強調在牢中得到的好處。
39. 參閱 Dalton (2012, 24, 138 及參考資料)。
40. 若非偏離我近來的關注焦點，我本來打算主張美國革命也是不憤怒的典範，雖然它肯定不是非暴力的。那是經過謹慎的論證，而且它的目的不是懲罰英國人的不正義，而只是要達到獨立的未來。因為這些特性它具有不憤怒的優勢而為新國家贏得友誼。

上也是更優越的，憤怒的路徑是錯誤的，無論是不當提高了地位的價值，或者錯誤主張報復能產生實益以修補不正義。內心世界在道德上與政治上都是有價值的，即使有時（但罕見）無法影響外在的選擇與行動。[41]

　　這三個案例全都是由過去受到主流團體嘲弄及貶抑的團體所實踐的。憤怒的言詞與行為只會滋生有害的偏見，因此若審慎思考如何解決問題，便會轉向不憤怒。這是否表示對那些未曾受到如此嘲弄的人（比方說歐洲男性）來說，憤怒是可以接受的策略呢？我認為沒有理由這麼想。人們是否只因為沒有人指責他們不理性，就可以用不理性的方式行事呢？曼德拉提出的不憤怒的理由不限於受壓迫的情況。如果有人只因為擔心加深成見而接受曼德拉的主張，我們可以說他們是行為正確但原因錯誤。

　　建國需要的不僅是不憤怒，它還需要好的經濟思維、一套有效的教育制度、有效的健康服務，以及其他更多。詹姆士‧賈維斯在多薩尼進行的任務必須由國家來承擔，而那個過程在印度與南非仍然尚未完成。為了建國，也必須謹慎思考如何安排法律的架構，以便改革權力的不平衡。慷慨的精神並無法改變將押沙龍處死的貪腐的司法制度。但是不憤怒可以以有效的方式注入這樣的思考，而南非憲法法院讓人印象深刻的成就有許多必須歸功於這樣的努力。

---

41. Murdoch (1970).

五、沒有寬恕就沒有未來？

　　新南非的精神就是賈維斯與庫馬洛的精神：前瞻與慷慨的友誼。不過還包含另一項著名的要素：**真相與和解委員會**；它已經成為其他國家數十個類似的委員會的典範。主要設計者屠圖主教在他那深具影響力的著作《沒有寬恕就沒有未來》說過它的故事。[42] 由於屠圖以基督教的認罪、懺悔與寬恕的詞彙來架構委員會的工作，我們必須問，這些觀念是否真的適合委員會真正所做的事，以及若是如此，是否違反曼德拉的精神。

　　已有龐大的文獻探討真相與和解委員會的議題，我無意加以深究。[43] 相對的，我會根據本書論述的案例提出幾個可供思考的大方向。每個問題都必須考量其前因後果，而我相信不會有什麼萬用解答，因為歷史與文化具有如此的多樣性，除非是最抽象的層次。

　　截至目前為止我的論證顯示，在革命的轉型過程中有兩件事是必要的：承認錯誤及其嚴重性，以及透過前瞻式的努力追求和解。前幾章還提出另外一項有用的要素（曼德拉加以實踐）是培養同理心與換位思考的能力。[44] 相反的，卑躬屈膝、認罪、懺悔與最後的寬恕，時常因為產生羞辱而非尊重所以妨礙了和解；它們時常作為一種隱晦的懲罰，用以發洩隱藏的（或者時常並非太過隱匿）怨恨。

　　承認已經發生的事實是很重要的，因為若未能主張被嚴重損害的利益，便無法進入正義體系並建立信任——那樣的主張能讓那些利益

---

42. Tutu (1999).
43. Hayner (2001) 是這方面的卓越研究。
44. 關於轉型正義這個主題有項非常有趣的研究，可參閱 Eisikovits (2009)。

獲得尊重，使國家承諾不再犯相同的錯誤。這麼做也強調了基本政治原則的重要性與真實性。因此甘地與金恩都坦白描述了英國殖民政府與白人種族主義的錯誤；雖然並無正式的調查，但他們知道真相是人皆可見的。在金恩的情況裡，他們確實對於侵害者發動司法程序，而金恩與其他民權領袖也持續述說錯誤的行為。

　　審判是建立公開真相的普遍方法。在要求公眾信任法律制度的國家，如同艾斯奇勒斯所示，審判也是最好的方法。藉由進行審判並堅持其公正性，有效的民主便能對抗持續存在的不正義。在甘地的情況，他們需要的是脫離英國之後的新憲政秩序。由於英國人已經走了無法接受審判，但他們肯定受到公眾輿論的審判，而且早就被定罪了。甘地擅長處理國際新聞，那是他進行真相調查的方式，事實證明極為有效。

　　如果真相大部分被隱匿，人們的信任會受到嚴重威脅，即使長期致力於和解也難收實效。北愛爾蘭努力地朝向和解，包括阿爾斯特省的新教與天主教之間，以及這兩派與英國之間都是如此。女王願意參加二〇一三年貝爾法斯特（Belfast）的綠衣節（wearing green）活動，以及之後與北愛爾蘭重量級政治人物蓋瑞‧亞當斯（Gerry Adams）及前恐怖份子馬丁‧麥吉尼斯（Martin McGuinness）握手，都讓和解希望大增。二〇一三年六月我剛好搭乘英航從倫敦飛往貝爾法斯特，看到機身上塗了綠色杯子蛋糕的圖樣，那是讓人振奮的標誌，人們沉浸在一片歡欣中。然而，大約在二〇一四年春天，波士頓學院（Boston College）研究人員與前愛爾蘭共和軍面談的「祕密」錄音帶繼續引發爭論，最終導致亞當斯因為在一九七二年綁架、處死並祕密埋藏

珍‧麥康維（Jean McConville）而被逮捕。這個事件顯示若過去的真相
被刻意隱匿（但仍留存在人們看不到的某個檔案裡），則未來的前景
是很脆弱的。[45] 在我與某個被派任參加和平進程的非政府組織代表對
話時，[46] 我聽到許多人就是不願意相信亞當斯，因為他們認為他很多的
真實作為都被隱匿起來。（有趣的是，有些人認為麥吉尼斯更值得信
任，因為他的暗殺真相已為人知。）我不確定北愛爾蘭是否已有或未
來能否有真相與和解委員會。證據顯示沒有真相便會危及和解，即使
四十年後依然如此。

　　現在回到我們談論的三位領袖，他們全都以自己的方式提倡真
相，也以不同的方式處理和解的問題。金恩博士就像林肯那樣主
張「必須讓國家的傷口癒合」，他的方式是預言美國將會轉變，自由
與平等將會創造真正的同胞之愛。從那時候開始到現在，各界熱切
地運用既有的法律制度及社會與教育策略來促進和解。和解的努力
持續中，因為如果要知道真相，必須改正警察執法與刑事司法制度
中出於種族歧視的濫權行為。二○一五年在美國各處發生的恐怖事
件，至少突顯了警方對非裔族群的惡劣行徑，也至少已經讓國家意
識到和解的重要並做出一些努力。達致的成果可能是小幅度的、逐
步的，而且只限在特定區域，但是人們至少可以期望追求正義的決
心有些進展。特別讓人振奮的是，許多受影響的城市採用了金恩博
士的非暴力抗議方法。雖然在許多情況下那些抗議無疑仍無法擺脫
報復式的憤怒，但他們至少通常表達了金恩的精神，並仿效他堅定

45. Bennhold (2014).
46. 二○一四年五月在牛津，姓名保密。

且不容妥協地要求正義。

　甘地的挑戰則不同。由於英國人最終離開了，和解變成外交政策的議題，而共和國早年的不結盟政策也強化了獨立並提升對主權的尊重。在此同時，甘地的運動有意識地採用印度而非英國的符號與詞語，有助於提供高度分歧的新國家一種共通的語言，並在各種挑戰之下堅定延續，從而產生了穩定的民主，儘管仍有所衝突及深刻的經濟與宗教問題。（更不用說創造印度的民主是許多人投身的志業，包括尼赫魯與憲法律師安貝卡〔B. R. Ambedkar〕，兩人在某些重要議題上不贊同甘地的意見，但仍扮演關鍵的角色。甘地是激勵人心的領袖，較不是法律或制度的思想家，需要其他重要人士的貢獻。）

　南非的案例有其複雜性。就某種層面來說，那裡已經有一套運作中的制度，不過有白人優越性的問題，因此它並未獲得公眾的信任。新的國家需要一部新的憲法。它也需要一套機制以承認過去的錯誤，修復公眾對政府的信任，創造共同的是非觀。簡言之，南非的情況兼具美國與印度的問題層面。

　那些曾經犯罪的人能否由特設法庭（ad hoc tribunal）加以審判，就像紐倫堡審判那樣？屠圖與其他南非的意見領袖提出了這個問題。他們很快否定這個選項。首先在那樣的情況下，他們擔心冗長的審判過程會加深黑人與白人之間的裂痕，增強黑人的怨恨與白人的恐懼。審判將只是繼續報復的機制，損及合作邁向新憲法的合意與善意。[47]其次，審判會耗費許多資源，浪費國家寶貴的能量。第三，結果得到的真相反而更少，因為被告可以聘請厲害的律師，而律師會教他們什

---
47. 參閱 Tutu (1999, 22)，引用 Mahomed 大法官的一段話。

麼都別承認。[48]

　　另一方面，立即的赦免會損害公眾的信任，因為那未能說出已經發生的讓人憤慨的事，而說出真相對於人民對國家與憲法的信任是必要的。[49]屠圖表示這種沉默會讓被害者二度受傷害，因為這麼做並未承認他們所承受的痛苦。[50]

　　因此領袖們的共識是採用當時創新的程序，之後則被多國仿效：真相與和解委員會。事實上這個委員會的結構正是我所說的轉化的憤怒：承認憤怒，之後轉向慷慨的前瞻式思考。

　　真相與和解委員會的概念在於必須傳喚人們作證，而認罪的獎勵就是赦免。如同屠圖所釐清的，這兩種措施的結合很有爭議，因為許多人認為只認罪而無懲罰是沒有用的。也有許多人懷疑沒有懲罰真相能否浮現。儘管缺少最有力的誘因，也就是害怕懲罰，但是由於有許多被害人可以作證，因此侵害者有強烈的誘因不爭辯事實。甚且社會立場的誘因也有些模糊，因為新的國家已經建立，再也不能主張過去的錯誤是對的，或者抗拒承認錯誤。而且委員會對於調查非洲民族議會成員與其他革命者的錯誤行為與調查白人的錯誤行為同樣重視，正是因為如此才揭發了溫妮的行為。這種公平對待的方式同樣大幅提高了民眾的信任。

　　我說過曼德拉小心翼翼對曾經壓迫他的人展現尊重，從未加以羞辱。委員會是依循他的榜樣，還是羞辱的模式呢？這是很困難的問

---

48. 同前引著 P.23。有些惡名昭彰的案件受到審判：Eugene de Kock 是前南非祕密警察首領，該警隊四處獵捕反種族隔離運動者，他在一九九六年被審判並定罪，被判處兩百一十二年有期徒刑。關於與他之間精彩的訪談紀錄，可參閱 Gobodo-Madikizela (2003)。
49. Tutu (1999, 28-9).
50. Tutu (1999, 29-31).

題，而且往往因人而異。但是程序的進行極有尊嚴且帶著尊重；赦罪
是必然的，向那些願意做證的人確保他們以後在新國家可以作為平等
的公民而被接納，而不是被汙名化為罪犯。訴說自己做過的事未必會
造成羞辱，如果它被用來作為未來信任與平等尊重的前提。或許證詞
最讓人困擾的部分在於它時常不只是關於自己做的事，也涉及朋友與
同事做的事，那種「咬出來」的作法可能被視為極羞辱人且沒有男子
氣概的。[51] 另一方面，給予赦免則讓一個人說出實情並不會造成夥伴
被輕蔑與汙名化，未來也會受到平等的尊重。所以即使實踐上未必完
善，但原則上我認為委員會的設計很聰明，確實強調新國家所需要的
兩種東西：關於過去的真相，以此創造公眾對於對錯的信任與尊重[52]；
以及以赦免的方式達成和解，給犯錯者新的開始。

　　如果你讀過屠圖主教對於委員會實際作為的詳盡敘述，就會同意
以上描述。但他在後來某些演講中所說的，以及在該書結論部分所引
述的，卻是完全不同的狀況。他提出了基督教的認罪、懺悔、道歉與
交易式寬恕這些主張；而我說過我們對這套理論應該抱持懷疑，因為
它既嚴苛且時常是一種隱藏式的憤怒。有一點很重要，那些親近曼
德拉的人也對這種認罪式的語言感到懷疑。[53] 根據屠圖的說法，和解
是神命令進行的至高程序的一部分，可以讓人逐步在基督中成為一
體。它基本上是超越人類的過程，「是宇宙中心的過程」。[54] 個人可以
選擇加入或妨礙。若想要加入，他們必須「走認罪、寬恕與和解的道

51. 參閱 Levmore (2014)。然而他反對這種作法，認為不合男子氣概的文化結構時常不符公眾利益。
52. Walker (2006).
53. 與 Albie Sachs 的私人通信。
54. Tutu (1999, 267).

路」。[55] 這條道路要求犯罪者必須承認真相、道歉，並表示「懊悔或至少某些懺悔與悲傷之意」，然後請求「寬恕」。[56] 符合這些條件之後，被侵害的當事人應該拋卻他們的怨恨情緒。屠圖主教補充說，有時候不要求認罪便能寬恕，但在這種情況下「侵犯的根源」不會被揭露，整個過程可能並不完整。所以侵害者有責任發起程序，讓自己認罪、表現「適當的謙卑」[57]，並懺悔地請求寬恕。而後被害人應該以「信仰的行動」接受道歉，耶穌告訴我們只要侵害者認錯，無論多少次，我們都當接受。[58] 他繼續詳述基督的寬恕，以及他體會到的抽象的目的論。

　　在此我們看到交易式與條件式的基督教形貌：不是浪子之父的行為，而是懺悔者與接受告解者的行為。顯然屠圖主教深信這些宗教概念，認為它們是和解的核心程序。更近期他提到在自身的憤怒經驗裡，這些概念來自於看到父親虐待母親。[59] 對許多人來說，這樣的概念有其意義。另一方面，如果要用這種條件想像曼德拉與橄欖隊員的對話，局限性顯而易見。要求懺悔可能就像一陣冷風，肯定會增強抵抗。曼德拉對此種宗教目的論或逼迫他人道歉與懊悔並無興趣。他相信唯有真正的慷慨才能讓他與他的團隊繼續前進，創造相互的尊重與友誼。的確，他與曾壓迫他的人相處時的輕鬆、善意與幽默是相當了不起的。屠圖主教說得對，他表示曼德拉「具有高尚的尊嚴，樂意以雅量待人，並奉獻自己投入讓那些因為種族隔離與種族主義的不正義

55. Tutu (1999, 269).
56. Tutu (1999, 271).
57. Tutu (1999).
58. Tutu (1999, 271).
59. Tutu (2014).

與痛苦而互相疏離的人們可以互相和解」。[60]

屠圖主教描繪了自己的圖像，與曼德拉創設的過程極為不同，也與他自己所說的委員會所創設的過程不同。不意外的，由於當代基督教概念的盛行，曼德拉留下來的典範時常被描述為一種寬恕。但是閱讀曼德拉已發表的作品，我發現他並未使用寬恕的言詞或概念。薩克斯也不記得曼德拉曾經使用過認罪與寬恕的概念，他說這些概念完全不符曼德拉的運動。在最近一部講述曼德拉故事的電影中，當暴力即將發生時，曼德拉接受國家電視台採訪時說道：「我已經原諒他們了，你們也應該原諒他們。」薩克斯告訴我，那根本是編造的。曼德拉沒那麼說，編劇必然是認為觀眾可以接受這種說法。[61]

當然，真相與和解委員會的程序不能說是輕鬆的，或「樂意以雅量待人」。那是莊嚴的，而且在許多方面是悲劇的，因為有如此多的人訴說他們失落與受傷害的故事，而且有這麼多人訴說自己的惡行。然而，至少如同所描述的，那個過程是尊重人的，不要求卑躬屈膝，肯定不羞辱人，而且保護犯錯者的尊嚴，將他們當作未來國家同樣平等的公民。不要求以道歉作為赦免的條件，真相的說明也不是作為認罪，而只是重述已經發生過的事。不要求任何人表現懺悔，也不需要承諾不再犯，藉由貶抑而獲得的承諾肯定只有反效果。如果你真的想

---

60. Tutu (1999, 39).
61. 在一九九一年將離開總統職位時的一場演說中，曼德拉確實表示：「南非人必須記得可怕的過去，才能處理它，必要時應該寬恕，但絕不遺忘。」薩克斯評論表示，在曼德拉生涯的這個時點，他的確有時候容許那個詞，因為聽眾期待，但那不表示他接受交易式的作法。「一切只是顯示……他並不是鐵石心腸不肯原諒的人。每個人都知道這一點。無論如何，在那個階段，此項聲明的重點並不在於寬恕，較強調不遺忘。」而在他已出版數千頁的談話錄中，證據顯示他不會選擇以寬恕來架構這個議題：「此一旅程並非通往寬恕，而是通往自由。」薩克斯也提到某些非洲民族議會成員，例如 Oliver Tambo 與 Albert Luthuli 有虔誠的宗教信仰，運用基督教的詞彙，但同樣以自由作為目標。解放是讓全部人都獲得解放，無論白人還是黑人。

要別人以平等的方式與你合作，最糟糕的開始就是將對方當作罪犯。所以「不再違犯」的承諾就像我說過的是「想太多」，只是把人貼上嫌疑犯的標籤。

　　國家要前進需要信任，也需要相互尊重。對信任來說，真相似乎是重要的，但是以某種方式呈現真相可能又會損及尊嚴，從而危害和解。藉由提供赦免，南非明智地讓整個程序跳脫原本可能陷入的報復式框架，從而促進了信任的態度與國家團結的情感。然而，屠圖主教的重新詮釋又讓某種微妙的應報主義悄悄溜進去，造成一方卑躬屈膝、另一方優越的認罪方式。與其採用他的書名「沒有寬恕就沒有未來」，我們也可以提議「沒有慷慨與理性就沒有未來」。[62]

　　顯然屠圖自己後來的想法也有所轉變。在他近期與女兒姆佛（Mpho Tutu）的合著《寬恕》（*The Book of Forgiving*）中，他發展出一種既具世俗性且無條件的寬恕的形貌。[63] 事實上屠圖父女對於條件式、交易式的寬恕加以批評，他們說那是「人們最熟悉的寬恕形式」。（20）他們說那就像「綁著繩子」的禮物。他們只簡短提及我的反對意見，也就是認為條件式的寬恕可能是一種隱性的報復；他們強調條件式的寬恕仍然與犯錯者綁在一起，是倚賴別人的行為。（21）然而他們現在偏好的模式是完全非條件式的。由於他們的書聚焦在人與人的關係而非人本身，我在第四章已討論過他們的提案；但顯然他們認為這樣的提案也可適用在政治領域。在政治領域裡，儘管他們大部分的精神鍛鍊都不適用，但基本概念仍可適用，而且與真相與和解委員

---

62. 我會以這樣的想法評估許多這類的委員會。
63. Tutu and Tutu (2014).

會較為一致，而非屠圖之前贊同的條件式作法。

　　一個被恐怖行為撕裂的國家可能難以前進。憤怒的情緒可能緊緊
揪著人民的心，使他們無法轉向前瞻式的計畫與情感。第四章主張在
個人關係中，回顧式的寬恕儀式有時是有用的，如果它能讓人脫離過
去的桎梏，特別是當其他方法均告失敗時。這一點在政治領域內也有
適用可能，因為被人傷害而無法放下憤怒的人或許會認為某種寬恕儀
式是很有價值的，就像在艾略特・羅麥斯（Eric Lomax）知名的個案
中，那位「鐵道迷」多年來無法回歸正常生活，最後終於與曾經折磨
過他的日本軍官和解。[64] 據悉南非也有類似的個案。[65] 任何有助於放下
會壓垮人的憤怒與苦痛情緒的互動，必然都應該受到歡迎，無論那是
否符合哲學規範的限制。

　　簡略描述過屠圖的新書，我們現在也可以針對國家的情況做出
相似推論。證據顯示在飽受傷害的盧安達社會，寬恕的儀式產生很
好的效果。國家鼓勵此種努力，而且也以多種方式加以落實，其中
一項此類計畫是由名為 AMI 的非政府組織所進行，該組織為胡圖族
（Hutus）、圖西族（Tutsis）進行歷時數月的協商，最終的成果是正式
的請求寬恕，以及給予寬恕，通常伴隨著由侵害者贈與食物給受害者
及共同唱歌跳舞的莊嚴儀式。[66] 寬恕儀式顯然並不能取代真相委員會
那樣的正式過程；後者能夠創造公眾的信任並給予公開的赦免。而且
就像屠圖主張的，在許多方面，無條件的寬恕比條件式的寬恕更好。
但是寬恕的儀式，即使在某些方面是有條件的，可能有效輔助了正式

64.　Lomax (2008).
65.　Fairbanks (2014)，描述前任警察部長 Adriaan Vlok 展開全南非的朝聖之旅，為那些他曾傷害過的人洗腳。
66.　參閱 Dominus (2014)，報導中包括某次被害人／侵害者照片展的樣本。

程序，讓那些原本抗拒轉向慷慨的愛與理性的人可以放下過去。在南非也是如此，人們必須與那些做過壞事的鄰居共存，原本屬於個人的寬恕提升到公眾層次有時候也是有益的，可以彌補原先疏離的人際關係。[67]

　　儘管如此，這種回顧儀式很容易被報復的心挾持，而條件式的寬恕本身也是一種報復。如同普姆拉・葛博多・馬迪哲拉（Pumla Gobodo-Madikizela）提到她對於警政首長尤金・庫克（Eugene de Kock）坐牢之事的複雜想法，她曾經在三個月期間與庫克訪談過四十六小時：「被放逐之人想要重新被人類社會接納，但被害人卻擋住他的路……就這種層面而言，寬恕變成一種報復……我訪談庫克時，有時候自己也有一種勝利的感覺。我覺得自己的力量更勝於他，因為他需要我能瞭解他。」[68]

　　我們隨時都必須思考憤怒中的謬誤，也要努力培養不憤怒的技巧。那麼讓我用曼德拉另一段故事來結束本章，這個故事顯示他拒絕地位與報復的謬誤。在這個故事中曼德拉提到自己在正式獲釋前被移送到看守所時，負責監視他的白人獄警維克托・佛斯特（Viktor Vorster）與他的互動。問題在於怎麼擺放餐點，那是每個家庭都可能遇到的問題：

　　我試著消除他的緊張，以及要煮飯給囚犯吃、甚至替囚犯洗碗可能帶給他的怨恨。我提議自己洗碗，但他婉拒了……他說那是他的工

---

67. Gobodo-Madikizela (2003).
68. Gobodo-Madikizela (2003, 117).

作。我說：「不，我們必須一起分攤。」雖然他堅持，而且是真心的，但我強迫他，明白地強迫他讓我洗碗。我們建立了非常好的關係……獄警史瓦特真的是非常好的人，他是我很要好的朋友。

我們很容易明白這是一種地位的逆轉：居上位的南非白人為曾經受鄙視的非洲民族議會領袖洗碗。我們也很容易將那看作是一種報復：獄警被羞辱了，而他也活該，因為他與壓迫行動脫不了干係。重要的是，曼德拉並未走向任何這種破壞性的道路，一刻也沒有。他只問說，我該如何創造合作與友誼？

曼德拉向我們展示了，這種卓越的慷慨與互惠能力是他在羅本島多年的自省成果。那是困難的目標，但我認為那是無論個人或機制都應該追求的目標。即使沒有具有領袖魅力的領導者可以引領進路，而憤怒似乎是保護重要人類價值的唯一管道，但它仍是不好的策略，也是有瑕疵的回應方式。憤怒是大部分人生命中常會出現的情緒。我已論證過，雖然它具有作為信號與激勵的價值，但它欠缺人們經常主張的許多美德，而且無論在應然面或在實然面都有其自身的問題，既影響個人也影響政治的關係。

我們可以用曼德拉的最佳接班人強納生・詹森（Jonathan Jansen）（是個教育家，而非政治人物）的話來總結本章，他是南非自由邦大學（University of the Free State）第一位非白人校長；該大學位於南非首都布隆泉（Blomfontein），是南非白人的社會中心。二〇〇九年，詹森對畢業生這麼說：「我鼓勵各位，在這個還有許多憤怒的國家裡，永遠不要用憤怒來反應，要透過理性，如此你們得到的不只是一個學

位,而是真正的教育。」

在我們所有人的生命當中,那會是真正的革命轉型。

結論：世人的目光

　　在二次世界大戰最黑暗的那段日子裡，甘地說過：「我們必須用冷靜理智的眼光面對這個世界，即使今日世人已經殺紅了眼。」[1]基本上，那就是慈善女神所要傳達的訊息：這世界在很大的程度上是由憤怒與報復心所推動，但是讓我們為自己與政治文化開創更美好的內涵，希望它不再是目前的樣子。

　　對於甘地的呼籲以及本書，可能的反應方式之一是：「這個世界怎麼可能變成那樣？」或者：「那太難了。我們要回到真實的世界。」或者：「我們只是凡夫俗子。」但那不是恰當的回應。大部分時候情況很糟糕，但我們不會停止嘗試做得更好，即使那非常困難。我們不會認為癌症很普遍，就有理由不努力進行癌症研究。我們不會認為創造運作良好的經濟既困難又千頭萬緒，就有理由不盡全力這麼做。而且就像威廉・哈里斯（William Harriss）在其探討希臘人與羅馬人的憤怒的著名研究中指出的（關於憤怒難以掌控的反對意見）：即使最優秀的歷史學家也必定會犯一些錯，但我們不會因此就認為歷史學家不應極力避免錯誤。[2]

　　我們通常不會用這樣的散漫心態來處理自己的人生問題。我們認為努力完成十二年到二十年的全時教育是有意義的，如此才能發展自

1.　Nehru (1989, 38)。據稱尼赫魯是在一九四二年進行這場演說。
2.　Harriss (2001, 412).

己的技能與知識。當我們成為父母時，我們往往堅持自己的孩子必須在學校努力學習，即使他們並不樂意這麼做。而我們大部分人認為努力獲得好的飲食、透過運動來健身是有意義的，即使我們時常做不到自認為該做到的事。如果我們繼續抽菸，我們通常不會自我安慰說：「戒菸太難了，我只是凡夫俗子。」相反的，我們可能認為應該要更努力。

憤怒是難以避免的，但是人生中許多事也很艱難。為什麼當代的人常認為健康、學習、健身值得個人努力追求，控制憤怒卻不需要呢？為什麼我們認為醫藥與經濟研究值得社會大眾在政治上的投入，而憤怒這種社會疾病卻不值得呢？

有三種可能的理由。其一是人們可能相信憤怒是頑固難改的傾向。在極高程度上，本書已努力證明這種信念是被誇大的。憤怒可能有其演化的根源，但它之所以在社會中占有一席之地，其實是文化規範與個人養成或缺乏養成的結果。縱使我們假定憤怒是與生俱來的這種說法有幾分真實，然而與生俱來的只是一種傾向，並非不可避免地會反應在行動上。我們努力矯正許多頑固的性情或傾向，從短視近利到記憶差錯。就像減肥與運動，我們不需相信最終必定能擺脫所有不好的誘惑才能展開自我訓練的計畫。誰知道會如何呢？或許不憤怒的修養會讓我們人生過得好到完全不想念過去吵吵嚷嚷的日子，不像我們有些人總是有時候會很想吃薯條與甜甜圈那樣。而即使我們仍繼續感到憤怒，我們也不需將公共政策建立在被憤怒誤導的衝動想法上。

還有第二個理由可能讓我們在文化上不願意追尋不憤怒，因為我們相信那會產生非人性的、極端的、無愛的情緒。就這方面來說，甘

地的例子或斯多噶學者的例子可能更無法讓人寬心。[3] 但我已經明確地釐清，追求不憤怒並不會衍生這種無吸引力的目標。這種修養讓我們仍能維持深刻的愛、友誼與其他承諾（例如某些訴求或計畫），而且仍會因為這樣的愛所產生的悲傷與恐懼而受害。就算我們失敗，也不需要對自己太嚴苛，雖然我們時常可能苛求自己。甘地對自己很嚴苛，但就像我說的，這種嚴苛態度未必是不憤怒的情緒必然衍生的結果，它事實上是一種對自己的憤怒，雖然他顯然不承認這一點。

我們之所以不追求個人與社會的不憤怒，最大的原因在於儘管現代文化因為此一問題受到嚴重撕裂，但現代社會中仍有許多人繼續認為憤怒是好的、有力量的，而且可以展現男子氣概。他們鼓勵孩子發怒（特別是男孩），而且他們縱容自己與別人的怒氣。他們鼓勵基於聲稱憤怒之善的法律政策。相反的，希臘人與羅馬人並不鼓勵憤怒。雖然他們仍然時常發怒，而且他們對於憤怒是否應該完全消除或者只是加以約束仍有爭論，但大部分情況下，他們將憤怒視為一種疾病與軟弱，他們認為憤怒的人是幼稚的（或者用他們的詞彙來說，那是女人家的性情）。[4] 如果能瞭解那樣的想法，就已經完成了一半的奮戰。自我訓練是很難的，但如果永遠都不嘗試，就不可能做到。

如果這本書能有任何成效，我希望它能讓人從頭開始再教育，讓讀者清楚看到憤怒的非理性與愚蠢。是否願意採取下一步驟，則取決於你們自己。就像第五章說的，我自己也無法總是能夠做到不憤怒，我會幻想這個充滿飛機、銀行與網路的世界應該變得理性，而當真實

3. 關於甘地之愛的失敗，可參閱 Orwell（1949）。
4. 參閱 Harriss（2001，多處均提到）。

世界不如人意時我又免不了發脾氣。人們很難不愚蠢。

　　就算人們不願意努力，甚或只是開始進行個人的修練，但縱容、甚至鼓勵政治與法律制度擁抱並增強報復精神是不可容忍的。我們的政治制度應該以最好的情況作為典範，而不是容忍最糟的情況。他們應該以成熟的人格作為模範，即使我們時常只是孩子。[5] 即使每一個人繼續支持某種程度非理性的應報主義，但我們不應容忍法律與司法制度中的愚蠢。相反的，我們可以用人們面對經濟發展挑戰時的方式對待犯罪問題：將它當作極困難且有多種面向、需要靠智慧處理的實際問題，而且我們必須有**事前**策略，也要採取與目標具合理關聯的**事後**策略。但我們時常夢想現代社會就只需要像在老西部那樣用槍解決問題就好，事實上完全不是如此，縱使有時候人們還是會用槍處理問題，但那種地方絕不適合人類居住。

　　而且，如果存在嚴重的非正義，我們也不能以這個事實作為無紀律的藉口。不正義的事應該加以抗議，並採取謹慎、勇敢的行動加以回應。但是最終目標仍然如同金恩博士說的，在於期望「一個男人與女人可以共同生活的世界」。要建立這樣的世界需要智慧、控制力，以及慷慨的精神。那樣的精神有許多名字：希臘的**友好接待**（*philophrosunē*）、羅馬的**人道**（*humanitas*）、聖經的**真誠之愛**（*agapē*）、非洲的**烏班圖**[6]——那是一種有耐心、忍耐的態度，只看別人的好，不會挑剔人的惡。

5.　比較羅爾斯在 *A Theory of Justice* (1971) 的理念，公正社會機制的核心目標在於我們可以隨時回歸的「心靈純淨」的典範，儘管我們時常無法回歸。

6.　這些觀念清楚呈現在印度傳統中，但我難以找到單一字詞表示，顯然是語言不通的問題。同樣情況亦適用於我尚未探究過的其他文化。

　　我猶豫是否該用某種肯定洩漏我年紀的口號來作結束，但是這麼多世紀以來，這個世界總是受到報復心宰制，我想該是時候「給和平一個機會」。

附錄一：情緒與《思想的動盪》

　　讀者可以完全理解本書對於憤怒與寬恕的分析，無須先讀過我在《思想的動盪》（*Upheavals of Thought*）一書中發展的情緒理論。儘管如此，為了更明瞭理論背景，一些讀者可能有興趣簡要瞭解它的重要主張。

　　在《思想的動盪》開頭幾章裡，我為某種情緒概念提出辯護，它們都是針對具體對象（情緒的主體所察覺或想像的客體）而有意採擇的思想或感受，以及行為者以個人觀點針對那個對象做出的某種評價。這種評價會依據行為人的目標與目的而賦予各種對象不同的重要性。因此我們不會對世界上每一個人的死亡都感到悲傷，而只對那些對於我們有重要性的人的死感到難過；我們不會害怕各種不好的事件，而只對那些對我們的計畫具有嚴重威脅的事件感到恐懼；其他情緒亦然。這些評價未必涉及整體的信念，雖然時常也有此種情況；事實上，它們也未必與語言有關，也未必複雜。大部分的動物至少會基於快樂與否的感受而對各種東西做出一些評價，而且也因此有情緒反應。唯一的必要條件只有他們認為就自身的追求與目標來看，那個東西（例如食物）是好的。與此相似，還不會說話的小嬰兒已具有多種情緒能力，因為他們對自己的好惡已有初步的認知，而且也對特定事物是好是壞有自己的感受。

　　某些情緒是「情境式的」，固著於特定環境；其他則是「背景式

的」，表示它們在生命結構中是持續存在的（例如大部分人都會害怕死亡），但也可能更固著在特定的事件（對生命的特定威脅）。背景式的情緒往往是在有意識的情況下經歷的，但也並非始終如此。對死亡的恐懼時常驅動人類的行為，我們卻未必意識得到。

在該書第一章的其他部分，我探索了情緒中的非認知要素（感覺、身體狀態）。我主張雖然在我們大部分的情緒感受中都會出現某些此類要素，而且雖然所有人類與動物的情緒也確實均以某種形式呈現出來，但這些非認知要素並無恆常性，也與這裡所要探討的情緒無固定的關聯，從而無法將之納入特定的定義。即使像恐懼這種簡單的情緒確實常常與顫慄或發抖相連結，還是有許多的反例，包括對死亡的恐懼也是如此。我們大部分人在大部分時候都會恐懼，其程度強烈到具有心理上的實在感與驅動力，但（通常）我們並未察覺自己在顫慄或發抖。因此在這種情況下，不僅沒有那種特定的感受，甚至有時候在意識上可以說毫無感受。至於其他較為複雜的情緒，例如悲傷與憐憫，通常確實有某種感受（同樣並非始終如此），但若試圖以某種普遍化的方式開始辨識哪些身體感受可歸屬於那些情緒，則不太容易。而且時常就算我們已經辨識出此等要素（例如說悲傷是胃部的某種痛感），只要更深入探究，將會發現即使這些身體徵狀已經改變，而且時常是極大幅度的改變，人們還是可能繼續悲傷。（一個悲傷的人常常覺得疼痛，有時候覺得筋疲力盡，有時候卻似乎特別有精力，但也不能因此說那個人已經不悲傷了。）憐憫未必與特定感受有關。愛經常伴隨著諸多不同的感受而讓人困惑，但有時候可能也毫無顯著的感受。（父母對子女的愛會繼續下去，即使已經與任何特定感受均

無關聯。）

　　我們還是可以主張說情緒時常讓人內心有深刻的憾動（但不是那種無意識的）。我們絕不該將特定類型的情緒與任何特定的感覺狀態連結。而且我們應該正確地明白那種攪動的狀態究竟是什麼。某種情緒作用下的身體感覺時常是與情緒的認知相互倚賴。所愛之人的死亡與胃腸感染病毒是不同的；前者撕裂了我們與那人建立的感情聯繫、希望、與期待。

　　感受的特性似乎也會出現在身體的狀態。雖然我們對大腦與其在各種情緒上所扮演的角色有愈來愈深的認識，雖然我們的確應該盡全力加以瞭解，但我們還無法針對任何特定的情緒建構一套理論以說明那種情緒是大腦特定區域產生了何種具體的變化，甚至連相對簡單的恐懼情緒也做不到。閱讀約瑟夫·雷杜斯（Joseph Le Doux）的著作後，我認定（也贊同他）我們有理由認為恐懼在大腦特定區域會出現某種前驅反應或常見的徵兆，但這並不表示一旦察覺恐懼情緒之後，那樣的情緒必然伴隨著腦部那個特定區塊的變化。再一次，對死亡的恐懼頗具啟發性。

　　我在該著作中不太提到此一理論相對較具爭議的部分，雖然我認為那個部分應該是正確且重要的。而我認為如果適當地說明各種限制因素，它們甚且也不太具有爭議性。

　　接著，在第二章探究非人類的動物的情緒時，我主張我們不應將情緒所涉及的認知內容看作像是語言學的公式化命題那樣。許多情緒，包括非人類的與人類的，都只是關於某種評價式的觀看角度，也就是說主體認為客體對其福祉來說是重要的。如果以人類來說，在還

不會說話的嬰兒身上，這種較簡單的情緒尤其常見，但它也可能延續到成年之後。而且即使就那種具有命題結構的複雜情緒來說，如果認為這種結構永遠可以採用語言的形式來說明，或可以用語言加以公式化而不會得出怪異的轉譯結果，那又錯了。想想音樂中的情緒（我會在第五章裡討論），我們便能瞭解語言不是唯一有豐富情緒表現的符號結構，因此沒有理由認為以語言公式來表達是我們主要的任務。第三章接著要探討社會與社會規範在建構情緒分類時所扮演的角色。情緒的認知內容在許多方面都是由特定的社會規範與具體的社會情境加以形塑的。這有助於我們瞭解情緒的外在表現，但它們也可能更深刻地塑造構成某種情緒的評價過程，而能創造特定社會的獨特情緒類型。人類生活的共同特性也有重大影響，但即使是那些共同的情境（死亡與身體疾病），在不同的社會也有不同的內容。有時候分歧的社會規範只是形塑人們關於適當情緒對象的看法（例如什麼是恐懼或悲傷的適當對象）。但有時候它們也會形構情緒分類的本身，產生帶有微妙差異的憤怒、悲傷與恐懼類型。將那套理論運用在目前的情況：憤怒在某方面來說是很普遍的文化，因為在所有社會裡，人們對於錯誤的傷害行為都會有所回應，而且希望討回公道；但某些類型的憤怒則受到關於什麼是侮辱、什麼是榮耀、什麼是男子氣概，以及其他諸如此類的概念的強烈影響。

接著我（在第四章）探討人類情緒的發展特性。我們最早的情緒經驗是早於語言的學習，甚至早於能辨識個別物體。然而偶爾出現的憤怒雖然早於多數人以為的時點，但還是需要一些時間才能發展。這個事實不只突顯嬰兒時期的情緒生活，也突顯了人們後來的發展歷

程。舊的言行模式時常延續到成年後的生活，其背後時常是複雜的愛與悲傷的結構。這部分對應我在《政治情感》（*Political Emotions*）一書第七章裡提出的人類發展論，然而《思想的動盪》在許多層面上遠遠超越《政治情感》，也討論了愛在克服幼稚期的焦慮與罪惡感的過程中所扮演的角色。

　　有個特別微妙的問題在於難以區辨持續存在於許多情境的「背景式的情緒」，以及心情。（就我的理解）心情是沒有目標對象的，欠缺完整情緒的意圖性。無目標對象的哀傷、極大的驚恐、長期的易怒、自發的沮喪，這些都是心情。然而，由於自我認知的不完全，很難區別心情與過度泛化的對象或未知對象的情緒。以憂鬱來說，某些憂鬱純粹是化學因素造成的，沒有目標對象。但有時候人們是對自己整體的生活與前途感到憂鬱。他們的憂鬱有目標對象，儘管不是那麼具體。或者他們可能對於早年生活中某種危機或失落感到憂鬱，卻完全不自知。在此種情況下，時常需要透過治療才能發現憂鬱的根源，判斷那是否有目標對象，而如果有目標又該如何處理。恐懼也是如此。

　　憤怒又如何呢？那些長期易怒的人時常真的是對某件事或某個人感到非常生氣，但自己就是無法看出情緒狀態的根本原因。或者，他們的憤怒可能是針對某個高度抽象的目標，他們覺得這個世界對他們不公平，或者只是種種生活前景讓他們覺得自己並未獲得應有的尊重。我們應該能看得出來的，此種易怒的情況可能與無助感有關：一個人可能覺得自己非常脆弱，從而覺得「憤怒的命運之神」苛待了他。有沒有哪一種憤怒是純粹內發的而欠缺意圖呢？確實有些生理狀態（例如至少某些女性感受到的經前焦慮）時常讓人容易煩躁或發

怒。但或許是透過創造一種無力感或軟弱感，或自認為失去吸引力，因此而使人認為這個世界或對他重要的人都用某種方式在對抗他，卻未發覺那種心理狀態是出自自身的原因。這整個問題非常困難，而且我們對此瞭解不足。

　　然而，並不因為存在此種困難的類型而使我們此處探討的情緒意圖無法成立。任何類型劃分的難題都可能產生不明確的情況，因為這個世界本來就不是為了方便哲學家研究探討而預先排訂了秩序。

附錄二：憤怒與譴責

　　如果最近的哲學文獻太少分析憤怒，部分原因可能在於討論的焦點已經轉移到別的地方。「譴責」的分析變成核心，也激勵許多研究者做出高品質的研究與呈現多元的觀點。即使如此，就像近來一部有關此議題的選輯的編者所主張的，「關於譴責的研究尚在萌芽」[1]，已經有許多有價值的哲學研究可供我停下來思索並提出自己的研究論述，以貢獻於這個剛發展的學術領域。

　　這方面的文獻與哲學分析的其他文獻相仿，學者提出他們的定義也爭論著這些定義，而其背後隱含的假設是：以「譴責」這個單一詞彙來下定義是正確的。雖然這場論辯的某些參與者強調解釋的彈性，以及據稱可以應用到不同類型的譴責，但對於單一詞彙卻少有或全無懷疑，至少在整體層次上未加質疑。

　　某些概念，或者說大部分的概念，能夠以此種方式闡明，只要單一詞彙有足夠的彈性而能含括想要探討的現象的各種事例。然而有些概念的核心意涵可能極為模糊，以致單一詞彙無法揭露多少資訊，反而遮蔽了更多資訊。在一份探討隱私概念的傑出論文中，茱蒂斯·賈維士·湯姆森（Judith Jarvis Thomson）提出很有力的論述反對尋求對隱私的單一定義。[2] 在隱私這個詞類下，資訊保密、個人自主權、隱

---

1. Coates & Tognazzini (2013, 3 ,2).
2. Thomson (1975)。對於墮胎權深具影響力的分析也不採用隱私權這個詞彙，而偏好以平等概念進行分析，強調女性受到不平等對待，被要求承擔維繫胎兒生命的責任：參閱 Thomson (1972, 47ff)。

密以及其他相關詞彙的價值是如此不同，若只採用隱私一詞，只需找尋最佳的單一解釋，則這種作法的誤導性可能遠大於實用性。我同意湯姆森的主張，公領域與私領域的對比非常多元，以致若使用這些詞語卻無法避免模糊，可能會誤導政治與法律分析。[3] 某些所謂的「隱私利益」是指個人資訊不受公眾打探。有些則涉及想要隱蔽或獨處的欲望。但是還有其他內容則與私密或孤獨無關，而是與個人的控制或自主有關。好比說，以隱私權為由保護避孕這個行為便容易讓人誤解，因為真正受到侵害的是「是否採取避孕」的自主決定權，無論是隱密使用或公開使用，也不論其使用是否屬於祕密。（某個重要案件中的原告比爾・拜爾德〔Bill Baird〕[4]，在公開活動中提供避孕工具給年輕女性。）「隱私權」這個詞的運用有時會誤導法官，讓他們以為那些行為只能在私人獨享及隔絕的空間（例如已婚夫妻的住家）才受到保護，或者具有親密關係特性的行為才會受到保護。因此有種傾向認為性自主行為若發生在私人且獨處的情況會受到特別的保護，雖然論者未曾說明原因何在，因為單一的詞語取代了詳盡的論證。若是使用不同的字詞，則情況可能較為明朗，好比「資訊祕密權」、「自主決定權」、「孤獨權」，雖然亦無法避免不同詞彙所引介的概念可能會產生不同關係。

為了繼續論述，姑且假定湯姆森與我在這一點的看法是正確的：「隱私」這個詞沒有用處，因為它遮掩了不同概念的差異，而這些差異至少與它們的共同基礎一樣重要。因此，我們要問的是：「譴責」

---

3. Nussbaum (2002b)。精簡版可參閱 Nussbaum (2003)。也可參閱 Nussbaum (2010b, ch6)。
4. *Eisenstadt v. Baird*. 405 U. S. 438 (1972).

比較像是「隱私」，還是像其他許多概念那樣，至少大致上似乎能透過單一詞彙的分析而加以闡明？[5] 我相信是前者；但這樣的主張需要論證，因為許多卓越人士認為後者是可行的。

我們應該從檢視已經提出的單一解釋開始。

關於譴責，有一種常見的解釋是**判斷**：譴責某個人就是判斷那個人做錯了（或者在道德上犯了錯，如果道德譴責是論述焦點）。[6] 有時候這被稱為「可非難性的判斷」，但讓我們迴避這樣的循環解釋用詞。某些版本的解釋將判斷界定得更為限縮：一種有關道德品性的負面判斷，或者一種惡意的判斷。許多人反對這樣的說法，認為這種說法並未掌握人性的複雜或譴責的力量。

在光譜的另一端，則是主張譴責根本不是心理作用，而是一種行為：譴責就是懲罰，或以其他方式制裁。有人認為這樣的主張無法解釋隱藏的或沒有表現出來的譴責，或者也確實無法解釋那些沒有立場對侵犯者採取行動的人。

史卓生極具影響力的論證後來由華萊士進一步推展，以「反應的態度」來界定譴責：譴責別人就是經歷了怨恨與其他此類態度，而其中至少涉及某種程度的拒絕給予善意，也至少是「有所保留……認為另一個人如果可能的話應該受苦」。[7]（史卓生與華萊士未能完整分析這些情緒，事實上他們的觀點是一整套的，取決於人們是採用非認知的憤怒觀點，還是某種認知論的變形。）然而，批評者表示反對，主張人們可以譴責某人卻不帶有敵意或懲罰的情緒。

5.　美德倫理對我來說像是隱私，儘管有薄弱的基礎將不同類型統整起來：參閱 Nussbaum (1999b)。
6.　參閱 Coates and Tognazzini (2013, 8-10)；其中一項核心論述是 Glover (1970)。
7.　Strawson (1968, 93).

喬治‧謝爾（George Sher）認定，為了譴責而針對錯誤行為進行判斷的過程，必須加入一項要素，就是回頭看，期望那個人沒犯下那樣的錯誤。[8] 他主張這種論述的範圍足以包含我們認識的人所做的錯誤行為，也包含陌生人所犯的錯誤。然而，可能有人會反對，認為謝爾的論述未能包含所愛之人（例如犯錯的孩子）做錯的情況；父母相信他做錯了，也希望他沒犯下那樣的錯，但可能有更接近悲傷與憐憫的態度，而不是譴責。

史坎龍（Scanlon）極具影響力的論述，如同謝爾的理論，也主張譴責並不要求具備想要懲罰的態度，但也確實不只是對於錯誤行為做出判斷。史坎龍認為以改變犯錯者與受害者之間的關係來理解譴責是最好的方式。友誼的核心要素在於互惠的意圖，所以若確定另一方已經做出惡意的行為，必然導至受傷害的一方撤回善意。[9] 這樣的論述顯然很豐富也很重要，但也遭遇多種反對意見。那些偏好史卓生論點的人覺得這無法解釋譴責的強烈與激情。[10] 謝爾認為它無法處理譴責陌生人的情況。史坎龍顯然已經預期會有這樣的反對，主張以單一的道德關係將我們與所有道德行動者連結起來。最後安吉拉‧史密斯（Angela Smith）主張，若用那樣的論點來處理母親與犯罪的孩子，並不能得到比謝爾理論更好的結果：因為母親可能真的會改變她對孩子的態度、意圖與期待，但她可能是為了表現更大的愛與關心。若認為這種改變是譴責兒子的方式顯然很奇怪。

8. Sher (2006)，也可參閱他另一篇文章，收錄於 Coates&Tognazzini (2013), "Wrongdoing and Relationships: The Problem of the Stranger," P.49-65，特別是 P.65，摘述他對其他方法的批判；參閱 Smith (2012, 35)。
9. Scanlon (2012).
10. Wallace (2011) and Wolf (2011).

最後，史密斯建議最能含括一切類型的譴責定義，也是確實能突顯各種譴責的共通點的定義，是援用抗議的概念。史密斯在史坎龍的立論基礎上再作發展，她說譴責必須同時具有兩種構成要素，其一是對錯誤行為的判斷，其二是某種態度的改變，也就是抗議（犯錯者的）行為中隱含的道德主張，而此種抗議隱含著要求可譴責的行為人以及道德社會中其他成員的某種道德肯認」。[11]

史密斯的論點在許多方面是很有吸引力的，但似乎為了包含更多的形態而失之模糊，因為（除了「可譴責的人」這種循環解釋的詞彙）這樣的定義將譴責本身的諸多不確定性推衍到同樣難以確定的抗議概念。抗議是一種行動嗎？還是一種情緒反應？它對關係的改變有什麼影響，或者它究竟推導出何種改變？史密斯明白指出它推導出一種重要性或嚴重性的概念。（她舉了一個例子，某人做了很蠢的錯事，她知道他犯了錯，卻沒辦法譴責他，因為那種錯誤實在太蠢了。）她也表示抗議與道歉及寬恕密切相關，而或許她認為那也包括要求道歉的意思，但這一點論述尚未發展成熟，而我懷疑她若將這一點列為譴責定義的必要條件，就會失去它的包容性。

我們應該如何評論這一切呢？我們從這些論證中已經瞭解到譴責的不同類型與事例。仍待釐清的則是這些概念是否具有統整性，足以讓我們判定某種論述是正確的，而其他則是錯誤的。或者我們應該認定它們只是對於不同現象的描述，只是被不當地用同一個詞語加以歸類，從而產生誤解。各種案例有無某種共通的核心？如果有這樣的核心，便可以用史密斯的論點加以描述，亦即主張譴責是「基於某人

11. Smith (2012).

做出了某種錯誤的、應該反對的、不適當的行為，而對那個人做出反應」。[12]

　　我認為在某些情況（姑且稱為 A 類案例），對錯誤進行判斷就是全部的內涵，那就是回應。譴責這個詞包括這樣的事例，而就我的論點來說，這些案例很重要，我主張課責，但鼓勵不憤怒。譴責這個詞也包括另一類的事例（B 類案例），除了判斷之外還帶有憤怒；而且如果有人主張非認知的憤怒論，可能也包含了有憤怒卻無判斷的事例。這些也是真正的譴責的案例。它似乎正確地指出 B 類事例不同於 A 類事例，但是並不能說將譴責這個詞套用到 A 類事例是錯誤的。至少在 A 類事例中使用這個詞看起來是頗自然的。另外還有 C 類事例，若用譴責這個詞來描述也是合理且正確的，那就是史坎龍與史密斯的例子。在這個類型的案例中沒有敵意，但是有關係的改變。我看不出有任何理由認為只有抗議才能正確地稱為譴責（雖然我覺得我不太明瞭那種概念）。在史坎龍提出的類型下，對錯誤行為的判斷只是伴隨著疏離，用譴責來描述也很合理，雖然史密斯也正確指出那與她的核心案例有極有趣的差異。最後，還有 D 類型的案例（謝爾的類型），判斷之外加入的是想要回到從前的希望，而不是採取任何前瞻式的改變。有一點很重要，許多譴責的案例不同於此，屬於前瞻式的而非回顧式的，但譴責這個詞用在這類事例中是否真的不適當呢？這一點似乎還不明確。史密斯舉出的那個深愛而縱容孩子的母親可能只是一種非典型的案例，即使那能讓這個詞獲得最大的包容性。她確實判斷她的孩子犯了錯，所以她的情況至少可歸入 A 類事例。我認為史

---

12. 同前引著第 29 頁。

密斯的正確之處在於她的情感態度是如此正面，卻又與對錯誤行為的判斷如此衝突，以至於可能她只是說出判斷，卻又未必真的相信那樣的判斷。如果她的態度是那樣，她並未譴責孩子。但如果她真的斷定他做錯了，卻比過去更愛他，為什麼這種情況稱為「譴責」會不適當呢？我們不應在概念分析上理所當然地認為人們不能將課責性的判斷與愛及慷慨結合：事實上我對那樣的結合極感興趣，儘管似乎常見，但實際上還不夠普遍。

簡言之，區別這些不同的事例是很有用的，而我們肯定能從這些優秀哲學家所提出的區辨中學到許多事情。人類的反應有許多種類，而譴責這個詞是不精準的。或許它不像隱私那樣容易誤導人，包含毫無共通理路的事物在內。但它仍相當空洞，無法傳遞多少信息。

在我的研究計畫繼續時，有一點很重要必須記得：可能有些譴責的事例（A 類、C 類與 D 類）不涉及憤怒，以及敵意與報復的願望。我已深入說明此種可能性。在討論譴責的文獻中我們也可以確認這種可能性，但若排除這些文獻或許能夠更深入瞭解它。只要這些優秀的哲學家仍然追求單一的本質，他們所追尋的似乎就只是一種鬼火。

附錄三：憤怒與其形類

　　本書的策略是提出廣泛的憤怒概念，以及適用於整體類型的定義，並且藉由描述各類案例來介紹各種相關的變化形態。在其中一種類型，我提出一個專有名詞（轉化的憤怒），以此界定欠缺某項顯著的特徵（報復的願望）的非典型類型。這種策略依循亞里斯多德的理論，也明確地依循希臘與羅馬斯多噶派哲人的思想；無數的後期思想家，包括巴特勒與史密斯也依循相同的策略。

　　斯多噶派哲人著迷於情緒領域的定義，他們留下了一長串的主要情緒類型的定義，以及更為具體的種類。[1]（這些類型由西塞羅藉由《圖斯庫魯姆辯論》〔*Tusculan Disputations*〕而帶入拉丁世界，但有些基於語言與文化差異所做的變更。）

　　就像我在本書中提到的，斯多噶哲學者將憤怒（*orgē* 是通用詞語，就像亞里斯多德的用語那樣）定義為那種以朝向未來之善的良好態度為重要的情緒。那是因為他們將報復的欲望擺在核心。他們的通用定義指的不僅僅是報復的欲望，也包括相信有人已受到傷害；所以本質上那就像是亞里斯多德的主張，但亞里斯多德的主張（正確地）用更為整體的錯誤性來取代「貶低」的意涵。[2]

---

1. 這份清單重刊在 Arnim(1964, secs. 377-442)。Arnim 引用多種拉丁文與希臘文古文獻，但我將聚焦在公元前一世紀文法學家 Andronicus of Rhodes 重刊的權威清單。
2. 斯多噶派哲人也列舉並界定不同種類的憤怒。因此 *thumos* 被定義為「初期的憤怒」，*cholos* 是「擴大的憤怒」，*pikria* 是「突然爆發像油鍋炸開那樣的憤怒」，*mēnis* 是「長期深埋的憤怒」，*kotos* 是「尋找適當時間加以報復的憤怒」。Von Arnim III.397。那些是 Andronicus 提到的種類。我不確定這些定義

　　在某些近期的哲學討論中，我們會看到另一種不同的方法，通常並無明確的理由。人們假設（雖然他們未必真的這麼主張）有多種不同的東西，包括憤怒、怨恨、憤慨與其他情緒，這些情緒都是不相關的，無法歸為同一類。這是什麼樣的想法？對我的研究計畫又有何重要性呢？

　　這裡有三項議題值得關注。首先，許多人主張在憤怒的領域中有多種情緒具體來說都是道德的，而且都含有道德判斷，而且它們都值得當作不同的情緒，而非只是憤怒的不同類型。人們經常認為怨恨與憤慨是完全不同的。我已論證過憤怒作為一種情緒大類，的確含有對錯誤的判斷。那麼我必須回答的問題便是，怨恨是否包含某種特殊的錯誤判斷，好比說道德判斷？我想我們的直覺並不支持那樣的說法。當某個人將自己的情緒描述為怨恨時，那通常表示他相信那是有理由的。但是那是否總是道德上的理由呢？如果某個人因為被看不起而覺得受到侮辱，他很可能會說：「我恨那件事。」如果某個學校拒絕了某個孩子的入學申請，被不當對待的父母若是認為學校不夠謹慎也做錯了，可能會說他們對於學校的作為感到怨恨，無須質問這當中是否涉及道德原則。憤慨也是同樣難以捉摸的。我可能對於地位及階級受到侮辱，對於許多非關道德的衝突感到憤慨。所以，雖然許多怨恨與憤慨確實是關乎道德的，但我不認為所有情況皆然。我想如果我們聚

的用處有多大，因為某些詞彙較為文言（而且的確是在清單列出後多個世紀期間逐漸濃縮彙整的），而其他的則較常用。此外這樣的定義是否反應實際的運用亦不明確。舉例來說，*mēnis* 的典範肯定是《伊里亞得》中的阿基里斯（Achilles）的憤怒，但那樣的定義是否真正掌握其精髓？或許是也不是。同樣重要的究竟在於 *mēnis* 這個字的意義，還是恰好只因為阿基里斯的憤怒持續很長的時間呢？可能兩種方向都不太通。再次，*thumos* 這個字較常用在多種經典作品中，但是較後期的學者的重要參考肯定是柏拉圖的《理想國》。然而這裡提出的定義似乎與柏拉圖在那部作品中所要討論的事不相稱。此後我將忽略這些附帶的定義。

焦在這個詞語隱含的對於錯誤的判斷，可能會得出更好的結果，然後在各種個案中進一步釐清所牽涉的判斷類型為何。[3]

換句話說，我並未忽略有道德根據的憤怒，我只是偏好一般用語的憤怒，並進一步說明與定義個別情況，而不是用不精確的日常用語進行這項工作。

人們時常明示或默示提出的第二個議題是，是否有某些種類的憤怒並不涉及報復的想法。我在第二章裡已經詳細討論過這個議題，主張確實有這樣的案例，雖然不如我們時常想像的那樣常見。我為這種情況提出一個特殊的詞彙「轉化的憤怒」，將它界定為憤怒或準憤怒的情緒，卻不帶報復的想法。如同我在第二章提過的，憤怒這個通常的詞彙時常指稱某種不具報復欲望的憤怒，但絕非始終如此。我偏好那個特殊詞彙。

第三，我們必須問，是否有些種類的憤怒完全不帶有對錯誤的判斷。我認為人們之所以喜歡聚焦在怨恨與憤慨這樣的用詞，是因為他們想要強調存在著對於錯誤的判斷，而他們不認為憤怒本身就有那樣的意思。我已經討論過這個問題，且讓我再多說一些。當憤怒突然爆發時，就旁觀者看來可能是沒有判斷的。但是當然許多建立在習慣與深刻內化的思考模式上的認知態度會突然冒出來，這並不代表其中毫無判斷。每次我們走在路上的時候，我們仰賴許多關於這個世界的信念，但我們不會停下來有意識地加以檢查：哪些物體是堅實的、哪些物體會遵循地心引力的法則等等。欠缺意識並不表示我們沒有運用信

---

3. 史卓生建議採用另一種區別方式：「怨恨」是第一人稱的，而「憤慨」則是旁觀者的態度或「為別人出氣」，參閱 Strawson (1968, 84-87)。這似乎並非永遠為真：我可能對於別人受到的侮辱感到怨恨（只要我關心那個人）；而我可能對於自己受到的傷害感到憤慨。

念。就我的觀點來看，憤怒時常就像這些個案：它的模式可能是在孩提時期就建立的，而這些習慣性的模式可能會指引我們的行為，而且在許多情況下，它是不自覺的。我說過憤怒始終含有判斷，即使那樣的判斷深藏在心裡而未完整被描述出來。的確在所謂怨恨的情況裡，很容易有意識地聚焦在錯誤，但當然所有這類情況我們也可以用憤怒這個詞來描述。

小嬰兒的憤怒又如何理解呢？就像我在附錄一所討論的各種情緒那樣，可能因為觀看的角度與未成熟的判斷而產生許多不同的情緒。因此許多動物的恐懼最好描述為非判斷性的，而小嬰兒也是如此。憤怒似乎更為複雜，因為那必須有因果關係的思考。如果嬰兒因為暴怒而大哭大鬧，他其實根本未意識到自己受到什麼樣的傷害，而那也可以用生氣來比喻，這樣的情緒缺少嬰兒很快就學習到的某種能力（目前證據顯示在一歲的時候），也就是判斷有人做了某種錯誤的行為。布倫的研究顯示小嬰兒對於公平、是非已經有了初步的判斷。[4] 只要出現那樣的想法，即使尚不成熟，我相信那就是完全發展的憤怒。在那之前，我們可能是站在靠近憤怒的邊界處，但尚未到達憤怒。我傾向於認為有憤怒情緒的動物遠少於有恐懼情緒的動物，因為憤怒要求更複雜的認知能力。

我們確實可以爭論這些情緒的界線，而我們也應該這麼做。但對本書的研究來說，至關重要的是確實有一種現象可以用「憤怒」來描述，而它包含對錯誤性的思考，無論是多麼不成熟、多麼隱晦。

惱怒（irritation）又如何呢？這是有趣的情況，因為它指兩種不

---

4. Bloom (2013).

同的現象，且因為附錄一提出的原因而難以區分。一方面，惱怒這個詞可能表示真正的憤怒，但並未確定個人的幸福受到影響。但惱怒也可能是指某種持續的心情，並不仰賴對錯誤的判斷，而且的確可能完全缺少有意的對象。我們會說那個人處在一種「容易惱怒的情況」，但我們也可以說那是一種惱怒的情緒，就像我們也可能稱另外一種不同的心情是沮喪。如同我在附錄一論述的，我們必須審視個案才能知道是否存在有意的對象。煩惱（annoyance）似乎也有相似的模糊性，雖然較有可能指稱存在有意對象而且較溫和的憤怒。[5]

　　另外兩個詞狂怒（rage）與暴怒（fury）顯然是指憤怒的情況，通常顯示憤怒情緒有異常的強度或異常快速，或者兩者兼具。我們不應認為這些詞指的是無認知作用的現象，而且事實上想要報復的欲望時常加劇這種強烈的憤怒。有一經典是《埃聶阿斯記》（*Aeneid*）結尾時，埃聶阿斯殺死圖努斯，那便是暴怒（*furiis accensus*）。

　　我的結論是最好使用通用的「憤怒」一詞，透過描述具體的個案與個案種類來定義憤怒的類型，就像我所做的那樣。至於那種極罕見的例外，也就是我稱之為「轉化的憤怒」的概念，則最好賦予一個特殊用詞，因為光憤怒一詞就我們的討論而言並不夠精確。

5.　參閱 Harriss (2001, 63, 117) 有關慍怒（*chalepainein*）的討論與這種較輕微的心理狀態是否應該完全消除之論辯。

致謝

　　首先要感謝牛津大學哲學系邀請我在二〇一四年春季開授洛克講座（John Locke Lectures）。同樣的，我也非常感謝《印度快報》（*Indian Express*）邀請我針對寬恕前印度總理納倫德拉・莫迪（Narendra Modi）的適當性，以及二〇一二年那羅達巴狄亞（Naroda Patiya）事件有罪判決的相關主題撰寫評論。這讓我注意到這個議題，並選擇以此作為洛克講座的主題，雖然在我展開研究之後，對此議題的觀點完全轉變。在研究初期，有些對話形塑了我的想法，我要感謝賈斯丁・柯特斯（Justin Coates）、索爾・勒夫摩（Saul Levmore）、沙克利希納・巴拉卡希（Saikrishna Prakash），也要感謝凱利・阿爾希斯（Kelli Alces）、馬希亞・貝朗（Marcia Baron）、柯瑞・布雷許奈德（Corey Brettschneider）、松姆・布魯克斯（Thom Brooks）、丹尼爾・布魯尼（Daniel Brudney）、艾蜜莉・布斯（Emily Buss）、大衛・查爾斯（David Charles）、柯特斯、莎拉・昆里（Sarah Conly）、拉赫・康德利（Rachel Condry）、羅哲・克利斯（Roger Crisp）、朱利安・柯普（Julian Culp）、約翰・戴格（John Deigh）、羅瑟林・狄克森（Rosalind Dixon）、大衛・艾斯倫（David Estlund）、傑瑞米・古德曼（Jeremy Goodman）、保羅・蓋爾（Paul Guyer）、理察・赫默茲（Richard Helmholz）、陶德・亨德森（Todd Henderson）、阿齊斯・哈克（Aziz Huq）、特倫斯・艾爾文（Terence Irwin）、威爾・傑佛遜（Will Jefferson）、夏隆・克勞斯

（Sharon Krause）、艾利森・拉克羅伊（Alison LaCroix）、查爾斯・拉摩爾（Charles Larmore）、布萊安・雷特（Brian Leiter）、卡崔納・萊諾斯（Katerina Linos）、艾力斯・隆恩（Alex Long）、喬納森・馬蘇爾（Jonathan Masur）、理查・麥亞當斯（Richard McAdams）、巴諾斯・巴里斯（Panos Paris）、愛德華多・佩納弗（Eduardo Penalver）、艾瑞爾・波拉特（Ariel Porat）、艾力克・波斯納（Eric Posner）、莎拉・普羅塔希（Sara Protasi）、理察・索拉吉（Richard Sorabji）、尼克・史帝芬諾普魯斯（Nick Stephanopoulos）、大衛・史特勞斯（David Strauss）、凱文・托比亞（Kevin Tobia）、傑瑞米・瓦德隆（Jeremy Waldron）、加百列・華森（Gabrielle Watson）、羅拉・魏恩瑞（Laura Weinrib）、與大衛・魏斯巴哈（David Weisbach）。我還要特別感謝索爾・勒夫摩來來回回有耐性地提供我深具啟發的評論。芝加哥大學法學院有三個仍進行中的工作坊，另外在布朗大學也有一系列的研討會，都對我的初稿提供極佳的重要評論。我要感謝奧比・薩克斯提供有關南非經驗極發人深省的討論。我也要感謝艾蜜莉・杜普瑞（Emily Dupree）、奈坦納爾・李希茲（Netanel Lipshitz）與達沙・波齊克（Dasha Polzik）極有價值的研究協助。

　　以本書紀念對我來說亦師亦友的伯納德・威廉士應屬恰當，他以勇氣與正直的人生哲學作為生命典範，而這樣的典範對我產生了難以估計的影響。儘管我們是師生關係，但我在近來的研究中花費相當心力試圖反對威廉士在晚期著作中所提出的許多想法。自我省察後，我卻意外地發現自己無可避免地被引向他的思想，也可以說讓我回復了一些很久前曾有過的追隨者情感，雖然我很確定威廉士可能不贊同這

些觀念中的許多部分。而我現在已經無法向他說明這些發現，實在讓人遺憾。

參考書目

Adler, Matthew D. and Eric A. Posner, eds., (2000). *Cost-Benefit Analysis: Legal, Economic, and Philosophical Perspectives*. Chicago: University of Chicago Press.

Allen, Danielle (1999). "Democratic Dis-ease: Of Anger and the Troubling Nature of Punishment." In *The Passions of Law*. Ed. S. Bandes. New York: NYU Press: 191-214.

—— (2000). *The World of Prometheus*. Princeton: Princeton University Press.

Archimandritou, Maria (2000). *The Open Prison* (published in modern Greek as *He Anoikte Ektish Tes Poines*). Athens: Hellenika Grammata.

Arnim, Hans Friedrich August von, ed. (1964). *Stoicorum Veterum Fragmenta*. Stuttgart: Teubner. Original Edition 1903.

Averill, James (1982). *Anger and Aggression*. New York: Springer Verlag.

Baier, Annette (1995). *Moral Prejudices*. Cambridge, MA: Harvard University Press.

Bandes, Susan (1997). "Empathy, Narrative, and Victim Impact Statements." *University of Chicago Law Review* 63: 361-412.

—— (1999). Ed., *The Passions of Law*. New York: NYU Press.

—— (2016) "Share Your Grief But Not Your Anger: Victims and the Expression of Emotion in Criminal Justice." *Emotional Expression: Philosophical, Psychological and Legal Perspectives*. Ed. J. Smith and C. Abell. Cambridge: Cambridge University Press. (Forthcoming).

Baron, Marcia (2012). "Rape, Seduction, Purity, and Shame in *Tess of the d'Urbervilles*." In Martha C. Nussbaum and Alison L. Lacroix, eds., *Subversion and Sympathy: Gender, Law, and the British Novel*. New York: Oxford University Press: 126-49.

Bash, Anthony (2007). *Forgiveness in Christian Ethics*. Cambridge and New York: Cambridge University Press.

Batson, C. Daniel (2011). *Altruism in Humans*. New York: Oxford University Press.

Bennett, Christopher (2001). *The Apology Ritual: A Philosophical Theory of Punishment*. Cambridge: Cambridge University Press.

Bennhold, Katrin (2014). "Northern Ireland Police Sue for Boston College Interviews." *The New York Times*: 22 May, 2014.

Bentham, Jeremy (1948). *An Introduction to the Principles of Morals and Legislation*. New York: Hafner Press. Original Edition 1789.

Bloom, Paul (2013). *Just Babies: The Origins of Good and Evil*. New York: Crown.

Boonin, David (2008). *The Problem of Punishment*. New York: Cambridge University Press.

Boyarin, Daniel (1995). *Carnal Israel: Reading Sex in Talmudic Cultures*. Berkeley and Los Angeles: University of California Press.

Braithwaite, John (1989). *Crime, Shame, and Reintegration*. Cambridge: Cambridge University Press.

—— (2002). *Restorative Justice and Responsive Regulation*. New York: Oxford University Press.

Braithwaite, John and Stephen Mugford (1994). "Conditions of Successful Reintegration Ceremonies: Dealing with Juvenile Offenders." *British Journal of Criminology* 34: 139-71.

Briggs, Jean L. (1970). *Never in Anger: Portrait of an Eskimo Family*. Cambridge, MA: Harvard University Press.

Brion, Fabienne and Bernard Harcourt, eds. (2012). *Mal faire, dire vrai*. Chicago and Louvain: University of Chicago Press and Presses Universitaires de Louvain.

Brooks, Thom (2012). *Punishment*. New York and Abingdon, UK: Routledge.

Butler, Joseph (1827). *Fifteen Sermons Preached at the Rolls Chapel*. Cambridge: Hilliard and Brown. Online Edition: http://anglicanhistory.org/butler/rolls/

Carlin, John (2008). *Invictus: Nelson Mandela and the Game that Made a Nation*. New York: Penguin. Previously published as *Playing the Enemy*.

Caston, Ruth Rothaus, ed. (forthcoming). *Festschrift for David Konstan*. New York: Oxford University Press.

CBS News (2012). "The Cost of a Nation of Incarceration." 23 April, 2012.

Coates, D. Justin and Neil A. Tognazzini, eds. (2013). *Blame: Its Nature and Norms*. New York: Oxford University Press.

Comim, Flavio, and Martha Nussbaum, eds. (2014). *Capabilities, Gender, Justice*. Cambridge: Cambridge University Press.

Condry, John and Sandra Condry (1976). "Sex Differences: A Study of the Eye of the Beholder." *Child Development* 27: 812-19.

Condry, Rachel (2007). *Families Shamed: The Consequences of Crime for Relatives of Serious Offenders*. London and New York: Routledge.

Condry, Rachel and Caroline Miles (forthcoming). "Adolescent to Parent Violence: Framing and Mapping a Hidden Problem." *Criminology and Criminal Justice*.

Cooper, John (1981). "Aristotle on Friendship." In *Essays on Aristotle's Ethics*. Rorty, Amélie Oksenberg, ed. (1981). Berkeley: University of California Press.

Coyle, Michael J. (2013). *Talking Criminal Justice: Language and the Just Society*. Abingdon, UK: Routledge.

Croke, Vicki (2014). *Elephant Company*. New York: Random House.

Dalton, Dennis (2012). *Mahatma Gandhi: Nonviolent Power in Action*. New York: Columbia University Press. Expanded Edition.

De La Grange, Henri Louis (1973). *Mahler: Volume 1*. New York: Doubleday.

Dickens, Charles (2004). *David Copperfield*. London: Penguin Books. Original Edition 1850.

Dominus, Susan (2014). "Portraits of Reconciliation." *The New York Times Magazine*. 6 April, 2014. Online Edition.

Duff, R. Antony (2001). *Punishment, Communication, and Community*. Oxford: Oxford University Press.

—— (2011). "Retrieving Retributivism." In *Retributivism: Essays on Theory and Policy*. Ed. Mark D. White. New York: Oxford University Press: 3-24.

Eisikovits, Nir (2009). *Sympathizing With the Enemy: Reconciliation, Transitional Justice, Negotiation*. Dordrecht: Republic of Letters.

Erikson, Erik (1993). *Gandhi's Truth: On the Origins of Militant Nonviolence*. New York: W. W. Norton. Original edition 1970.

ESPN (2013). "Sports World Mourns Nelson Mandela." *ESPN*: 5 December, 2013. Online Edition.

Fairbanks, Eve (2014). "'I Have Sinned Against the Lord and Against You! Will You Forgive Me?'" *The New Republic*: 18 June, 2014.

Fillion-Lahille, Janine (1984). *Le "De Ira" de Sénèque et la philosophie stoicienne des passions*. Paris: Klincksieck.

Foucault, Michel (1975). *Discipline and Punish: The Birth of the Prison*. New York: Vintage Books. Original French edition 1975. Second edition 1995.

Gandhi, Mohandas K. (1983). *Autobiography: The Story of My Experiments with Truth*. New York: Dover Press.

—— (1997). *Hind Swaraj and Other Writings*. Ed. Anthony J. Parel. Cambridge: Cambridge University Press.

Gaskell, Elizabeth (1998). *Ruth*. London: Penguin Books. Original Edition 1853.

Gewirtz, Paul (1988). "Aeschylus' Law." *Harvard Law Review* 101 (1988): 1043-55.

—— (1998). "Victims and Voyeurs at the Criminal Trial." In *Low's Stories: Narrative and Rhetoric in the Law*. Eds. Gewirtz, Paul and Peter Brooks. New Haven: Yale University Press.

Gewirtz, Paul and Peter Brooks, eds. (1998). *Low's Stories: Narrative and Rhetoric in the Law*. New Haven: Yale University Press.

Gilligan, James (1997). *Violence: Reflections on a National Epidemic*. New York: Vintage Books.

Glover, Jonathan (1970). *Responsibility*. London: Routledge.

Gobodo-Madikizela, Pumla (2003). *A Human Being Died That Night*. Cape Town: David Philip Publishers.

Griffin, Miriam (1976). *Seneca: A Philosopher in Politics*. Oxford: Clarendon Press.

Griswold, Charles L. (2007). *Forgiveness: A Philosophical Exploration*. Cambridge: Cambridge University Press.

Griswold, Charles and David Konstan, eds. (2011). *Ancient Forgiveness: Classical, Judaic, and Christian*. Cambridge: Cambridge University Press.

Halberstadt, Alex (2014). "Zoo Animals and Their Discontents." *The New York Times Magazine*. 3 July, 2014.

Halbertal, Moshe (forthcoming). "At the Threshold of Forgiveness: On Law and Narrative in the Talmud." English translation by Joel Linsider. Shorter version published in *Jewish Review of Books* (2011).

Halbertal, Moshe and Avishai Margalit (1992). *Idolatry*. Cambridge, MA: Harvard University Press.

Hampton, Jean (1984). "The Moral Education Theory of Punishment." *Philosophy and Public Affairs* 13: 208-38.

Hampton, Jean and Jeffrie G. Murphy (1988). *Forgiveness and Mercy*. New York: Cambridge University Press.

Hanna, E. (1911). "The Sacrament of Penance." *The Catholic Encyclopedia*. New York: Robert Appleton Company. Online version.

Hardin, Russell (2006). *Trust*. Cambridge: Polity Press.

Harriss, William V. (2001). *Restraining Rage: The Ideology of Anger Control in Classical Antiquity*. Cambridge, MA: Harvard University Press.

Harsanyi, John (1982). "Morality and the Theory of Rational Behavior." In *Utilitarianism and Beyond*. Eds. A. Sen and B. Williams. Cambridge: Cambridge University Press: 39-62.

Hawley, Katherine (2012). *Trust: A Very Short Introduction*. Oxford: Clarendon Press.

Hayner, Priscilla B. (2001). *Unspeakable Truths: Transitional Justice and the Challenge of Truth Commissions*. Foreword by Kofi Annan. New York and London: Routledge. Updated Edition: 2011.

Hieronymi, Pamela (2001). "Articulating an Uncompromising Forgiveness." *Philosophy and Phenomenological Research* 62: 539-555.

Honig, Bonnie (2013). *Antigone Interrupted*. Cambridge and New York: Cambridge University Press.

Hossain, Anushay (2013). "Femicide in Italy: Domestic Violence Still Persists Despite New Laws." *Forbes* World Views. 26 August 2013.

The Huffington Post (2013). "Sen. Mark Kirk Retreats on Mass Gang Arrest Plan, Concedes Idea Is 'Not All That Practical.'" 20 July, 2013.

Jack, Homer A., ed. (1956). *The Gandhi Reader: A Sourcebook of His Life and Writings*. Bloomington: Indiana University Press.

Kahan, Dan (1996). "What Do Alternative Sanctions Mean?" *University of Chicago Law Review* 63: 591-653.

Kahan, Dan and Martha C. Nussbaum (1996). "Two Concepts of Emotion in the Criminal Law." *Columbia Law Review* 96: 269-374.

Kaster, Robert (2005). *Emotion, Restraint, and Community in Ancient Rome*. New York: Oxford University Press.

—— (2010). Translation of Seneca's *De Clementia* and the *De Ira*. In *Seneca: Anger, Mercy, Revenge*. Chicago: University of Chicago Press. Containing translations by Robert Kaster and Martha Nussbaum. 2010.

Kathrada, Ahmed (2013). Interview in "Nelson Mandela." CNN: December 2013.

Kindlon, Dan and Michael Thompson (1999). *Raising Cain: Protecting the Emotional Life of Boys*. New York: Ballantine Books.

Konstan, David (2010). *Before Forgiveness: The Origins of a Moral Idea*. New York and Cambridge: Cambridge University Press.

—— (2012). "Assuaging Rage." In C.L. Griswold and D. Konstan, eds., *Ancient Forgiveness: Classic, Judaic, and Christian*. Cambridge and New York: Cambridge University Press: 17-30.

Kugel, James L. (1999). *Traditions of the Bible: A Guide to the Bible as it Was at the Start of the Common Era*. Cambridge, MA: Harvard University Press.

Lacey, Nicola, and Hanna Pickard (2012). "From the Consulting Room to the Court Room? Taking the Clinical Model of Responsibility Without Blame into the Legal Realm." *Oxford Journal of Legal Studies* (2012): 1-29.

Lazarus, Richard (1991). *Emotion and Adaptation*. New York: Oxford University Press.

Lerner, Harriet (1985). *The Dance of Anger: A Woman's Guide to Changing the Patterns of Intimate Relationships*. New York: Harper and Row.

Levmore, Saul (2014). "Snitching, Whistleblowing, and 'Barn Burning': Loyalty in Law, Literature, and Sports." In *American Guy: Masculinity in American Law and Literature*. Eds. Saul Levmore and Martha Nussbaum. New York: Oxford University Press: 213-24.

Levmore, Saul and Martha Nussbaum, eds. (2010). *The Offensive Internet: Speech, Privacy, and Reputation*. Cambridge, MA: Harvard University Press.

—— (2014). *American Guy: Masculinity in American Law and Literature*. New York: Oxford University Press.

Lomax, Eric (2008). *The Railway Man: A POW's Searing Account of War, Brutality and Forgiveness*. New York: W. W. Norton. Original Publication 1995.

Mackie, J.L. (1982). "Morality and the Retributive Emotions." *Criminal Justice Ethics* 1: 3-10.

Maimonides (1993). *Hilchot Teshuvah* (The Laws of Repentance). Trans. Immanuel O'Levy. Online Edition at http://www.panix.com/~jjbaker/rambam.html.

—— (2010). *Hilchot Teshuvah* (The Rules of Repentance). Trans. Rabbi Yaakov Feldman. Online Edition at http://www.scribd.com/doc/28390008/Maimondes-Hilchot-Teshuva-The-Rules-of-Repentance.

Mandela, Nelson (1994). *Long Walk to Freedom*. London: Little, Brown.

—— (2010). *Conversations with Myself*. Foreword by Barack Obama. New York: Farrar, Straus and Giroux.

Markel, Dan (2011). "What Might Retributive Justice Be? An Argument for the Confrontational Conception of Retributivism." In *Retributivism: Essays on Theory and Policy*. Ed. Mark D. White. New York: Oxford University Press: 49-72.

Martin, Adrienne (2010). "Owning Up and Lowering Down: The Power of Apology."
   The Journal of Philosophy 107: 534-553.

Mason, Michelle (2003). "Contempt as a Moral Attitude." *Ethics* 113: 234-272.

McConnell, Michael W. (2012). "You Can't Say That." *The New York Times*: 22 June,
   2012. Online Edition.

Miceli, Maria and Cristiano Castelfranchi (2007). "The Envious Mind." *Cognition and
   Emotion* 21: 449-79.

Mill, John Stuart (1988). *The Subjection of Women*. Ed. Susan Moller Okin. Indianapolis:
   Hackett Publishing Co. Original Edition 1869.

Miller, William I. (1990). *Bloodtaking and Peacemaking: Feud, Law, and Society in
   Saga Iceland*. Chicago: University of Chicago Press.

—— (2006). *An Eye for an Eye*. New York: Cambridge University Press.

Moore, Michael S. (1995). "The Moral Worth of Retribution." In Jeffrie Murphy, ed.
   Punishment and Rehabilitation. (1995). Belmont, CA: Wadsworth: 94-130.

Morgan, Michael (2011). "Mercy, Repentance, and Forgiveness in Ancient Judaism." In
   Griswold, Charles and David Konstan, eds. (2011). *Ancient Forgiveness: Classical,
   Judaic, and Christian*. Cambridge: Cambridge University Press: 137-57.

Morris, Herbert (1968). "Persons and Punishment." *The Monist* 52. Reprinted in Jeffrie
   Murphy, ed. *Punishment and Rehabilitation*. (1995). Belmont, CA: Wadsworth: 74-
   93.

—— (1976). *On Guilt and Innocence: Essays in Legal Philosophy and Moral Psychology*.
   Berkeley and Los Angeles: University of California Press.

Murdoch, Iris (1970). *The Sovereignty of Good*. London: Routledge.

Murphy, Jeffrie (1988). "Forgiveness and Resentment." In *Forgiveness and Mercy*.
   Murphy and Jean Hampton. New York: Cambridge University Press: Chapter 1.

—— (1995). Ed. *Punishment and Rehabilitation*. Belmont, CA: Wadsworth.

—— (2003). *Getting Even: Forgiveness and its Limits*. New York: Oxford University
   Press.

Murray, Liz (2010). *Breaking Night: A Memoir of Forgiveness, Survival, and My Journey
   from Homeless to Harvard*. New York: Hyperion.

Nahorniak, Mary (2015). "Families to Roof: May God 'Have Mercy on Your Soul.'"
   USA Today. 19 June, 2015. Online Edition.

Naiden, F.S. (2006). *Ancient Supplication*. Oxford: Oxford University Press.

Nehru, Jawaharlal (1939). *Autobiography*. Oxford: Oxford University Press.

—— (1989). *The Discovery of India*. Delhi: Oxford University Press. Original Edition:
   1946.

Nietzsche, Friedrich Wilhelm (1989). *On the Genealogy of Morals*. Trans. Walter
   Kaufmann and R. J. Hollingdale. New York: Vintage Books. Original Edition 1887.

Nussbaum, Martha (1986). *The Fragility of Goodness: Luck, Ethics, and Greek Tragedy*.
   Cambridge and New York: Cambridge University Press.

—— (1990). *Love's Knowledge: Essays on Philosophy and Literature*. New York: Oxford University Press.

—— (1993). "Equity and Mercy." *Philosophy and Public Affairs* 22: No. 2, 83-125.

—— (1994a). "Pity and Mercy: Nietzsche's Stoicism." In *Nietzsche, Genealogy, Morality: Essays on Nietzsche's* Genealogy of Morals. Ed. Richard Schacht. Berkeley and Los Angeles: University of California press: 139-67.

—— (1994b). *The Therapy of Desire: Theory and Practice in Hellenistic Ethics*. Princeton: Princeton University Press.

—— (1996). *Poetic Justice: The Literary Imagination and Public Life*. Boston: Beacon Press.

—— (1999a). *Sex and Social Justice*. New York: Oxford University Press.

—— (1999b). "Virtue Ethics: A Misleading Category?" *Journal of Ethics* 3: 163-201.

—— (2000a). "The Costs of Tragedy: Some Moral Limits of Cost-Benefit Analysis." *Journal of Legal Studies* 29: 1005-36.

—— (2000b). *Women and Human Development*. New York: Cambridge University Press.

—— (2001). *Upheavals of Thought: The Intelligence of Emotions*. Cambridge and New York: Cambridge University Press.

—— (2002a). "Erôs and Ethical Norms: Philosophers Respond to a Cultural Dilemma." In Nussbaum and Juha Sihvola, *The Sleep of Reason: Erotic Experience and Sexual Ethics in Ancient Greece and Rome*. Chicago: University of Chicago Press: 55-94.

—— (2002b). "Sex Equality, Liberty, and Privacy: A Comparative Approach to the Feminist Critique." In *India's Living Constitution: Ideas, Practices, Controversies*. Eds. E. Sridharan, Z. Hasan, and R. Sudarshan. New Delhi: Permanent Black: 242-83.

—— (2003). "What's Privacy Got to Do With It? A Comparative Approach to the Feminist Critique." In *Women and the United States Constitution: History, Interpretation, Practice*. Eds. Sibyl A. Scharzenbach and Patricia Smith. New York: Columbia University Press: 153-75.

—— (2004a). *Hiding From Humanity: Disgust, Shame, and the Law*. Princeton: Princeton University Press.

—— (2004b). "Précis" and "Responses." In book symposium on Nussbaum, *Upheavals of Thought. Philosophy and Phenomenological Research* 68 (2004): 443-9, 473-86.

—— (2006). *Frontiers of Justice*. Cambridge, MA: Harvard University Press.

—— (2008). "Human Dignity and Political Entitlements." *Human Dignity and Bioethics: Essays Commissioned by the President's Council on Bioethics*. Washington, D.C.: 351-380.

—— (2010a). *Creating Capabilities: The Human Development Approach*. Cambridge, MA: Harvard University Press.

—— (2010b). *From Disgust to Humanity: Sexual Orientation and Constitutional Law*. New York: Oxford University Press.

—— (2010c). Translation, Introduction, and Notes to Seneca's *Apocolocyntosis*. In *Seneca: Anger, Mercy, Revenge*. Chicago: University of Chicago Press. Containing translations by Robert Kaster and Martha Nussbaum. 2010.

—— (2013). *Political Emotions: Why Love Matters for Justice*. Cambridge, MA: Harvard University Press.

—— (2014a). "Jewish Men, Jewish Lawyers: Roth's 'Eli, the Fanatic' and the Question of Jewish Masculinity in American Law." In *American Guy: Masculinity in American Law and Literature*. Eds. Saul Levmore and Martha Nussbaum.

—— (2014b). "Law for Bad Behaviour." *The Indian Express*: 22 February, 2014. Online Edition.

—— (forthcoming a). "'If You Could See This Heart': Mozart's Mercy." Forthcoming in a festschrift for David Konstan. Ed. Ruth Rothaus Caston. New York: Oxford University Press.

—— (forthcoming b). "Reconciliation Without Justice: Paton's *Cry, the Beloved Country*." Presented at a conference on Crime in Law and Literature at the University of Chicago Law School, 7-8 February, 2014, and forthcoming in the conference volume.

Nussbaum, Martha and Alison L. LaCroix, eds. (2013). *Subversion and Sympathy: Gender, Law, and the British Novel*. New York: Oxford University Press.

Nussbaum, Martha and Juha Sihvola, eds. (2002). *The Sleep of Reason: Erotic Experience and Sexual Ethics in Ancient Greece and Rome*. Chicago: University of Chicago Press

O'Neill, Onora (2002). *A Question of Trust: The BBC Reith Lectures 2002*. Cambridge: Cambridge University Press.

Orwell, George (1949). "Reflections on Gandhi." *Partisan Review*. London: January 1949.

—— (1952). "Such, Such Were the Joys." Originally published in the *Partisan Review*.

Paton, Alan (1987). *Cry, the Beloved Country*. New York: Scribner. Original edition 1948.

Peli, Pinchas, ed. (2004). *On Repentance: The Thought and Oral Discourses of Rabbi Joseph Dov Soloveitchik*. New York: Rowman and Littlefield. Original publication 1984.

Posner, Eric A. (2000). *Law and Social Norms*. Cambridge, MA: Harvard University Press.

Primoratz, Igor (1989). "Punishment as Language." *Philosophy* 64: 187-205.

Procope, John, trans. (1995). *Seneca: Moral and Political Essays*. Cambridge: Cambridge University Press.

Rawls, John (1971). *A Theory of Justice*. Cambridge, MA: Harvard University Press.

—— (1986). *Political Liberalism*. New York: Columbia University Press, expanded paper edition.

Rorty, Amélie Oksenberg, ed. (1981). *Essays on Aristotle's Ethics*. Berkeley: UC Press.

Santideva (1995). *The Bodhicaryavatara*. Trans. Kate Crosby and Andrew Skilton. Oxford: Oxford University Press. Original Sanskrit verse written c. 700 AD.

Santora, Marc (2013). "City's Annual Cost Per Inmate is $168,000, Study Finds." *The New York Times*: 23 August, 2013.

Scanlon, T. M. (2012). "Interpreting Blame." In *Blame: Its Nature and Norms*. Eds. D. Justin Coates and Neal A. Tognazzini. New York: Oxford University Press: 84-99.

Schacht, Richard, ed. (1994). *Nietzsche, Genealogy, Morality: Essays on Nietzsche's Genealogy of Morals*. Berkeley and Los Angeles: University of California Press.

Schalkwyk, David (2014). "Mandela, the Emotions, and the Lesson of Prison." In *The Cambridge Companion to Nelson Mandela*. Ed. Rita Barnard. Cambridge and New York: Cambridge University Press: 50-69.

Schofer, Jonathan (2010). *Confronting Vulnerability: The Body and the Divine in Rabbinic Ethics*. Chicago: University of Chicago Press.

Schulhofer, Stephen J. (1995). "The Trouble with Trials; the Trouble with Us." *Yale Law Journal* 105: 825-55.

Schwarzenbach, Sibyl A. and Patricia Smith, eds. (2003). *Women and the United States Constitution: History, Interpretation, Practice*. New York: Columbia University Press.

Segal, Erich (1968). *Roman Laughter: The Comedy of Plautus*. Cambridge, MA: Harvard University Press.

—— (1970). *Love Story*. New York: Oxford University Press.

—— (2001). *The Death of Comedy*. Cambridge, MA: Harvard University Press.

Sen, Amartya (1982). "Rights and Agency." *Philosophy and Public Affairs* 11: 3-39.

Sen, Amartya and Bernard Williams, eds. (1982). *Utilitarianism and Beyond*. Cambridge: Cambridge University Press.

Sher, George (2006). *In Praise of Blame*. Oxford: Oxford University Press.

—— (2012). "Wrongdoing and Relationships: The Problem of the Stranger." In *Blame: Its Nature and Norms*. Eds. D. Justin Coates and Neal A. Tognazzini. New York: Oxford University Press: 49-65.

Sherman, Nancy (1989). *The Fabric of Character: Aristotle's Theory of Virtue*. Oxford: Clarendon Press.

—— (2011). *The Untold War*. New York: W. W. Norton.

Skorupski, John, ed. (2010). *Routledge Companion to Ethics*. New York: Routledge.

Smart, J. J. C., and Bernard Williams (1973). *Utilitarianism: For and Against*. Cambridge: Cambridge University Press.

Smith, Adam (1982). *The Theory of Moral Sentiments*. Eds. D. D. Raphael and A. L. Macfie. Indianapolis: Liberty Classics. Original Edition 1759.

Smith, Angela M. (2012). "Moral Blame and Moral Protest." In *Blame: Its Nature and Norms*. Eds. D. Justin Coates and Neal A. Tognazzini. New York: Oxford University Press: 27-48.

Sorabji, Richard (2012). *Gandhi and the Stoics*. Chicago: University of Chicago Press.

Sridharan, Z., Z. Hasan, and R. Sudarshan, eds. (2002). *India's Living Constitution: Ideas, Practices, Controversies*. New Delhi: Permanent Black.

Stegner, Wallace (1971). *Angle of Repose*. New York: Penguin.

Stewart, Nikita and Richard Pérez-Peña (2015). "In Charleston, Raw Emotion, at Hearing for Suspect in Church Shooting." *The New York Times*. 19 June, 2015. Online edition.

Strawson, Peter F. (1968). "Freedom and Resentment." In *Studies in the Philosophy of Thought and Action*. Oxford: Oxford University Press: 71-96. Originally published in *Proceedings of the British Academy* 48: 1-25. 1962.

Tasioulas, John (2010). "Justice and Punishment." *Routledge Companion to Ethics*. Ed. John Skorupski. New York: Routledge: 680-91.

Tavris, Carol (1982). *Anger: The Misunderstood Emotion*. New York: Simon and Schuster.

Thomson, Judith Jarvis (1972). "A Defense of Abortion." *Philosophy and Public Affairs* 1: 47.

—— (1975). "The Right to Privacy." *Philosophy and Public Affairs* 4: 295-314.

Trollope, Anthony (2014). *Doctor Thorne*. Oxford: Oxford University Press. Original Edition 1858.

Tutu, Desmond (1999). *No Future Without Forgiveness*. New York: Doubleday.

—— (2014). "'I Am Sorry' – The Three Hardest Words To Say." *The Guardian*: 22 March, 2014.

Tutu, Desmond M. and Mpho A. Tutu (2014). *The Book of Forgiving: The Fourfold Path for Healing Ourselves and Our World*. New York: HarperOne.

Vermeule, Blakey (2011). *Why Do We Care About Literary Characters?* Baltimore: Johns Hopkins University Press.

Vlastos, Gregory (1991). *Socrates: Ironist and Moral Philosopher*. New York and Cambridge University Press.

Wagner, Richard (1850). "Jewishness in Music." *Das Judentum in der Musik*. Amazon: Amazon Digital Services, 2012. Kindle Edition.

Waldron, Jeremy (2012). *The Harm in Hate Speech*. Cambridge, MA: Harvard University Press.

Walker, Margaret Urban (2006). *Moral Repair: Reconstructing Moral Relations after Wrongdoing*. Cambridge: Cambridge University Press.

Wallace, R. Jay (1994). *Responsibility and the Moral Sentiments*. Cambridge, MA: Harvard University Press.

—— (2011). "Dispassionate Opprobrium: On Blame and the Reactive Sentiments." In *Reasons and Recognition: Essays on the Philosophy of T. M. Scanlon.* Eds. R. J. Wallace, Rahul Kumar, and Samuel Freeman. New York: Oxford University Press: 348-72.

Wallace, R. J., Rahul Kumar, and Samuel Freeman, eds. (2011). *Reasons and Recognition: Essays on the Philosophy of T. M. Scanlon.* New York: Oxford University Press.

Walzer, Michael (1973). "Political Action: The Problem of Dirty Hands." *Philosophy and Public Affairs* 2: 160-80.

Washington, James M., ed. (1986). *A Testament of Hope: The Essential Writings and Speeches of Martin Luther King, Jr.* New York: HarperCollins.

White, Mark D., ed. (2011). *Retributivism: Essays on Theory and Policy.* New York: Oxford University Press.

Wiesenthal, Simon (1997). *The Sunfower: On the Possibilities and Limits of Forgiveness.* New York: Schocken Books.

Williams, Bernard (1973). *Problems of the Self.* Cambridge: Cambridge University Press.

—— (1982). *Moral Luck: Philosophical Papers 1973-1980.* Cambridge: Cambridge University Press.

—— (1985). *Ethics and the Limits of Philosophy.* Cambridge, MA: Harvard University Press.

Williams, Craig (1999). *Roman Homosexuality.* New York: Oxford University Press. Second edition with Preface by Martha Nussbaum, 2010.

Winnicott, D. W. (2005). *Playing and Reality.* New York and Oxford: Routledge (Original Publication 1971).

Wolf, Susan (2011). "Blame, Italian Style." In *Reasons and Recognition: Essays on the Philosophy of T. M. Scanlon.* Eds. R. J. Wallace, Rahul Kumar, and Samuel Freeman. New York: Oxford University Press: 332-47.

Yonah, Rabbeinu of Gerona (1967). *The Gates of Repentance: Sha'arei Teshuvah.* Trans. Shraga Silverstein. Jerusalem and New York: Feldheim Publishers.

Young, Iris Marion (2011). *Responsibility for Justice.* New York: Oxford University Press.

Zorn, Eric (2013). "There's a Core of Substance in Kirk's 'Empty, Simplistic' Crime-Fighting Proposal." *The Chicago Tribune*: 31 May, 2013.

國家圖書館出版品預行編目資料

憤怒與寬恕：重思正義與法律背後的情感價值
　瑪莎‧納思邦（Martha C. Nussbaum）著　高忠義 譯
　初版 .-- 臺北市：商周出版：家庭傳媒城邦分公司發行
　2017.10　面；　公分（人與法律；79）

　譯自：Anger And Forgiveness:Resentment, Generosity, Justice

　　ISBN 978-986-477-323-7(平裝)

　1. 憤怒 2. 寬恕

176.56　　　　　　　　　　　　　　　　106015777

人與法律 79

憤怒與寬恕：重思正義與法律背後的情感價值

原 著 書 名／Anger And Forgiveness:Resentment, Generosity, Justice
作　　　者／瑪莎‧納思邦（Martha C. Nussbaum）
譯　　　者／高忠義
責 任 編 輯／陳玳妮

版　　　權／林心紅
行 銷 業 務／李衍逸、黃崇華
總　編　輯／楊如玉
總　經　理／彭之琬
發　行　人／何飛鵬
法 律 顧 問／元禾法律事務所 王子文律師
出　　　版／商周出版
　　　　　　台北市 104 民生東路二段 141 號 9 樓
　　　　　　電話：(02) 25007008　傳真：(02)25007759
　　　　　　E-mail：bwp.service@cite.com.tw
　　　　　　Blog：http://bwp25007008.pixnet.net/blog
發　　　行／英屬蓋曼群島商家庭傳媒股份有限公司城邦分公司
　　　　　　台北市中山區民生東路二段 141 號 2 樓
　　　　　　書虫客服服務專線：(02)25007718；(02)25007719
　　　　　　服務時間：週一至週五上午 09:30-12:00；下午 13:30-17:00
　　　　　　24 小時傳真專線：(02)25001990；(02)25001991
　　　　　　劃撥帳號：19863813；戶名：書虫股份有限公司
　　　　　　讀者服務信箱：service@readingclub.com.tw
　　　　　　城邦讀書花園：www.cite.com.tw
香港發行所／城邦（香港）出版集團有限公司
　　　　　　香港灣仔駱克道 193 號東超商業中心 1 樓
　　　　　　E-mail：hkcite@biznetvigator.com
　　　　　　電話：(852) 25086231 傳真：(852) 25789337
馬新發行所／城邦（馬新）出版集團【Cite (M) Sdn. Bhd. 】
　　　　　　41, Jalan Radin Anum, Bandar Baru Sri Petaling,
　　　　　　57000 Kuala Lumpur, Malaysia.
　　　　　　Tel: (603) 90578822　Fax: (603) 90576622
　　　　　　Email: cite@cite.com.my

封 面 設 計／李東記
排　　　版／極翔企業有限公司
印　　　刷／韋懋實業有限公司
經　銷　商／聯合發行股份有限公司
　　　　　　電話：(02) 2917-8022 Fax: (02) 2911-0053
　　　　　　地址：新北市 231 新店區寶橋路 235 巷 6 弄 6 號 2 樓

■ 2017 年 10 月 05 日初版　　　　　　　　　　　Printed in Taiwan
■ 2021 年 06 月 24 日初版 3 刷
定價 550 元

城邦讀書花園
www.cite.com.tw